AGON SPORTVERLAG - STATISTICS BAND 13

Deutschlands große Fußballmannschaften
Teil 6: Werder Bremen

AGON SPORTVERLAG - STATISTICS BAND 13

Deutschlands große Fußballmannschaften
Teil 6:

Werder Bremen

Matthias Kropp

Biographien von Joachim Schweer

AGON Sportverlag

Das vorliegende Werk wurde sorgfältig erarbeitet. Dennoch kann es gerade bei Statistikwerken aufgrund der umfangreichen Datenmenge oder fehlerhaften Quellenmaterials doch zu kleinen Fehlern kommen. Wir bitten, dies zu entschuldigen und wären dankbar, wenn Sie uns auf eventuelle Fehler aufmerksam machen würden.

Da wir ständig bemüht sind, die inhaltliche Qualität unserer Statistik-Bücher zu verbessern, sind wir auf Ihre Hilfe angewiesen. Wir bitten Sie darum, uns unter Angabe Ihrer Quellen auf Fehler hinzuweisen. Um uns für Ihre Mühe zu bedanken, werden wir am Ende des Jahres unter allen Einsendern Büchergutscheine verlosen.

1. Preis = 1 Büchergutschein im Wert von	150,-DM.
2. Preis = 1 Büchergutschein im Wert von	100,-DM.
3. Preis = 1 Büchergutschein im Wert von	50,-DM.
4.-10. Preis = Büchergutscheine im Wert von	25,-DM.

Der Rechtsweg ist ausgeschlossen.

Frankfurter Str. 92A
D - 34121 Kassel

Printed in Germany

ISBN 3-928562-52-5

INHALTSVERZEICHNIS

Chronik SV Werder Bremen

01.02.1899 Gründung des "Fußballverein Werder von 1899" durch 30 Fußballspieler, die seit dem 2. September 1898 auf dem "Stadtwerder" kickten. Ein Drittel der Gründer bekam Vorstandsposten, als Vereinsfarbe wurde Grün-rot gewählt (1900 in das heutige Grün-weiß geändert). Der Klubname wurde von "Stadtwerder", dem Fußballgelände, abgeleitet.

Der FV Werder im Gründungsjahr: Stehend von links: Degenhardt, Will, Düring, Grotheer, Kassens, Wurthmann, Scheele, Dege. - Sitzend von links: Langrehr, Fimmen, Pottberg, Dohme.

10.09.1899 Erstes Spiel des FV Werder im Bürgerpark auf der Spielwiese beim alten Parkhaus: Werder schlug den "Allgemeinen Bremer Sportclub von 1898" mit 1:0. Erster Torschütze der Klubgeschichte war Hermann Kassens. Das Rückspiel in der Woche darauf gewann Werder mit 5:0.

1906 Erneuter Umzug das FV Werder auf die "Huckelriede" am Buntentorsteinweg, nachdem der Klub schon 1899 vom Stadtwerder zum Neuenlander Feld umziehen mußte.

1909 Erstmals Bremer Meister durch ein 6:2 über den Bremer Sport-Club. Im Endspiel um die Norddeutsche Meisterschaft erwies sich Holstein Kiel als eine Nummer zu groß - 1:7!

05.04.1913 Der norddeutsche Verbandstag beschloß zur Leistungskonzentration die Einführung einer Verbandsliga. Werder qualifizierte sich für den Start mit 10 Mannschaften.

1914 Die erste Verbandsliga-Saison wurde mit 2:34-Punkten bei 12:66-Toren und nur einem Sieg beendet.

1916 Erneuter Gewinn der Bremer Meisterschaft.

Die Bremer Meisterelf von 1910 (von links): Gräfner, Theilen, Herlyn, Will, Töbelmann, Wiggers, H. Lutter, Balleer, Schreiber, J. Lutter, Schlengemann

Die Werder-Elf nach dem 1. Weltkrieg.
Stehend von links: Vorsitzender Schlotte, Dralle, J. Lutter, Meyering, Brinkmann, Wienstroh, Magnus, Meyer, König, Dr. Beyer. Sitzend: Wolf, Seekamp, Dohrmann.

1920	Der Vereinsname "FV Werder" wurde geändert in "Sportverein Werder von 1899", zur Abteilung Fußball kamen nun auch Tennis und Leichtathletik.
1924	Erstes Spiel gegen einen internationalen Gegner: Gegen die Olympiamannschaft Estlands gewinnt Werder mit 2:0.
1925-1930	Sechsmal in Folge wurde Werder Staffelmeister des Südkreises.
1933	Der SV Werder erhält mit dem Weserstadion eine neue Sportstätte

1934 wurden diese Werderaner erstmals Meister des Gaues Niedersachsen (stehend von links): Abbi Drewes (Mannschaftsführer), Kohnert, Schütz, Sepp Müller, Diekhoff, Lanwermeier, Stürmer, Freitag, 1. Vorsitzender Stöver, (sitzend): Ziolkewitz, Mahlstedt, Scharmann, Tibulski, Freye

1934	Meister der Gauliga Niedersachsen. In den Gruppenspielen um die Deutsche Meisterschaft erwies sich der spätere Meister Schalke 04 (0:3 und 2:5) als zu stark.
07.06.1934	Matthias Heidemann wird beim WM-Spiel um Platz 3 gegen Österreich (3:2) erster Nationalspieler von Werder.
1936	Zweiter Meistertitel in der Gauliga Niedersachsen. Diesmal scheiterte Werder in der Deutschen Meisterschaft mit 2:4 und 2:5 an Vorwärts Rasensport Gleiwitz.

Das Weserstadion im Jahre 1939 anläßlich des Länderspiels Deutschland-Irland (1:1)

1937	Trotz schwachen Starts sicherte sich Werder erneut die Meisterschaft im Gau Niedersachsen. In der DM-Endrunde wurden Viktoria Stolp und Hertha BSC klar geschlagen, Schalke 04 war noch nicht bezwingbar (2:2/1:5)
1942	Vierter Titelgewinn im Gau Niedersachsen. In der Endrunde um die Deutsche Meisterschaft wurden Hamborn 07 und TV Eimsbüttel ausgeschaltet, das "Aus" kam in der Zwischenrunde mit 3:4 bei den Offenbacher Kickers
10.11.1945	Der SV Werder Bremen wurde aufgelöst und stattdessen der Turn- und Sportverein Werder 1945 gegründet
Feb. 1946	Umbenennung in SV Grün-Weiß 1899 Bremen
28.03.1946	Rückbenennung in SV Werder Bremen
1947	Gewinn der Niedersachsen-Meisterschaft durch 3:0 und 1:3 im Finale gegen TSV Braunschweig
13.09.1961	Erster DFB-Pokalsieg des SV Werder: Im Gelsenkirchener Finale wird der 1.FC Kaiserslautern durch Tore von Schröder und Jagielski mit 2:0 bezwungen!

Das Werder-Aufgebot im WM-Jahr 1954.
Oben von links: Trainer Kretschmann, Ackerschott, Hagenacker, Ilic, Pöschl, Burdenski, Konopka. Unten von links: Klinge, Behring, Stange, Ebert, Hardtke, Preuße, Tunnermann

Mit dem Finalsieg über den 1.FC Kaiserslautern gewannen die Grün-Weißen 1961 erstmals den DFB-Pokal. Stehend von links: Schütz, Wilmowius, Piontek, Lorenz, Kokartis, Lambertz, Nachtwey, Wegener, Hänel. Kniend von links: Zebrowski, Schimeczek, Schröder, Knopf, Rupozinski, Henne.

Jubelszenen nach dem 3:0 gegen Dortmund am 29. Spieltag 1964/65, die Werderaner erfahren über Stadionlautsprecher vom 0:0 der Kölner gegen Nürnberg - die Meisterschaft ist (fast) besiegelt.

25.10.1961 Erstes Europacup-Spiel der Bremer: Gegen den dänischen Klub Aarhus GF gelang im Weserstadion ein 2:0-Sieg

15.05.1965 Werder Bremen wird mit einem 3:2-Sieg beim 1.FC Nürnberg erstmals Deutscher Meister

30.04.1966 Am Bökelberg feiert Werder den höchsten Auswärtserfolg seiner Bundesliga-Zeit: Die Borussen werden mit 7:0 bezwungen

12.04.1980 Beim FC Bayern München bezieht Bremen mit 0:7 die höchste Niederlage seiner Bundesliga-Geschichte

31.05.1980 Nach dem abschließenden 2:5 beim VfL Bochum muß Werder als Siebzehnter erstmals in die 2. Liga Nord absteigen

02.04.1981 Die "Ära Otto Rehhagel" beginnt! Wegen Erkrankung des bisherigen Trainers Kuno Klötzer übernimmt Rehhagel des Kommando und führt den Klub souverän zurück in die Bundesliga

1983 Rudi Völler wird mit 23 Treffern Torschützenkönig der Bundesliga und später von den deutschen Sportjournalisten zum "Fußballer des Jahres" gewählt

Die Erfolgsära Rehhagel erreichte ihren ersten Höhepunkt, der SV Werder wurde nach 23 Jahren wieder Meister. Stehend von links: Burgsmüller, Eilts, Ordenewitz, Votava, Kutzop, Trainer Rehhagel, Bratseth (verdeckt), Borowka, Wolter, Otten, Rose, Co-Trainer Kamp. Kniend von links: Ruländer, Hermann, Reck, Sauer, Meier, Riedle, Burdenski, Schaaf.

Das dritte Pokalfinale in Folge brachte endlich einen Sieg - wenn auch erst nach Elfmeterschießen gegen den 1.FC Köln. Die Sieger, stehend von links: Trainer Rehhagel, Bratseth, Harttgen, Schaaf, Wolter, Neubarth, Bockenfeld, Sauer, Otten, Co-Trainer Kamp, Eilts, Bode. Kniend von links: Votava, Hermann, Reck, Allofs, Borowka, Rollmann.

26.11.1983 Höchster Bundesliga-Sieg der Grün-Weißen: Kickers Offenbach wird im Weserstadion mit 8:1 deklassiert

21.03.1987 Überraschendes Debakel: Werder unterliegt Borussia Mönchengladbach mit 1:7 - die höchste Heimniederlage in der Bundesliga

04.05.1988 Bereits am 31. Spieltag wird Bremen mit einem 1:0-Erfolg in Frankfurt deutlich überlegen zum zweiten Mal Meister

24.06.1989 Im DFB-Pokalfinale bleibt Werder chancenlos: Borussia Dortmund schlägt die Hansestädter in Berlin mit 4:1

19.05.1990 Erneut erreicht die Rehhagel-Elf das DFB-Pokalfinale - erneut verliert sie es: 2:3 gegen den 1.FC Kaiserslautern

22.06.1991 Der dritte Anlauf in Folge im Pokal wird von Erfolg gekrönt: Werder holt zum zweitenmal den Cup - wenn auch erst durch Elfmeterschießen (1:1 n.V.) gegen den 1.FC Köln

06.05.1992 Erster internationaler Triumph der Norddeutschen: Klaus Allofs und Wynton Rufer sorgen mit ihren Treffern für ein 2:0 über den AS Monaco in Lissabon

Mit einem 2:0 über AS Monaco gelang dieser Elf in Lissabon erstmals ein Titelgewinn auf internationaler Ebene. Stehend von links: Eilts, Bockenfeld, Bode, Wolter, Neubarth, Bratseth. Kniend von links: Votava, Allofs, Rufer, Rollmann, Borowka.

Das Werder-Aufgebot der Meistersaison 1992/93, obere Reihe (v. li.): Eilts, Wolter, Harttgen, Przondziono, Votava, Otten, Bode, Sauer, Herzog, Legat. Mittlere Reihe (v. li.): Trainer Rehhagel, Bratseth, Beiersdorfer, van Lent, Unger, Neubarth, Kohn, Deering, Wenschlag, Rufer, Betreuer Ehrke. Vorne (v. li.): Hermann, Borowka, Wiedener, Gundelach, Reck, Rost, Bockenfeld, Allofs, Schaaf.

05.06.1993 Mit dem 3:0 beim VfB Stuttgart holt Werder den dritten Meistertitel an die Weser

14.05.1994 Das vierte Jahr in Folge mit einem großen Titelgewinn der Werderaner: Diesmal ist es wieder der DFB-Pokal - 3:1 gegen den Zweitligisten Rot-Weiß Essen

Fast schon ein gewohntes Bild - Jubelnde Bremer nach dem Pokalsieg gegen RW Essen 1994. Hinten von links: Reck, Basler, Beiersdorfer, Wolter, Neubarth, Trainer Rehhagel, Gundelach, Eilts, Bockenfeld, Co-Trainer Kamp, Schaaf. Vorne von links: Wiedener, Bode, Bratseth, Rufer, Herzog, Hobsch, Borowka, Votava.

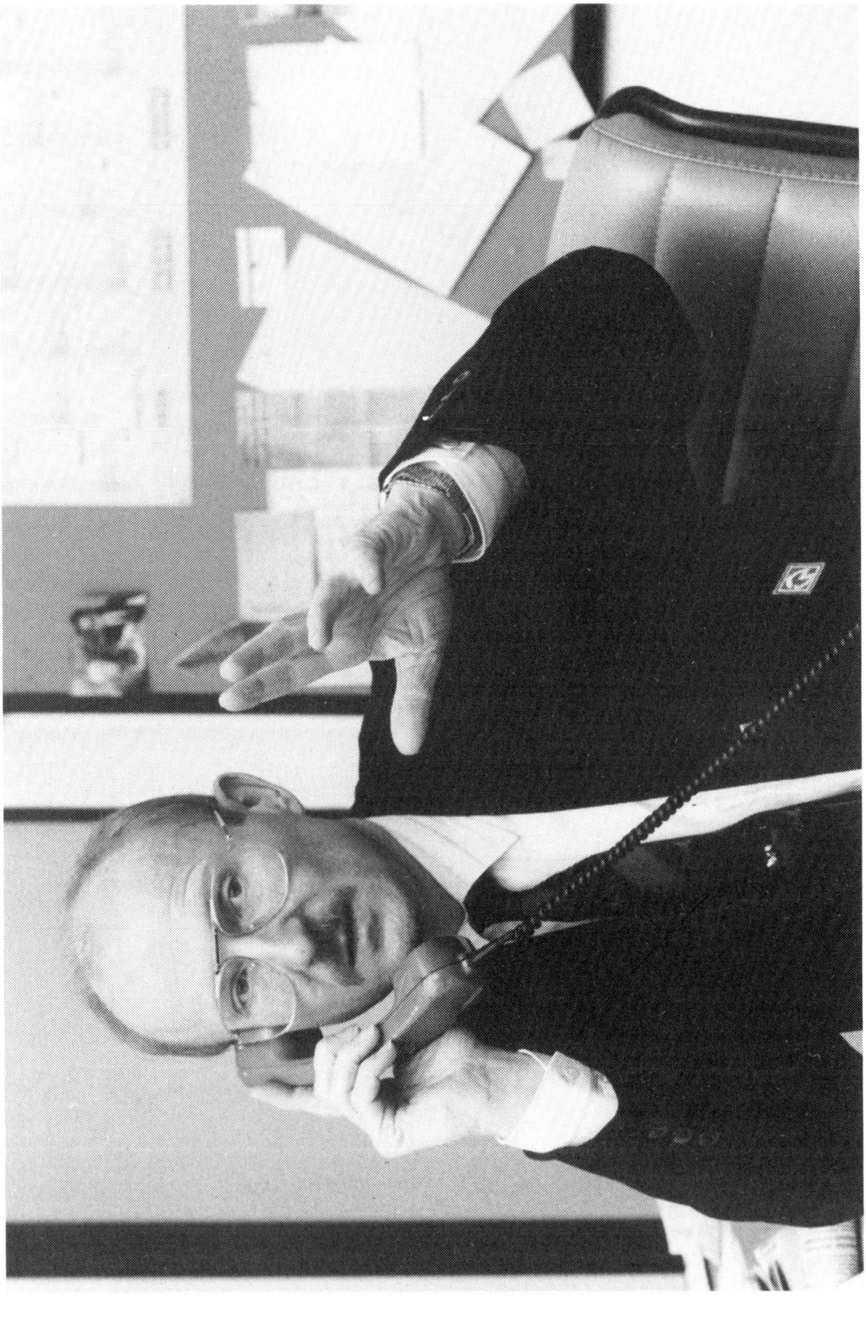

Manager Willi Lemke (48), seit 1981 im Amt, erwarb sich durch Verhandlungsgeschick und Schlitzohrigkeit einen guten Ruf in der Bundesliga.

Mario Basler, 1993 von Hertha BSC Berlin gekommen, erwies sich auf Anhieb als Volltreffer im Mittelfeld.

Basler, Mario (geb. 18.12.1968). Der 1993 von Hertha BSC nach Bremen gewechselte Basler gehörte zu den "Shooting-Stars" der Bundesliga-Saison 93/94. Als immerhin schon 25jähriger schaffte er den Durchbruch, wurde mit dem SV Werder Deutscher Pokalsieger und nahm schließlich an der Weltmeisterschaft in den USA teil. Der in Neustadt an der Weinstraße geborene Spieler, der am liebsten im offensiven Mittelfeld agiert, zeichnet sich durch großes Selbstbewußtsein, Spielmacherqualitäten und ein gutes Auffassungsvermögen für entscheidende Spielsituationen aus. Eine der wichtigsten Schritte in Baslers Laufbahn war 1984 der Wechsel zum 1.FC Kaiserslautern, wo er in der Jugendmannschaft unter Ex-Profi Ernst Diehl trainierte. Was ihm fehlte, war Leistungskonstanz, so daß er in seiner ersten Bundesligasaison (1988/89) nur einmal zum Einsatz kam und daraufhin zu Rot-Weiß Essen wechselte. Auch beim Zweitligisten blieb er hinter den Erwartungen zurück und wurde 1991 an Hertha BSC verkauft. An der Spree besann sich der Pfälzer seines großen Talents und empfahl sich schließlich erneut für die Bundesliga. Für 2,2 Millionen Mark holte ihn 1993 der SV Werder, wo er schnell zum Leistungsträger wurde. Im März 1994 gab er seinen Länderspieleinstand und wenige Wochen später spielte er sich bei einem Auftritt in den Vereinigten Arabischen Emiraten ins WM-Team. Allerdings mußte er vorzeitig aus den USA heimreisen, weil sich bei seiner Frau Probleme bei der Entbindung ergeben hatten.

In den ersten 10 Bundesligajahren die "Nummer 1" des SV Werder: Günter Bernard.

Bernard, Günter (geb. 4.11.1939).

Das Fußballtalent wurde Bernard praktisch in die Wiege gelegt, denn sein Vater Robert war als Außenläufer des VfR Schweinfurt 1936 zu zwei internationalen Einsätzen gekommen. 1946 trat Günter Bernard dem FC Schweinfurt 05 bei und entschied sich sofort für den Torhüterposten, auf den Jugendspieler sonst meist kommen, weil sie für einen Platz im Feld zu schwach sind. Mit 18 Jahren gab Bernard seinen Einstand im Oberligateam der 05er, für seinen Heimatklub bestritt er ca. 240 Spiele in der 1. Mannschaft. Die Einführung der Bundesliga 1963 bewegte Bernard zum Wechsel vom fränkischen Heimatklub FC Schweinfurt 05 zum SV Werder.

Für Schweinfurt hatte Bernard bereits zwei A-Länderspiele (Debüt am 24.10.1962 beim 2:2 gegen Frankreich in Stuttgart) und 4 U-23-Einsätze bestritten. In Bremen, wo er 1965 den deutschen Meistertitel gewinnen half, folgten weitere drei A-Länderspiele sowie bis 1973 287 Bundesligaspiele. Höhepunkt seiner internationalen Laufbahn war die Teilnahme an der WM 1966 in England, wo ihm allerdings Hans Tilkowski als erster Torhüter vorgezogen wurde.

Borowka, Ulrich (geb. 19.5.1962).

Zeit seiner Bundesliga-Karriere mußte der Manndecker mit dem Ruf als einer der unangenehmsten Gegenspieler der Liga leben. Borowka besticht weniger durch Technik und Spielkultur, sondern durch unerbittliche Härte, Einsatz und Kampf.

Zu seiner Zweikampfstärke gesellt sich bei dem "Mann fürs Grobe" unerhörte Schußkraft. Nachdem der gebürtige Iserlohner in der A-Jugend beim DSC Wanne-Eickel gespielt hatte, zog es ihn zu den Gladbach-Amateuren an den Bökelberg. Dort wurde er 1981 Lizenzspieler und reifte unter Trainer Jupp Heynckes zu einem überdurchschnittlichen Bundesligaspieler. In der Saison 1984/85 gelang ihm der Durchbruch und 1987 wechselte er zu Werder Bremen, weil dem Hamburger SV die Ablösesumme von 1,2 Millionen Mark zu hoch erschien. Gleich in seinem ersten Jahr an der Weser durfte er sich über den Gewinn des deutschen Meistertitels freuen, beim Vier-Länder-Turnier in Berlin spielte er sich dank einer starken Leistung gegen Argentiniens Diego Maradona ins DFB-Aufgebot für die Europameisterschaft. Dort kam er in vier Spielen zum Einsatz.

Als harter Manndecker und für seine Distanzschüsse gefürchtet: Ulrich Borowka

Das verlorengegangene Halbfinale gegen Holland war sein sechstes und letztes Länderspiel.

Mit Werder holte er dann von 1991 bis 1994 in jedem Jahr einen Titel (Pokal, Europacup, Meisterschaft, Pokal) und sorgte 1992 für Aufsehen, als er sich nach dem Gewinn des Europacups der Pokalsieger eine Glatze schneiden ließ. Nach 149 Spielen für Borussia Mönchengladbach trug Borowka bis zum Ende der Saison 1993/94 in 207 Bundesligabegegnungen das Werder-Trikot.

Bracht, Uwe (geb. 10.7.1953).

Der waschechte Bremer trug 13 Jahre lang das Trikot der Werder-Profis und bestritt 272 Bundesligaspiele. Der Mittelfeldspieler, gelernter KfZ-Mechaniker, gehörte ab 1971 zum Bundesligakader, wurde aber in den ersten Jahren verkannt. Seine Begabung als Mittelfeldregisseur zeigte sich erst, als Otto Rehhagel 1981 das Training übernahm. Bracht avancierte zum ruhenden Pol, der das Spiel der Werderaner in die richtigen Bahnen lenkte. Er wurde von Werder-Idol Horst-Dieter Höttges mit Felix Magath und Hansi Müller auf eine Stufe gestellt, obwohl er vom Typ her völlig anders war: Zurückhaltend, still, der Mann im Hintergrund eben. Neben dem direkten Wiederaufstieg 1981 war die Vizemeisterschaft in der Saison 1982/83 der größte Erfolg für Uwe Bracht, der sich 1984 vom Profi-Fußball verabschiedete.

Stiller Star im Mittelfeld: Uwe Bracht.

Bratseth, Rune (geb. 19.3.1961)

Die Werder-Erfolge der späten 80er und frühen 90er Jahre sind untrennbar mit dem Namen Rune Bratseth verbunden. Der Norweger, der nach Ende der Saison 1993/94 wieder in seine Heimat zurückkehrte, erwarb sich den Ruf eines durch und durch fairen Sportsmannes, der seine Gegenspieler dank seiner Schnelligkeit auch ohne Foulspiel auszuschalten vermochte. Die Karriere des praktizierenden Christen begann relativ spät, erst mit 22 Jahren wechselte Bratseth von der vierten in die erste Liga zu Rosenborg Trondheim. Dort wurde er vom offensiven Mittelfeldspieler zum Innenverteidiger umfunktioniert, avancierte zu einer festen Größe im norwegischen Fußball und gab schließlich im Februar 1986 sein Länderspieldebüt. Im Herbst jenes Jahres absolvierte er ein Probetraining in Bremen und erhielt einen Profivertrag. Bei seinem neuen Verein faßte Bratseth schnell Fuß und gehörte im Meisterschaftsjahr 1988 zu den großen Stützen der Abwehr. Auch im Europacup machte er auf sich aufmerksam und wurde für andere europäische Vereine interessant, doch Werder band ihn gleich bis 1993. Die langfristige Zusammenarbeit zahlte sich aus: Rune Bratseth sammelte mit den Bremern ab 1991 vier Titel - zweimal den DFB-Pokal, den Pokalsieger-Cup und den deutschen Meistertitel.

Aber auch mit Norwegens Nationalmannschaft sorgte er für Furore und qualifizierte sich für die Weltmeisterschaft 1994, wo das als Geheimtip gehandelte Team jedoch schon in der Vorrunde ausschied. Bis 1994 absolvierte Bratseth 229 Bundesligaspiele im Werder-Dress.

Rune Bratseth erlebte in seinen acht Werder-Jahren alle großen Erfolge der Rehhagel-Ära mit.

Burdenski, Dieter (geb. 26.11.1950).

Dieter Burdenski hält mit 444 Einsätzen im Tor den Bundesliga-Rekord der Grün-Weißen.

16 Jahre lang hütete "Budde" das Tor des SV Werder und bestritt in dieser Zeit (1972-88) genau 444 Bundesligaspiele. Der in Bremen geborene Keeper - Vater Herbert trug Anfang der 50er Jahre das Werder-Trikot - begann als Achtjähriger beim STV Horst-Emscher und wechselte als Jugendlicher zum FC Schalke 04. Dort stand er in der Saison 1970/71 nur dreimal im Tor der Profis, u.a. beim Bestechungsskandal-Spiel zwischen den "Königsblauen" und Arminia Bielefeld. Dem schwärzesten Tag seiner Torhüter-Karriere folgte ein einjähriges Intermezzo auf der Bielefelder "Alm", danach der Wechsel nach Bremen. Burdenski verdrängte dort auf Anhieb den früheren Nationalkeeper Günter Bernard und behauptete in den folgenden 15 Jahren seinen Stammplatz. Er erlebte Abstieg (bei 93 Gegentoren), Wiederaufstieg und zwei Vizemeistertitel, war mit ein Garant für Werders Sprung unter die Top-Mannschaften der Bundesliga. In der Meistersaison 1987/88 wurde "Budde" jedoch von Oliver Reck als Nummer eins abgelöst, im Juli 1988 wurde er von seinem langjährigen Klub bei einem Spiel gegen eine Europa-Auswahl offiziell verabschiedet.

Der nach Eike Immel mit 478 Einsätzen Zweitplazierte der "ewigen" Torhüterrangliste half danach noch für kurze Zeit beim schwedischen Erstdivisionär AIK Stockholm aus. In der deutschen Nationalmannschaft stand Dieter Burdenski zwischen 1977 und 1984 in zwölf Begegnungen zwischen den Pfosten.

Burdenski, Herbert (geb. 19.5.1922).

Seinen Namen verbinden Fußballfreunde in erster Linie mit dem FC Schalke 04, wo Herbert Burdenski schon Ende der 30er Jahre als 17jähriger zum Stammspieler avancierte. Er stand mit Szepan, Kuzorra & Co. in vier Endspielen um die Deutsche Meisterschaft, 1940 und 1942 gewannen die Schalker den

In zwei Funktionen war Herbert Burdenski für Bremen tätig - zunächst als Mittelläufer von 1949-1954, in den siebziger Jahren dann als Trainer

Titel. Bis 1949 spielte Burdenski für seinen Heimatverein, dann zog es ihn aufgrund der besseren beruflichen Perspektive nach Bremen. Fünf Jahre lang spielte "Budde", wie er ebenso wie sein Sohn Dieter genannt wird, an der Weser, dann kehrte er nach Gelsenkirchen zurück. In seine Bremer Zeit fielen zwei Länderspieleinsätze (1950 und 1951 jeweils gegen die Schweiz), für den FC Schalke 04 hatte er zuvor drei weitere Male das DFB-Trikot getragen. Burdenski war am 22. November 1950 Torschütze beim 1:0-Sieg über die Schweiz - es war das erste Nachkriegsländerspiel und "Budde" damit Deutschlands erster Torschütze nach dem Krieg. Als Trainer wirkte Herbert Burdenski überwiegend bei westdeutschen Klubs (u.a. Borussia Dortmund, MSV Duisburg, Rot-Weiß Essen), saß aber in der Saison 1975/76 auch für einige Monate bei Werder Bremen auf der Trainerbank. Mit dem FC Schalke 04 ist er noch heute auf das Engste verbunden.

Eilts, Dieter (geb. 13.12.1964).

Der gebürtige Ostfriese war in der Saison 1988/89 Werders "Aufsteiger des Jahres". Nachdem der vom SV Hage gekommene Mittelfeldspieler ab 1984 vier Jahre lang bei den Werder-Amateuren gespielt, 1985 den deutschen Amateurmeistertitel gewonnen und in der Spielzeit 1987/88 erstmals Profiluft geschnuppert hatte, gehörte er ab Sommer 1988 zum Profikader. Im Frühjahr 1989 avancierte er zum Stammspieler und unterschrieb daraufhin einen Vertrag bis 1993.

Unauffällig, aber sehr effektiv und laufstark agiert Dieter Eilts im Mittelfeld.

Die Erfolge, die er in den Jahren 1991 (Pokalsieger), 1992 (Europacup der Pokalsieger) und 1993 (Meister) mit Werder errang, machten ihn schließlich auch für Bundestrainer Berti Vogts interessant. Dieter Eilts bestritt bei der Amerika-Tour im Juni 1993 gegen Mexiko und die USA seine bisher einzigen Länderspiele, schaffte aber ein Jahr später den Sprung in den WM-Kader nicht. Der Sohn eines Bäckermeisters gilt als laufstarker und technisch beschlagener Spieler, der nicht nur als "Rackerer" im Mittelfeld, sondern auch als Manndecker zu verwenden ist.

Görts, Werner (geb. 15.1.1942).

1965 begann für den Westdeutschen, der beim SC Cronenberg groß wurde und für Bayer Leverkusen ein U-23-Länderspiel absolvierte, das "Abenteuer" Bundesliga. Görts wechselte aus Nordrhein-Westfalen ins Saarland zu Borussia Neunkirchen, wo er 28 Spiele absolvierte und 1 Tor erzielte. Borussias Abstieg konnte er aber nicht verhindern. So führte Görts' Weg zum SV.WerderBremen, bei dem er von Anfang an zu einem wichtigen Leistungsträger wurde. Als Außenstürmer wirbelte der Blondschopf bis 1978 die gegnerischen Abwehrreihen durcheinander, für Werder brachte es Görts auf insgesamt 363 Bundesligaspiele mit 73 Toren. Görts klopfte wiederholt ans Tor zur Nationalelf, schaffte aber nie den großen Sprung.

Rechts: Werner Görts stürmt dem gegnerischen Tor entgegen.

Hermann, Günter (geb. 5.12.1960).

Der 1980 vom RSV Rehburg zum SV Werder gewechselte Mittelfeldspieler war in Otto Rehhagels Kader jahrelang der "Mann für alle Fälle". Er gab zwar bereits 1981 sein Bundesliga-Debüt, wurde aber erst 1984 mit einem Profivertrag ausgestattet. Zwischenzeitlich war der zweikampf- und kombinationsstarke Hermann in der Oberliga Nord zum "Spieler des Jahres" gekürt worden. Anfangs wurde er überwiegend als "Joker" eingesetzt, seine vielseitige Verwendbarkeit brachte es mit sich, daß er im Laufe der Zeit zur Stammelf gehörte.

Rechts: Günter Hermann

Der große Durchbruch gelang ihm im Meisterjahr 1988, als er von Teamchef Franz Beckenbauer in die Nationalmannschaft berufen wurde. Die Einsätze gegen die Schweiz und Dänemark blieben seine einzigen internationalen Auftritte, die EURO 1988 fand ohne ihn statt. Mit dem Gewinn des DFB-Pokals (1991) und des Europacups der Pokalsieger (1992) - Hermann fehlte im Finale gegen den AS Monaco - endeten zwölf erfolgreiche Jahre an der Weser. Nach 231 Bundesligaspielen (acht Tore) verließ er während der Saison 1992/93 den Verein in Richtung Wattenscheid.

Seine starke Technik zeigt Andreas Herzog, der einen Ball mit dem Oberschenkel stoppt.

Herzog, Andreas (geb. 10.9.1968).

Der Österreicher, 1992 von Rapid Wien zu Werder gewechselt, machte sich als Spielmacher der Meisterelf 92/93 auf Anhieb einen Namen in der Bundesliga.

In der folgenden Saison stagnierte der Wiener in seinen Leistungen und stieß häufig auf Kritik, mußte allerdings auch oftmals auf der von ihm nicht sonderlich geliebten Sturm-position agieren.Trotz vieler negativer Schlagzeilen zeigte der Österreicher hin und wieder sein Können und war im DFB-Pokalfinale gegen Rot-Weiß Essen (3:1) ein wichtiger Faktor zum Sieg. Herzog liebäugelte mit einem Wechsel ins Ausland bzw. zum FC Bayern München, der aber letztlich nicht zustande kam.Als Sechsjähriger begann Herzog in der Jugend von Admira/Wacker, 1983 wechselte er zu Rapid, für das er bis zu seinem Abgang nach Bremen aktiv war (1987/88 kurzzeitig beim Lokalrivalen First Vienna FC). In der österreichischen Bundesliga kam der "Alpen-Maradona" auf 140 Einsätze mit 39 Toren. 1992 wurde Herzog dort Fußballer des Jahres. Im Nationaltrikot kam er bisher auf 40 Spiele (8 Tore), wobei seine Karriere dort durch Meinungsverschiedenheiten mit Coach Herbert Prohaska derzeit auf Eis liegt. In zwei Jahren bei Werder bestritt der Mittelfeldspieler 63 Bundesligaspiele (16 Tore).

Höttges, Horst-Dieter (geb. 10.9.1943).

Der eisenharte Abwehrspieler gehört zu den erfolgreichsten Spielern, die je das Trikot von Werder Bremen getragen haben. Höttges stand 1966 im Weltmeisterschaftsfinale im Londoner Wembleystadion, das mit 2:4 gegen England verlorenging. Vier Jahre später nahm der Abwehrrecke erneut an der WM teil und erreichte mit dem deutschen Team das Halbfinale. Absoluter Höhepunkt seiner internationalen Laufbahn war jedoch zwei Jahre später der Gewinn des Europameistertitels (3:0 über die Sowjetunion) mit der - nach Meinung von Experten - besten deutschen Nationalmannschaft, die es je gab. Bei seiner dritten WM-Teilnahme 1974 (im eigenen Land) war Höttges dann nicht mehr Stammspieler. Die Karriere des gebürtigen Mönchengladbachers begann 1958 bei Blau-Weiß Mönchengladbach. Es folgte 1958 der Wechsel zum Rheydter SV, drei Jahre später dann zu Borussia Mönchengladbach. Dort erhielt er unter den Trainern Bernd Oles und Fritz Langner das Rüstzeug für einen überdurchschnittlichen Bundesligaspieler. An die Weser kam er 1964 und schon am Ende seiner ersten Bundesliga-Saison durfte er den Gewinn der Deutschen Meisterschaft feiern. 1965 berief ihn Helmut Schön erstmals in die Nationalmannschaft - es sollten weitere 65 Einsätze im DFB-Dress folgen. In der Bundesliga war er bis 1978 Garant dafür, daß Werder nicht abstieg. Am 24. September 1977 bestritt der treffsichere Elfmeterschütze sein 400. Bundesligaspiel, am Saisonende 1977/78 nahm er nach 420 Spielen (55 Tore) Abschied vom bezahlten Fußball.

Ilic, Dragomir (geb. 16.8.1925).

Bei einem Freundschaftsspiel der Bremer gegen eine jugoslawische Emigranten-Elf namens "Serbische Weiße Adler", das die hoch überlegenen Gastgeber mit 3:0 gewannen, ragte auf seiten des Gegners ein unbekannter Torhüter heraus, den die Grün-Weißen sofort verpflichteten: Dragomir Ilic. Schnell machte er sich einen Namen, im Sommer 1949 warb ihn der 1.FC Saarbrücken aus der damaligen französischen Besatzungszone ab. Den Bremer Verantwortlichen gelang es mit einigen Tricks, Ilic zur Rückkehr zu bewegen und ihn in einer Nacht- und Nebelaktion über die Grenze zu schleusen. Bis 1961 bestritt er für Werder 311 Oberliga-Spiele und galt als einer der besten Torhüter in Deutschland. Nach zweijähriger Trainingspause half Ilic in der ersten Bundesliga-Saison noch in vier Spielen aus, nachdem Bremens eigentliche Keeper Bernard und Lambertz gleichzeitig verletzungsbedingt ausfielen.

Mit einem mächtigen Sprung bereinigt Dragomir Ilic eine gefährliche Szene.

"Eisenfuß" Höttges bereinigt eine gefährliche Situation vor HSV-Star Uwe Seeler.

Kamp, Karl-Heinz (geb. 26.9.1946).

Zu den vorbildlichsten Akteuren, die Werder in der Bundesliga je besessen hat, gehört zweifelsohne Karl-Heinz Kamp. Der Mittelfeldspieler kam 1970 von Opel Rüsselsheim an die Weser und und reifte dort in kurzer Zeit zum Stammspieler. Er war nie ein auffäliger Akteur, sondern eher der Prototyp des unentbehrlichen "Wasserträgers". Größter Erfolg und auch krönender Abschluß als Profi war der Gewinn der Vizemeisterschaft 1983 hinter dem Hamburger SV. In den letzten Jahren seiner aktiven Laufbahn wandte sich der 361fache Bundesligaspieler verstärkt dem Trainerberuf zu. Er assistierte Otto Rehhagel und übernahm das Training der Amateurmannschaft. So hatte auch "Kalli" seinen Anteil am Gewinn der Deutschen Meisterschaft 1988.

Zweikampf zwischen "Kalli" Kamp (li.) und Gladbachs Dietmar Danner.

Lorenz, Max (geb. 19.8.1939)

Der im Vorort Hemelingen geborene Lorenz kam 1960 zum SV Werder, nachdem er zuvor schon viele Jahre für den SV Hemelingen in verschiedenen Junioren- und Seniorenteams spielte. In drei Oberliga-Jahren bestritt er 74 Spiele (11 Tore). 1961 war der Allroundspieler beim ersten großen nationalen Titelgewinn der Hansestädter im DFB-Pokalfinale gegen Kaiserslautern nicht dabei, hatte aber alle Spiele auf dem Weg nach Gelsenkirchen bestritten.

Als Techniker im Mittelfeld und Stimmungskanone gleichermaßen wichtig war Max Lorenz.

Von 1963 bis 1969 wirkte der technisch starke Akteur, der als Stimmungskanone allseits beliebt war, in 176 Bundesligaspielen (15 Tore) mit, ehe er noch drei Jahre für Eintracht Braunschweig (71 Spiele/3 Tore) tätig war. Wenige Wochen vor dem Gewinn der Meisterschaft mit dem SV Werder gab Lorenz seinen Einstand im Nationalteam (24.4.65 in Zypern 5:0). 19 Länderspiele verzeichnete der Bremer letztlich (1 Tor), darunter waren zwei Einsätze aus seiner Braunschweiger Zeit. "Ich bin der Rekordnationalspieler auf der Reservebank", so eine Aussage von Lorenz, der aufgrund seiner Vielseitigkeit zwar immer wieder in den Kader berufen wurde, an den Spezialisten für bestimmte Positionen aber häufig nicht vorbei kam.

Meier, Norbert (geb. 20.9.1958).

Ohne den gebürtigen Hamburger hätte dem SV Werder Bremen der Wiederaufstieg in die Bundesliga in der Saison 1980/81 vermutlich mehr Probleme bereitet. 18 Tore steuerte der von Bergedorf 85 gekommene Flügelstürmer, der beim HSV-Probetraining "durchgefallen" war, bei. Nach nur vier Bundesliga-Einsätzen wurde Meier im Herbst 1981 in die B-Nationalmannschaft berufen, ein Jahr später debütierte er im Londoner Wembleystadion in der A-Nationalelf. Der Hanseate erspielte sich unter Trainer Jupp Derwall schnell einen Stammplatz, holte mit Werder 1983 die Vizemeisterschaft und blieb sogar Nationalspieler, als er im Verein nur "zweite Wahl" war. Bei der EM 1984 wurde er sogar als Mittelfeldregisseur eingesetzt, konnte aber das frühe Ausscheiden der

DFB-Auswahl nicht verhindern. Unter Teamchef Franz Beckenbauer war dann seine Uhr in der Nationalmannschaft zunächst abgelaufen, obwohl er im Verein gut mit Rudi Völler harmonierte.

Nach dem erneuten Gewinn der Vizemeisterschaft (1985) kam Norbert Meier dann aber doch noch zweimal zu Länderspielehren, so daß er es auf insgesamt 16 Einsätze im Nationaltrikot brachte.

Nachdem Meier 1988 mit Werder den Titel gewonnen hatte, verließ er Ende 1989 den Verein und spielte danach noch bis 1992 für Borussia Mönchengladbach in der Bundesliga. Von seinen 292 Bundesligaspielen absolvierte er 242 als Bremer, in sieben Spielzeiten an der Weser schoß er 66 Tore.

Norbert Meier

Neubarth, Frank

(geb. 29.7.1962)

In zwölf Bundesligaspielzeiten an der Weser schoß Frank Neubarth fast 100 Tore und durfte alle Triumphe in der Rehhagel-Ära miterleben. Der hoch aufgeschossene Offensivspieler erlernte bei Concordia Hamburg das Fußballspielen und wurde 1982 zum besten Spieler der Oberliga Nord gewählt. Da der damalige HSV-Trainer Ernst Happel kein Interesse an ihm hatte ("zu lang und zu langsam"), unterschrieb Neubarth 1982 schließlich einen Profivertrag bei Werder Bremen. In seinen Anfangsjahren galt er als der klassische "Joker", der nach der Einwechslung häufig wichtige Treffer erzielte. In der Saison 1985/86 gelang ihm dann der Durchbruch zum Stammspieler - mit 20 Treffern belegte er Rang drei der Bundesliga-Torschützenliste. Kurz vor seinem geplanten Nationalmannschaftsdebüt warf ihn im Oktober 1986 ein Schien- und Wadenbeinbruch weit zurück, im April 1987 brach er sich dann erneut das Schienbein. Neubarth überwand jedoch diese Rückschläge, bestritt im April 1988 gegen

Argentinien sein einziges Länderspiel und wurde wenige Wochen später mit dem SV Werder Deutscher Meister. Ab 1991 folgte dann in jedem Jahr ein Titel: Erst der Gewinn des DFB-Pokals, dann der Europacup der Pokalsieger (1992), die zweite Deutsche Meisterschaft (1993) und nochmals der DFB-Pokal (1994). Neubarth, der bis heute in 274 Bundesligaspielen 94 Tore erzielte, gehörte ab 1993 nur noch selten zur Stammelf von Otto Rehhagel.

Links: Vom "Mister Europacup" zum Allrounder wandelte sich zuletzt Frank Neubarth.

Ordenewitz, Frank (geb. 25.3.1965).
Der aus Dorfmark stammende Ordenewitz kam 1981 als 15jähriger zu Werder Bremen und durchlief alle Nachwuchsmannschaften des Bundesligisten. 1983 schaffte er den Sprung in die A-Jugend-Nationalmannschaft und spielte danach zunächst bei Werders Oberliga-Amateuren.

Mit ihnen gewann er 1985 die Deutsche Amateurmeisterschaft. 1985 erhielt der gelernte Linksaußen seinen ersten Profivertrag und kam aufgrund der Verletzungsmisere im Werder-Kader häufiger als erwartet zum Einsatz. In der Saison 1986/87 sprang er als Mittelstürmer für den verletzten Frank Neubarth in die Bresche und erzielte bei 30 Einsätzen acht Tore. Am Jahresende gab Ordenewitz bei der Südamerika-Tour der deutschen Nationalelf sein Debüt im DFB-Dress - die Länderspieleinsätze gegen Brasilien und Argentinien sollten seine einzigen bleiben.

Wenige Monate später feierte "Otze" seinen größten Erfolg im Vereinsdress: Werder wurde Deutscher Meister, er selbst hatte mit seinen 15 Saisontreffern keinen geringen Teil zu diesem Erfolg beigesteuert. Ein Jahr später brach Ordenewitz nach 125 Spielen (37 Tore) für Werder seine Zelte an der Weser ab und wechselte zum 1. FC Köln.

Frank Ordenewitz

Otten, Jonny (geb. 31.1.1961).

13 Jahre eine feste Größe als linker Außenverteidiger war Jonny Otten.

In 13 Spielzeiten trug Otten das Werder-Trikot und kam dabei in den Genuß von zahlreichen Höhen und Tiefen. Der beim SV Hagen (zwischen Bremen und Bremerhaven) groß gewordene Außenverteidiger lehnte als 16jähriger ein Angebot des Hamburger SV ab, avancierte 1978 in der Jugend-Nationalmannschaft zum Stammspieler und wechselte schließlich 1979 als 17facher Jugend-Nationalspieler nach Bremen. Dort erspielte er sich auf Anhieb einen Stammplatz, stieg aber mit seinem Verein 1980 in die 2. Liga ab. Nach dem direkten Wiederaufstieg erkämpfte er sich auch in der U-21-Auswahl von Berti Vogts einen Stammplatz (insgesamt 21 Länderspiele) und war schließlich 1983 ein Kandidat für die A-Nationalmannschaft. Er gab seinen Einstand gegen Portugal, es folgten bis 1984 fünf weitere Einsätze. Nach dem dreifachen Gewinn der deutschen Vizemeisterschaft (1982, 1985, 1986) durfte er 1988 endlich mit Werder den Titelgewinn feiern. Die Erfolgsserie der Rehhagel-Schützlinge war damit nicht beendet: 1991 gelang der Gewinn des DFB-Pokals, im Jahr darauf wurde der Europacup der Pokalsieger an die Weser geholt. Im Endspiel war Jonny Otten, der 1992 nach 308 Bundesligaspielen Abschied vom Profi-Fußball nahm, allerdings nicht mit von der Partie.

Pezzey, Bruno (geb. 3.2.1955).

Der gebürtige Bregenzer kam 1983 von der Frankfurter Eintracht an die Küste, wo er sich als sprunggewaltiger, kopfballstarker Libero einen Namen machte. Seine Körpergröße von 1,88 m kam ihm bei seiner Spielweise sehr entgegen. 1965 begann Pezzey bei Vorwerk Vorarlberg, über SV Lauterbach und SW Bregenz landete er 1974 bei Wacker Innsbruck. Mit 20 Jahren (7.6.1975) bestritt der Abwehrrecke sein erstes Länderspiel gegen die CSSR (0:0 in Wien). Höhepunkte seiner insgesamt 84 Länderspiele (9 Tore) waren die WM-Teilnahmen 1978 und 1982. Bei der WM in Argentinien 1978 wurde Pezzey von Eintracht Frankfurt entdeckt und in die deutsche Bundesliga gelotst. Für die Hessen bestritt der Bregenzer 141 Erstligaspiele (27 Tore), gewann dort den UEFA-Cup 1980 und ein Jahr später auch den DFB-Pokal. Für Werder bestritt er zwischen 1983 und 1987 114 BL-Einsätze (18 Tore), ehe Pezzey wieder in seine Heimat zurückkehrte. 1990 beendete er seine aktive Karriere beim FC Swarovski Tirol. Anfang 1993 übernahm Pezzey den Posten des U-21-Teamchefs seines Heimatlandes.

Piontek, Josef (geb.5.3.1940).

Der in Breslau (heute Wroclaw) geborene Piontek begann seine Karriere als Stürmer bei Germania Leer und wechselte 1960 zum SV Werder Bremen. Unter Trainer Georg Knöpfle wurde aus ihm ein Verteidiger gemacht - sowohl in der Oberliga als auch später in der Bundesliga zeichnete er sich durch Kompromißlosigkeit und Geradlinigkeit aus. Zu den Höhepunkten seiner aktiven Laufbahn zählten sechs Berufungen in die Nationalmannschaft: Fünfmal 1965 (zum Debüt gegen Italien) und einmal 1966 (gegen die Niederlande). Im Vereinsdress feierte Sepp Piontek mit dem Gewinn des DFB-Pokals (1961) und der Deutschen Meisterschaft (1965) seine größten Erfolge.

"Mann fürs Grobe": Josef Piontek, später auch Werder-Trainer.

Eine schwere Knieverletzung bewegte ihn gegen Ende der Karriere dazu, an der Sporthochschule die Trainerlizenz zu erwerben. Schon in der Spielzeit 1971/72 war er monatelang für die Werder-Profis verantwortlich, die letzten Saisonspiele sahen den 203fachen Bundesligaspieler (14 Tore) jedoch noch einmal als Akteur auf dem grünen Rasen. Ab der Saison 1972/73 war Piontek dann drei Jahre lang Trainer des SV Werder, wechselte dann zu Fortuna Düsseldorf und anschließend als Nationaltrainer nach Haiti. Mitte 1979 übernahm er das Amt des dänischen Nationaltrainers und formte aus den zahlreichen Auslandsprofis ein schlagkräftiges Team, das sich für die EM 1984 qualifizierte. Der von einer Fachzeitschrift zum "Trainer des Jahres" 1983 gewählte Piontek drang 1984 mit seiner Mannschaft ins EM-Halbfinale ein und schaffte zwei Jahre später den Einzug ins WM-Viertelfinale.

Reck, Oliver (geb. 27.2.1965)

1985 vom damaligen Zweitliga-Absteiger Kickers Offenbach an die Weser gewechselt, mußte sich Reck zunächst einige Zeit gedulden, ehe er seinen 14 Bundesligaspielen für den OFC weitere hinzufügen konnte. Hinter Dieter Burdenski stand Reck im zweiten Glied, was für ihn eine wertvolle Lehrzeit gewesen ist. In der Saison 1987/88 fand die Wachablösung statt, Burdenski setzte sich freiwillig auf die Bank.

Reck trug mit nur 22 Gegentoren in erheblichem Maße zum zweiten Titelgewinn der Bremer bei. In den folgenden Jahren erwies sich der Südhesse, der bei der SG Harheim begann und später für den FSV Frankfurt hielt, als reaktionsschneller, sicherer Rückhalt, der aber immer mal wieder sehr unglückliche Tore kassierte. Der Beiname "Pannen-Olli" wird dem Können des Werder-Keepers nicht gerecht, der es mittlerweile auf 240 Bundesliga-Spiele gebracht hat, 1988 und 1993 deutscher Meister, 1991 und 1994 DFB-Pokalsieger und 1992 Europacupsieger der Pokalsieger wurde.

Rechts: Oliver Reck

Reinders, Uwe (geb.19.1.1955)

In seinen acht Jahren an der Weser wurde Reinders zweimal (1983 und 1985) deutscher Vizemeister, schaffte den Sprung in die Nationalmannschaft und wurde 1982 in Spanien Vize-Weltmeister. Der Mittelstürmer stammt aus Essen und machte von 1974 bis 1977 im Dress des Zweitligisten Schwarz-Weiß Essen auf sich aufmerksam. 1977 wechselte er nach Bremen in die Bundesliga, wo er zunächst unter Trainer Kuno Klötzer nicht richtig Fuß faßte. Auch nach dem Abstieg in die 2. Liga (1980) mußte Reinders auf seine Chance warten - erst als Otto Rehhagel im April 1981 das Kommando übernahm und den sofortigen Wiederaufstieg schaffte, schlug die Stunde des torgefährlichen und schußstarken Stürmers.

Rechts: Uwe Reinders, lange Zeit ein "enfant terrible" im Werder-Sturm, bejubelt ein Tor.

Im Mai 1982 debütierte er in der Nationalmannschaft, wenige Wochen später gehörte er zum deutschen WM-Aufgebot. Nach drei Einsätzen (und insgesamt vier Länderspielen) war seine internationale Karriere jedoch schnell beendet. Nach dem zweiten Vizetitel wechselte der 206fache Bundesligaspieler (67 Tore) 1985 zum französischen Klub Girondins Bordeaux. Nach einem Intermezzo bei Stade Rennes kehrte er 1987 als Spielertrainer des Oberligisten Eintracht Braunschweig in die Bundesrepublik zurück. 1990 unterschrieb er einen Trainervertrag bei Hansa Rostock, wurde auf Anhieb Meister der Oberliga Nordost - damit war die Bundesliga-Qualifikation geschafft.

Riedle, Karl-Heinz (geb. 16.9.1965).

In seinen drei Jahren an der Weser gelang dem gebürtigen Allgäuer der Durchbruch zu einem der besten deutschen Stürmer. Der 1987 über den FC Augsburg und Blau-Weiß Berlin zum SV Werder Bremen gekommene Riedle entwickelte sich unter Otto Rehhagel aus einem "Rohdiamanten" zu einem "Edelstein". Mit 18 Treffern trug er in der Spielzeit 1987/88 maßgeblich dazu bei, daß Werder Deutscher Meister wurde. In der Torschützenliste rangierte Riedle, der eine Ablöse von 1,6 Millionen Mark kostete, hinter Jürgen Klinsmann auf Platz zwei. Im Herbst 1988 debütierte der Kopfballspezialist in der Nationalmannschaft, in der er 1989 beim WM-Qualifikationsspiel gegen Holland ein wichtiges Tor erzielte. 1989 wie 1990 stand er mit Werder im Pokalfinale, 1988 gehörte er dem siegreichen Super-Cup-Team an. Obwohl sein Kontrakt an der Weser noch bis 1992 datiert war, wanderte Riedle nach der Weltmeisterschaft 1990 - dort kam er meist zu Kurzeinsätzen - nach Italien zu Lazio Rom ab. Für diesen Transfer wurden 15 Millionen Mark nach Bremen überwiesen, wo er in 86 Bundesligaspielen 38 Tore geschossen hatte. Nach dreijährigem Gastspiel in Italien kehrte Karl-Heinz Riedle für 9,5 Millionen Mark in die Bundesliga zurück, doch blieb er bei seinem neuen Verein Borussia Dortmund weit hinter den Erwartungen zurück. Inklusive seiner zweiten WM-Teilnahme 1994 in den USA hat Riedle bisher 41 Länderspiele bestritten, darunter zehn für Werder.

Ein kopfballstarker, brandgefährlicher Torjäger: Karlheinz Riedle.

Wynton Rufer, der erste Neuseeländer der Bundesliga, bei der Ballannahme.

Rufer, Wynton (geb. 29.12.1962).

Der Neuseeländer, der 1989 aus der Schweiz an die Weser wechselte, entwickelte sich in kurzer Zeit zu einem der gefährlichsten Stürmer der Bundesliga. Schnelligkeit, Kopfball- und Schußstärke, eine gute Technik sowie ein ausgeprägter Torinstinkt zeichnen Ozeaniens "Fußballer des Jahres" 1989 und 1990 aus. Der Sohn einer Maori (neuseeländische Ureinwohnerin) und eines auf den fünften Kontinent ausgewanderten Schweizers war bis zum 13. Lebensjahr Torhüter, nahm als 17jähriger 1980 an der Junioren-Weltmeisterschaft teil und debütierte ein Jahr später in der A-Nationalmannschaft. 1981 spielte er kurze Zeit für Norwich City, im Jahr darauf folgte dann mit der WM-Teilnahme in Spanien der erste große Höhepunkt seiner Laufbahn. Die WM bedeutete endgültig das Sprungbrett nach Europa, wo Rufer beim FC Zürich (bis 1987), dann unter Ottmar Hitzfeld beim FC Aarau (1987/88) und bei Grasshoppers Zürich (1988/89) spielte.

Nachdem er zu Beginn seiner Karriere als "Enfant terrible" galt, entwickelte er sich im Laufe der Jahre zum Musterprofi und schoß gerade für den SV Werder zahlreiche wichtige Tore. Eines davon war das 2:0 beim Europacupsieg 1992 über den AS Monaco. Zwei Pokalsiege (1991, 1994) sowie der Gewinn des deutschen Meistertitels (1993) runden die Erfolgsbilanz des Neuseeländers ab. Wynton Rufer ist seit 1986 gläubiger Christ und aktives Mitglied der Epiphanias-Gemeinde in Bremen.

Schaaf, Thomas (geb. 30.4.1961)

Der Defensivspieler ist ein echtes Bremer Eigengewächs und trug schon 1972 als Elfjähriger das Werder-Trikot. Schaaf durchlief alle Nachwuchsmannschaften des Klubs und spielte danach bei den Werder-Amateuren in der Oberliga. Obwohl er bereits seit 1979 dem Lizenzspielerkader angehörte, gelang ihm erst in der Spielzeit 1982/83 der Durchbruch. Otto Rehhagel setzte den Allroundspieler zunächst als rechten Außenverteidiger ein - eine Position, die er später gegen die des defensiven Mittelfeldmannes eintauschte. Das "Arbeitstier" des Vizemeisters von 1983 und 1985 wurde 1987 zweimal in die U 21 berufen, seine einzigen internationalen Auftritte neben vier Jugend-Länderspielen. Im

Am rechten Flügel treibt Thomas Schaaf den Ball nach vorne.

Meisterjahr 1988 verlor er gegen Saisonende seinen Stammplatz und wurde in der folgenden Saison durch eine Verletzung zurückgeworfen, kam aber wieder zurück. So stand er 1992 in der siegreichen Europacup-Elf, die das Pokalsiegerfinale mit 2:0 gegen den AS Monaco gewann. Bis 1994 absolvierte er 263 Spiele für den SV Werder und schoß dabei 13 Tore.

Schröder, Willi (geb. 28.12.1928).
Als Mittelstürmer ging Schröder acht Jahre für Werder auf Torejagd. In 213 Oberligaspielen zwischen 1954 und 1962 erzielte er 129 Tore, in seiner erfolgreichsten Spielzeit 1955/56 allein 27. Schröder begann beim "kleinen Ortsrivalen" Bremen 1860, mit dem er 1951 erster Amateurmeister der Bundesrepublik wurde. Im gleichen Jahr absolvierte Schröder sein erstes A-Länderspiel (23.12. in Essen 4:1 gegen Luxemburg). 1954 folgte der Wechsel zum SV Werder, nachdem es ein längeres Transfer-Gerangel mit dem Hamburger SV gegeben hatte. Bis 1957 bestritt Schröder insgesamt 12 A-Länderspiele (3 Tore), dazu kamen 7 B- (5 Tore) und 7 Amateur-Länderspiele (6 Tore). Sein größter Erfolg mit dem SV Werder war zweifellos der Gewinn des DFB-Pokals 1961, zu dem er im Finale gegen den 1.FC Kaiserslautern das 1:0 beisteuerte. Schröder galt als technisch versierter, aber recht launischer, zuweilen unbeständiger Spieler. Sein mangelnder Trainingseifer war wohl auch dafür verantwortlich, daß er nie die große Karriere eines Fritz Walter oder Max Morlock machen konnte.

Willi Schröder

Schütz, Arnold (geb. 19.1.1935).

Der gebürtige Bremer, der in der Jugend des TuS Walle seine ersten Schritte machte, blieb seinem SV Werder, zu dem er 1955 kam, bis zum Karriereende 1972 treu. Er galt als sehr dynamischer, kampfkräftiger Mittelfeldspieler, der in kritischen Situationen in der Lage war, seine Nebenleute mitzureißen. Zu einem Einsatz in der Nationalelf reichte es für "Pico" nie, in Bremen war er aber eine Integrationsfigur. Größte sportliche Erfolge waren für ihn der DFB-Pokalsieg 1961 (2:0 gegen den 1.FC Kaiserslautern) und die Deutsche Meisterschaft 1965. In der Oberliga Nord wurde Schütz 220mal eingesetzt (109 Tore), in der Bundesliga bestritt er von 1963-1972 weitere 253 Spiele (69 Tore). Seine Gesamtbilanz mit allen Pflichtspielen für Werder: 504 Einsätze/184 Tore!

Rechts: 504 Spiele, 184 Tore - "Pico" Schütz, 17 Jahre beim SV Werder, blieb seinem Klub stets treu!

Völler, Rudi (geb.13.4.1960).

Der gebürtige Hanauer gehört zu den stärksten Stürmern, die der deutsche Fußball je besessen hat und avancierte in den 80er Jahren zum Liebling von Millionen Fußballfans. Größter Erfolg seiner an Höhepunkten reichen Laufbahn war 1990 der Gewinn des Weltmeistertitels. Den Durchbruch zum Weltklassespieler schaffte Völler in den Jahren, in denen er das Trikot von Werder Bremen überstreifte. Von Kickers Offenbach über den TSV 1860 München für eine Million Mark an die Weser gekommen, wurde er am Ende der Saison 1982/83 gleich zum "Fußballer des Jahres" gewählt und zugleich Bundesliga-Torschützenkönig (23 Treffer).

Am 17. November 1982 feierte er sein Debüt in der Nationalmannschaft, zu deren Stamm er ab 1984 gehörte. Mit dem SV Werder verpaßte Völler 1985 wie 1986 nur knapp den Gewinn des deutschen Meistertitels (jeweils Zweiter), doch mußte der Stürmer in der Saison 1985/86 nach einer schweren Verletzung (verursacht durch Bayern-Akteur Klaus Augenthaler) fast die gesamte Spielzeit pausieren. Bei der Weltmeisterschaft 1986 blieb der Werderaner dann unter seinen Möglichkeiten, erzielte aber bei der 2:3-Finalniederlage gegen Argentinien den 2:2-Ausgleich. Obwohl er seinen Vertrag an der Weser bis 1990 verlängert hatte, wechselte Rudi Völler im Sommer 1987 für eine Ablösesumme von sieben Millionen Mark nach Italien

trigema

Bis zu diesem Zeitpunkt hatte er 170 Bundesligaspiele absolviert und dabei 106 Tore (darunter 97 für Werder) erzielt.

In Italien blieb dem Torjäger das Verletzungspech zunächst treu, bei der EURO 1988 deutete er mit zwei Treffern sein Können wieder an. Am Jahresende hatte der Wahl-Römer seine Topform wieder gefunden und wurde zum besten Spieler der Saison 1988/89 gewählt. Ein Jahr später steuerte er drei Vorrunden-Treffer zum deutschen WM-Gewinn bei und wurde danach vom neuen Bundestrainer Berti Vogts dazu überredet, noch bis zur 92er EM weiterzumachen. Jedoch verletzte sich Völler schon in der Vorrunde und wurde schließlich im Oktober 1992 verabschiedet. 1992 wechselte Völler zu Olypique Marseille, 1993 gewann er dort den Meistertitel und mit einem 1:0-Finalsieg über den AC Mailand den Europacup der Landesmeister. Beim deutschen WM-Ausscheiden in den USA gehörte Rudi, der kurz vor Turnierbeginn zum Comeback überredet worden war, noch zu den besseren deutschen Akteuren. Mit 90 Länderspielen, von denen er 41 (davon 22 Tore) für Werder bestritt, endete die Nationalelf-Karriere des Hanauers endgültig. Nach dem Zwangsabstieg Marseilles in die 2. Liga wechselte Völler im August '94 zu Bayer Leverkusen.

Votava, Miroslav (geb. 25.4.1956).

Der 1985 an die Weser gekommene Mittelfeldspieler entwickelte sich im Laufe der Jahre zu einer Bremer "Institution" und war an allen Titelgewinnen ab 1988 beteiligt. Das Fußballspielen erlernte Votava bei Dukla Prag, nach der Niederschlagung des Prager Frühlings flüchtete die Familie jedoch in den Westen. Über Witten 07 kamen "Mirko" und sein Bruder Joschi 1973 zu Borussia Dortmund, damals gerade Regionalligist. "Mirko" erspielte sich einen Stammplatz beim BVB, der 1976 aufstieg, ließ sich 1978 einbürgern und gab im November 1979 sein Debüt in der Nationalelf

Rechts: Die Zuverlässigkeit in Person: Mirko Votava, seit neun Jahren in Diensten des SV Werder.

Es folgten bis 1981 noch vier weitere Länderspiele. Für knapp eine Million Mark Ablösesumme wechselte er er 1982 zu Atletico Madrid, wo er immerhin 1985 Vizemeister und Pokalsieger wurde. Im Sommer 1985 wurde er von Werder verpflichtet - drei Jahre später half der Routinier mit, den ersten Titel seit 1965 nach Bremen zu holen.

Mirko Votava besticht durch eine gute Technik und gilt als Mann, dessen Stärken im defensiven Mittelfeld liegen. Von 1991 bis 1994 holte er mit Werder vier Titel in Folge: DFB-Pokal, Europacup der Pokalsieger, Meisterschaft und DFB-Pokal. In neun Spielzeiten bestritt er (bis 1994) 290 Spiele für Werder und schoß dabei 16 Tore.

Wolter, Thomas (geb. 4.10.1963).

Wie viele andere Werder-Akteure in den 80er Jahren entwickelte sich Wolter von einem Nobody zu einem Leistungsträger, der 1992 sogar ein Länderspiel (gegen Brasilien) bestritt. Der beim TuS Ottensen 93 groß gewordene Spieler hatte 1984 die Wahl zwischen dem HSV und Werder - er entschied sich des besseren Klimas innerhalb des Vereins wegen für den Umzug an die Weser. Dort begleitete ihn in den ersten Jahren Verletzungspech, so auch im Meisterjahr 1987/88, als er zwei Brüche des rechten Mittelfußes sowie einen Muskelfaserriß erlitt. Der konditionsstarke Mittelfeldspieler, der überwiegend auf der rechten Seite eingesetzt wird, schaffte jedoch die Rückkehr in die Stammelf.

In der Saison 1990/91 war er der zuverlässigste Spieler in der Werder-Elf, die zum Saisonabschluß den DFB-Pokal holte. Ein Jahr später hatte Wolter Pech, als er im Europacupfinale gegen den AS Monaco schon früh wegen eines Muskelfaserrisses ausscheiden mußte. Der Meistertitel in der Saison 1992/93 sowie der Pokalsieg 1994 waren weitere Höhepunkte seiner Laufbahn, in der er 244 Bundesligaspiele bestritt (bis 1994).

Thomas Wolter

Die TOP 10 (1947 - 1994)

absolvierte die meisten Spiele: Dieter Burdenski
erfolgreichster Torjäger: Arnold Schütz

Nach SPIELEINSÄTZEN:

1.	BURDENSKI, D.	546	EINSÄTZE
2.	SCHÜTZ	504	
3.	HÖTTGES	468	
4.	KAMP	457	
5.	OTTEN	426	
6.	GÖRTS	408	
7.	VOTAVA	382	
8.	SCHAAF	355	
9.	NEUBARTH	353	
10.	MEIER	344	
	BRACHT, Uwe	344	

Nach TOREN:

1.	SCHÜTZ	184	TORE
2.	PREUSSE	136	
3.	SCHRÖDER	132	
	NEUBARTH	132	
5.	VÖLLER	107	
6.	REINDERS	101	
7.	MEIER	99	
8.	RUFER	96	
9.	GÖRTS	86	
10.	HÄNEL	85	

PORTAS
Türen & Küchen

Die Nationalspieler

Sepp Piontek (rechts) und Günter Bernard.

A - Nationalspieler

Nationalspieler	Spiele	Tore	Jahr:	Land-Tor
Basler, Mario	2	0	1994:	It, VAE
Bernard, Günter	3	0	1966:	H, Nl
			1968:	Wa
Borowka, Ulrich	6	0	1988:	A, Jg, It, D, Sp, H
Burdenski, Dieter	12	0	1977:	Uy
			1978:	Sd, H
			1979:	T, Ir, A, Wa
			1980:	Mal
			1983:	Jg, U
			1984:	Bu, It
Burdenski, Herbert	2	0	1950:	Sz
			1951:	Sz
Eilts, Dieter	2	0	1993:	USA, Mex
Ferner, Diethelm	2	0	1963:	Ma
			1964:	Al
Heidemann, Matthias	2	0	1934:	Ö
			1935:	Le
Hermann, Günter	2	0	1988:	Su
			1990:	D
Hobsch, Bernd	1	0	1994:	Tun
Höttges, Horst-Dieter	66	1	1965:	It, Z, E, Sz, Br, Sd, Ö, Z
			1966:	H, Ir, Nl, Rum, Jg, Sz, A, Sp, Uy, E, T, N
			1967:	Ma, Bu, Ab, Fr, Jg, Ab
			1968:	Bg, Wa, Br, Ö, Z
			1969:	Wa, Ö, Z-1, Ö, Bu, Scho
			1970:	Rum, Jg, Ma, Bu, Pe, E, U, T, Jg, G
			1971:	Pl
			1972:	U, E, E, Su, Bg, Su, Sz
			1973:	A, Jg, Bu, Su, Ö, Fr, Scho, Sp
			1974:	Sp, It, DDR
Lorenz, Max	17	1	1965:	Z, E, Sz, Br, Ö
			1966:	E, H
			1968:	E, Br, Fr, Z, Br, Ch, Ma
			1969:	Wa, Scho, Z-1

Günter Hermann

Nationalspieler	Spiele	Tore	Jahr:	Land-Tor
Meier, Norbert	16	2	1982:	E
			1983:	Pg, Ab, Jg-2, U, Ö, T, Nl, Ab
			1984:	Bu, Su, Fr, Rum, Sp
			1985:	Su, Pg
Neubarth, Frank	1	0	1988:	A
Ordenewitz, Frank	2	0	1987:	Br, A
Otten, Jonny	6	0	1983:	Pg, Ab, Jg, T, Ab
			1984:	Su
Piontek, Josef	6	0	1965:	It, E, Sz, Br, Z
			1966:	Nl
Reinders, Uwe	4	1	1982:	N, Ch-1, E, Sp
Riedle, Karlheinz	10	2	1988:	Fi-1
			1989:	Bu, H-1, Wa
			1990:	Fr, D, VAE, H, Tsch, E
Schröder, Willi	10	3	1955:	Su, N
			1956:	N, Sd-1, Su-1, Bg-1
			1957:	Ö, H, Scho, Sd
Steinmann, Heinz	2	0	1965:	It, E
Völler, Rudi	41	22	1982:	Nl
			1983:	Pg, Ab-1, T, Ö, Jg, U-1, Ö-2, T-2, Ab
			1984:	Bu-1, Bg-1, Su-1, Fr, It, Pg, Rum-1, Sp, A, Sd, Mal Sp, A, Sd, Mal
			1985:	U, Pg-1, Mal, Bu-2, Tsch, Me, Su, Sd-1
			1986:	Jg-1, H-2, Uy, Scho-1, D, Ma, Fr-1, A-1, D, Ö-1
			1987:	Isr, It
Wolter, Thomas	1	0	1992:	Br
Zembski, Dieter	1	0	1971:	Me

STAND: Ende Saison 1993/94 (letztes Spiel: Vereinigte Arabische Emirate)

Gesamt:	**217**	**Berufungen**
	24	**Nationalspieler**
	32	**Länderspieltore**

Willi Schröder

B - Nationalspieler

Nationalspieler	Spiele	Tore	Jahr:	Land-Tor
Burdenski, Dieter	8	0	1976:	Rum
			1977:	Bg, Tsch, It, Sz
			1978:	E, Sd
			1980:	Ö
Dressel, Werner	2	0	1979:	It
			1980:	Ö
Gruber, Rigobert	1	0	1982:	Pg
Haase, Erich	1	0	1957:	H
Höttges, Horst-Dieter	2	0	1965:	Su
			1974:	Sd
Meier, Norbert	3	0	1981:	Pl, Lu
			1982:	Pg
Neuberger, Willi	1	0	1972:	Su
Otten, Jonny	1	0	1982:	Pg
Piontek, Josef	1	0	1965:	Su
Reinders, Uwe	1	0	1982:	Pg
Röber, Jürgen	3	0	1977:	It, Sz
			1978:	Tsch
Schröder, Willi	2	1	1956:	Sp-1
			1958:	Lu
Zebrowski, Gerhard	1	0	1965:	H

Stand: 28.10.1986 (letztes B - Länderspiel!)

Gesamt:	**27**	**Berufungen**
	13	**Nationalspieler**
	1	**Länderspieltore**

Amateur - Nationalspieler

Nationalspieler	Spiele	Tore	Jahr:	Land-Tor
Dressel, Werner	4	2	1978:	It, Jg, Ir-1, Ch-1
Geils, Karlheinz	8	1	1976:	Isr
			1977:	Bg, Fr-1, Fr, Bg
			1978:	It, Jg, Ir
Müllner, Georg	2	0	1975:	Lu
			1978:	D
Ripke, Franz-Josef	1	0	1976:	Ö
Schlief, Wolfgang	3	0	1975:	Si, Lu
			1976:	D

Stand: 14.11.1979 (letztes Amateur - Länderspiel!)

Gesamt:	**18**	**Berufungen**
	5	**Nationalspieler**
	3	**Länderspieltore**

Olympia - Nationalspieler

Nationalspieler	Spiele	Tore	Jahr:	Land-Tor
Borowka, Ulrich	8	0	1987: 1988:	Tsch, H, G, Pl, D, G D, Rum
Möhlmann, Benno	1	0	1982:	H
Neubarth, Frank	1	0	1988:	D
Ordenewitz, Frank	3	0	1987: 1988:	H, Pl Nig
Otten, Jonny	1	0	1982:	H
Riedle, Karlheinz	1	0	1988:	Sb
Sauer, Gunnar	2	0	1988:	Pl, Rum

Gesamt:	**17**	**Berufungen**
	7	**Nationalspieler**
	0	**Länderspieltore**

U-23 - Nationalspieler

Nationalspieler	Spiele	Tore	Jahr:	Land-Tor
Burdenski, Dieter	3	0	1973:	Pl, Fr, D
Ferner, Diethelm	3	0	1963: 1964:	Bu, E T
Hänel, Klaus	1	0	1958:	D
Piontek, Josef	3	0	1961: 1962: 1963:	D Fr Bu
Schildt, Gerd	1	0	1973:	Pl
Schulz, Hans	1	1	1965:	E-1
Weist, Werner	1	1	1971:	Pl-1

Stand: 21.11.1973 (letztes U 23 - Länderspiel!)

Gesamt:	**13**	**Berufungen**
	7	**Nationalspieler**
	2	**Länderspieltore**

Dieter Burdenski (links) und Trainer Herbert Burdenski

U 21 - Nationalspieler

Nationalspieler	Spiele	Tore	Jahr:	Land-Tor
Bode, Marco	4	2	1989:	Fi, Is-1, Km-1, Km
Gruber, Rigobert	4	1	1981:	Ö, Fi
			1982:	Sp, Su-1
Möhlmann, Benno	1	0	1982:	E
Neubarth, Frank	4	0	1983:	Pg, Al, Ch, Fr
Ordenewitz, Frank	1	0	1985:	Sz
Otten, Jonny	16	0	1979:	Pl, Su
			1980:	Scho, Sz
			1981:	Sp, O, Fi, Fi, Ö, Bu
			1982:	Sp, Sp, Su, Su, E, E
Reck, Oliver	10	0	1987:	E, D, Lu, H, Bu
			1988:	Fi, H
			1989:	Bu, H, Is
Reinders, Uwe	3	1	1982:	Sp, Su, Su-1
Riedle, Karlheinz	3	1	1987:	Fr, E-1, H
Ruländer, Matthias	1	0	1985:	Sd
Sauer, Gunnar	4	0	1987:	H, Fr, E, D
Schaaf, Thomas	2	0	1987:	H, Bg
Unger, Lars	9	1	1992:	Tsch, H, T, Ab-1, Sp, Ab
			1993:	Ir, Ir, D
Völler, Rudi	1	1	1982:	E-1

STAND: 13. April 1993 gg. Dänemark

Gesamt:	**63**	**Berufungen**
	14	**Nationalspieler**
	7	**Länderspieltore**

Gesamtübersicht der Länderspiel-Einsätze

Spieler	A	B	Am	O	U23	U21	Gesamt
Basler	2 - 0						2 - 0
Bernard	3 - 0						3 - 0
Bode						4-2	4 - 2
Borowka	6 - 0			8-0			14 - 0
Burdenski, D.	12 - 0	8-0					23 - 0
Burdenski, H	2 - 0						2 - 0
Dressel		2-0	4-2				6 - 2
Eilts	2 - 0						2 - 0
Ferner	2 - 0				3-0		5 - 0
Geils			8-1				8 - 1
Gruber		1-0				4-1	5 - 1
Haase		1-0					1 - 0
Hänel					1-0		1 - 0
Heidemann	2 - 0						2 - 0
Hermann	2 - 0						2 - 0
Hobsch	1 - 0						1-0
Höttges	66 - 1	2-0					68 - 1
Lorenz	17 - 1						17 - 1
Meier	16 - 2	3-0					19 - 2
Möhlmann				1-0		1-0	2 - 0
Müllner			2-0				2 - 0
Neubarth	1 - 0			1-0		4-0	6-0
Neuberger		1-0					1 - 0
Ordenewitz	2 - 0			3-0		1-0	6 - 0
Otten	6 - 0	1-0		1-0		16-0	24 - 0
Piontek	6 - 0	1-0			3-0		10 - 0
Reck						10-0	10 - 0
Reinders	4 - 1	1-0				3-1	8 - 2
Riedle	10 - 2			1-0		3-1	14 - 3
Ripke			1-0				1 - 0
Röber		3- 0					3 - 0
Ruländer						1-0	1 - 0
Sauer				2-0		4-0	6 - 0
Schaaf						2-0	2 - 0
Schildt					1-0		1 - 0
Schlief			3-0				3 - 0
Schröder	10 - 3	2-1					12 - 4
Schulz					1-1		1 - 1
Steinmann	2 - 0						2 - 0
Unger						9-1	9 - 1
Völler	41 - 22					1-1	42 - 23
Weist					1-1		1 - 1
Wolter	1 - 0						1 - 0
Zebrowski		1-0					1 - 0
Zembski	1-0						1-0

Max Lorenz

Die Abkürzungen der einzelnen Länderspielpartner:

A - Argentinien,
Ä - Ägypten,
Ab - Albanien,
Al - Algerien,
Aus - Australien,
Bg - Belgien,
Br - Brasilien,
Bu - Bulgarien,
Bv - Bolivien,
Ch - Chile,
Chi - China,
D - Dänemark,
E - England,
Ek - Ekuador,
Fi - Finnland,
Fr - Frankreich,
Gr - Griechenland,
Gha - Ghana,
H - Holland,
Hon - Hongkong,
In - Iran,
Ir - Irland,
Isr - Israel,
It - Italien,
Ja - Japan,
Km - Kamerun,
Kt - Katar,
Ko - Kolumbien,
Ku - Kuwait,
Lib - Liberia,
Lu - Luxemburg,
Ma - Marokko,
Mal - Malta,
Me - Mexiko,
N - Norwegen,
NI - Nordirland,
Nig - Nigeria,
Ö - Österreich,
Pa - Panama,
Pl - Polen,
Pg - Portugal,
Phi - Philippinen,
Py - Paraguay,
Rum - Rumänien,
Su - Sowjetunion,
Sa - Saudi Arabien,
Si - Singapur,
Sen - Senegal,
SK - Südkorea,
Sd - Schweden,
Sp - Spanien,
Sz - Schweiz,
Scho - Schottland,
SV - Südvietnam,
Th - Thailand,
Tsch - Tschechoslowakei,
To - Togo,
Tun - Tunesien,
T - Türkei,
Uy - Uruguay,
Ugd - Uganda,
VAE - Vereinigte Arabische Emirate,
Wa - Wales,
Z - Zypern.

Horst-Dieter Höttges

Oberliga Nord
1947-1963

Zeichenerklärung für alle Tabellen:
x = über 90 Minuten eingesetzt
+ = eingewechselt
0 = ausgewechselt

Oberliga - Mosaik

HATTRICK:

Gernhardt	47/48	4.	SV Werder - Bremer SV (1-0 bis 3-0, 12. - 24. Min!)
Gernhardt	50/51	5.	SV Werder - Conc. Hamburg 1-0 bis 3-0, 10. - 42. Min.!)
Preuße	51/52	27.	SV Werder - Hannover 96 (3-0 bis 5-0, 46. - 81. Min.!)
Schütz	55/56	22.	SV Werder - VfL Wolfsburg (6-1 bis 8-1, 76. - 81. Min.!)
Meyer	62/63	11.	SV Werder - VfB Oldenburg (4-1 bis 7-1, 50. - 68. Min.!)

3 Tore in einem Spiel:

Hagenacker	49/50	13.	Bremerhaven - SV Werder
Preuße		8.	SV Werder - Harburger TB
Hagenacker		13.	Bremerhaven - SV Werder
Gernhardt	50/51	5.	SV Werder - Concordia Hamburg
Preuße		12.	Altona - SV Werder
Gernhardt		17.	SV Werder - Altona
Gernhardt	51/52	13.	SV Werder - Lüneburger SK
Preuße		25.	SV Werder - Concordia Hamburg
Preuße		27.	SV Werder - Hannover 96
Haase	54/55	3.	SV Werder - Wolfsburg
Schröder	55/56	2.	SV Werder - Göttingen 05
Schröder		6.	SV Werder - VfL Osnabrück
Schröder		22.	SV Werder - Wolfsburg
Schütz		22.	SV Werder - Wolfsburg
Zimdars		27.	SV Werder - TV Eimsbüttel
Preuße	56/57	23.	St. Pauli - SV Werder
Hagenacker	57/58	13.	SV Werder - Göttingen 05
Schütz	58/59	17.	SV Werder - Phönix Lübeck
Schröder		15.	SV Werder - Hannover 96
Schütz		25.	SV Werder - Altona 93
Hänel		28.	SV Werder - Hildesheim
Schimeczek	59/60	8.	St. Pauli - SV Werder
Schütz	60/61	4.	SV Werder - Bremerhaven
Soja	61/62	9.	SV Werder - Altona
Soja		18.	SV Werder - Bremerhaven
Hänel		18.	SV Werder - Bremerhaven
Soja		27.	E. Nordhorn - SV Werder
Meyer	62/63	1.	SV Werder - Bergedorf
Zebrowski		13.	SV Werder - Hannover 96
Meyer		21.	SV Werder - VfB Lübeck

4 Tore in einem Spiel:

Gernhardt	47/48	4.	SV Werder - Bremer SV
Rath	48/49	2.	SV Werder - Lübeck

Preuße	49/50	16.	Harburger TB - SV Werder
Klinge	51/52	30.	SV Werder - Göttingen 05
Preuße	53/54	12.	SV Werder - Holstein Kiel
Schröder	57/58	1.	SV Werder - VfB Lübeck
Meyer	62/63	11.	SV Werder - Oldenburg
Meyer		26.	SV Werder - Arminia Hannover

5 Tore in einem Spiel:

Preuße	51/52	16.	SK Lüneburg - SV Werder
Meyer	62/63	3.	SV Werder - Altona 93

EIGENTORE:

10 Eigentore vom SV Werder:

47/48:	1	Ackerschott	12.	SV Werder - Hannover 96
48/49:	2	Kraatz	10.	SV Werder - St. Pauli
		Ackerschott	14.	SV Werder - Hamburger SV
49/50:	3	Graul	3.	SV Werder - TV Eimsbüttel
		Kirk	11.	SV Werder - Oldenburg
		Klötzer	30.	Göttingen 05 - SV Werder
51/52:	1	Ackerschott	8.	SV Werder - Bremer SV
54/55:	1	Pöschl	30.	St. Pauli - SV Werder
55/56:	1	Pöschl	7.	TV Eimsbüttel - SV Werder
60/61:	1	Knopf	27.	Oldenburg - SV Werder

15 Eigentore vom Oberliga-Gegner:

48/49:	1	(Raytarowski/Göttingen)
49/50:	1	(Wickel/Hannover)
50/51:	1	(Rother/Itzehoe)
51/52:	1	(Kastner/Conc. Hamburg)
52/53:	1	(Kiow/Lübeck)
53/54:	2	(Mehnert/Göttingen u. Senftleben/Braunschweig)
54/55:	2	(Posipal/HSV u. Güttgemanns/Braunschweig)
55/56:	2	(Kempgen/Wolfsburg u. Busch/Nordhorn)
59/60:	2	(2 x Brockmann/E. Osnabrück)
61/62:	1	(Buck/Bremerhaven)
62/63:	1	(Zimmermann/Hildesheim)

Höchste Siege:

In den Heimspielen:

10 : 0	Lüneburg 51/52
10 : 1	Wolfsburg 55/56
10 : 2	Hannover 96 62/63
9 : 0	Altona 62/63
9 : 1	Lüneburg 51/52
8 : 0	Altona 61/62
8 : 1	Bremerhaven 61/62, Oldenburg 62/63
7 : 0	Conc. Hamburg 51/52, Kiel 53/54, Bergedorf 59/60

7 : 1	Bremerhaven 60/61, Oldenburg 61/62, Bergedorf 62/63
7 : 2	VfB Lübeck 57/58
7 : 5	Bremerhaven 57/58
6 : 0	VfB Lübeck 49/50
6 : 1	VfB Lübeck 48/49 u. 62/63, Göttingen 48/49 u. 50/51 u. 51/52, Eimsbüttel 51/52 u. 55/56, E. Osnabrück 50/51, Altona 50/51, Hildesheim 62/63, Phönix Lübeck 58/59
6 : 2	Altona 53/54, Conc. Hamburg 57/58
5 : 0	Bremerhaven 48/49, Hannover 96 51/52, VfL Osnabrück 55/56 u. 60/61, Concordia Hamburg 56/57, E. Nordhorn 58/59, Bremer SV 61/62
5 : 1	Bremerhaven 58/59, Conc. Hamburg 52/53, VfL Osnabrück 58/59, Wolfsburg 54/55, Oldenburg 55/56, Göttingen 57/58
5 : 2	Itzehoe 50/51, Bremer SV 51/52 u. 53/54, Arm. Hannover 62/63
5 : 3	E. Nordhorn 56/57 u. 61/62, Conc. Hamburg 58/59, Hildesheim 58/59, H. Kiel 62/63

In den Auswärtsspielen:

7 : 1	Bremerhaven 49/50, Harburger TB 49/50, Neumünster 61/62
7 : 2	Altona 50/51
6 : 0	Nordhorn 61/62
6 : 1	Nordhorn 58/59
5 : 1	Eimsbüttel 53/54
5 : 2	Braunschweig 54/55, Pauli 57/58, Neumünster 58/59
5 : 3	Oldenburg 60/61
5 : 4	Neumünster 59/60

Höchste Niederlagen:

In den Heimspielen:

0 : 6	Hamburger SV 47/48
1 : 5	Hamburger SV 50/51

In den Auswärtsspielen:

3 : 8	VfB Lübeck 57/58, VfL Osnabrück 60/61
4 : 7	VfB Lübeck 47/48, Altona 52/53
2 : 6	Bremer SV 52/53
0 : 5	Hannover 96 50/51
1 : 5	VfL Osnabrück 48/49, Braunschweig 55/56, Göttingen 56/57
2 : 5	HSV 48/49 u. 59/60, Pauli 50/51, Nordhorn 55/56, Bergedorf 58/59

Bilanz gegen die anderen Oberligisten

Verein	H/A/G	SP	S	U	N	Tore	Punkte
Bergedorf 85	H:	5	4	1	-	18 - 3	9 : 1
	A:	5	2	1	2	8 - 10	5 : 5
	=	**10**	**6**	**2**	**2**	**26 - 13**	**14 : 6**
Bremer SV	H:	9	7	2	-	31 - 10	16 : 2
	A:	9	3	3	3	16 - 18	9 : 9
	=	18	10	5	3	47 - 28	25 : 11
Bremerhaven 93	H:	15	12	1	2	53 - 22	25 : 5
	A:	15	5	2	8	23 - 22	12 : 18
	=	**30**	**17**	**3**	**10**	**76 - 44**	**37 : 23**
Eintracht Braunschweig	H:	15	10	3	2	35 - 20	23 : 7
	A:	15	2	3	10	21 - 38	7 : 23
	=	**30**	**12**	**6**	**12**	**56 - 58**	**30 : 30**
Altona 93	H:	12	9	1	2	48 - 14	19 : 5
	A:	12	8	-	4	35 - 29	16 : 8
	=	**24**	**17**	**1**	**6**	**83 - 43**	**35 : 13**
TV Eimsbüttel	H:	8	4	1	3	22 - 16	9 : 7
	A:	8	3	1	4	15 - 15	7 : 9
	=	**16**	**7**	**2**	**7**	**37 - 31**	**16 : 16**
Göttingen 05	H:	10	8	1	1	36 - 9	17 : 3
	A:	10	3	2	5	21 - 24	8 : 12
	=	**20**	**11**	**3**	**6**	**57 - 33**	**25 : 15**
Hamburger SV	H:	16	8	3	5	32 - 37	19 : 13
	A:	16	5	4	7	30 - 38	14 : 18
	=	**32**	**13**	**7**	**12**	**62 - 75**	**33 : 31**
Concordia Hamburg	H:	13	11	2	-	51 - 14	24 : 2
	A:	13	4	2	7	22 - 26	10 : 16
	=	**26**	**15**	**4**	**7**	**73 - 40**	**34 : 18**
Victoria Hamburg	H:	3	2	-	1	4 - 3	4 : 2
	A:	3	1	1	1	5 - 3	3 : 3
	=	**6**	**3**	**1**	**2**	**9 - 6**	**7 : 5**
Arminia Hannover	H:	11	9	1	1	25 - 9	19 : 3
	A:	11	1	2	8	13 - 24	4 : 18
	=	**22**	**10**	**3**	**9**	**38 - 33**	**23 : 21**
Hannover 96	H:	15	11	1	3	50 - 23	23 : 7
	A:	15	4	2	9	23 - 35	10 : 20
	=	**30**	**15**	**3**	**12**	**73 - 58**	**33 : 27**
Harburger TB	H:	4	2	1	1	8 - 5	5 : 3
	A:	4	2	1	1	13 - 5	5 : 3
	=	**8**	**4**	**2**	**2**	**21 - 10**	**10 : 6**
Heider SV	H:	2	2	-	-	6 - 1	4 :0
	A:	2	1	1	-	3 - 1	3 : 1
	=	**4**	**3**	**1**	**-**	**9 - 2**	**7 : 1**

Verein	H/A/G	SP	S	U	N	Tore	Punkte
Hildesheim	H:	5	3	-	2	14 - 7	6 : 4
	A:	5	1	2	2	8 - 11	4 : 6
	=	**10**	**4**	**2**	**4**	**22 - 18**	**10 : 10**
SV Itzehoe	H:	1	1	-	-	3 - 0	2 : 0
	A:	1	1	-	-	5 - 2	2 : 0
	=	**2**	**2**	**-**	**-**	**8 - 2**	**4 : 0**
Holstein	H:	15	10	1	4	45 - 26	21 : 9
Kiel	A:	15	5	3	7	23 - 26	13 : 17
	=	**30**	**15**	**4**	**11**	**68 - 52**	**34 : 26**
Phönix	H:	3	3	-	-	12 - 3	6 : 0
Lübeck	A:	3	1	-	2	4 - 6	2 : 4
	=	**6**	**4**	**-**	**2**	**16 - 9**	**8 : 4**
VfB Lübeck	H:	9	9	-	-	42 - 7	18 : 0
	A:	9	2	3	4	16 - 24	7 : 11
	=	**18**	**11**	**3**	**4**	**58 - 31**	**25 : 11**
SK Lüneburg	H:	1	1	-	-	9 - 1	2 : 0
	A:	1	1	-	-	10 - 0	2 : 0
	=	**2**	**2**	**-**	**-**	**19 - 1**	**4 : 0**
VfR Neumünster	H:	8	6	-	2	21 - 13	12 : 4
	A:	8	4	1	3	26 - 20	9 : 7
	=	**16**	**10**	**1**	**5**	**47 - 33**	**21 : 11**
Eintracht	H:	5	5	-	-	23 - 10	10 : 0
Nordhorn	A:	5	3	-	2	16 - 10	6 : 4
	=	**10**	**8**	**-**	**2**	**39 - 20**	**16 : 4**
Eintracht	H:	4	3	-	1	14 - 6	6 : 2
Osnabrück	A:	4	1	2	1	7 - 6	4 : 4
	=	**8**	**4**	**2**	**2**	**21 - 12**	**10 : 6**
VfL Osnabrück	H:	16	10	3	3	41 - 17	23 : 9
	A:	16	6	4	6	31 - 40	16 : 16
	=	**32**	**16**	**7**	**9**	**72 - 57**	**39 : 25**
FC St. Pauli	H:	16	7	5	4	24 - 18	19 : 13
	A:	16	6	3	7	30 - 36	15 : 17
	=	**32**	**13**	**8**	**11**	**54 - 54**	**34 : 30**
VfB Oldenburg	H:	7	5	1	1	27 - 8	11 : 3
	A:	7	3	3	1	16 - 12	9 : 5
	=	**14**	**8**	**4**	**2**	**43 - 20**	**20 : 8**
VfL Wolfsburg	H:	5	5	-	-	25 - 5	10 : 0
	A:	5	1	1	3	4 - 6	3 : 7
	=	**10**	**6**	**1**	**3**	**29 - 11**	**13 : 7**

1947/48

Sp.	Datum	Gegner	Ergebnis	SV-Torschützen	Zuschauer
1.	14.09.47	VfB Lübeck - Bremen	7 : 4 (4-1)	Heinrich 2 I Schmidt I Haase	
2.	21.09.47	Bremen - Con. Hamburg	3 : 2 (1-1)	Fehrmann 2 I Heinrich	
3.	28.09.47	Hannover 96 - Bremen	0 : 1 (0-0)	Heinrich	
4.	05.10.47	Bremen - Bremer SV	4 : 1 (3-0)	Gernhardt 4	
5.	12.10.47	Arm. Hannover - Bremen	1 : 0 (1-0)	-	
6.	19.10.47	Bremen - Victoria Hamburg	2 : 0 (0-0)	Stürmer I Srobeck	
7.	26.10.47	St. Pauli - Bremen	2 : 0 (1-0)	-	
8.	09.11.47	Bremen - HSV	0 : 6 (0-5)	-	
9.	16.11.47	Bremen - VfL Osnabrück	2 : 3 (1-1)	Schmidt 2	
10.	30.11.47	Bremen - Holstein Kiel	1 : 0 (0-0)	Mohrmann	
11.	07.12.47	Braunschweig - Bremen	0 : 0 (0-0)		
12.	04.01.48	Bremen - Hannover 96	4 : 2 (3-1)	Kraatz 2 I Fehrmann I Gernhardt	
13.	11.01.48	HSV - Bremen	2 : 2 (1-0)	Gernhardt I Kraatz	
14.	18.01.48	Bremen - VfB Lübeck	4 : 0 (3-0)	Fehrmann 2 I Gernhardt I Klinge	
15.	25.01.48	Holstein Kiel - Bremen	1 : 2 (1-0)	Heinrich I Klinge	
16.	08.02.48	Conc. Hamburg - Bremen	3 : 2 (2-0)	Gernhardt 2	
17.	15.02.48	Bremen - St. Pauli	2 : 3 (1-0)	Fehrmann I Gernhardt	
18.	22.02.48	Bremen - Braunschweig	2 : 1 (0-1)	Gernhardt I Schmidt	
19.	29.02.48	VfL Osnabrück - Bremen	2 : 3 (2-0)	Gernhardt I Fehrmann I Mohrmann	
20.	14.03.48	Bremer SV - Bremen	0 : 1 (0-1)	Gernhardt	
21.	21.03.48	Victoria Hamburg - Bremen	1 : 4 (1-0)	Rath 2 I Srobeck 2	
22.	18.04.48	Bremen - Arm. Hannover	0 : 1 (0-0)	-	

Da Werder Bremen punktgleich mit dem VfL Osnabrück war (beide hatten 26:18 Pkt.), mußte ein Entscheidungsspiel um Platz 4 ausgetragen werden. Dieses Spiel gewannen die Bremer mit 3:1!

Saisonstatistik: *Platz:* **4**;

12 *Siege* / 2 *Unentschieden* / 8 *Niederlagen*
43 - 38 *Tore; Diff.:* + 5;
26 : 18 *Punkte*
209.000 *Zuschauer*

Die Tore für den SV Werder erzielten in dieser Saison:

Gernhardt 13, Fehrmann 7, Heinrich 5, Schmidt 4, Srobeck 3, Kraatz 3, Rath 2, Mohrmann 2, Klinge 2, Haase 1 und Stürmer 1.

Anmerkung: Die erste Oberliga-Saison in der Gruppe NORD wurde nur unvollständig in den Printmedien wiedergegeben, sodaß eine genaue Auflistung der einzelnen Spiele nicht angefertigt werden konnte. Die Informationen zu den einzelnen Spielen waren teilweise so lückenhaft, daß auf ein Spieler-ABC verzichtet werden mußte. Insgesamt setzte Bremen in dieser Saison 24 Spieler ein.

1948/49

Sp.	Datum		Gegner	Ergebnis	SV-Torschützen	Zuschauer
01.	29.08.48	A	Göttingen 05	2 : 3 (1-1)	Wunderlich I EIG: Raytarowski	12.000
02.	05.09.48	H	VfB Lübeck	6 : 1 (1-0)	Rath 4 I Wunderlich I Gernhardt	11.000
03.	12.09.48	A	Hamburger SV	2 : 5 (0-3)	Rath 2	18.000
04.	19.09.48	A	E. Braunschweig	2 : 3 (2-0)	Wunderlich 2	15.000
05.	26.09.48	H	VfL Osnabrück	4 : 3 (1-2)	Gernhardt 2 I Wunderlich I Hoffmeister	28.000
06.	10.10.48	H	Bremerhaven 93	5 : 0 (1-0)	Rath 2 I Wunderlich I Heinrich I Gernhardt	16.000
07.	31.10.48	H	Bremer SV	0 : 0 (0-0)	-	30.000
08.	14.11.48	A	Arm. Hannover	2 : 4 (1-2)	Rath I Gernhardt	8.000
09.	28.11.48	A	TV Eimsbüttel	1 : 0 (0-0)	Schmidt	4.000
10.	03.12.48	H	St. Pauli	0 : 4 (0-1)	-	12.000
11.	12.12.48	H	Conc. Hamburg	2 : 2 (1-2)	Klinge I Rath	12.000
12.	16.01.49	A	Bremerhaven 93	2 : 1 (2-0)	Gernhardt I Wunderlich	10.000
13.	23.01.49	A	VfL Osnabrück	1 : 5 (0-2)	Wunderlich	18.000
14.	30.01.49	H	Hamburger SV	2 : 3 (1-2)	Gernhardt 2	25.000
15.	06.02.49	A	VfB Lübeck	1 : 1 (0-0)	Srobeck	12.000
16.	13.02.49	H	E. Braunschweig	4 : 2 (2-1)	Rath 2 I Gernhardt I Klinge	20.000
17.	06.03.49	A	Bremer SV	2 : 3 (2-2)	Gernhardt I Rath	22.000
18.	20.03.49	H	Arm. Hannover	3 : 1 (3-0)	Graul I Kraatz I Srobeck	12.000
19.	27.03.49	H	TV Eimsbüttel	0 : 3 (0-1)	-	12.000
20.	03.04.49	H	Göttingen 05	6 : 1 (2-1)	Graul 2 I Rath 2 I Wunderlich I Ackerschott	10.000
21.	24.04.49	A	Conc. Hamburg	2 : 3 (0-3)	Klinge I Wunderlich	12.000
22.	01.05.49	A	St. Pauli	0 : 2 (0-0)	-	15.000

Anmerkung: Holstein Kiel wurde während der Saison vom Spielbetrieb ausgeschlossen!

Saisonstatistik: *Platz:* **8**;

8 *Siege* / 3 *Unentschieden* / 11 *Niederl.*
49 - 50 *Tore; Diff.:* - 1;
19 : 25 *Punkte*
188.000 *Zuschauer*

1948/49

Spieltag	Höger	Ackerschott	Graul	Kraatz	Fehrmann	Hoffmeister	Rath	Zuwede	Gernhardt	Wunderlich	Klinge	Manthey	Heinrich	Schmidt	Lorenz	Srobeck	Mosch	Illic	Kirk	Kruse					
01.	x	x	x	x	x	x	x	x	x	x	x														
02.	x	x	x	x		x	x		x	x	x	x	x												
03.	x	x	x	x		x	x		x	x	x		x	x											
04.	x	x	x	x		x	x		x	x	x	x	x												
05.	x	x	x	x		x	x		x	x	x		x	x											
06.	x	x	x	x		x	x		x	x	x		x	x											
07.	x	x	x	x			x		x	x	x		x	x	x										
08.	x	x	x	x			x		x	x			x	x	x	x									
09.	x	x	x	x			x		x	x	x		x	x	x										
10.	x	x	x	x			x			x			x	x	x	x	x								
11.	x	x		x			x		x	x	x		x	x	x		x								
12.		x	x	x			x		x	x	x		x		x		x	x							
13.		x	x	x			x		x	x	x		x	x	x			x							
14.		x	x	x			x		x	x	x				x	x	x	x							
15.		x	x	x			x		x	x	x				x	x	x	x							
16.		x	x	x			x		x	x	x				x	x	x	x							
17.		x	x	x			x		x		x				x	x	x	x	x						
18.		x	x	x			x		x	x	x				x	x		x	x						
19.		x	x	x			x		x	x	x				x	x		x							
20.		x	x	x			x		x	x	x				x		x	x	x						
21.		x	x	x			x			x	x		x		x			x	x	x					
22.		x	x	x			x		x	x	x		x		x			x	x						

Sp:	11	22	21	22	1	6	22	1	20	21	20	2	14	9	16	8	8	11	6	1					
T:	0	1	3	1	0	1	15	0	10	10	3	0	1	1	0	2	0	0	0	0					

1949/50

Sp.	Datum		Gegner	Ergebnis	SV-Torschützen	Zuschauer
01.	04.09.49	A	Göttingen 05	3 : 0 (2-0)	Rath 2 I Hagenacker	15.000
02.	11.09.49	A	Hannover 96	3 : 0 (1-0)	Hagenacker I Rath I EIG: Wickel	10.000
03.	25.09.49	H	TV Eimsbüttel	0 : 3 (0-2)	-	12.000
04.	02.10.49	H	VfB Lübeck	6 : 0 (1-0)	Burdenski I Gernhardt I Hagen. 2 I Rath I Wunderlich	7.000
05.	09.10.49	A	Bremer SV	3 : 3 (2-3)	Gernhardt I Hagenacker I Thünnermann	20.000
06.	16.10.49	A	Concordia Hamburg	1 : 3 (0-1)	Gernhardt	10.000
07.	23.10.49	H	E. Braunschweig	1 : 1 (0-1)	Hagenacker	10.000
08.	30.10.49	H	Harburger TB	4 : 2 (3-0)	Hagenacker 3 I Graul	8.000
09.	06.11.49	A	VfL Osnabrück	4 : 1 (0-0)	Broschat I Gernhardt I Klinge I Rath	10.000
10.	16.11.49	A	Holstein Kiel	0 : 1 (0-1)	-	10.000
11.	27.11.49	H	Oldenburg	1 : 2 (1-2)	Rath	4.000
12.	04.12.49	H	Arm. Hannover	4 : 1 (3-1)	Burdenski 2 I Preuße 2	10.000
13.	11.12.49	A	Bremerhaven 93	7 : 1 (4-1)	Preuße 3 I Gernhardt I Hagenacker 3	13.000
14.	18.12.49	A	St. Pauli	2 : 4 (1-1)	Preuße 2	10.000
15.	08.01.50	H	Hamburger SV	1 : 1 (0-0)	Gernhardt	25.000
16.	15.01.50	A	Harburger TB	7 : 1 (4-1)	Preuße 4 I Burdenski 2 I Hagenacker	3.000
17.	29.01.50	A	Oldenburg	2 : 3 (2-3)	Gernhardt I Hagenacker	12.000
18.	29.01.50	H	Conc. Hamburg	4 : 0 (2-0)	Preuße 2 I Hagenacker 2	8.000
19.	12.02.50	A	E. Braunschweig	1 : 1 (1-1)	Preuße	7.000
20.	19.02.50	H	Bremer SV	3 : 1 (2-0)	Burdenski 2 I Preuße	20.000
21.	26.02.50	H	Holstein Kiel	3 : 1 (2-0)	Hagenacker I Wunderlich I Gernhardt	10.000
22.	05.03.50	A	Arm. Hannover	0 : 2 (0-1)	-	10.000
23.	12.03.50	H	VfL Osnabrück	1 : 2 (0-1)	Hagenacker	10.000
24.	19.03.50	H	Hannover 96	4 : 2 (2-1)	Hagenacker 2 I Gernhardt I Klötzer	12.000
25.	26.03.50	A	VfB Lübeck	2 : 0 (0-0)	Wunderlich I Hagenacker	8.000
26.	02.04.50	H	St. Pauli	2 : 0 (1-0)	Burdenski I Rath	8.000
27.	09.04.50	A	TV Eimsbüttel	3 : 1 (2-1)	Preuße 2 I Hagenacker	12.000
28.	16.04.50	A	Hamburger SV	1 : 3 (1-1)	Hagenacker	12.000
29.	23.04.50	H	Bremerhaven 93	3 : 1 (2-0)	Gernhardt 2 I Preuße	8.000
30.	30.04.50	A	Göttingen 05	2 : 3 (1-2)	Hagenacker 2	15.000

Saisonstatistik: *Platz:* **4**;

16 *Siege* / 4 *Unentschieden* / 10 *Niederlagen*
78 - 44 *Tore; Diff.:* + 34;
36 : 24 *Punkte*
152.000 *Zuschauer*

1949/50

Spieltag	Illic	Burdenski	Ackerschott	Thünnermann	Klötzer	Broschat	Wunderlich	Hagenacker	Gernhardt	Preuße	Rath	Klinge	Graul	Klöpfer	Kirk	Kraatz
01.	x	x	x	x	x	x	x	x	x	x	x					
02.	x	x	x	x	x	x	x	x		x	x	x				
03.	x	x	x	x		x		x	x	x	x		x	x		
04.	x	x	x	x	x	x	x	x	x		x				x	
05.	x	x	x	x	x	x		x	x	x	x	x				
06.	x	x	x	x	x	x		x	x	x	x				x	
07.	x	x	x	x	x	x	x	x	x		x				x	
08.	x	x	x	x	x	x	x	x	x				x		x	
09.	x	x	x	x	x	x		x	x		x	x			x	
10.	x	x	x	x	x	x		x	x		x	x			x	
11.	x	x	x	x	x	x		x	x		x	x			x	
12.	x	x	x	x		x		x		x	x		x		x	x
13.	x	x	x	x	x	x	x	x	x	x		x				
14.	x	x	x	x	x	x	x	x	x	x		x				
15.	x	x	x	x	x	x	x	x	x	x		x				
16.	x	x	x	x	x	x	x	x		x		x			x	
17.	x	x	x	x		x	x	x	x	x		x				x
18.	x	x	x	x		x		x	x	x		x	x		x	
19.	x	x	x	x		x		x	x	x		x	x		x	
20.	x	x	x	x	x	x		x	x	x	x				x	
21.	x	x	x	x		x	x	x	x	x	x				x	
22.	x	x	x	x		x	x	x	x	x	x			x		
23.	x	x	x	x	x	x		x		x	x	x			x	
24.	x		x	x	x	x		x	x	x	x		x		x	
25.	x	x	x	x		x	x	x	x	x	x				x	
26.	x	x	x	x		x	x	x	x	x	x				x	
27.	x	x	x	x		x		x	x	x	x		x		x	
28.	x	x	x	x		x		x	x	x	x		x		x	
29.	x	x	x	x	x	x	x	x	x	x		x				
30.	x	x	x	x	x			x		x	x	x	x		x	

Sp.:	30	29	30	30	19	29	15	30	25	24	21	15	9	2	20	2
T.:	0	8	0	1	1	1	3	25	11	18	7	1	1	0	0	0

1950/51

Sp.	Datum		Gegner	Ergebnis	SV-Torschützen	Zuschauer
01.	21.08.50	A	SV Itzehoe	5 : 2 (4-0)	Hagenacker 2 I Preuße I Burdenski I EIG: Rother	7.000
02.	28.08.50	A	Arm. Hannover	1 : 0 (0-0)	Gernhardt	15.000
03.	03.09.50	H	Bremerhaven 93	3 : 4 (2-2)	Gernhardt 2 I Preuße	10.000
04.	10.09.50	A	Holstein Kiel	2 : 3 (2-2)	Hagenacker I Preuße	8.000
05.	17.09.50	H	Concordia Hamburg	4 : 0 (3-0)	Gernhardt 3 I Hagenacker	12.000
06.	24.09.50	H	VfL Osnabrück	3 : 3 (1-2)	Hagenacker 2 I Gernhardt	20.000
07.	01.10.50	A	Hamburger SV	1 : 1 (1-0)	Klinge	26.000
08.	08.10.50	H	St. Pauli	0 : 0 (0-0)	-	23.000
09.	15.10.50	A	Bremer SV	3 : 1 (2-1)	Klinge I Preuße I Rath	25.000
10.	22.10.50	H	E. Braunschweig	2 : 0 (0-0)	Gernhardt I Hagenacker	16.000
11.	05.11.50	H	Oldenburg	2 : 1 (2-0)	Pöschl 2 I Hagenacker	15.000
12.	12.11.50	A	Altona 93	7 : 2 (3-2)	Preuße 3 I Thünnerm. I Rath I Pöschl I Gernh.	8.000
13.	19.11.50	H	TV Eimsbüttel	4 : 0 (0-0)	Preuße I Pöschl I Klinge I Rath	10.000
14.	26.11.50	H	Göttingen 05	6 : 1 (3-0)	Preuße 2 I Gernhardt I Rath I Pöschl I Klinge	25.000
15.	10.12.50	H	Hannover 96	4 : 0 (0-0)	Gernhardt 2 I Preuße 2	2.000
16.	07.01.51	A	Göttingen 05	1 : 1 (1-1)	Preuße	12.000
17.	14.01.51	H	Altona 93	6 : 1 (2-0)	Gernhardt 3 I Pöschl I Rath I Klinge	9.000
18.	21.01.51	A	E. Braunschweig	1 : 3 (0-3)	Burdenski	15.000
19.	28.01.51	H	SV Itzehoe	3 : 0 (1-0)	Preuße I Klinge I Gernhardt	10.000
20.	04.02.51	A	St. Pauli	2 : 5 (0-1)	Preuße 2	20.000
21.	11.02.51	H	Arm. Hannover	2 : 0 (1-0)	Klötzer I Thünnermann	12.000
22.	18.02.51	A	TV Eimsbüttel	1 : 3 (1-0)	Preuße	10.000
23.	28.02.51	A	Eintr. Osnabrück	1 : 2 (0-0)	Preuße	7.000
24.	04.03.51	A	Conc. Hamburg	1 : 2 (1-1)	Rath	8.000
25.	11.03.51	H	Holstein Kiel	3 : 2 (1-0)	Preuße I Rath I Wunderlich	12.000
26.	23.03.51	A	Oldenburg	1 : 1 (0-1)	Burdenski	6.000
27.	27.03.51	A	Bremerhaven 93	1 : 4 (0-2)	Rath	11.000
28.	01.04.51	H	Bremer SV	2 : 2 (2-1)	Hagenacker I Preuße	22.000
29.	08.04.51	H	Hamburger SV	1 : 5 (0-3)	Preuße	30.000
30.	18.04.51	A	VfL Osnabrück	0 : 4 (0-1)	-	10.000
31.	28.04.51	A	Hannover 96	0 : 5 (0-3)	-	8.000
32.	03.05.51	H	Eintr. Osnabrück	6 : 1 (1-0)	Pöschl 2 I Preuße 2 I Gernhardt I Rath	7.000

Saisonstatistik: *Platz:* **6**;

15 *Siege* / 6 *Unentschieden* / 11 *Niederlagen*
79 - 59 *Tore; Diff.:* + 20;
36 : 28 *Punkte*
235.000 *Zuschauer*

1950/51

Spieltag	Illic	Kirk	Ackerschott	Thünnermann	Klötzer	Burdenski	Rath	Preuße	Pöschl	Hagenacker	Gernhardt	Küchler	Klinge	Wunderlich	Broschat	Kraatz	Meyer	Uelzmann
01.	x	x	x	x	x	x	x	x	x	x	x							
02.	x	x	x	x	x	x	x	x	x	x	x							
03.	x	x	x	x		x	x	x	x		x	x	x					
04.	x	x	x	x		x	x	x	x	x	x			x				
05.	x	x	x	x		x	x	x	x	x	x				x			
06.	x	x	x	x		x	x	x	x	x	x				x			
07.	x	x	x	x		x	x		x	x	x		x		x			
08.	x		x	x		x	x	x	x	x	x		x		x			
09.	x		x	x		x	x	x	x	x	x		x		x			
10.	x		x	x		x	x	x	x	x	x		x		x			
11.	x		x	x		x	x	x	x	x	x		x		x			
12.	x		x	x		x	x	x	x	x	x		x		x			
13.	x		x	x		x	x	x	x	x			x		x	x		
14.	x		x	x		x	x	x	x	x	x		x		x			
15.	x		x	x		x	x	x	x	x	x		x		x			
16.	x		x	x		x	x	x	x	x			x		x		x	
17.	x		x	x		x	x	x	x	x	x		x		x			
18.	x		x	x		x	x	x	x	x	x		x		x			
19.	x		x	x		x	x	x		x	x		x	x	x			
20.	x	x	x	x		x	x	x		x	x		x		x			
21.			x	x	x	x	x	x		x	x			x	x			x
22.	x		x	x	x	x	x	x	x	x				x	x			
23.	x		x	x	x	x	x	x		x				x	x	x		
24.	x		x	x	x	x	x	x		x				x	x		x	
25.	x		x	x	x	x	x	x		x				x	x		x	
26.	x	x	x	x		x	x	x		x	x			x	x			
27.	x	x	x	x			x		x				x	x	x	x	x	
28.	x	x	x	x	x		x	x		x	x		x		x			
29.	x	x		x		x	x	x	x	x	x		x		x			
30.	x	x	x	x		x	x		x	x	x		x		x			
31.	x	x	x	x		x	x		x				x	x	x		x	
32.	x	x	x	x		x	x	x	x		x		x		x			
Sp.:	31	15	31	32	8	30	32	28	24	28	24	1	21	10	28	3	5	1
T.:	0	0	0	2	1	3	9	23	7	9	17	0	6	1	0	0	0	0

1951/52

Sp.	Datum		Gegner	Ergebnis	SV-Torschützen	Zuschauer
01.	20.08.51	A	Hamburger SV	1 : 4 (1-2)	Rath	20.000
02.	27.08.51	H	Bremerhaven 93	2 : 2 (1-0)	Preuße I Wunderlich	18.000
03.	03.09.51	A	Hannover 96	0 : 0 (0-0)	-	9.000
04.	10.09.51	A	Conc. Hamburg	0 : 4 (0-0)	-	7.000
05.	17.09.51	H	Victoria Hamburg	1 : 3 (0-1)	Hagenacker	12.000
06.	24.09.51	A	Göttingen 05	3 : 1 (1-0)	Gernhardt I Rath I Wunderlich	8.000
07.	01.10.51	H	E. Braunschweig	3 : 0 (2-0)	Gernhardt 2 I Klinge	10.000
08.	22.10.51	H	Bremer SV	5 : 2 (2-1)	Rath I Sahm I Wunderl. I Konopka I Gernhardt	25.000
09.	29.10.51	A	Eintr. Osnabrück	2 : 2 (1-1)	Gernhardt I Sahm	8.000
10.	05.11.51	H	VfL Osnabrück	4 : 1 (1-1)	Burdenski 2 I Rah I Konopka	15.000
11.	12.11.51	A	TV Eimsbüttel	0 : 3 (0-1)	-	3.000
12.	19.11.51	A	Holstein Kiel	1 : 2 (1-2)	Pöschl	10.000
13.	26.11.51	H	Lüneburger SK	9 : 1 (6-1)	Gernh. 3 I Wunderl. I Rath I Preuße 2 I Sahm 2	4.000
14.	03.12.51	A	Arm. Hannover	1 : 3 (0-1)	Preuße	5.000
15.	10.12.51	H	St. Pauli	4 : 2 (3-1)	Preuße 2 I Sahm I Burdenski	12.000
16.	17.12.51	A	Lüneburger SK	10 : 0 (3-0)	Sahm 2 I Preuße 5 I Gernhardt 2 I Konopka	4.000
17.	23.12.51	H	Arm. Hannover	1 : 0 (1-0)	Preuße	8.000
18.	30.12.51	A	E. Braunschweig	0 : 3 (0-2)	-	10.000
19.	06.01.52	H	Hamburger SV	2 : 4 (1-2)	Gernhardt I Sahm	18.000
20.	13.01.52	A	Bremer SV	1 : 1 (1-1)	Preuße	28.000
21.	20.01.52	H	Holstein Kiel	4 : 1 (2-1)	Sahm I Rath I Gernhardt I Preuße	7.000
22.	27.01.52	A	VfL Osnabrück	0 : 2 (0-0)	-	12.000
23.	03.02.52	H	TV Eimsbüttel	6 : 1 (3-0)	Sahm 2 I Preuße 2 I Burdenski I Gernhardt	8.000
24.	10.02.52	A	Bremerhaven 93	3 : 2 (0-0)	Sahm 2 I Rath	10.000
25.	17.02.52	H	Conc. Hamburg	7 : 0 (2-0)	Preuße 3 I Gernh. I Sahm I Rath I EIG: Kastner	8.000
26.	24.02.52	A	St. Pauli	2 : 2 (1-0)	Rath 2	8.000
27.	02.03.52	H	Hannover 96	5 : 0 (2-0)	Preuße 3 I Pühl I Pöschl	9.000
28.	09.03.52	H	Eintr. Osnabr.	1 : 3 (0-1)	Burdenski	5.000
29.	16.03.52	A	Vict. Hamburg	1 : 2 (0-1)	Theile	5.000
30.	30.03.52	H	Göttingen 05	6 : 1 (3-0)	Klinge 4 I Preuße 2	5.000

Saisonstatistik: *Platz:* **7**;

14 *Siege* / 5 *Unentschieden* / 11 *Niederlagen*
85 - 52 *Tore; Diff.:* + 33;
33 : 27 *Punkte*
164.000 *Zuschauer*

1951/52

Spieltag	Alm	Risse	Ackerschott	Thünnermann	Burdenski	Sahm	Wunderlich	Hagenacker	Pöschl	Preuße	Rath	Block	Konopka	Theile	Pühl	Gernhardt	Illic	Klinge	Broschat	Kirk	Zimmermann				
01.	x		x		x	x			x		x	x	x	x		x		x							
02.	x	x	x	x	x	x	x	x	x	x	x														
03.	x		x		x	x	x	x	x			x	x	x	x										
04.	x		x		x	x	x	x	x		x	x	x			x									
05.			x	x	x	x	x	x	x	x	x					x	x								
06.	x		x	x	x	x	x		x		x	x		x		x									
07.			x		x	x			x		x	x	x	x		x	x	x							
08.	x		x			x	x		x		x	x	x	x		x			x						
09.	x		x		x	x	x				x	x	x	x		x			x						
10.	x		x		x	x	x		x		x		x	x		x				x					
11.			x		x	x	x	x	x		x		x	x			x			x					
12.	x		x		x	x	x		x		x		x	x		x				x					
13.	x		x		x	x	x			x	x		x	x		x				x					
14.	x		x		x	x	x		x	x	x			x		x				x					
15.			x		x	x		x	x	x	x		x			x	x			x					
16.	x		x		x	x		x	x	x	x		x			x				x					
17.			x		x	x		x	x	x	x		x			x	x			x					
18.			x		x	x		x		x	x		x		x	x	x			x					
19.	x		x		x	x	x	x	x		x					x				x	x				
20.	x		x		x	x		x	x	x	x					x		x		x					
21.	x		x			x	x	x	x	x	x					x			x	x					
22.	x		x		x	x		x	x	x	x			x		x				x					
23.	x		x		x	x		x	x	x	x			x		x				x					
24.			x		x	x		x	x	x	x				x		x	x		x					
25.	x		x		x	x		x	x	x	x			x		x				x					
26.			x		x	x		x	x	x	x			x		x	x			x					
27.	x		x			x		x	x	x	x			x	x				x	x					
28.	x		x		x			x		x	x		x	x		x		x		x					
29.			x			x		x	x	x	x		x	x	x		x			x					
30.	x		x		x	x		x	x	x	x			x				x		x					

Sp.:	21	1	30	3	26	29	14	21	26	19	29	7	16	19	5	23	9	6	4	21	1				
T.:	0	0	0	0	5	14	4	1	2	24	10	0	3	1	1	14	0	5	0	0	0				

1952/53

Sp.	Datum		Gegner	Ergebnis	SV-Torschützen	Zuschauer
01.	24.08.52	A	VfB Lübeck	1 : 3 (1-0)	Gernhardt	11.000
02.	31.08.52	H	Hannover 96	2 : 1 (0-1)	Ackerschott I Hardtke	12.000
03.	07.09.52	A	Harburger TB	2 : 3 (1-1)	Hardtke I Gernhardt	7.000
04.	14.09.52	A	Altona 93	4 : 7 (4-2)	Gernhardt I Burdenski I Hagenacker 2	6.000
05.	21.09.52	H	Eintr. Osnabrück	3 : 1 (1-0)	Thünnermann I Burdenski I Gernhardt	5.000
06.	28.09.52	A	St. Pauli	3 : 1 (0-1)	Hardtke I Burdenski I Konopka	8.000
07.	12.10.52	H	TV Eimsbüttel	4 : 3 (1-1)	Preuße 2 I Gernhardt I Konopka	10.000
08.	19.10.52	A	Arm. Hannover	2 : 2 (0-1)	Ebert 2	7.000
09.	26.10.52	H	Göttingen 05	3 : 0 (1-0)	Ebert I Preuße 2	10.000
10.	02.11.52	A	Bremer SV	2 : 6 (0-4)	Hagenacker I Preuße	20.000
11.	16.11.52	H	Conc. Hamburg	5 : 1 (3-0)	Preuße 2 I Ebert 2 I Klinge	5.000
12.	23.11.52	A	Bremerhaven 93	0 : 0 (0-0)	-	9.000
13.	30.11.52	H	Hamburger SV	4 : 3 (2-2)	Burdenski I Preuße I Bering I Klinge	20.000
14.	07.12.52	A	Holstein Kiel	0 : 0 (0-0)	-	12.000
15.	14.12.52	H	VfL Osnabrück	2 : 1 (1-1)	Preuße 2	12.000
16.	29.12.52	H	VfB Lübeck	4 : 1 (3-0)	Preuße 2 I Klinge I ElG: Kiow	8.000
17.	04.01.53	A	Hannover 96	1 : 3 (0-2)	Gernhardt	12.000
18.	11.01.53	H	Harburger TB	3 : 1 (0-0)	Bering I Gernhardt I Klinge	7.000
19.	18.01.53	H	Altona 93	4 : 2 (4-0)	Bering 2 I Preuße I Burdenski	18.000
20.	25.03.53	A	Eintr. Osnabrück	1 : 1 (0-1)	Gernhardt	7.000
21.	08.02.53	H	St. Pauli	1 : 1 (1-0)	Klinge	10.000
22.	15.02.53	A	TV Eimsbüttel	2 : 3 (2-2)	Klinge I Konopka	7.000
23.	22.02.53	H	Arm. Hannover	2 : 1 (2-0)	Ebert I Klinge	8.000
24.	01.03.53	A	Göttingen 05	2 : 0 (0-0)	Ebert I Gernhardt	12.000
25.	15.03.53	H	Bremer SV	4 : 1 (1-1)	Hagenacker I Preuße I Gernhardt I Bering	22.000
26.	22.03.53	A	Conc. Hamburg	1 : 1 (1-1)	Klinge	6.000
27.	29.03.53	H	Bremerhaven 93	1 : 2 (1-1)	Gernhardt	8.000
28.	12.04.53	A	Hamburger SV	4 : 1 (2-1)	Hagenacker I Stange 2 I Ebert	20.000
29.	19.04.53	H	H. Kiel	1 : 2 (1-0)	Bering	30.000
30.	26.04.53	A	VfL Osnabrück	3 : 3 (1-1)	Hardtke I Konopka I Klinge	15.000

Saisonstatistik: *Platz:* **3**; 15 *Siege* / 7 *Unentschieden* / 8 *Niederlagen*
71 - 55 *Tore; Diff.:* + 16;
37 : 23 *Punkte*
185.000 *Zuschauer*

1952/53

Spieltag	Illic	Hagenacker	Ackerschott	Pöschl	Burdenski	Thünnermann	Klinge	Stange	Gernhardt	Preuße	Hardtke	Hehl	Ebert	Wunderlich	Konopka	Bering	Block
01.	x	x	x	x	x	x	x	x	x	x	x						
02.	x	x	x	x	x			x	x	x	x	x	x				
03.	x	x	x	x	x		x	x	x	x	x			x			
04.	x	x	x	x	x	x		x	x	x	x				x		
05.	x	x	x	x	x	x	x		x		x		x		x		
06.	x	x	x		x	x	x		x		x		x		x	x	
07.	x	x	x	x	x		x		x	x			x		x	x	
08.	x	x	x	x	x	x	x			x			x		x	x	
09.	x	x	x	x	x	x	x			x			x		x	x	
10.	x	x	x	x	x	x	x			x			x		x	x	
11.	x	x	x		x	x	x			x	x		x		x	x	
12.	x	x	x		x	x	x			x	x		x		x	x	
13.	x	x	x		x	x	x			x	x		x		x	x	
14.	x	x	x		x	x	x			x	x		x		x	x	
15.	x	x	x		x	x	x			x	x		x		x	x	
16.	x	x	x		x	x	x		x	x			x		x	x	
17.	x		x		x	x	x	x	x		x		x		x	x	
18.	x		x		x	x	x	x	x	x			x		x	x	
19.	x		x		x	x	x		x	x			x		x	x	x
20.	x		x		x	x	x		x	x			x		x	x	x
21.	x	x	x	x	x	x	x		x	x			x		x		
22.	x	x	x		x	x	x		x	x			x		x	x	
23.	x	x	x	x	x		x		x	x			x		x	x	
24.	x	x	x	x	x		x		x	x			x		x	x	
25.	x	x	x	x	x		x		x	x			x		x	x	
26.	x	x	x	x	x		x		x	x			x		x	x	
27.	x		x	x	x	x	x		x	x			x		x	x	
28.	x		x	x	x	x		x	x		x		x		x	x	
29.	x		x	x	x	x		x	x		x		x		x	x	
30.	x	x	x	x	x		x	x			x		x		x	x	

Sp.:	30	23	30	18	30	22	26	9	21	24	15	1	27	1	27	24	2
T.:	0	4	1	0	5	1	9	2	11	14	5	0	8	0	4	6	0

1953/54

Sp.	Datum		Gegner	Ergebnis	SV-Torschützen	Zuschauer
01.	09.08.53	H	Altona 93	6 : 2 (3-1)	Ebert I 2 I Hardtke 2 I Hagenacker 2	12.000
02.	23.08.53	A	E. Braunschweig	1 : 3 (1-3)	Hagenacker	25.000
03.	30.08.53	H	TV Eimsbüttel	1 : 4 (1-2)	Hagenacker	5.000
04.	06.09.53	A	Arm. Hannover	2 : 3 (2-0)	Preuße I Hagenacker	10.000
05.	13.09.53	H	Bremer SV	5 : 2 (0-1)	Preuße 2 I Hagenacker I Konopka I Hardtke	15.000
06.	20.09.53	A	Vict. Hamburg	0 : 0 (0-0)	-	4.000
07.	27.09.53	H	VfB Lübeck	2 : 0 (1-0)	Preuße I Stange	10.000
08.	04.10.53	A	VfL Osnabrück	1 : 2 (0-1)	Hagenacker	8.000
09.	18.10.53	H	Hannover 96	1 : 2 (0-1)	Bering	25.000
10.	25.10.53	A	Harburger TB	1 : 1 (1-1)	Hagenacker	6.000
11.	01.11.53	H	Bremerhaven 93	3 : 2 (1-1)	Ebert I I Konopka I Burdenski	8.000
12.	08.11.53	H	Holstein Kiel	7 : 0 (1-0)	Preuße 4 I Konopka I Ebert I I Hardtke	12.000
13.	15.11.53	A	St. Pauli	0 : 4 (0-1)	-	8.000
14.	25.11.53	A	Göttingen 05	2 3 0 (1-1)	Preuße I EIG: Mehnert	9.000
15.	06.12.53	H	Hamburger SV	2 : 1 (0-0)	Ebert I I Bering	15.000
16.	13.12.53	A	TV Eimsbüttel	5 : 1 (1-0)	Preuße 2 I Ebert I 2 I Haase	2.000
17.	27.12.53	H	Göttingen 05	1 : 0 (0-0)	Ebert I	8.000
18.	03.01.54	A	Bremer SV	0 : 0 (0-0)		16.000
19.	10.01.54	H	Harburger TB	0 : 1 (0-1)	-	6.000
20.	17.01.54	A	Hannover 96	1 : 4 (0-0)	Haase	15.000
21.	24.01.54	H	VfL Osnabrück	0 : 0 (0-0)	-	8.000
22.	31.01.54	A	VfB Lübeck	1 : 1 (0-0)	Haase	7.000
23.	07.02.54	A	H. Kiel	0 : 1 (0-1)	-	6.000
24.	14.02.54	H	Arm. Hannover	1 : 0 (1-0)	Bering	8.000
25.	20.02.54	A	Altona 93	3 : 2 (2-1)	Bering I Preuße 2	9.000
26.	07.03.54	H	E. Braunschweig	4 : 2 (2-2)	Hagenacker 2 I Ackerschott I EIG: Senftleben	8.000
27.	14.03.54	A	Hamburger SV	2 : 0 (2-0)	Haase I Preuße	8.000
28.	21.03.54	H	Vict. Hamburg	1 : 0 (0-0)	Hagenacker	12.000
29.	04.04.54	H	St. Pauli	0 : 1 (0-0)	-	5.000
30.	11.04.54	A	Bremerhaven 93	0 : 1 (0-0)	-	10.000

Saisonstatistik: *Platz:* **5**;

13 *Siege* / 5 *Unentschieden* / 12 *Niederlagen*
53 - 43 *Tore; Diff.:* + 10;
31 : 29 *Punkte*
157.000 *Zuschauer*

1953/54

Spieltag	Illic	Korf	Ackerschott	Pöschl	Burdenski	Konopka	Klinge	Hagenacker	Ebert I	Hardtke	Preuße	Thünnermann	Bosse	Ebert II	Haase	Bering	Stange	Brunkhorst	Heyse	Knefler	Geise				
01.	x	x	x	x	x	x	x	x	x	x	x														
02.	x	x	x	x	x	x	x	x	x		x	x													
03.	x		x	x	x	x	x	x	x		x	x	x												
04.	x	x	x	x	x	x		x	x		x			x	x										
05.	x	x	x	x	x	x		x	x	x	x					x									
06.	x	x	x	x	x	x		x	x	x	x					x									
07.	x	x	x	x	x	x		x	x		x	x				x	x								
08.	x	x	x	x	x	x		x	x		x	x				x	x								
09.	x	x	x	x		x	x	x		x	x					x	x								
10.	x	x	x			x		x	x	x	x	x				x	x								
11.	x	x	x		x	x		x	x	x	x				x		x								
12.			x	x	x	x		x	x	x	x				x	x		x							
13.				x	x	x		x	x	x	x				x	x		x	x						
14.	x		x	x	x	x		x	x	x	x					x			x						
15.	x	x	x	x	x	x		x	x		x				x	x									
16.	x		x	x	x	x			x		x			x	x	x			x						
17.	x		x	x	x	x		x	x		x			x	x	x									
18.	x		x	x	x	x		x	x		x			x	x	x									
19.	x		x	x	x	x		x	x		x			x	x	x									
20.	x		x		x	x		x		x	x			x	x		x			x					
21.	x		x		x	x				x	x			x	x		x		x	x					
22.	x		x		x	x			x	x	x			x	x				x	x					
23.	x		x		x	x			x	x	x			x	x				x	x					
24.	x		x	x	x	x		x		x				x	x	x			x						
25.	x		x	x	x	x				x	x			x	x	x			x						
26.	x		x	x		x		x		x	x			x	x	x					x				
27.	x		x	x		x		x		x	x			x	x	x			x						
28.	x		x	x		x		x		x	x			x	x	x			x						
29.	x		x	x	x	x				x	x			x	x	x			x						
30.	x		x	x	x	x			x	x	x			x	x				x						

Sp.:	28	11	29	24	25	28	4	23	21	20	29	5	1	16	20	20	7	2	12	4	1				
T.:	0	0	1	0	1	3	0	11	8	4	14	0	0	0	4	4	1	0	0	0	0				

1954/55

Sp.	Datum		Gegner	Ergebnis	SV-Torschützen	Zuschauer
01.	22.08.54	A	Holstein Kiel	4 : 4 (1-2)	Hagenacker 2 I Haase I Preuße	5.000
02.	29.08.54	H	VfL Osnabrück	1 : 0 (0-0)	Kraatz	10.000
03.	12.09.54	H	VfL Wolfsburg	5 : 1 (3-1)	Haase 3 I Preuße 2	12.000
04.	19.09.54	A	Bremer SV	1 : 2 (0-0)	Haase	18.000
05.	03.10.54	H	Arm. Hannover	4 : 2 (1-2)	Haase I Kraatz I Preuße 2	10.000
06.	10.10.54	A	Bremerhaven 93	0 : 2 (0-0)	-	10.000
07.	24.10.54	A	Hannover 96	1 : 2 (1-0)	Ebert II	8.000
08.	31.10.54	H	Harburger TB	1 : 1 (0-1)	Preuße	4.000
09.	07.11.54	H	E. Braunschweig	4 : 1 (1-1)	Ebert II 2 I Preuße I Kraatz	3.000
10.	14.11.54	A	Altona 93	2 : 1 (1-1)	Preuße I Haase	7.000
11.	21.11.54	H	St. Pauli	0 : 0 (0-0)	-	8.000
12.	05.12.54	A	Oldenburg	3 : 1 (2-0)	Kraatz I Haase I Knefler	10.000
13.	12.12.54	H	Göttingen 05	1 : 1 (0-1)	Preuße	8.000
14.	26.12.54	A	Hamburger SV	3 : 2 (2-1)	Kraatz I Preuße I EIG: Posipal	10.000
15.	02.01.55	A	TV Eimsbüttel	1 : 2 (1-1)	Preuße	4.000
16.	09.01.55	H	Altona 93	2 : 1 (1-1)	Schröder I Pöschl	12.000
17.	16.01.55	A	Harburger TB	3 : 0 (1-0)	Preuße I Schröder I Haase	4.000
18.	23.01.55	H	Bremerhaven 93	2 : 0 (0-0)	Schröder I Haase	28.000
19.	30.01.55	A	VfL Wolfsburg	0 : 0 (0-0)	-	5.000
20.	06.02.55	H	Oldenburg	3 : 1 (1-1)	Ebert II I Haase I Preuße	8.000
21.	13.02.55	A	VfL Osnabrück	4 : 4 (2-2)	Preuße 2 I Pöschl I Schröder	6.000
22.	20.02.55	H	Bremer SV	3 : 1 (2-1)	Konopka I Preuße I Schröder	15.000
23.	27.02.55	A	E. Braunschweig	5 : 2 (4-0)	Preuße 2 I Ebert I Schröd. I EIG: Güttgemanns	10.000
24.	06.03.55	H	Hannover 96	4 : 1 (2-1)	Haase 2 I Stange I Preuße	12.000
25.	13.03.55	H	Hamburger SV	3 : 1 (1-1)	Schröder I Stange I Kraatz	33.000
26.	20.03.55	A	Göttingen 05	3 : 3 (2-1)	Preuße 2 I Haase	10.000
27.	27.03.55	H	H. Kiel	2 : 3 (1-3)	Schröder I Kraatz	9.000
28.	03.04.55	A	Arm. Hannover	1 : 2 (1-0)	Stange	9.000
29.	24.04.55	H	TV Eimsbüttel	1 : 1 (1-0)	Stange	7.000
30.	01.05.55	A	St. Pauli	1 : 4 (0-3)	Stange	8.000

Saisonstatistik: *Platz:* **3**;

15 *Siege* / 8 *Unentschieden* / 7 *Niederlagen*
68 - 46 *Tore; Diff.:* + 22;
38 : 22 *Punkte*
179.000 *Zuschauer*

1954/55

Spieltag	Illic	Korf	Ackerschott	Pöschl	Heyse	Konopka	Ebert II	Hagenacker	Haase	Preuße	Kraatz	Ahrbecher	Knefler	Stange	Thünnermann	Schröder									
01.	x	x	x	x	x	x	x	x	x	x	x														
02.	x	x	x	x	x	x	x	x	x	x	x														
03.		x	x	x	x		x	x	x	x	x	x	x												
04.	x	x	x	x	x		x	x	x	x	x		x												
05.	x		x	x	x		x	x	x	x	x		x	x											
06.	x		x	x	x	x	x	x	x	x	x				x										
07.	x	x	x	x	x	x	x	x	x	x	x														
08.	x	x	x	x	x	x	x	x	x	x				x											
09.	x		x	x	x		x	x	x	x	x		x		x										
10.	x		x	x	x		x	x	x	x	x		x		x										
11.	x		x		x	x	x	x	x	x	x		x		x										
12.	x		x		x	x	x	x	x	x	x		x		x										
13.	x		x	x	x	x	x	x	x	x	x				x										
14.	x	x		x	x		x	x	x	x	x		x		x										
15.	x	x		x	x		x	x	x	x	x		x		x										
16.		x		x	x		x	x	x	x	x	x		x		x									
17.	x	x			x	x	x	x	x	x				x	x	x									
18.	x	x		x	x		x	x	x	x				x	x	x									
19.	x				x		x	x	x	x	x		x	x	x	x									
20.	x	x		x	x		x	x	x	x	x				x	x									
21.	x	x		x	x		x	x		x	x			x	x	x									
22.	x	x		x	x		x	x		x	x			x	x	x									
23.	x	x		x	x		x	x		x	x			x	x	x									
24.	x	x		x	x		x	x	x	x				x	x	x									
25.	x	x		x	x			x	x	x	x			x	x	x									
26.	x	x		x	x			x	x	x	x			x	x	x									
27.	x	x		x	x		x	x	x	x	x				x	x									
28.	x	x		x	x		x	x		x	x			x	x	x									
29.		x		x	x		x	x	x	x		x		x	x	x									
30.	x	x		x	x		x	x	x	x				x	x	x									
Sp.:	27	22	13	26	30	9	28	30	26	30	24	3	10	15	22	15									
T.:	0	0	0	2	0	0	5	2	14	21	8	0	1	5	0	8									

1955/56

Sp.	Datum		Gegner	Ergebnis	SV-Torschützen	Zuschauer
01.	28.08.55	A	Wolfsburg	0 : 2 (0-1)	-	6.000
02.	04.09.55	H	Göttingen 05	4 : 1 (1-0)	Schröder 3 I Schütz	7.000
03.	11.09.55	A	E. Nordhorn	2 : 5 (1-1)	Schröder I Schütz	12.000
04.	18.09.55	H	VfB Oldenburg	5 : 1 (3-0)	Schütz 2 I Schröder I Pöschl I Haase	9.000
05.	02.10.55	A	E. Braunschweig	1 : 5 (1-2)	Schröder	15.000
06.	09.10.55	H	VfL Osnabrück	5 : 0 (1-0)	Schröder 3 I Schütz I Preuße	8.000
07.	16.10.55	A	TV Eimsbüttel	2 : 2 (0-0)	Schröder I Schütz	2.000
08.	23.10.55	H	Hannover 96	0 : 1 (0-0)	-	7.000
09.	30.10.55	H	Holstein Kiel	1 : 2 (0-1)	Preuße	7.000
10.	06.11.55	A	St. Pauli	1 : 1 (0-0)	Schütz	7.000
11.	13.11.55	H	Altona 93	4 : 1 (0-0)	Preuße 2 I Schütz 2	6.000
12.	16.11.55	H	Hamburger SV	1 : 1 (1-0)	Schütz	15.000
13.	20.11.55	A	Bremerhaven 93	0 : 1 (0-0)	-	7.000
14.	27.11.55	H	Neumünster	4 : 2 (2-2)	Schröder I Preuße I Schütz I Genoux	6.000
15.	11.12.55	A	Arm. Hannover	0 : 2 (0-0)	-	6.000
16.	08.01.56	A	Oldenburg	2 : 1 (1-1)	Zimdars 2	12.000
17.	15.01.56	H	Bremerhaven	3 : 2 (1-2)	Zimdars I Schröder I Ebert	7.000
18.	22.01.56	A	VfL Osnabrück	2 : 2 (1-1)	Ebert I Preuße	8.000
19.	29.01.56	A	VfR Neumünster	2 : 3 (2-1)	Zimdars I Schröder	8.000
20.	05.02.56	H	Arm. Hannover	2 : 0 (2-0)	Schröder I Preuße	8.000
21.	12.02.56	A	Altona 93	3 : 1 (3-1)	Schröder I Preuße I Schütz	5.000
22.	19.02.56	H	Wolfsburg	10 : 1 (3-0)	Schröd. 3 I Ebert I Zimd. 2 I Schütz 3 I EIG: Kempgen	3.000
23.	26.02.56	A	Holstein Kiel	1 : 2 (0-0)	Schütz	6.000
24.	04.03.56	H	Eintr. Nordhorn	4 : 2 (1-1)	Schröder 2 I Hagenacker I EIG: Busch	7.000
25.	11.03.56	H	E. Braunschweig	2 : 0 (2-0)	Ebert I Schröder	12.000
26.	18.03.56	A	Göttingen 05	2 : 4 (1-3)	Schröder I Hagenacker	10.000
27.	25.03.56	H	TV Eimsbüttel	6 : 1 (1-0)	Schütz 2 I Schröder I Zimdars 3	9.000
28.	08.04.56	A	Hamburger SV	1 : 3 (0-1)	Schröder	22.000
29.	15.04.56	H	St. Pauli	3 : 1 (1-0)	Schröder 2 I Zimdars	5.000
30.	22.04.56	A	Hannover 96	1 : 4 (0-0)	Schröder	20.000

Saisonstatistik: *Platz:* **6**; 14 *Siege* / 4 *Unentschieden* / 12 *Niederlagen*
74 - 54 *Tore; Diff.:* + 20;
32 : 28 *Punkte*
116.000 *Zuschauer*

1955/56

Spieltag	Illic	Korf	Hagenacker	Thünnermann	Heyse	Konopka	Ebert II	Dammers	Schröder	Schütz	Haase	Pöschl	Witte	Preuße	Ackerschott	Zimdars	Knefler	Genoux	Karl						
01.	x	x	x	x	x	x	x	x	x	x	x														
02.	x	x	x		x	x	x	x	x	x	x	x													
03.	x	x	x		x	x	x	x	x	x	x	x													
04.	x	x	x	x	x		x	x	x	x	x	x													
05.	x		x	x	x			x	x	x	x	x	x	x											
06.	x		x		x		x	x	x	x	x	x		x	x										
07.	x		x		x		x	x	x	x		x		x	x	x									
08.	x	x	x		x			x	x	x	x	x		x	x										
09.	x		x	x	x		x	x	x	x		x		x	x										
10.	x	x			x	x	x	x	x	x	x				x		x								
11.	x		x		x		x	x	x	x		x		x	x		x								
12.	x		x		x			x	x	x	x	x		x	x		x								
13.	x		x		x			x	x	x	x			x	x			x	x						
14.	x	x			x	x	x	x	x	x				x	x			x							
15.	x		x		x		x	x	x	x		x		x	x			x							
16.	x		x		x	x			x	x	x			x	x	x	x								
17.	x		x		x		x	x	x	x	x			x	x	x									
18.	x		x		x		x	x	x	x	x			x	x	x									
19.	x		x		x		x	x	x	x	x			x	x	x									
20.	x		x		x		x	x	x	x	x			x	x	x									
21.	x		x		x		x	x	x	x	x			x	x	x									
22.	x		x		x		x	x	x	x	x			x	x	x									
23.	x	x			x		x	x	x	x		x		x	x	x									
24.	x		x		x		x	x	x	x	x	x		x	x										
25.	x		x		x		x	x	x	x	x	x		x	x										
26.	x		x		x		x	x	x	x	x	x		x	x										
27.	x	x			x		x		x	x	x	x		x	x	x									
28.	x		x		x	x	x		x	x	x	x		x		x									
29.	x				x	x	x		x	x	x	x			x	x	x								
30.	x		x		x	x	x	x	x	x	x	x				x									

Sp.:	30	9	25	4	30	9	25	26	30	30	24	19	1	23	23	13	3	5	1						
T.:	0	0	1	0	0	0	4	0	27	18	2	1	0	8	0	10	0	1	0						

1956/57

Sp.	Datum		Gegner	Ergebnis	SV-Torschützen	Zuschauer
01.	19.08.56	A	Neumünster	2 : 4 (2-0)	Schröder I Ebert	3.000
02.	26.08.56	H	E. Braunschweig	0 : 2 (0-1)	-	9.000
03.	02.09.56	A	Hannover 96	3 : 4 (3-2)	Schröder I Wilmovius I Dammers	15.000
04.	09.09.56	H	St. Pauli	1 : 2 (1-1)	Schütz	8.000
05.	23.09.56	A	Holstein Kiel	2 : 3 (2-2)	Schröder 2	6.000
06.	30.09.56	H	Eintr. Nordhorn	5 : 3 (3-2)	Schütz 2 I Schröder I Wilmovius 2	7.000
07.	07.10.56	H	VfL Wolfsburg	4 : 1 (2-1)	Schröder I Preuße I Konopka I Cajkowski	7.000
08.	14.10.56	A	Göttingen 05	1 : 5 (1-1)	Schröder	4.000
09.	21.10.56	H	Conc. Hamburg	5 : 0 (1-0)	Schütz 2 I Hagenacker I Cajkowski I Preuße	5.000
10.	28.10.56	A	VfL Osnabrück	1 : 3 (1-0)	Cajkowski	9.000
11.	04.11.56	A	Altona 93	1 : 2 (0-0)	Schröder	6.000
12.	11.11.56	A	Hamburger SV	3 : 0 (3-0)	Ebert 2 I Cajkowski	13.000
13.	18.11.56	H	Heider SV	3 : 1 (1-0)	Schröder I Cajkowski I Schütz	6.000
14.	25.11.56	H	Bremerhaven 93	1 : 0 (0-0)	Cajkowski	6.000
15.	09.12.56	H	Arm. Hannover	1 : 1 (0-1)	Schütz	7.000
16.	06.01.57	A	Arm. Hannover	1 : 2 (0-1)	Schröder	8.000
17.	13.01.57	H	Altona 93	2 : 2 (2-2)	Preuße I Schröder	5.000
18.	20.01.57	A	Bremerhaven 93	0 : 3 (0-1)	-	7.000
19.	03.02.57	H	VfL Osnabrück	4 : 0 (3-0)	Schütz I Schröder I Preuße I Ebert	6.000
20.	10.01.57	A	Conc. Hamburg	1 : 3 (0-1)	Schütz	4.000
21.	17.01.57	H	Göttingen 05	2 : 0 (1-0)	Preuße 2	5.000
22.	24.01.57	H	Neumünster	4 : 2 (0-0)	Konopka I Preuße I Schröder	5.000
23.	03.03.57	A	St. Pauli	3 : 1 (1-0)	Preuße 3	6.000
24.	17.03.57	H	Hannover 96	4 : 2 (3-2)	Schütz 2 I Schröder I Wilmovius	6.000
25.	24.03.57	A	E. Braunschweig	3 : 4 (0-2)	Preuße 2 I Schütz	6.000
26.	07.04.57	A	Eintr. Nordhorn	1 : 0 (1-0)	Wilmovius	4.000
27.	14.04.57	A	Heider SV	1 : 1 (1-0)	Schröder	6.000
28.	22.04.57	H	H. Kiel	3 : 2 (1-2)	Schröder 2 I Cajkowski	10.000
29.	04.05.57	H	Hamburger SV	3 : 1 (1-0)	Wilmovius I Schröder I Preuße	12.000
30.	11.05.57	A	Wolfsburg	0 : 1 (0-1)	-	12.000

Saisonstatistik: *Platz:* **5**;

14 *Siege* / 3 *Unentschieden* / 13 *Niederlagen*
65 - 53 *Tore; Diff.:* + 12;
31 : 29 *Punkte*
104.000 *Zuschauer*

1956/57

Spieltag	Illic	Hagenacker	Leband	Konopka	Heyse	Dammers	Wilmovius	Preuße	Schütz	Schröder	Ebert	Pöschl	Thünnermann	Cajkowski	Ackerschott	Hänel	Korf								
01.	x	x	x	x	x	x	x	x	x	x	x														
02.	x	x	x		x	x	x		x	x	x	x	x												
03.	x	x	x	x	x	x	x		x	x	x	x													
04.	x	x	x	x	x		x		x	x	x		x	x											
05.	x	x	x	x	x		x		x	x	x		x	x											
06.	x	x	x	x	x		x		x	x	x		x	x											
07.	x	x	x	x	x		x	x	x	x	x			x											
08.	x	x			x	x	x	x	x	x		x		x	x										
09.	x	x	x		x	x	x	x	x		x	x		x											
10.	x	x	x			x	x	x	x	x	x	x		x											
11.	x	x	x			x	x	x	x	x	x	x		x											
12.	x	x		x	x	x	x		x	x	x			x	x										
13.	x	x		x	x	x	x		x	x	x			x	x										
14.	x	x		x	x	x	x		x	x	x			x	x										
15.	x	x		x	x	x	x		x	x	x			x	x										
16.	x	x		x	x	x	x	x	x	x				x	x										
17.	x	x		x	x	x		x	x	x	x				x	x									
18.	x	x		x	x	x	x	x	x	x					x		x								
19.	x	x		x	x	x	x	x	x	x	x				x										
20.	x	x		x	x	x	x	x	x	x	x				x										
21.	x	x		x	x	x	x	x		x	x	x			x										
22.	x	x		x	x	x	x	x		x	x	x			x										
23.	x	x		x	x	x	x	x		x	x		x		x										
24.	x	x		x	x	x	x	x	x	x	x				x										
25.	x	x		x	x	x	x	x	x	x	x				x										
26.	x	x		x	x	x	x	x		x	x			x	x										
27.	x	x		x	x	x	x	x		x	x		x		x										
28.	x	x		x	x	x	x	x		x	x			x	x										
29.	x	x		x	x	x	x	x		x	x			x	x										
30.	x	x		x		x	x	x		x	x	x		x	x										

Sp.:	30	30	10	25	27	26	29	21	22	29	27	9	6	17	20	1	1								
T.:	0	1	0	2	0	1	6	14	12	18	4	0	0	7	0	0	0								

1957/58

Sp.	Datum		Gegner	Ergebnis	SV-Torschützen	Zuschauer
01.	11.08.57	H	VfB Lübeck	7 : 2 (5-0)	Schröder 4 I Hänel 2 I Cajkowski	8.000
02.	18.08.57	A	E. Nordhorn	1 : 4 (1-2)	Hagenacker	5.000
03.	25.08.57	H	Altona 93	1 : 2 (0-0)	Hänel	6.000
04.	01.09.57	A	VfL Wolfsburg	2 : 3 (1-0)	Schröder I Schütz	6.000
05.	08.09.57	H	VfL Osnabrück	1 : 0 (1-0)	Cajkowski	6.000
06.	15.09.57	A	Bremerhaven 93	1 : 2 (1-1)	Wilmovius	4.000
07.	22.09.57	H	Neumünster	0 : 2 (0-1)	-	7.000
08.	29.09.57	A	St. Pauli	5 : 2 (2-1)	Schütz 2 I Hänel I Schröder I Wilmovius	5.000
09.	06.10.57	A	Phönix Lübeck	0 : 3 (0-2)	-	11.000
10.	13.10.57	H	Holstein Kiel	3 : 3 (1-2)	Schröder I Wilmovius I Knopf	16.000
11.	20.10.57	A	Conc. Hamburg	3 : 2 (1-1)	Hänel I Wilmovius I Schröder	5.000
12.	27.10.57	A	E. Braunschweig	2 : 3 (1-2)	Wilmovius I Schröder	12.000
13.	03.11.57	H	Göttingen 05	5 : 1 (3-1)	Hagenacker 3 I Hänel I Wilmovius	7.000
14.	10.11.57	A	Hannover 96	1 : 1 (1-1)	Schröder	10.000
15.	17.11.57	H	Hamburger SV	2 : 0 (0-0)	Schröder I Wilmovius	18.000
16.	01.12.57	H	St. Pauli	3 : 1 (2-0)	Schütz 2 I Hänel	8.000
17.	08.12.57	A	Altona 93	0 : 3 (0-1)	-	8.000
18.	15.12.57	H	E. Braunschweig	2 : 2 (1-1)	Wilmovius I Hänel	6.000
19.	05.01.58	A	VfL Osnabrück	4 : 2 (1-1)	Schütz 2 I Hänel 2	8.000
20.	12.01.58	H	Bremerhaven 93	7 : 5 (4-2)	Brünglinghaus I Hagenacker I Schröder 2 I Hänel I Wilmovius 2	10.000
21.	19.01.58	A	Neumünster	1 : 0 (0-0)	Schütz	5.000
22.	26.01.58	H	VfL Wolfsburg	3 : 1 (1-0)	Schröder 2 I Wilmovius	6.000
23.	02.02.58	H	Conc. Hamburg	6 : 2 (2-2)	Schröder 2 I Schütz 2 I Hänel I Wilmovius	6.000
24.	09.02.58	A	Hamburger SV	1 : 3 (0-2)	Wilmovius	16.000
25.	16.02.58	H	Hannover 96	1 : 3 (0-1)	Schröder	6.000
26.	23.02.58	A	H. Kiel	1 : 3 (0-2)	Konopka	4.000
27.	02.03.58	H	Phönix Lübeck	4 : 1 (1-1)	Cajkowski I Schröder 2 I Schütz	5.000
28.	09.03.58	A	Göttingen 05	2 : 4 (1-1)	Schütz I Hagenacker	2.000
29.	30.03.58	A	VfB Lübeck	3 : 8 (1-6)	Cajkowski 2 I Wilmovius	7.000
30.	06.04.58	H	E. Nordhorn	4 : 2 (2-1)	Schütz 2 I Hänel 2	6.000

Saisonstatistik: *Platz:* 7; 14 *Siege* / 3 *Unentschieden* / 13 *Niederlagen*
76 - 70 *Tore; Diff.:* + 6;
31 : 29 *Punkte*
121.000 *Zuschauer*

1957/58

Spieltag	Illic	Knopf	Rupozinski	Hagenacker	Brünglinghaus	Konopka	Wilmovius	Hänel	Schütz	Schröder	Cajkowski	Heyse	Dammers	Thünnermann	Genoux	Kronfeldt	Zimjalkowski	Heinrichs							
01.	x	x	x	x	x	x	x	x	x	x	x														
02.	x	x	x	x		x	x	x	x	x	x			x											
03.	x	x	x	x				x	x	x	x		x		x	x									
04.	x	x	x	x				x	x	x	x	x	x				x								
05.	x	x	x	x		x		x	x	x	x	x	x												
06.	x	x	x	x		x	x		x	x	x	x	x												
07.	x		x	x		x	x	x	x	x	x	x	x												
08.	x	x	x	x		x	x	x	x	x		x	x												
09.	x	x	x	x		x	x	x	x	x		x	x												
10.	x	x	x	x		x	x		x	x	x	x						x							
11.	x	x	x	x		x	x	x	x	x		x	x												
12.	x	x		x		x	x	x	x	x	x	x	x												
13.	x	x	x	x		x	x	x	x	x		x	x												
14.	x	x	x	x		x	x	x	x	x		x	x												
15.	x	x	x	x		x	x	x	x	x		x	x												
16.	x	x	x			x	x	x	x	x	x	x	x												
17.	x	x	x	x	x		x	x	x	x		x	x												
18.	x	x	x	x	x	x	x	x	x	x		x													
19.	x	x	x	x	x		x	x	x		x	x	x												
20.	x	x	x	x	x		x	x	x	x		x	x												
21.	x	x	x	x	x		x	x	x	x		x	x												
22.	x	x	x	x	x	x	x	x	x	x		x													
23.	x	x	x	x	x		x	x	x	x		x	x												
24.	x	x	x	x	x		x	x	x	x		x	x												
25.	x	x	x	x		x	x	x	x	x		x	x												
26.	x	x	x	x	x	x	x	x	x		x	x													
27.	x		x	x	x	x	x	x	x	x	x	x													
28.	x	x	x	x	x	x	x	x	x		x	x													
29.	x		x	x	x		x	x	x	x	x	x	x												
30.	x	x	x		x		x	x	x	x	x	x	x												

Sp.:	30	27	29	28	14	20	27	28	30	27	16	27	22	1	1	1	1	1							
T.:	0	1	0	6	1	1	14	14	14	20	5	0	0	0	0	0	0	0							

1958/59

Sp.	Datum		Gegner	Ergebnis	SV-Torschützen	Zuschauer
01.	17.08.58	A	Altona 93	0 : 4 (0-2)	-	6.000
02.	24.08.58	H	E. Nordhorn	5 : 0 (1-0)	Wilmovius I Schütz I Barth I Hänel I Schröder	7.000
03.	31.08.58	A	Bergedorf 85	2 : 5 (0-3)	Schröder 2	10.000
04.	07.09.58	H	E. Braunschweig	3 : 2 (1-1)	Wilmovius I Schröder I Schütz	7.000
05.	14.09.58	A	Hamburger SV	3 : 3 (1-2)	Barth I Hänel	19.000
06.	28.09.58	H	Conc. Hamburg	5 : 3 (4-3)	Barth 2 I Wilmovius I Schröder I Schütz	7.000
07.	05.10.58	H	Wolfsburg	3 : 1 (1-0)	Wilmovius I Schröder I Schütz	10.000
08.	12.10.58	A	Neumünster	5 : 2 (2-0)	Schröder 2 I Schütz 2 I Wilmovius	5.000
09.	19.10.58	H	H. Kiel	4 : 1 (1-1)	Hardtke I Hänel I Schütz I Wilmovius I Barth	8.000
10.	02.11.58	H	Bremerhaven 93	5 : 1 (2-1)	Wilmovius 2 I Hänel I Hagenacker I Schütz	15.000
11.	09.11.58	A	VfV Hildesheim	3 : 3 (2-1)	Schütz I Hänel I Schröder	10.000
12.	23.11.58	A	VfL Osnabrück	1 : 0 (1-0)	Wilmovius	10.000
13.	30.11.58	H	St. Pauli	2 : 2 (0-0)	Hänel I Schröder	10.000
14.	07.12.58	A	Phönix Lübeck	1 : 2 (1-0)	Schütz	8.000
15.	14.12.58	H	Hannover 96	4 : 3 (3-1)	Schütz 3 I Schimeczek	7.000
16.	04.01.59	A	VfL Wolfsburg	2 : 0 (1-0)	Schütz I Barth	5.000
17.	11.01.59	H	Ph. Lübeck	6 : 1 (1-0)	Schröder 3 I Schütz I Barth I Hänel	7.000
18.	18.01.59	A	Conc. Hamburg	1 : 1 (1-0)	Barth	6.000
19.	25.01.59	H	VfL Osnabrück	5 : 1 (3-0)	Wilmovius 2 I Schütz 2 I Schimeczek	18.000
20.	01.02.59	A	Bremerhaven 93	1 : 3 (0-3)	Schimeczek	12.000
21.	08.02.59	H	Neumünster	2 : 3 (1-1)	Schröder I Hänel	8.000
22.	15.02.59	A	St. Pauli	1 : 0 (1-0)	Hänel	8.000
23.	22.02.59	H	Bergedorf 85	1 : 0 (1-0)	Schröder	9.000
24.	01.03.59	A	E. Braunschweig	1 : 4 (1-2)	Barth	10.000
25.	08.03.59	H	Altona 93	4 : 1 (2-1)	Schütz 3 I Schimeczek	10.000
26.	15.03.59	A	E. Nordhorn	6 : 1 (2-0)	Schütz 2 I Hänel I Schim. I Hagenack. I Schröder	4.000
27.	22.03.59	A	H. Kiel	2 : 1 (1-0)	Wilmovius I Hänel	15.000
28.	05.04.59	H	Hildesheim	5 : 3 (2-0)	Hänel 3 I Schütz I Schröder	10.000
29.	19.04.59	H	Hamburger SV	3 : 2 (1-0)	Schröder 2 I Schimeczek	32.000
30.	26.04.59	A	Hannover 96	3 : 4 (2-3)	Wilmovius I Hagenacker I Barth	6.000

Saisonstatistik: *Platz:* **2**;

19 *Siege* / 4 *Unentschieden* / 7 *Niederlagen*
89 - 57 *Tore; Diff.:* + 32;
42 : 18 *Punkte*
165.000 *Zuschauer*

1958/59

Spieltag	Illic	Knopf	Rupozinski	Kronfeldt	Brünglinghaus	Dammers	Wilmovius	Schröder	Hänel	Schimeczek	Barth	Hagenacker	Schütz	Wedemeyer	Konopka	Heyse
01.	x	x	x	x	x	x	x	x	x	x	x					
02.	x		x			x	x	x	x	x	x	x	x	x		
03.	x		x			x	x	x		x	x	x	x	x	x	
04.	x	x			x		x	x	x	x	x	x	x			x
05.	x		x		x		x	x	x	x	x	x	x			x
06.	x		x		x		x	x	x	x	x	x	x			x
07.	x		x		x		x	x	x	x	x	x	x			x
08.	x		x		x		x	x	x	x	x	x	x			x
09.	x		x		x		x	x	x	x	x	x	x			x
10.	x	x	x		x		x	x	x	x		x	x			x
11.	x		x		x		x	x	x	x	x	x	x			x
12.	x	x	x		x		x	x	x	x	x	x	x			
13.	x	x	x		x		x	x	x	x	x	x	x			
14.	x	x	x		x		x	x	x	x	x	x	x			
15.	x	x	x		x		x	x	x	x	x	x	x			
16.	x	x	x				x	x	x	x	x	x	x			x
17.	x		x		x		x	x	x	x	x	x	x			x
18.	x		x		x		x	x	x	x	x	x	x			x
19.	x		x		x		x	x	x	x	x	x	x			x
20.	x		x		x		x	x	x	x	x	x	x			x
21.	x		x		x	x	x	x	x	x		x	x			x
22.	x		x		x		x	x	x	x	x	x	x			x
23.	x		x		x		x	x	x	x	x	x	x			x
24.	x	x	x		x		x	x		x	x	x	x			x
25.	x		x		x		x	x	x	x	x	x	x			x
26.	x	x	x		x		x	x	x	x		x	x			x
27.	x		x		x		x	x	x	x	x	x	x			x
28.	x	x	x		x		x	x	x	x		x	x			x
29.	x		x		x		x	x	x	x	x	x	x			x
30.	x	x	x		x	x	x			x	x	x	x		x	

Sp.:	30	12	29	1	27	5	30	29	27	30	26	29	29	2	2	22
T.:	0	0	0	0	0	0	13	19	15	6	10	3	23	0	0	0

1959/60

Sp.	Datum		Gegner	Ergebnis	SV-Torschützen	Zuschauer
01.	16.08.59	H	Holstein Kiel	1 : 4 (0-2)	Schröder	8.000
02.	23.08.59	A	VfB Lübeck	2 : 3 (1-1)	Schröder I Barth	12.000
03.	30.08.59	H	Altona 93	1 : 0 (1-0)	Schröder	8.000
04.	06.09.59	H	VfR Neumünster	3 : 1 (2-0)	Schröder I Wilmovius	6.000
05.	13.09.59	A	Bremerhaven 93	4 : 0 (2-0)	Schröder I Wilmovius I Schütz I Nachtwey	11.000
06.	20.09.59	A	Hannover 96	1 : 2 (0-1)	Schröder	20.000
07.	27.09.59	H	Phönix Lübeck	2 : 1 (1-1)	Nachtwey I Wilmovius	7.000
08.	11.10.59	A	St. Pauli	4 : 4 (2-1)	Schimeczek 3 I Brünglinghaus	12.000
09.	18.10.59	H	VfL Osnabrück	0 : 0 (0-0)	-	8.000
10.	25.10.59	A	Hildesheim	1 : 2 (1-2)	Schröder	7.000
11.	01.11.59	H	Conc. Hamburg	3 : 1 (2-1)	Schütz I Hänel I Barth	5.000
12.	15.11.59	H	Hamburger SV	3 : 3 (2-1)	Schimeczek I Hänel I Wilmovius	25.000
13.	22.11.59	A	Eintr. Osnabrück	3 : 1 (2-0)	Barth I Wilmovius I Schimeczek	6.000
14.	29.11.59	H	Bergedorf 85	7 : 0 (3-0)	Schröder 2 I Wilmo. 2 I Schimeczek I Zebro. I Hänel	8.000
15.	06.12.59	A	E. Braunschweig	0 : 2 (0-0)	-	9.000
16.	03.01.60	H	VfB Lübeck	4 : 1 (2-0)	Schimeczek 2 I Schröder I Hänel	7.000
17.	10.01.60	A	Altona 93	4 : 2 (3-2)	Hänel I Wilmovius I Schröder I Zebrowski	6.000
18.	17.01.60	A	Neumünster	5 : 4 (2-3)	Wilmovius 2 I Nachtwey I Hänel I Schimeczek	4.000
19.	24.01.60	H	Eintr. Osnabrück	4 : 1 (1-0)	Hänel I Schimeczek I EIG: 2 x Brockmann	9.000
20.	31.01.60	A	Hildesheim	2 : 2 (1-1)	Zebrowski I Schimeczek	9.000
21.	07.02.60	H	Hannover 96	3 : 1 (2-0)	Zebrowski I Hänel I Schröder	10.000
22.	14.02.60	A	H. Kiel	1 : 0 (0-0)	Zebrowski	5.000
23.	21.02.60	H	Bremerhaven 93	2 : 1 (1-0)	Barth I Schröder	20.000
24.	28.02.60	A	Ph. Lübeck	3 : 1 (1-0)	Stange I Wilmovius I Schröder	7.000
25.	06.03.60	H	E. Braunschweig	2 : 2 (0-1)	Schröder I Schütz	12.000
26.	13.03.60	A	VfL Osnabrück	1 : 0 (1-0)	Schimeczek	12.000
27.	27.03.60	H	St. Pauli	1 : 0 (0-0)	Schröder	25.000
28.	03.04.60	A	Hamburger SV	2 : 5 (1-2)	Zebrowski I Schröder	20.000
29.	10.04.60	H	Conc. Hamburg	2 : 1 (1-0)	Barth I Wilmovius	12.000
30.	24.04.60	A	Bergedorf 85	0 : 2 (0-0)	-	3.000

Saisonstatistik: *Platz:* **2**;

18 *Siege* / 5 *Unentschieden* / 7 *Niederlagen*
71 - 47 *Tore; Diff.:* + 24;
41 : 19 *Punkte*
170.000 *Zuschauer*

1959/60

Spieltag	Illic	Knopf	Rupozinski	Brünglinghaus	Heyse	Groß	Wilmovius	Schröder	Barth	Schimeczek	Nachtwey	Kokartis	Schütz	Schulz, H.	Kronfeldt	Hänel	Zebrowski	Stange
01.	x	x	x	x	x	x	x	x	x	x	x							
02.		x	x	x	x		x	x	x	x	x	x	x					
03.	x	x	x	x	x		x	x	x	x	x		x					
04.	x	x	x	x	x		x	x	x	x	x		x					
05.		x	x	x	x		x	x	x	x	x	x	x					
06.		x	x	x	x		x	x	x	x	x	x	x					
07.		x		x	x		x	x	x	x	x	x	x	x				
08.	x	x		x	x		x	x		x	x		x	x	x			
09.	x	x		x	x		x	x		x	x		x	x	x			
10.	x	x	x	x	x		x	x	x	x			x			x		
11.	x	x	x		x	x	x	x	x				x		x	x		
12.	x	x	x			x	x	x	x	x	x		x			x		
13.	x	x	x		x	x	x	x	x	x	x		x					
14.	x	x					x	x		x	x		x	x	x	x	x	
15.	x	x					x	x		x	x		x	x	x	x	x	
16.			x	x			x	x		x	x	x	x	x		x	x	
17.	x	x		x			x	x	x	x	x		x			x	x	
18.	x	x		x			x	x	x	x	x		x			x	x	
19.	x	x		x			x	x	x	x	x		x			x	x	
20.	x	x	x		x		x	x		x	x		x			x	x	
21.	x	x					x	x	x	x	x		x	x		x	x	
22.	x	x					x	x	x	x	x		x	x		x	x	
23.	x	x					x	x	x	x	x		x	x		x	x	
24.	x	x	x	x			x	x	x	x			x				x	x
25.	x	x					x	x	x	x	x		x	x		x	x	
26.	x	x		x			x	x		x	x		x	x		x	x	
27.	x	x		x			x	x		x	x		x	x		x	x	
28.	x	x		x			x	x		x	x		x	x		x	x	
29.	x	x	x	x			x	x	x	x	x		x				x	
30.			x	x		x	x		x		x	x		x	x		x	x
Sp.:	24	28	15	20	13	5	30	29	21	28	27	6	28	14	6	17	17	2
T.:	0	0	0	1	0	0	13	17	5	11	3	0	4	0	0	8	6	1

1960/61

Sp.	Datum		Gegner	Ergebnis	SV-Torschützen	Zuschauer
01.	14.08.60	A	Altona 93	4 : 3 (2-3)	Barth 2 I Schimeczek I Wilmovius	7.000
02.	21.08.60	H	VfB Lübeck	3 : 1 (1-1)	Schütz 2 I Schimeczek	10.000
03.	28.08.60	A	Hildesheim	0 : 2 (0-0)	-	9.000
04.	04.09.60	H	Bremerhaven 93	7 : 1 (4-1)	Schütz 3 I Wilmovius I Schröder 2 I Barth	8.000
05.	11.09.60	A	H. Kiel	3 : 2 (2-2)	Schröder 2 I Schimeczek	4.000
06.	18.09.60	H	Conc. Hamburg	2 : 2 (0-1)	Schütz 2	8.000
07.	25.09.60	A	VfL Osnabrück	3 : 8 (2-4)	Schütz I Barth I Lorenz	8.000
08.	02.10.60	H	St. Pauli	1 : 0 (0-0)	Schröder	10.000
09.	09.10.60	A	Heider SV	2 : 0 (1-0)	Hänel 2	5.000
10.	16.10.60	H	VfB Oldenburg	1 : 1 (1-1)	Hänel	12.000
11.	30.10.60	A	Bergedorf	0 : 0 (0-0)	-	7.000
12.	06.11.60	A	Neumünster	3 : 3 (2-1)	Zebrowski I Wilmovius I Schröder	4.000
13.	13.11.60	H	Hannover 96	2 : 1 (1-1)	Nachtwey I Wilmovius	15.000
14.	16.11.60	A	Hamburger SV	1 : 4 (0-2)	Piontek	18.000
15.	27.11.60	H	E. Braunschweig	3 : 2 (0-1)	Wilmovius I Schütz I Barth	8.000
16.	11.12.60	A	Bremerhaven 93	4 : 1 (3-0)	Lorenz 2 I Barth I Schütz	8.000
17.	09.01.61	H	Heider SV	3 : 0 (0-0)	Schütz 2 I Wilmovius	6.000
18.	16.01.61	A	E. Braunschweig	0 : 2 (0-0)	-	6.000
19.	23.01.61	H	Altona 93	1 : 2 (0-2)	Schütz	6.000
20.	30.01.61	H	Hildesheim	2 : 0 (1-0)	Hänel 2	12.000
21.	05.02.61	H	VfL Osnabrück	5 : 0 (0-0)	Hänel 2 I Wilmovius 2 I Schütz	4.000
22.	12.02.61	A	Hannover 96	3 : 2 (1-1)	Schütz I Lorenz I Wilmovius	30.000
23.	19.02.61	H	Neumünster	3 : 1 (1-1)	Schütz 2 I Barth	10.000
24.	26.02.61	H	Bergedorf	2 : 1 (1-1)	Lorenz I Schütz	8.000
25.	05.03.61	H	Hamburger SV	2 : 1 (1-1)	Wilmovius I Barth	30.000
26.	12.03.61	A	Conc. Hamburg	4 : 1 (1-0)	Schütz 2 I Barth I Hänel	4.000
27.	26.03.61	A	VfB Oldenburg	5 : 3 (4-1)	Schütz 2 I Lorenz I Nachtwey I Wilmovius	25.000
28.	09.04.61	A	VfB Lübeck	1 : 1 (1-1)	Wilmovius	9.000
29.	23.04.61	A	St. Pauli	0 : 2 (0-1)	-	7.000
30.	30.04.61	H	H. Kiel	3 : 0 (1-0)	Zebrowski I Hänel I Wilmovius	6.000

Saisonstatistik: *Platz:* **2**;

19 *Siege* / 5 *Unentschieden* / 6 *Niederlagen*
73 - 47 *Tore; Diff.:* + 26;
43 : 17 *Punkte*
153.000 *Zuschauer*

1960/61

Spieltag	Korkatis	Knopf	Henne	Schimeczek	Schütz	Nachtwey	Wilmovius	Schröder	Barth	Hänel	Zebrowski	Rupozinski	Lorenz	Baier	Piontek	Wegener	Illic	Wagner							
01.	x	x	x	x	x	x	x	x	x	x	x														
02.	x	x	x	x	x	x	x	x	x	x		x													
03.	x	x	x	x	x	x	x	x	x	x		x													
04.	x	x	x	x	x	x	x	x	x	x			x												
05.	x		x	x	x	x	x	x	x	x	x		x												
06.	x			x	x	x	x	x	x	x	x		x	x											
07.	x	x	x	x	x	x	x	x	x			x	x												
08.	x	x		x	x	x	x	x	x	x		x	x												
09.	x	x	x	x	x	x	x	x	x	x			x												
10.	x	x	x	x	x	x	x	x	x	x			x												
11.	x	x		x	x	x	x	x	x		x		x		x										
12.	x	x		x	x	x	x	x			x	x	x		x										
13.	x	x	x		x	x	x	x			x	x	x		x										
14.	x	x	x		x		x	x	x		x	x	x		x										
15.	x	x			x	x	x	x	x	x		x	x		x										
16.	x	x			x	x	x	x	x			x	x		x	x									
17.	x	x			x	x	x	x	x		x	x	x		x										
18.	x	x		x	x	x	x	x	x	x		x			x										
19.	x	x		x	x	x	x		x	x		x	x		x										
20.					x	x	x	x	x	x		x	x		x	x	x								
21.	x	x		x	x	x	x	x	x	x		x			x										
22.	x	x		x	x	x	x	x		x		x	x		x										
23.	x	x		x	x	x	x	x	x	x		x			x										
24.	x	x		x	x	x	x	x		x	x		x		x										
25.	x				x	x	x	x	x	x		x	x		x			x							
26.	x				x	x	x	x	x	x		x	x		x	x									
27.	x	x			x	x	x	x	x			x	x		x	x									
28.	x				x	x	x	x	x	x		x	x		x	x									
29.	x			x	x		x	x	x	x		x	x		x	x									
30.	x			x	x	x	x	x		x	x	x	x		x										
Sp.:	29	22	10	20	30	28	30	29	25	22	10	22	24	1	20	6	1	1							
T.:	0	0	0	3	22	2	13	6	9	9	2	0	6	0	1	0	0	0							

1961/62

Sp.	Datum		Gegner	Ergebnis	SV-Torschützen	Zuschauer
01.	06.08.61	A	E. Braunschweig	1 : 1 (0-1)	Barth	9.000
02.	13.08.61	H	E. Nordhorn	5 : 3 (0-1)	Schütz 2 I Soja I Lorenz I Hänel	8.000
03.	20.08.61	A	Bremerhaven 93	0 : 0 (0-0)	-	7.000
04.	27.08.61	H	Neumünster	2 : 0 (1-0)	Wilmovius I Schröder	5.000
05.	03.09.61	A	VfB Oldenburg	2 : 2 (1-1)	Barth I Schröder	15.000
06.	10.09.61	H	Hildesheim	0 : 1 (0-1)	-	10.000
07.	17.09.61	H	Holstein Kiel	4 : 2 (2-0)	Schröder 2 I Hänel I Barth	8.000
08.	24.09.61	A	Bremer SV	3 : 2 (3-2)	Schröder 2 I Hänel	12.000
09.	01.10.61	H	Altona 93	8 : 0 (4-0)	Soja 3 I Jagielski I Hänel 2 I Barth I Schimeczek	8.000
10.	08.10.61	H	Hamburger SV	2 : 1 (1-0)	Schröder I Hänel	32.000
11.	15.10.61	A	St. Pauli	3 : 2 (1-1)	Schimeczek I Hänel I Barth	13.000
12.	29.10.61	H	Bergedorf	1 : 1 (0-1)	Barth	8.000
13.	05.11.61	A	Conc. Hamburg	3 : 1 (0-1)	Schimeczek 2 I Soja	5.000
14.	12.11.61	H	VfL Osnabrück	1 : 2 (1-1)	Soja	7.000
15.	19.11.61	A	Hannover 96	3 : 1 (2-1)	Barth I Soja I Schröder	16.000
16.	03.12.61	H	St. Pauli	1 : 1 (0-0)	Hänel	8.000
17.	10.12.61	A	Neumünster	7 : 1 (3-0)	Schröder 2 I Hänel 2 I Schimec. I Lorenz I Schütz	3.000
18.	07.01.62	H	Bremerhaven 93	8 : 1 (3-0)	Hänel 3 I Soja 3 I Schütz I ElG: Buck	3.000
19.	14.01.62	A	VfL Osnabrück	1 : 1 (0-0)	Soja	6.000
20.	21.01.62	H	Bremer SV	5 : 0 (3-0)	Schütz 2 I Hänel I Soja I Jagielski	8.000
21.	28.01.62	A	Hildesheim	1 : 3 (0-1)	Zebrowski	13.000
22.	04.02.62	A	Hamburger SV	2 : 1 (0-1)	Barth I Schröder	21.000
23.	11.02.62	A	Altona 93	3 : 0 (2-0)	Barth 2 I Schütz	4.000
24.	18.02.62	H	VfB Oldenburg	7 : 1 (3-1)	Soja 2 I Zebrowski 2 I Schröder 2 I Barth	7.000
25.	04.03.62	A	Bergedorf	2 : 1 (1-0)	Hänel I Soja	7.000
26.	11.03.62	H	E. Braunschweig	0 : 1 (0-0)	-	9.000
27.	25.03.62	A	E. Nordhorn	6 : 0 (2-0)	Soja 3 I Barth I Schimeczek 2	4.000
28.	01.04.62	H	Conc. Hamburg	3 : 0 (1-0)	Schröder I Soja I Zebrowski	6.000
29.	08.04.62	H	Hannover 96	2 : 2 (1-1)	Soja I Schütz	5.000
30.	15.04.62	A	Holstein Kiel	1 : 1 (0-0)	Hänel	10.000

Saisonstatistik: *Platz:* **2**;

18 *Siege* / 8 *Unentschieden* / 4 *Niederlagen*
87 - 33 *Tore; Diff.:* + 54;
44 : 16 *Punkte*
132.000 *Zuschauer*

1961/62

Spieltag	Kokartis	Piontek	Nachtwey	Lorenz	Schütz	Schimeczek	Barth	Jagielski	Wilmovius	Soja	Hänel	Schröder	Lambertz	Knopf	Rupozinski	Zebrowski	Wegener
01.	x	x	x	x	x	x	x	x	x	x	x						
02.	x	x	x	x	x		x	x	x	x	x	x					
03.	x	x	x	x	x		x	x	x	x	x	x					
04.		x			x	x		x	x	x		x	x	x	x	x	
05.	x	x	x		x	x	x	x	x	x	x	x					
06.	x	x	x	x	x	x	x	x		x	x	x					
07.	x	x	x		x	x	x	x	x	x	x	x					
08.	x	x	x	x	x	x	x	x	x		x	x					
09.	x	x	x	x	x	x	x	x	x	x	x						
10.	x	x	x	x	x	x	x	x		x	x	x					
11.	x	x	x	x	x	x	x	x		x	x	x					
12.	x		x	x	x	x	x	x			x	x			x	x	
13.	x	x	x	x	x	x	x	x		x	x					x	
14.	x	x	x	x	x	x	x	x		x	x	x					
15.	x	x	x	x	x	x	x	x		x	x	x					
16.	x	x	x	x	x	x	x	x		x	x	x					
17.	x	x	x	x	x	x	x	x		x	x	x					
18.	x	x	x	x	x	x	x	x		x	x	x					
19.	x	x	x	x	x	x	x	x		x	x				x		
20.	x	x	x	x	x	x	x	x		x	x					x	
21.	x	x		x	x	x	x	x		x	x				x	x	
22.	x	x	x	x		x	x	x		x	x	x				x	
23.	x	x	x		x	x	x	x		x	x	x				x	
24.	x	x	x	x	x	x	x	x		x		x				x	
25.	x	x	x	x		x	x	x		x	x	x				x	
26.	x	x	x	x		x	x	x		x	x	x				x	
27.	x	x		x		x	x	x		x	x	x				x	x
28.	x	x	x	x		x	x	x		x	x	x				x	
29.	x	x	x	x	x	x	x	x		x		x				x	
30.	x	x	x	x	x	x	x	x			x	x				x	

Sp.:	29	29	27	26	25	28	29	30	8	28	27	24	1	1	4	14	1
T.:	0	0	0	2	8	7	12	2	1	20	16	14	0	0	0	4	0

1962/63

Sp.	Datum		Gegner	Ergebnis	SV-Torschützen	Zuschauer
01.	19.08.62	H	Bergedorf	7 : 1 (5-0)	Meyer 3 I Lorenz I Thun I Soja 2	9.000
02.	26.08.62	A	H. Kiel	3 : 2 (1-1)	Meyer 2 I Soja	12.000
03.	02.09.62	H	Altona 93	9 : 0 (2-0)	Meyer 5 I Thun I Schimeczek I Soja I Lorenz	12.000
04.	09.09.62	A	Arm. Hannover	3 : 3 (2-1)	Meyer I Lorenz I Zebrowski	35.000
05.	16.09.62	H	E. Braunschweig	3 : 2 (1-1)	Meyer I Hänel 2	12.000
06.	23.10.62	A	VfL Osnabrück	2 : 1 (1-0)	Zebrowski I Schütz	20.000
07.	07.10.62	H	Bremerhaven 93	1 : 0 (1-0)	Meyer	12.000
08.	14.10.62	A	Hamburger SV	1 : 1 (0-1)	Meyer	45.000
09.	28.10.62	A	Hildesheim	2 : 1 (1-0)	Meyer 2	8.000
10.	28.10.62	H	St. Pauli	3 : 0 (2-0)	Meyer 2 I Soja	15.000
11.	04.11.62	H	VfB Oldenburg	8 : 1 (2-1)	Meyer 4 I Schütz I Zebrowski I Schim. I Soja	12.000
12.	11.11.62	A	Conc. Hamburg	0 : 1 (0-1)	-	7.000
13.	18.11.62	H	Hannover 96	10 : 2 (3-0)	Thun 2 I Zebrowski 3 I Hänel I Meyer I Schimeczek I Jagielski I Soja	12.000
14.	25.11.62	A	VfB Lübeck	1 : 0 (0-0)	Hänel	13.000
15.	02.12.62	H	Neumünster	3 : 2 (2-2)	Soja 2 I Zebrowski	11.000
16.	09.12.62	H	Hildesheim	6 : 1 (3-0)	Soja I Schütz 2 I Meyer I Thun I EIG: Zimmermann	8.000
17.	16.12.62	A	St. Pauli	3 : 0 (1-0)	Meyer I Thun I Schütz	12.000
18.	06.01.63	A	Oldenburg	1 : 1 (0-0)	Meyer	10.000
19.	13.01.63	H	Conc. Hamburg	3 : 1 (2-0)	Soja I Thun I Zebrowski	7.000
20.	20.01.63	A	Hannover 96	1 : 3 (0-2)	Soja	11.000
21.	27.01.63	H	VfB Lübeck	6 : 1 (2-0)	Meyer 3 I Hänel I Thun I Schimeczek	10.000
22.	03.02.63	A	Neumünster	1 : 3 (1-2)	Zebrowski	8.000
23.	17.02.63	A	Bremerhaven 93	0 : 1 (0-1)	-	6.000
24.	03.03.63	H	Hamburger SV	1 : 4 (1-3)	Thun	32.000
25.	10.03.63	A	E. Braunschweig	3 : 2 (1-1)	Hänel I Schütz I Meyer	25.000
26.	17.03.63	H	Arm. Hannover	5 : 2 (2-1)	Meyer 4 I Zebrowski	12.000
27.	31.03.63	H	VfL Osnabrück	3 : 1 (3-1)	Jung I Zebrowski I Meyer	10.000
28.	08.04.63	A	Altona 93	4 : 2 (2-0)	Zebrowski 2 I Soja I Meyer	6.000
29.	22.04.63	H	H. Kiel	5 : 3 (2-1)	Thun 2 I Jung 2 I Schütz	10.000
30.	29.04.63	A	Bergedorf	4 : 2 (2-2)	Soja 2 I Schütz I Zebrowski	3.000

Saisonstatistik: *Platz:* **2**;

22 *Siege* / 3 *Unentschieden* / 5 *Niederlagen*
102 - 44 *Tore; Diff.:* + 58;
47 : 13 *Punkte*
186.000 *Zuschauer*

1962/63

Spieltag	Kokartis	Piontek	Nachtwey	Schimeczek	Schütz	Jagielski	Lorenz	Thun	Meyer	Soja	Zebrowski	Lambertz	Hänel	Schröder	Dudjahn	Bergdorf	Jung								
01.	x	x	x	x	x	x	x	x	x	x	x														
02.		x	x	x	x	x	x	x	x	x	x	x													
03.		x	x	x	x	x	x	x	x	x	x	x													
04.		x	x	x	x	x	x	x	x	x	x	x													
05.		x	x	x	x	x	x		x	x	x	x	x												
06.		x	x	x	x	x		x	x	x	x	x	x												
07.	x	x	x	x		x	x		x	x	x		x	x											
08.	x	x	x	x	x	x	x	x	x	x	x														
09.	x	x	x	x	x		x	x	x	x	x		x												
10.	x	x		x	x	x	x	x	x	x	x		x												
11.	x			x	x	x	x	x	x	x	x		x		x										
12.	x	x	x	x	x	x		x	x	x	x		x												
13.	x	x	x	x	x	x		x	x	x	x		x												
14.	x	x	x	x	x	x		x	x	x	x		x												
15.	x	x	x		x	x	x	x	x	x	x		x												
16.	x	x		x	x	x	x	x	x	x	x		x												
17.	x	x		x	x	x	x	x	x	x	x		x												
18.	x	x	x	x	x		x	x	x	x	x		x												
19.		x	x	x			x	x	x	x	x	x	x		x										
20.		x	x	x			x	x	x	x	x	x	x		x										
21.			x	x			x	x	x	x	x	x	x		x		x								
22.		x	x	x	x		x		x	x	x	x	x		x										
23.		x	x	x	x	x		x	x	x	x	x	x												
24.		x		x	x		x	x	x	x	x	x	x		x										
25.		x		x	x	x	x	x	x	x	x	x	x												
26.		x	x	x	x	x		x	x	x	x	x	x												
27.			x	x	x	x	x		x	x	x	x	x				x								
28.		x		x	x	x	x	x	x	x	x	x	x												
29.		x	x	x	x	x	x	x			x	x	x				x								
30.			x	x	x	x	x			x	x	x	x		x		x								
Sp.:	13	26	23	29	26	22	24	25	28	29	30	17	25	1	7	1	4								
T.:	0	0	0	4	8	1	3	10	36	15	15	0	6	0	0	0	3								

Spieler - ABC

Spieler		48/ 49	49/ 50	50/ 51	51/ 52	52/ 53	53/ 54	54/ 55	55/ 56	56/ 57	57/ 58	58/ 59	59/ 60	60/ 61	61/ 62	62/ 63	Sp T
Acker-schott	Sp	22	30	31	30	30	29	13	23	20							**228**
	T	1	0	0	0	1	1	0	0	0							**3**
Ahr-becher	Sp							3									**3**
	T							0									**0**
Alm	Sp				21												**21**
	T				0												**0**
Baier	Sp													1			**1**
	T													0			**0**
Barth	Sp											26	21	25	29		**101**
	T											10	5	9	12		**36**
Berg-dorf	Sp															1	**1**
	T															0	**0**
Bering	Sp					24	20										**44**
	T					6	4										**10**
Block	Sp				7	2											**9**
	T				0	0											**0**
Bosse	Sp						1										**1**
	T						0										**0**
Bro-schat	Sp		29	28	4												**61**
	T		1	0	0												**1**
Brunk-horst	Sp						2										**2**
	T						0										**0**
Brüng-lingh.	Sp										14	27	20				**61**
	T										1	0	1				**2**
Bur-denski	Sp		29	30	26	30	25										**140**
	T		8	3	5	5	1										**22**
Caj-kowski	Sp									17	16						**33**
	T									7	5						**12**
Dam-mers	Sp								26	26	22	5					**79**
	T								0	1	0	0					**1**
Dud-jahn	Sp															7	**7**
	T															0	**0**
Ebert I	Sp					27	21										**48**
	T					8	8										**16**

Spieler		48/ 49	49/ 50	50/ 51	51/ 52	52/ 53	53/ 54	54/ 55	55/ 56	56/ 57	57/ 58	58/ 59	59/ 60	60/ 61	61/ 62	62/ 63	Sp T
Ebert II	Sp						16	28	25	27							**96**
	T						0	5	4	4							**13**
Fehr-	Sp	1															**1**
mann	T	0															**0**
Geise	Sp						1										**1**
	T						0										**0**
Genoux	Sp								5		1						**6**
	T								1		0						**1**
Gern-	Sp	20	25	24	23	21											**113**
hardt	T	10	11	17	14	11											**63**
Graul	Sp	21	9														**30**
	T	3	1														**4**
Groß	Sp												5				**5**
	T												0				**0**
Haase	Sp						20	26	26								**72**
	T						4	14	2								**20**
Hagen-	Sp		30	28	21	23	23	30	25	30	28	29					**267**
acker	T		25	9	1	4	11	2	1	1	6	3					**63**
Hardtke	Sp					15	20										**35**
	T					5	4										**9**
Hänel	Sp									1	28	27	17	22	27	25	**147**
	T									0	14	15	8	9	16	6	**68**
Hehl	Sp					1											**1**
	T					0											**0**
Hein-	Sp	14															**14**
rich	T	1															**1**
Hein-	Sp										1						
richs											0						
Henne	Sp													10			**10**
	T													0			**0**
Heyse	Sp						12	30	30	27	27	22	13				**161**
	T						0	0	0	0	0	0	0				**0**
Hoff-	Sp	6															**6**
meister	T	1															**1**
Höger	Sp	11															**11**
	T	0															**0**
Illic	Sp	11	30	31	9	30	28	27	30	30	30	30	24	1			**311**
	T	0	0	0	0	0	0	0	0	0	0	0	0	0			**0**

Spieler		48/ 49	49/ 50	50/ 51	51/ 52	52/ 53	53/ 54	54/ 55	55/ 56	56/ 57	57/ 58	58/ 59	59/ 60	60/ 61	61/ 62	62/ 63	Sp T
Jagielski	Sp														30	22	52
	T														2	1	3
Jung	Sp															4	4
	T															3	3
Karl	Sp								1								1
	T								0								0
Kirk	Sp	6	20	15	21												62
	T	0	0	0	0												0
Klinge	Sp	20	15	21	6	26	4										92
	T	3	1	6	5	9	0										24
Klöpfer	Sp		2														2
	T		0														0
Klötzer	Sp		19	8													27
	T		1	1													2
Knefler	Sp						4	10	1								15
	T						0	1	0								1
Knopf	Sp										27	12	28	22	1		90
	T										1	0	0	0	0		1
Kokartis	Sp												6	29	29	13	77
	T												0	0	0	0	0
Konopka	Sp				16	27	28	9	9	25	20	2					136
	T				3	4	3	0	0	2	1	0					13
Korf	Sp						11	22	9	1							43
	T						0	0	0	0							0
Kraatz	Sp	22	2	3				24									51
	T	1	0	0				8									9
Kronfeldt	Sp										1	1	6				8
	T										0	0	0				0
Kruse	Sp	1															1
	T	0															0
Küchler	Sp			1													1
	T			0													0
Lambertz	Sp														1	17	18
	T														0	0	0
Leband	Sp									10							10
	T									0							0
Lorenz	Sp	16															16
	T	0															0

Spieler		48/49	49/50	50/51	51/52	52/53	53/54	54/55	55/56	56/57	57/58	58/59	59/60	60/61	61/62	62/63	Sp T
Lorenz, Max	Sp													24	26	24	74
	T													6	2	3	11
Man-they	Sp	2															2
	T	0															0
Meyer	Sp			5													5
	T			0													0
Meyer, D.	Sp															28	28
	T															36	36
Mosch	Sp	8															8
	T	0															0
Nacht-wey	Sp												27	28	27	23	105
	T												3	2	0	0	5
Piontek	Sp													20	29	26	75
	T													1	0	0	1
Pöschl	Sp			24	26	18	24	26	19	9							146
	T			7	2	0	0	2	1	0							12
Preuße	Sp		24	28	19	24	29	30	23	21							198
	T		18	23	24	14	14	21	8	14							136
Pühl	Sp				5												5
	T				1												1
Rath	Sp	22	21	32	29												104
	T	15	7	9	10												41
Risse	Sp				1												1
	T				0												0
Rupo-zinski	Sp										29	29	15	22	4		99
	T										0	0	0	0	0		0
Sahm	Sp				29												29
	T				14												14
Schi-meczek	Sp											30	28	20	28	29	135
	T											6	11	3	7	4	31
Schmidt	Sp	9															9
	T	1															1

Spieler		48/49	49/50	50/51	51/52	52/53	53/54	54/55	55/56	56/57	57/58	58/59	59/60	60/61	61/62	62/63	Sp T
Schröder	**Sp**							15	30	20	27	29	29	20	24	1	**213**
	T							8	27	18	20	19	17	6	14	0	**129**
Schulz, H.	**Sp**												14				**14**
	T												0				**0**
Schütz	**Sp**								30	22	30	29	28	30	25	26	**220**
	T								18	12	14	23	4	22	8	8	**109**
Soja	**Sp**														27	29	**56**
	T														20	15	**35**
Srobeck	**Sp**	8															**8**
	T	2															**2**
Stange	**Sp**					9	7	15					2				**33**
	T					2	1	5					1				**9**
Theile	**Sp**				19												**19**
	T				1												**1**
Thun	**Sp**															25	**25**
	T															10	**10**
Thünnerm.	**Sp**		30	32	3	22	5	22	4	6	1						**125**
	T		1	2	0	1	0	0	0	0	0						**4**
Uelzmann	**Sp**			1													**1**
	T			0													**0**
Wagner	**Sp**													1			**1**
	T													0			**0**
Wedemeyer	**Sp**											2					**2**
	T											0					**0**
Wegener	**Sp**													6	1		**7**
	T													0	0		**0**
Wilmovius	**Sp**									29	27	30	30	30	8		**154**
	T									6	14	13	13	13	1		**60**
Witte	**Sp**								1								**1**
	T								0								**0**
Wunderlich	**Sp**	21	15	10	14	1											**61**
	T	10	3	1	4	0											**18**
Zebrowski	**Sp**												17	10	14	30	**71**
	T												6	2	4	15	**27**

Spieler		48/49	49/50	50/51	51/52	52/53	53/54	54/55	55/56	56/57	57/58	58/59	59/60	60/61	61/62	62/63	Sp T
Zimdars	**Sp**								13								**13**
	T								10								**10**
Zimjalkowski	**Sp**										1						**1**
	T										0						**0**
Zimmermann	**Sp**				1												**1**
	T				0												**0**
Zuwede	**Sp**	1															**1**
	T	0															**0**

Tabellen: Oberliga NORD

1947/48:	S	U	N	Tore	Pkt.
01. Hamburger SV	17	3	2	66-17	37:7
02. St. Pauli	17	3	2	73-21	37:7
03. E. Braunschw.	12	4	6	50-31	28:16
04. Osnabrück	12	4	6	46-32	28:16
05. W. Bremen	**12**	**2**	**8**	**32-38**	**26:18**
06. C. Hamburg	9	3	10	44-45	21:23
07. A. Hannover	9	2	11	35-44	21:23
08. VfB Lübeck	9	2	11	41-53	20:24
09. Bremer SV	8	1	13	40-46	17:27
10. Hannover 96	6	1	15	32-69	13:31
11. H. Kiel	4	2	16	30-62	10:34
12. Vict. Hamb.	2	2	18	24-67	06:38

1948/49:	S	U	N	Tore	Pkt.
01. Hamburger SV	14	4	4	61-31	32:12
02. St. Pauli	15	2	5	47-22	32:12
03. Osnabrück	14	3	5	61-23	31:13
04. E. Braunschw.	12	1	9	48-48	25:19
05. Bremer SV	9	4	9	45-53	22:22
06. Eimsbüttel	9	3	10	35-40	21:23
07. VfB Lübeck	8	4	10	35-44	20:24
08. W. Bremen	**8**	**3**	**11**	**49-50**	**19:25**
09. Conc. Hamb.	6	6	10	44-49	18:26
10. Arm. Hann.	6	4	12	33-50	16:28
11. Gött. 05	5	4	13	35-57	14:30
12. Bremerhaven	7	0	15	28-54	14:30

1949/50:	S	U	N	Tore	Pkt.
01. Hamburger SV	21	6	3	101-39	48:12
02. St. Pauli	17	5	8	62-42	39:21
03. Osnabrück	17	4	9	70-53	38:22
04. W. Bremen	**16**	**4**	**10**	**78-44**	**36:24**
05. E. Braunschw.	14	8	8	54-48	36:24
06. Conc. Hamb.	15	6	9	72-65	36:24
07. Hannover 96	13	5	12	58-61	31:29
08. Eimsbüttel	13	4	13	58-50	30:30
09. VfB Oldenb.	13	4	13	56-62	30:30
10. Bremerhaven	13	4	13	57-65	30:30
11. H. Kiel	12	4	14	51-49	28:32
12. Arm. Hann.	11	5	14	38-44	27:33
13. Göttingen	8	6	16	45-66	22:38
14. Bremer SV	9	3	18	50-71	21:39
15. VfB Lübeck	8	4	18	40-65	20:40
16. Harburger TB	3	2	25	37-103	08:52

1950/51:	S	U	N	Tore	Pkt.
01. Hamburger SV	22	5	5	113-54	49:15
02. St. Pauli	18	10	4	84-41	46:18
03. H. Kiel	17	6	9	63-59	40:24
04. VfL Osnabr.	16	7	9	84-54	39:25
05. Eimsbüttel	14	9	9	51-47	37:27
06. W. Bremen	**15**	**6**	**11**	**79-59**	**36:28**
07. Bremer SV	12	10	10	57-56	34:30
08. Bremerhaven	13	6	13	66-61	32:32
09. Göttingen	11	9	12	66-75	31:33
10. E. Braunschw.	9	12	11	60-53	30:34
11. Hannover 96	11	7	14	60-66	29:35
12. Conc. Hamb.	9	10	13	49-65	28:36
13. Arm. Hann.	11	5	16	63-69	27:37
14. Eintr. Osn.	8	10	14	57-75	26:38
15. Altona 93	8	10	14	55-79	26:38
16. VfB Oldenburg	8	9	15	53-69	25:39
17. SV Itzehoe	3	3	26	42-118	09:55

1951/52:	S	U	N	Tore	Pkt.
01. Hamburger SV	19	7	4	96-48	45:15
02. VfL Osnabr.	18	5	7	79-50	41:19
03. St. Pauli	14	7	9	67-49	35:25
04. Eimsbüttel	15	5	10	71-58	35:25
05. H. Kiel	15	4	11	65-54	34:26
06. Göttingen	14	6	10	62-55	34:26
07. W. Bremen	**14**	**5**	**11**	**85-52**	**33:27**
08. Bremerhaven	12	9	9	63-56	33:27
09. Arm. Hann.	13	4	13	67-72	30:30
10. Bremer SV	11	6	13	60-59	28:32
11. Hann. 96	11	6	13	55-59	28:32
12. Conc. Hamb.	9	6	15	56-73	24:36
13. E. Osnabr.	8	7	15	56-70	23:37
14. E. Braunschw.	8	7	15	50-72	23:37
15. Vict. Hamb.	7	9	14	48-74	23:37
16. Lüneb. SK	3	5	22	40-119	11:49

1952/53:	S	U	N	Tore	Pkt.
01. Hamburger SV	18	7	5	78-57	43:17
02. H. Kiel	15	9	6	66-38	39:21
03. W. Bremen	**15**	**7**	**8**	**71-55**	**37:23**
04. VfL Osnabr.	15	5	10	66-47	35:25
05. Göttingen	13	6	11	73-57	32:28
06. Altona 93	13	6	11	73-69	32:28
07. Hann. 96	10	10	10	52-53	30:30
08. Bremerhaven	9	11	10	50-60	29:31
09. St. Pauli	11	6	13	62-57	28:32
10. Eimsbüttel	12	4	14	59-62	28:32
11. VfB Lübeck	9	10	11	46-63	28:32
12. Arm. Hann.	9	9	12	51-62	27:33
13. Bremer SV	12	2	16	65-71	26:34
14. Harb. TB	11	2	17	47-71	24:36
15. Conc. Hamb.	8	7	15	47-62	23:37
16. Eintr. Osn.	5	9	16	54-76	19:41

1953/54:	S	U	N	Tore	Pkt.
01. Hann. 96	20	6	4	64-26	46:14
02. St. Pauli	16	7	7	65-37	39:21
03. Altona 93	13	6	11	68-59	32:28
04. E. Braunschw.	12	8	10	57-58	32:28
05. W. Bremen	**13**	**5**	**12**	**53-43**	**31:29**
06. Arm. Hann.	12	5	13	78-77	29:31
07. Bremerhaven	11	7	12	53-55	29:31
08. Eimsbüttel	11	7	12	51-55	29:31
09. H. Kiel	10	9	11	50-68	29:31
10. Göttingen	10	8	12	43-48	28:32
11. Hamburger SV	15	1	14	77-58	27:33
12. VfL Osnabr.	11	5	14	48-46	27:33
13. Bremer SV	11	5	14	44-56	27:33
14. Harburg. TB	10	6	14	43-60	26:34
15. VfB Lübeck	7	9	14	33-59	23:37
16. Vict. Hamb.	7	8	15	28-50	22:38

Anm.: Dem HSV wurden 4 Punkte abgezogen.

1954/55:	S	U	N	Tore	Pkt.
01. Hamburger SV	23	1	6	108-41	47:13
02. Bremerhaven	17	7	6	56-38	41:19
03. W. Bremen	**15**	**8**	**7**	**68-46**	**38:22**
04. Altona 93	15	8	7	73-51	38:22
05. Hann. 96	14	6	10	52-41	34:26
06. E. Braunschw.	15	3	12	58-56	33:27
07. St. Pauli	10	11	9	45-41	31:29
08. Eimsbüttel	9	10	11	51-60	28:32
09. VfL Osnabr.	9	9	12	58-55	27:33
10. H. Kiel	8	11	11	52-64	27:33
11. Oldenburg	9	7	14	33-56	25:35
12. Arm. Hann.	9	6	15	50-60	24:36
13. Göttingen	6	12	12	35-49	24:36
14. Wolfsburg	7	10	13	34-53	24:36
15. Bremer SV	9	5	16	35-56	23:37
16. Harb. TB	3	10	17	35-76	16:44

1955/56:	S	U	N	Tore	Pkt.
01. Hamburger SV	17	7	6	89-35	41:19
02. Hann. 96	16	6	8	57-39	38:22
03. Arm. Hann.	13	11	6	46-39	37:23
04. H. Kiel	13	9	8	51-37	35:25
05. Neumünster	13	7	10	49-45	33:27
06. W. Bremen	**14**	**4**	**12**	**74-54**	**32:28**
07. Bremerhaven	11	10	9	55-49	32:28
08. Göttingen	14	3	13	58-59	31:29
09. Altona 93	11	7	12	43-52	29:31
10. VfL Osnabr.	11	6	13	48-64	28:32
11. E. Braunschw.	12	3	15	68-71	27:33
12. St. Pauli	9	9	12	36-47	27:33
13. E. Nordhorn	8	11	11	46-60	27:33
14. Wolfsburg	8	9	13	55-62	25:35
15. Oldenburg	6	9	15	37-60	21:39
16. Eimsbüttel	4	9	17	43-82	17:43

1956/57:	S	U	N	Tore	Pkt.
01. Hamburger SV	16	9	5	86-34	41:19
02. H. Kiel	15	9	6	46-38	39:21
03. Hann. 96	15	7	8	58-34	37:23
04. St. Pauli	13	7	10	40-52	33:27
05. W. Bremen	**14**	**3**	**13**	**65-53**	**31:29**
06. VfL Osnabr.	12	7	11	37-40	31:29
07. E. Braunschw.	11	8	11	61-51	30:30
08. Neumünster	11	8	11	35-50	30:30
09. Bremerhaven	12	5	13	42-49	29:31
10. Göttingen	13	3	14	51-61	29:31
11. Altona 93	9	10	11	51-51	28:32
12. Conc. Hamb.	11	6	13	36-38	28:32
13. E. Nordhorn	8	10	12	37-48	26:34
14. Wolfsburg	10	6	14	51-71	26:34
15. Arm. Hann.	9	5	16	39-48	23:37
16. Heider SV	6	7	17	28-45	19:41

1957/58:	S	U	N	Tore	Pkt.
01. Hamburger SV	20	3	7	78-35	43:17
02. E. Braunschw.	18	5	7	72-44	41:19
03. Altona 93	14	7	9	49-44	35:25
04. VfL Osnabr.	14	5	11	51-41	33:27
05. Bremerhaven	13	7	10	52-42	33:27
06. Conc. Hamb.	14	4	12	61-49	32:28
07. W. Bremen	**14**	**3**	**13**	**76-70**	**31:29**
08. H. Kiel	11	8	11	48-46	30:30
09. St. Pauli	12	5	13	44-51	29:31
10. Hann. 96	11	5	14	47-46	27:33
11. Wolfsburg	11	4	15	57-57	26:34
12. Neumünster	8	10	12	33-54	26:34
13. E. Nordhorn	8	9	13	37-58	25:35
14. Phönix Lüb.	10	5	15	37-64	25:35
15. VfB Lübeck	8	8	14	36-57	24:36
16. Göttingen	8	4	18	47-67	20:40

1958/59:	S	U	N	Tore	Pkt.
01. Hamburger SV	25	2	3	98-29	52:08
02. W. Bremen	**19**	**4**	**7**	**89-57**	**42:18**
03. Neumünster	14	8	8	47-39	36:24
04. VfL Osnabr.	15	5	10	61-49	35:25
05. Braunschw.	13	7	10	64-55	33:27
06. Hannover 96	12	8	10	45-41	32:28
07. St. Pauli	14	3	13	52-54	32:28
08. Altona 93	14	3	13	51-46	32:28
09. Bremerhaven	12	4	14	54-66	28:32
10. H. Kiel	12	3	15	57-54	27:33
11. Bergedorf 85	12	3	15	41-50	27:33
12. Conc. Hamb.	9	7	14	53-66	25:35
13. Hildesheim	8	8	14	28-50	24:36
14. Ph. Lübeck	6	10	14	37-58	22:38
15. E. Nordhorn	5	8	17	34-72	18:42
16. Wolfsburg	6	4	20	31-56	16:44

1959/60:	S	U	N	Tore	Pkt.
01. Hamburger SV	20	5	5	96-38	45:15
02. W. Bremen	**18**	**5**	**7**	**71-47**	**41:19**
03. VfL Osnabr.	17	5	8	54-33	39:21
04. St. Pauli	14	8	8	54-38	36:24
05. Bremerhaven	13	8	9	59-47	34:26
06. Hannover 96	16	2	12	61-51	34:26
07. Hildesheim	14	4	12	42-44	32:28
08. Braunschw.	10	11	9	43-44	31:29
09. H. Kiel	8	11	11	50-52	27:33
10. Neumünster	11	4	15	47-50	26:34
11. Altona 93	9	8	13	44-49	26:34
12. Conc. Hamb.	10	6	14	44-56	26:34
13. Bergedorf	10	6	14	48-68	26:34
14. VfB Lübeck	9	7	14	40-53	25:35
15. Ph. Lübeck	7	6	17	39-70	20:40
16. E. Osnabr.	2	8	20	26-78	12:48

1960/61:	S	U	N	Tore	Pkt.
01. Hamburger SV	24	2	4	101-29	50:10
02. W. Bremen	**19**	**5**	**6**	**73-47**	**43:17**
03. VfL Osnabr.	17	5	8	68-43	39:21
04. St. Pauli	16	4	10	60-46	36:24
05. Hannover 96	15	5	10	64-43	35:25
06. Altona 93	13	4	13	49-53	30:30
07. H. Kiel	12	5	13	49-49	29:31
08. Hildesheim	12	4	14	48-52	28:32
09. Braunschw.	10	8	12	51-56	28:32
10. Oldenburg	7	12	11	45-55	26:34
11. Neumünster	7	12	11	44-56	26:34
12. Conc. Hamb.	8	8	14	44-69	24:36
13. Bergedorf	8	7	15	37-57	23:37
14. Bremerhaven	9	5	16	37-67	23:37
15. VfB Lübeck	7	8	15	38-50	22:38
16. Heider SV	7	4	19	38-74	18:42

1961/62:	S	U	N	Tore	Pkt.
01. Hamburger SV	24	2	4	100-34	50:10
02. W. Bremen	**18**	**8**	**4**	**87-33**	**44:16**
03. Hildesheim	20	2	8	77-40	42:18
04. St. Pauli	17	6	7	72-51	40:20
05. H. Kiel	17	3	10	84-52	37:23
06. Braunschw.	13	10	7	67-55	36:24
07. VfL Osnabr.	12	6	12	40-52	30:30
08. Bergedorf	10	7	13	45-55	27:33
09. Neumünster	12	3	15	48-56	27:33
10. Oldenburg	11	3	16	42-59	25:35
11. Altona 93	10	4	16	47-79	24:36
12. Conc. Hamb.	8	7	15	47-50	23:37
13. Hannover 96	6	11	13	47-60	23:37
14. Bremerhaven	8	7	15	35-65	23:37
15. Bremer SV	6	6	18	40-84	18:42
16. E. Nordhorn	4	3	23	42-95	11:49

1962/63:	S	U	N	Tore	Pkt.
01. Hamburger SV	22	5	3	100-40	49:11
02. W. Bremen	**22**	**3**	**5**	**102-44**	**47:13**
03. Braunschw.	17	3	10	62-41	37:23
04. Neumünster	14	7	9	48-46	35:25
05. H. Kiel	14	6	10	73-58	34:26
06. St. Pauli	11	8	11	48-45	30:30
07. VfL Osnabr.	12	4	14	44-46	28:32
08. Hildesheim	11	5	14	51-62	27:33
09. Hannover 96	12	3	15	47-61	27:33
10. Arm. Hann.	11	4	15	56-64	26:34
11. Bergedorf	9	8	13	44-57	26:34
12. Oldenburg	7	11	12	46-67	25:35
13. Bremerhaven	9	6	15	40-56	24:36
14. Conc. Hamb.	9	5	16	43-64	23:37
15. Altona 93	10	2	18	51-76	22:38
16. VfB Lübeck	7	6	17	37-65	20:40

Saisonübersicht

Saison	Platz	S	U	N	Tore	Diff.	Punkte	Zuschauer
47/48:	4	12	2	8	43 - 38	+ 5	26:18	209.000
48/49:	8	8	3	11	49 - 50	- 1	19:25	188.000
49/50:	4	16	4	10	78 - 44	+34	36:24	152.000
50/51:	6	15	6	11	79 - 59	+20	36:28	235.000
51/52:	7	14	5	11	85 - 52	+33	33:27	164.000
52/53:	3	15	7	8	71 - 55	+16	37:23	185.000
53/54:	5	13	5	12	53 - 43	+10	31:29	157.000
54/55:	3	15	8	7	68 - 46	+22	38:22	179.000
55/56:	6	14	4	12	74 - 54	+20	32:28	116.000
56/57:	5	14	3	13	65 - 53	+12	31:29	104.000
57/58:	7	14	3	13	76 - 70	+ 6	31:29	121.000
58/59:	2	19	4	7	89 - 57	+32	42:18	165.000
59/60:	2	18	5	7	71 - 47	+24	41:19	170.000
60/61:	2	19	5	6	73 - 47	+26	43:17	153.000
61/62:	2	18	8	4	87 - 33	+54	44:16	132.000
62/63:	2	22	3	5	102 - 44	+58	47:13	184.000

GESAMT:	**Spiele**	**466**
	Siege	**246**
	Unentschieden	**75**
	Niederlagen	**145**
	Tore	**1163 - 792**
	Tordifferenz	**+ 371**
	Punkte	**567 : 365**
	Zuschauer	**2.614.000**
	Schnitt pro Spiel	**11 219**

Alle Ergebnisse auf einen Blick

Team	H A	47/ 48	48/ 49	49/ 50	50/ 51	51/ 52	52/ 53	53/ 54	54/ 55	55/ 56	56/ 57	57/ 58	58/ 59	59/ 60	60/ 61	61/ 62	62/ 63
Altona	H				6-1		4-2	6-2	2-1	4-1	2-2	1-2	4-1	1-0	1-2	8-0	9-0
93	A				7-2		4-7	3-2	2-1	3-1	1-2	0-3	0-4	4-2	4-3	3-0	4-2
Berge-	H												1-0	7-0	2-1	1-1	7-1
dorf	A												2-5	0-2	0-0	2-1	4-2
Braun-	H	2-1	4-2	1-1	2-0	3-0		4-2	4-1	2-0	0-2	2-2	3-2	2-2	3-2	0-1	3-2
schweig	A	0-0	2-3	1-1	1-3	0-3		1-3	5-2	1-5	3-4	2-3	1-4	0-2	0-2	1-1	3-2
Bremer	H	4-1	0-0	3-1	2-2	5-2	4-1	5-2	3-1							5-0	
SV	A	1-0	2-3	3-3	3-1	1-1	2-6	0-0	1-2							3-2	
Bremer-	H		5-0	3-1	3-4	2-2	1-2	3-2	2-0	3-2	1-0	7-5	5-1	2-1	7-1	8-1	1-0
haven	A		2-1	7-1	1-4	3-2	0-0	0-1	0-2	0-1	0-3	1-2	1-3	4-0	4-1	0-0	0-1
Eims-	H		0-3	0-3	4-0	6-1	4-3	1-4	1-1	6-1							
büttel	A		1-0	3-1	1-3	0-3	2-3	5-1	1-2	2-2							
Gött.	H		6-1	2-3	6-1	6-1	3-0	1-0	1-1	4-1	2-0	5-1					
05	A		2-3	3-0	1-1	3-1	2-0	2-3	3-3	2-4	1-5	2-4					
Conc.	H	3-2	2-2	4-0	4-0	7-0	5-1				5-0	6-2	5-3	2-1	2-2	3-0	3-1
Hamb.	A	2-3	2-3	1-3	1-2	0-4	1-1				1-3	3-2	1-1	3-1	4-1	3-1	0-1
Vict.	H	2-0				1-3		1-0									
Hamb.	A	4-1				1-2		0-0									
Hamb.	H	0-6	2-3	1-1	1-5	2-4	4-3	2-1	3-1	1-1	3-1	2-0	3-2	3-3	2-1	2-1	1-4
SV	A	2-2	2-5	1-3	1-1	1-4	4-1	2-0	3-2	1-3	3-0	1-3	3-3	2-5	1-4	2-1	1-1
Arm.	H	0-1	3-1	4-1	2-0	1-0	2-1	1-0	4-2	2-0	1-1						5-2
Hann.	A	0-1	2-4	0-2	1-0	1-3	2-2	2-3	1-2	0-2	1-2						3-3
Hann.	H	4-2		4-2	4-0	5-0	2-1	1-2	4-1	0-1	4-2	1-3	4-3	3-1	2-1	2-2	10-2
96	A	1-0		3-0	0-5	0-0	1-3	1-4	1-2	1-4	3-4	1-1	3-4	1-2	3-2	3-1	1-3
Harb.	H			4-2			3-1	0-1	1-1								
TB	A			7-1			2-3	1-1	3-0								
Heider	H										3-1				3-0		
SV	A										1-1				2-0		
Hildes-	H												5-3	1-2	2-0	0-1	6-1
heim	A												3-3	2-2	0-2	1-3	2-1
Itze-	H				3-0												
hoe	A				5-2												
Holst.	H	1-0		3-1	3-2	4-1	1-2	7-0	2-3	1-2	3-2	3-3	4-1	1-4	3-0	4-2	5-3
Kiel	A	2-1		0-1	2-3	1-2	0-0	0-1	4-4	1-2	2-3	1-3	2-1	1-0	3-2	1-1	3-2
Phönix	H											4-1	6-1	2-1			
Lübeck	A											0-3	1-2	3-1			

Team	H/A	47/48	48/49	49/50	50/51	51/52	52/53	53/54	54/55	55/56	56/57	57/58	58/59	59/60	60/61	61/62	62/63
VfB	H	4-0	6-1	6-0			4-1	2-0				7-2		4-1	3-1		6-1
Lübeck	A	4-7	1-1	2-0			1-3	1-1				3-8		2-3	1-1		1-0
Lüne-	H					9-1											
burg	A					100											
Neu-	H									4-2	4-2	0-2	2-3	3-1	3-1	2-0	3-2
münster	A									2-3	2-4	1-0	5-2	5-4	3-3	7-1	1-3
Nord-	H									4-2	5-3	4-2	5-0			5-3	
horn	A									2-5	1-0	1-4	6-1			6-0	
Olden-	H			1-2	2-1				3-1	5-1					1-1	7-1	8-1
burg	A			2-3	1-1				3-1	2-1					5-3	2-2	1-1
Eintr.	H				6-1	1-3	3-1							4-1			
Osnab.	A				1-2	2-2	1-1							3-1			
VfL	H	2-3	4-3	1-2	3-3	4-1	2-1	0-0	1-0	5-0	4-0	1-0	5-1	0-0	5-0	1-2	3-1
Osnabr.	A	3-2	1-5	4-1	0-4	0-2	3-3	1-2	4-4	2-2	1-3	4-2	1-0	1-0	3-8	1-1	2-1
FC St.	H	2-3	0-4	2-0	0-0	4-2	1-1	0-1	0-0	3-1	1-2	3-1	2-2	1-0	1-0	1-1	3-0
Pauli	A	0-2	0-2	2-4	2-5	2-2	3-1	0-4	1-4	1-1	3-1	5-2	1-0	4-4	0-2	3-2	3-0
Wolfs-	H									5-1	101	4-1	3-1	3-1			
burg	A									0-0	0-2	0-1	2-3	2-0			

Max Lorenz wird vom Ex-Vorsitzenden Alfred Ries geehrt.

Die Deutsche Meisterschaft

Deutsche Meisterschaft

1934 - 1963

1934:

08.04.+06.05.	Gruppe 2	Schalke 04 - **SV Werder**	3 : 0	5 : 2
15.04.+29.04.		VfL Benrath - **SV Werder**	4 : 1	2 : 2
22.04.+13.05.		**SV Werder** - TV Eimsbüttel	4 : 2	2 : 1

Tabelle: Gruppe

1.	Schalke 04	6	4	-	2	16	-	7	8 : 4
2.	VfL Benrath	6	3	1	2	12	-	11	7 : 5
3.	**SV Werder**	6	2	1	3	11	-	17	5 : 7
4.	Eimsbüttel	6	2	-	4	13	-	17	4 : 8

Die Gruppenspiele:
SV Werder - Schalke 04 2 : 5; 15.000 Z.
BREMEN: Diekhoff - Müller, Lanwermeier, Schütz, Stürmer, Freitag, Ziolkewitz, Scharmann, Mahlstedt, Hennes Tibulski, Freye; **SCHALKE:** Mellage - Badorek, Zajons, Ötte Tibulski, Bornemann, Valentin, Kalwitzki, Szepan, Nattkämper, Urban, Rothardt;

SV Werder - VfL 06 Benrath 2 : 2 (1-1); 8.000 Z.
BREMEN: Diekhoff - Müller, Lanwermeier, Schütz, Stürmer, Freitag, Ziolkewitz, Scharmann, Mahlstedt, Tibulski, Freye; **BENRATH:** Peters - Henkel, Bünger, Hoffmann, Besgen, Brill, Leonard, Lenzki, Hohmann, Stoffels, Becker;

Eimsbütteler TV - **SV Werder** 1 : 2 (0-0); 7.000 Z.
EIMSBÜTTEL: Böhlcke - Rohde, Stührk, Wolter, Lüdecke, Schindowski, Weber, Rohwedder, Panse, Reuter, Maack; **BREMEN:** Diekhoff - Müller, Lanwermeier, Schütz, Stürmer, Freitag, Ziolkewitz, Scharmann, Mahlstedt, Tibulski, Freye;

VfL 06 Benrath - **SV Werder** 4 : 1 (2-1); 15.000 Z.
BENRATH: Klein - Henkel, Bünger, Hoffmann, Besgen, Brill, Leonard, Lenzki, Hohmann, Stoffels, Becker; **BREMEN:** Diekhoff - Müller, Lanwermeier, Schütz, Stürmer, Freitag, Ziolkewitz, Scharmann, Mahlstedt, Tibulski, Freye;

Schalke 04 - **SV Werder** 3 : 0 (3-0); 25.000 Z.
SCHALKE: Mellage - Badorek, Zajons, Ötte Tibulski, Szepan, Valentin, Kalwitzki, Urban, Nattkämper, Kuzorra, Rothardt; **BREMEN:** Diekhoff - Müller, Lanwermeier, Schütz, Stürmer, Freitag, Ziolkewitz, Scharmann, Mahlstedt, Hennes Tibulski, Freye;

SV Werder - Eimsbütteler TV 4 : 2 (3-2); 10.000 Z.
BREMEN: Diekhoff - Müller, Lanwermeier, Schütz, Stürmer, Freitag, Ziolkewitz, Scharmann, Mahlstedt, Tibulski, Freye; **EIMSBÜTTEL:** Böhlcke - Rohde, Stührk, Wolter, Lüdecke, Schindowski, Weber, Rohwedder, Panse, Mohr, Reuter;

1936:

19.04.+03.05.	Gruppe 2	Vorw. Rasensp. Gleiwitz - **SV Werder**	5 : 2	4 : 2
26.04.+17.05.		**SV Werder** - TV Eimsbüttel	6 : 1	2 : 0
05.04.+10.05.		**SV Werder** - Viktoria Stolp	6 : 0	4 : 1

Tabelle: Gruppe

1.	Vorw. Gleiwitz	6	5 - 1	21 - 9	10 : 2
2.	**SV Werder**	6	4 - 2	22 - 11	8 : 4
3.	Eimsbüttel	6	2 - 4	7 - 14	4 : 8
4.	V. Stolp	6 1 -	5 4 -	20 2 :	
	10				

Die Gruppenspiele:

SV Werder - Viktoria Stolp 6 : 0 (2-0); 10.000 Z.
BREMEN: Diekhoff - Hundt, Freitag, Scharmann, Stürmer, Böcker, Freye, Mayer, Frank, Hennis Tibulski, Heidemann; **STOLP:** Walter - Hermann, Albrecht, Lietzke, Lewand, Noffz, Meseck, Garz, Habermann, Gliffe, Rennhack;

Vorwärts Rasensport Gleiwitz - **SV Werder** 5 : 2 (1-1); 6.000 Z.
GLEIWITZ: Mettke - Koppa, Kubus, Josefus, Lachmann, Richter, Wilczek, Pischzek, Breitkopf, Morys, Cyranek; **BREMEN:** Diekhoff - Hundt, Freitag, Scharmann, Stürmer, Böcker, Freye, Mayer, Frank, Tibulski, Heidemann;

Eimsbütteler TV - **SV Werder** 1 : 6 (1-2); 14.000 Z.
EIMSBÜTTEL: Böhlcke - Stührk, Timm, Kleikamp, Lüdecke, Wolter, Schindowski, Rohde, Panse, Rohwedder, Reuter; **BREMEN:** Diekhoff - Hundt, Freitag, Scharmann, Stürmer, Tibulski, Ziolkewitz, Mayer, Frank, Freye, Heidemann;

SV Werder - Vorw. Rasensp. Gleiwitz 2 : 4 (1-2); 20.000 Z.
BREMEN: Diekhoff - Hundt, Freitag, Scharmann, Stürmer, Tibulski, Ziolkewitz, Mayer, Frank, Freye, Heidemann; **GLEIWITZ:** Mettke - Koppa, Kubus, Josefus, Lachmann, Richter, Wilczek, Pischzek, Breitkopf, Morys, Cyranek;

Vikt. Stolp - **SV Werder** 1 : 4 (1-2); 5.000 Z.
STOLP: Dettlaff - Hermann, Albrecht, Lietzke, Lewand, Noffz, Habermann, Garz, Stern, Gliffe, Rennhack; **BREMEN:** Diekhoff - Hundt, Freitag, Scharmann, Stürmer, Tibulski, Ziolkewitz, Mayer, Frank, Freye, Heidemann;

SV Werder - Eimsbütteler TV 2 : 0 (2-0); 4.000 Z.
BREMEN: Diekhoff - Hundt, Freitag, Scharmann, Stürmer, Tibulski, Ziolkewitz, Mayer, Frank, Freye, Heidemann; **EIMSBÜTTEL:** Scholz - Lüdecke, Timm, Kleikamp, Rohde, Schindowski, Panse, Beetz, Stührk, Rohwedder, Reuter;

1937:

04.04.+23.05.	Gruppe 2	Schalke 04 - **SV Werder**	5 : 1	2 : 2
18.04.+09.05.		**SV Werder** - Hertha BSC	5 : 2	3 : 1
11.04.+25.04.		**SV Werder** - Viktoria Stolp	5 : 0	4 : 0

Tabelle: Gruppe

1.	Schalke 04	6	5	1	-	31	-	5	11 : 1
2.	**SV Werder**	6	4	1	1	20	-	10	9 : 3
3.	Hertha BSC	6	2	-	4	12	-	13	4 : 8
4.	Vikt. Stolp	6	-	-	6	1	-	36	0 :12

Die Gruppenspiele:

Schalke 04 - **SV Werder** 5 : 1 (2-1); 40.000 Z.
SCHALKE: Klodt - Bornemann, Schweißfurth, Gellesch, Ötte Tibulski, Berg, Kalwitzki, Szepan, Pörtgen, Kuzorra, Urban; **BREMEN:** Uelzmann - Hundt, Freitag, Frank, Stürmer, Tibulski, Ziolkewitz, Mayer, Wittenbecher, Freye, Heidemann;

SV Werder - Viktoria Stolp 5 : 0 (2-0); 12.000 Z.
BREMEN: Uelzmann - Hundt, Freitag, Frank, Stürmer, Tibulski, Ziolkewitz, Mayer, Wittenbecher, Freye, Heidemann; **STOLP:** Marczinski - Bletsch, Domke, Mickley, Lietzke, Noffz, Habermann, Garz, W. Albecht, K. Albrecht, Rennhack;

Hertha BSC Berlin - **SV Werder** 1 : 3 (0-2); 25.000 Z.
BERLIN: Schwarz - Bilek, Krause, W. Schneider, Stahr, Wilhelm, R. Schneider, Sobeck, Schulz, Brink, Hahn; **BREMEN:** Uelzmann - Hundt, Freitag, Frank, Stürmer, Tibulski, Ziolkewitz, Mayer, Wittenbecher, Freye, Heidemann;

Vikt. Stolp - **SV Werder** 0 : 4 (0-1); 2.500 Z.
STOLP: Marczinski - Bletsch, Domke, Mickley, Lietzke, Noffz, Habermann, Garz, W. Albecht, Rennhack, K. Albrecht; **BREMEN:** Uelzmann - Hundt, Freitag, Frank, Stürmer, Tibulski, Ziolkewitz, Mayer, Wittenbecher, Freye, Heidemann;

SV Werder - Hertha BSC 5 : 2 (3-1); 15.000 Z.
BREMEN: Uelzmann - Hundt, Freitag, Frank, Stürmer, Tibulski, Ziolkewitz, Mayer, Wittenbecher, Freye, Heidemann; **BERLIN:** Schwarz - Bilek, Krause, W. Schneider, Stahr, Wilhelm, R. Schneider, Schießl, Sobeck, Greschus, Hahn;

SV Werder - Schalke 04 2 : 2 (1-0); 35.000 Z.
BREMEN: Uelzmann - Hundt, Freitag, Frank, Stürmer, Tibulski, Ziolkewitz, Mayer, Wittenbecher, Freye, Heidemann; **SCHALKE:** Klodt - Bornemann, Schweißfurth, Valentin, Ötte Tibulski, Mecke, Berg, Gellesch, Kuzorra, Szepan, Urban;

1942:

10.05.42	Aussch.-sp.	Hamborn 07 - **SV Werder**	1 : 1 n. V.
17.05.42	Wiederh.	**SV Werder** - Hamborn 07	5 : 1
24.05.42	Vorrunde	**SV Werder** - TV Eimsbüttel	4 : 2
07.06.42	Zwischenr.	Kick. Offenbach - **SV Werder**	4 : 3

Ausscheidungsspiel:
Hamborn 07 - **SV Werder** 1 : 1 n. V. (0-1, 1-1); 20.000 Z.
HAMBORN: Konstanzek - Duch, Arts, Bütterich, Rodzinski, Christ, Petry, Kanthak, Liesen, Bauchrowitz, Atzesberger; **BREMEN:** Lang - Hundt, Münzenberg, Scharmann, Stürmer, Tibulski, Ziolkewitz, Kraatz, Gornick, Heinrich, Lotz;

Wiederholungsspiel:
SV Werder - Hamborn 07 5 : 1 (3-0); 18.000 Z.
BREMEN: Lang - Hundt, Münzenberg, Scharmann, Stürmer, Kraatz, Ziolkewitz, Fehrmann, Gornick, Heinrich, Tibulski; **HAMBORN:** Konstanzek - Duch, Arts, Rupieta, Rodzinski, Christ, Petry, Kanthak, Bütterich, Bauchrowitz, Atzesberger;

Vorrunde:
SV Werder - Eimsbütteler TV 4 : 2 (2-1); 15.000 Z.
BREMEN: Lang - Hundt, Münzenberg, Scharmann, Stürmer, Tibulski, Ziolkewitz, Fehrmann, Gornick, Heinrich, Lotz; **EIMSBÜTTEL:** Delewski - Bargstedt, Timm, Sell, Baldauf, Bergmann, Pohl, Panse, Rohde, Beth, Einfeld;

Zwischenrunde:
Kickers Offenbach - **SV Werder** 4 : 3 (1-2); 15.000 Z.
OFFENBACH: Müller - Lehr, Keck, Abt, Plückhan, Harthaus, Schwarz, Kaiser, Harry Staab, Nowotny, Rudi Staab; **BREMEN:** Uelzmann - Hundt, Münzenberg, Scharmann, Stürmer, Tibulski, Ziolkewitz, Fehrmann, Gornick, Heinrich, Lotz;

1959:

03.05.59	Qualifik.	**SV Werder** - Bor. Neunkirchen	6 : 3
16.05.59	Gruppe 1	**SV Werder** - Eintr. Frankfurt	2 : 7
23.05.59		1.FC Köln - **SV Werder**	2 : 2
30.05.59		FK Pirmasens - **SV Werder**	4 : 1
07.06.59		**SV Werder** - FK Pirmasens	5 : 2
13.06.59		**SV Werder** - 1.FC Köln	0 : 2
20.06.59		Eintr. Frankfurt - **SV Werder**	4 : 2

Tabelle: Gruppe

1.	Eintr. Frankfurt	6	6	-	-	26 - 11	12 : 0
2.	1.FC Köln	6	2	1	3	10 - 14	5 : 7
3.	FK Pirmasens	6	2	-	4	16 - 18	4 : 8
4.	**SV Werder**	6	1	1	4	12 - 21	3 : 9

Das Qualifikationsspiel:
SV Werder - Bor. Neunkirchen 6 : 3 (3-0); 34.000 Z. in Düsseldorf
BREMEN: Ilic - Hagenacker, Rupozinski, Brünglinghaus, Heyse, Schimeczek, Wilmovius, Schröder, Schütz, Hänel, Barth; **BORUSSIA:** Jirasek - Frisch, Leist, Ding, Lauck, Harig, Follmann, Meurer, Dörrenbächer, Ringel, Emser; **SR:** Malka (Herten); **TORE:** 1-0 Schütz 15., 2-0 Schröder 17. Elfmeter, 3-0 Wilmovius 30., 4-0 Barth 51., 4-1 Ringel 70., 4-2 Follmann 74., 4-3 Meurer 75., 5-3 Schröder 83., 6-3 Schröder 89.

Die Gruppenspiele:
SV Werder - Eintr. Frankfurt 2 : 7 (1-3); 42.000 Z. in Bremen
BREMEN: Ilic - Hagenacker, Rupozinski, Brünglinghaus, Heyse, Schimeczek, Wilmovius, Schröder, Schütz, Hänel, Barth; **EINTRACHT:** Loy - Lutz, Höfer, Schymik, Horvat, Stinka, Kreß, Sztani, Feigenspan, Pfaff, Lindner; **SR:** Baumgärtel (Hagen); **TORE:** 0-1 Kreß 10., 0-2 Feigenspan 14., 0-3 Feigenspan 23., 1-3 Schütz 34., 1-4 Stinka 55., 2-4 Schütz 65., 2-5 Pfaff 80., 2-6 Schymik 88., 2-7 Feigenspan 89.

1.FC Köln - **SV Werder** 2 : 2 (1-0); 39.000 Z. in Köln
KÖLN: Ewert - Dörner, Schnellinger, Wilden, Breuer, Mühlenbock, Brungs, Sturm, Jost, Röhrig, Fendel; **BREMEN:** Ilic - Hagenacker, Rupozinski, Brünglinghaus, Heyse, Schimeczek, Wilmovius, Schröder, Schütz, Hänel, Barth; **SR:** Fritz (Oggersheim); **TORE:** 1-0 Brungs 6., 1-1 Schütz 52., 2-1 Röhrig 76., 2-2 Schröder 90.

FK Pirmasens - **SV Werder** 4 : 1 (3-0); 38.000 Z. in Ludwigshafen
PIRMASENS: Kubsch - Ertel, Roos, Schmitt, Käfer, Laag, Schroer, Brunn, Seebach, Kapitulski, Weishaar; **BREMEN:** Ilic - Hagenacker, Rupozinski, Brünglinghaus, Heyse, Schimeczek, Wilmovius, Schröder, Schütz, Hänel, Barth; **SR:** Fischer (Augsburg); **TORE:** 1-0 Kapitulski 12., 2-0 Laag 22., 3-0 Seebaach 39., 4-0 Kapitulski 52., 4-1 Barth 56.

SV Werder - FK Pirmasens 5 : 2 (1-1); 20.000 Z. in Bremen
BREMEN: Ilic - Knopf, Rupozinski, Brünglinghaus, Heyse, Schimeczek, Wilmovius, Schröder, Schütz, Hagenacker, Barth; **PIRMASENS:** Kubsch - Ertel, Roos, Weber, Käfer, Laag, Schroer, Brunn, Seebach, Kapitulski, Weishaar; **SR:** Thier (Gelsenkirchen); **TORE:** 0-1 Weishaar 2., 1-1 Schütz 13., 1-2 Seebach 57., 2-2 Schröder 62. Elfmeter, 3-2 Schimeczek 69., 4-2 Barth 75., 5-2 Hagenacker 87.

SV Werder - 1.FC Köln 0 : 2 (0-0); 23.000 Z. in Bremen
BREMEN: Ilic - Knopf, Brünglinghaus, Rupozinski, Heyse, Schimeczek, Wilmovius, Schröder, Schütz, Hagenacker, Barth; **KÖLN:** Ewert - Dörner, Schnellinger, Wilden, Breuer, Jost, Mühlenbock, Röhrig, Bisanz, Schäfer, Fendel; **SR:** Eckl (München); **TORE:** 0-1 Jost 61., 0-2 Bisanz 85.

Eintracht Frankfurt - **SV Werder** 4 : 2 (2-2); 28.000 Z. in Frankfurt
EINTRACHT: Loy - Eigenbrodt, Höfer, Stinka, Lutz, Weilbächer, Kreß, Sztani, Feigenspan, Lindner, Pfaff; **BREMEN:** Ilic - Hagenacker, Brünglinghaus, Rupozinski, Heyse, Schimeczek, Wilmovius, Schröder, Schütz, Hänel, Barth; **SR:** Thier (Gelsenkirchen); **TORE:** 1-0 Sztani 23., 1-1 Schütz 35., 1-2 Wilmovius 39., 2-2 Pfaff 43., 3-2 Sztani 51., 4-2 Feigenspan 89.

1960:

14.05.60	Gruppe2	**SV Werder** - 1.FC Köln	1 : 2
21.05.60		Tasmania Berlin - **SV Werder**	2 : 1
29.05.60		FK Pirmasens - **SV Werder**	4 : 6
04.06.60		**SV Werder** - FK Pirmasens	3 : 1
12.06.60		**SV Werder** - Tasm. Berlin	2 : 1
18.06.60		1.FC Köln - **SV Werder**	2 : 5

Tabelle: Gruppe

1.	1.FC Köln	6	4	1	1	14 - 8	9 : 3
2.	**SV Werder**	6	4	-	2	18 - 12	8 : 4
3.	Tasm. Berlin	6	3	-	3	11 - 11	6 : 6
4.	FK Pirmasens	6	-	1	5	9 - 21	1 :11

Die Gruppenspiele:

SV Werder - 1.FC Köln 1 : 2 (0-1); 36.000 Z. in Bremen
BREMEN: Ilic - Knopf, Rupozinski, Brünglinghaus, Schütz, Nachtwey, Wilmovius, Schröder, Barth, Schimeczek, Zebrowski; **KÖLN:** Ewert - Breuer, Schnellinger, Röhrig, Wilden, Mühlenbock, Rahn, Sturm, Müller, Schäfer, Tas; **SR:** Eckel (München); **TORE:** 1-0 Wilmovius 31., 1-1 Müller 48., 1-2 Müller 57.

Tasmania Berlin - **SV Werder** 2 : 1 (2-0); 70.000 Z. in Berlin
BERLIN: Posinski - Bäsler, Talaszus, Kuntze, Peschke, Greuel, Neumann, Schulz, Fiebach, Mauruschat, Schlichtling; **BREMEN:** Ilic - Knopf, Rupozinski, Brünglinghaus, Schütz, Nachtwey, Zebrowski, Schimeczek, Hänel, Schröder, Wilmovius; **SR:** Ott (Rheinbrohl); **TORE:** 1-0 Schulz 27., 2-0 Fiebach 34., 2-1 Wilmovius 63.

FK Pirmasens - **SV Werder** 4 : 6 (2-4); 10.000 Z. in Ludwigshafen
PIRMASENS: Kubsch - Ertel, Manthey, Herbrick, Käfer, Laag, Hohmann, Brunn, Seebach, Kapitulski, Weishaar; **BREMEN:** Ilic - Knopf, Rupozinski, Brünglinghaus, Nachtwey, Schimeczek, Wilmovius, Schröder, Schütz, Hänel, Barth; **SR:** Treichel (Berlin); **TORE:** 0-1 Schütz 24., 0-2 Wilmovius 26., 1-2 Seebach 28., 2-2 Hohmann 29., 2-3 Schröder 41. Elfm., 2-4 Barth 45., 2-5 Schröder 55. Elfm., 3-5 Seebach 58., 4-5 Hohmann 74., 4-6 Hänel 84.

SV Werder - FK Pirmasens 3 : 1 (1-0); 18.000 Z. in Bremen
BREMEN: Kokartis - Knopf, Rupozinski, Brünglinghaus, Nachtwey, Schimeczek, Wilmovius, Schröder, Schütz, Hänel, Barth; **PIRMASENS:** Kubsch - Weber, Manthey, Herbrick, Käfer, Weishaar, Hohmann, Brunn, Seebach, Kapitulski, Schroer; **SR:** Malka (Herten); **TORE:** 1-0 Schröder 17., 2-0 Schütz 73., 2-1 Schroer 80., 3-1 Wilmovius 81.

SV Werder - Tasmania Berlin 2 : 1 (2-0); 16.000 Z. in Bremen
BREMEN: Kokartis - Knopf, Rupozinski, Brünglinghaus, Nachtwey, Schröder, Wilmovius, Schütz, Barth, Hänel, Zebrowski; **BERLIN:** Posinski - Bäsler, Talaszus, H. Mauruschat, Peschke, Greuel, Neumann, Kuntze, Fiebach, A. Mauruschat, Schlichtling; **SR:** Kreitlein (Stuttgart); **TORE:** 1-0 Schütz 27., 2-0 Barth 44., 2-1 Schlichtling 63.

1.FC Köln - **SV Werder** 2 : 5 (0-3); 16.000 Z. in Köln
KÖLN: Klemm - Bauer, Schnellinger, Röhrig, Wilden, Sturm, Rahn, Ripkens, Müller, Tas, Thielen; **BREMEN:** Kokartis - Knopf, Rupozinski, Brünglinghaus, Schütz, Nachtwey, Wilmovius, Schröder, Barth, Hänel, Zebrowski; **SR:** Sparing (Kassel); **TORE:** 0-1 Hänel 15., 0-2 Wilmovius 17., 0-3 Nachtwey 44., 1-3 Müller 52., 1-4 Wilmovius 69., 1-5 Barth 72., 2-5 Sturm 78.

1961:

20.05.61	Gruppe 2	1.FC Köln - **SV Werder**	1 : 1
27.05.61		**SV Werder** - Hertha BSC	1 : 0
03.06.61		**SV Werder** - 1.FC Nürnberg	2 : 4
10.06.61		1.FC Nürnberg - **SV Werder**	4 : 0
14.06.61		Hertha BSC - **SV Werder**	1 : 3
18.06.61		**SV Werder** - 1.FC Köln	1 : 1

Tabelle: Gruppe 2

1.	1.FC Nürnberg	6	4	2	-	18 - 9	10 : 2
2.	**SV Werder**	6	2	2	2	8 - 11	6 : 6
3.	1.FC Köln	6	1	3	2	11 - 12	5 : 7
4.	Hertha BSC	6	1	1	4	9 - 14	3 : 9

Die Gruppenspiele:

1.FC Köln - **SV Werder** 1 : 1 (1-0); 35.000 Z. in Köln
KÖLN: Ewert - Stollenwerk, Schnellinger, Breuer, Wilden, Sturm, Thielen, Schäfer, Müller, Ripkens, Habig; **BREMEN:** Kokartis - Knopf, Rupozinski, Schimeczek, Piontek, Nachtwey, Wilmovius, Schütz, Lorenz, Hänel, Barth; **SR:** Ott (Rheinbrohl); **TORE:** 1-0 Thielen 32., 1-1 Schütz 58.

SV Werder - Hertha BSC Berlin 1 : 0 (1-0); 25.000 Z. in Bremen
BREMEN: Kokartis - Piontek, Rupozinski, Schimeczek, Schütz, Nachtwey, Wilmovius, Schröder, Lorenz, Hänel, Barth; **HERTHA:** Tillich - Schmiege, Schimmöller, Zeiser, Schüler, Schlesinger, Lange, Engler, Faeder, Altendorff, Groß; **SR:** Sparing (Kassel); **TOR:** 1-0 Schröder 3.

SV Werder - 1.FC Nürnberg 2 : 4 (2-1); 36.000 Z. in Bremen
BREMEN: Kokartis - Knopf, Rupozinski, Schimeczek, Piontek, Nachtwey, Wilmovius, Schröder, Schütz, Lorenz, Hänel; **NÜRNBERG:** Wabra - Derbfuß, Hilpert, Zenger, Wenauer, Reisch, Flachenecker, Morlock, Strehl, Müller, Albrecht; **SR:** Fritz (Oggersheim); **TORE:** 0-1 Strehl 35., 1-1 Schröder 35. Elfmeter, 2-1 Lorenz 45., 2-2 Flachenecker 60., 2-3 Morlock 64., 2-4 Müller 89.

1.FC Nürnberg - **SV Werder** 4 : 0 (1-0); 45.000 Z. in Nürnberg
NÜRNBERG: Wabra - Derbfuß, Hilpert, Zenger, Wenauer, Reisch, Flachenecker, Morlock, Strehl, Wild, Müller; **BREMEN:** Kokartis - Rupozinski, Knopf, Piontek, Lorenz, Schimeczek, Wilmovius, Hänel, Schütz, Nachtwey, Barth; **SR:** Schmidt (Hermesdorf); **TORE:** 1-0 Wild 18., 2-0 Strehl 49., 3-0 Morlock 66., 4-0 Müller 73.

Hertha BSC Berlin - **SV Werder** 1 : 3 (1-0); 18.000 Z. in Berlin
HERTHA: Tillich - Schmiege, Schimmöller, Zeiser, Schüler, Schlesinger, Engler, Faeder, Taube, Altendorff, Lange; **BREMEN:** Kokartis - Piontek, Rupozinski, Lorenz, Wegener, Schimeczek, Wilmovius, Schröder, Schütz, Nachtwey, Hänel; **SR:** Schörnisch (Düsseldorf); **TORE:** 1-0 Altendorff 10., 1-1 Schütz 64., 1-2 Schröder 75., 1-3 Schröder 85.

SV Werder - 1.FC Köln 1 : 1 (0-1); 13.000 Z. in Bremen
BREMEN: Kokartis - Knopf, Rupozinski, Lorenz, Piontek, Nachtwey, Wilmovius, Schröder, Schütz, Schimeczek, Hänel; **KÖLN:** Ewert - Stollenwerk, Schnellinger, Breuer, Wilden, Sturm, Thielen, Schäfer, Müller, Ripkens, Habig; **SR:** Treichel (Berlin); **TORE:** 0-1 Müller 27., 1-1 Wilmovius 70.

1962:

18.04.62 Qualifik.
Schalke 04 - **SV Werder** 4 : 1 n.V. (0-0, 1-1); 63.000 Z. in Hannover
SCHALKE: Broden - Karnhof, Nowak, Schulz, Horst, Kreuz, Aßmy, Ipta, Koslowski, Gerhardt, Klodt; **BREMEN:** Kokartis - Piontek, Schütz, Lorenz, Jagielski, Schimeczek, Zebrowski, Schröder, Barth, Soya, Hänel; **SR:** Dusch (Kaiserslautern); **TORE:** 1-0 Ipta 53., 1-1 Schütz 90., 2-1 Koslowski 92., 3-1 Aßmy 98., 4-1 Klodt 104. Elfmeter

1963:

18.05.63 Qualifik.
1.FC Nürnberg - **SV Werder** 2 : 1 (1-1); 59.000 Z. in Ludwigshafen
NÜRNBERG: Wabra - Leupold, Hilpert, Flachenecker, Wenauer, Reisch, Engler, Morlock, Strehl, Wild, Dachlauer; **BREMEN:** Lambertz - Piontek, Nachtwey, Lorenz, Jagielski, Schimeczek, Zebrowski, Hänel, Schütz, Soya, Meyer; **SR:** Hense (Oberhausen); **TORE:** 1-0 Reisch 17., 1-1 Schütz 37. Elfmeter, 2-1 Reisch 51. Elfmeter

Die Meisterschaftsbilanz

9 Endrundenteilnahmen

Jahr	Sp	S	U	N	Tore	Differenz
1934:	6	2	1	3	11 - 17	- 6
1936:	6	4	0	2	22 - 11	+ 11
1937:	6	4	1	1	20 - 10	+ 10
1942:	4	2	1	1	13 - 8	+ 5
1959:	7	2	1	4	18 - 24	- 6
1960:	6	4	0	2	18 - 12	+ 6
1961:	6	2	2	2	8 - 11	- 3
1962:	1	0	0	1	1 - 4	- 3
1963:	1	0	0	1	1 - 2	- 1
GESAMT:	**43**	**20**	**6**	**17**	**112 - 99**	**+13**

Das Spieler - ABC

SPIELER	EINSÄTZE	SPIELER	EINSÄTZE
Barth	16	Böcker	2
Brünglinghaus	13	Diekhoff	12
Fehrmann	3	Frank	12
Freitag	18	Freye	18
Gornick	4	Hagenacker	7
Hänel	18	Heidemann	12
Heinrich	4	Heyse	7
Hundt	16	Ilic	10
Jagielski	2	Knopf	10
Kokartis	12	Kraatz	2
Lambertz	1	Lang	3
Lanwermeier	6	Lorenz	8
Lotz	3	Mahlstedt	6
Mayer, Karl	12	Meyer	1
Müller	6	Münzenberg	4
Nachtwey	13	Piontek	8
Rupozinski	19	Scharmann	16
Schimeczek	19	Schröder	18
Schütz, Arnold	20	Schütz, Arthur	6
Soya	2	Stürmer	22
Tibulski	22	Uelzmann	7
Wegener	1	Wilmovius	19
Wittenbecher	6	Zebrowski	6
Ziolkewitz	20		

Anmerkung:
Erst ab 1948 sind die Torschützen in den Spielen um die Deutsche Meisterschaft genannt; aus den Meisterschaftsspielen von 1903 bis 1945 sind die Torschützen nicht aus jedem Spiel bekannt, sodaß auf eine Auflistung verzichtet wurde!

Die Meisterschaftsgegner

Gegner	Sp	S	U	N	Tore	Differenz
VfL Benrath	2	0	1	1	3 - 6	- 3
Hertha BSC Berlin	4	4	0	0	12 - 4	+ 8
Tasmania Berlin	2	1	0	1	3 - 3	0
TV Eimsbüttel	5	5	0	0	18 - 6	+12
Eintr. Frankfurt	2	0	0	2	4 -11	- 7
Rasensp. Gleiwitz	2	0	0	2	4 - 9	- 5
Hamborn 07	2	1	1	0	6 - 2	+ 4
1.FC Köln	6	1	3	2	10 -10	0
Bor. Neunkirchen	1	1	0	0	6 - 3	+ 3
1.FC Nürnberg	3	0	0	3	3 -10	- 7
Kick. Offenbach	1	0	0	1	3 - 4	- 1
FK Pirmasens	4	3	0	1	15 -11	+ 4
Schalke 04	5	0	1	4	6 -19	- 13
Vikt. Stolp	4	4	0	0	19 - 1	+18

Klaus Fichtel (im Vordergrund) und Norbert Siegmann.

Bundesliga

Saisonübersicht

SAISON	PLATZ	S	U	N	TORE	DIFF.	PKT.	ZUSCHAUER
63/64:	10.	10	8	12	53 - 62	-9	28:32	311.000
64/65:	1.	15	11	4	54 - 29	+25	41:19	407.000
65/66:	4.	21	3	10	76 - 40	+36	45:23	372.000
66/67:	16.	10	9	15	49 - 56	-7	29:39	296.000
67/68:	2.	18	8	8	68 - 51	+17	44:24	358.000
68/69:	9	14	6	14	59 - 59	0	34:34	313.000
69/70:	11.	10	11	13	38 - 47	-9	31:37	261.000
70/71:	10.	11	11	12	41 - 40	+1	33:35	312.000
71/72:	11.	11	9	14	63 - 58	+5	31:37	316.000
72/73:	11.	12	7	15	50 - 52	-2	31:37	256.000
73/74:	11	9	13	12	48 - 56	-8	31:37	270.000
74/75:	15	9	7	18	45 - 69	-24	25:43	326.000
75/76:	13.	11	8	15	44 - 55	-11	30:38	353.000
76/77:	11.	13	7	14	51 - 59	-8	33:35	320.000
77/78:	15.	13	5	16	48 - 57	-9	31:37	339.000
78/79:	11.	10	11	13	48 - 60	-12	31:37	298.000
79/80:	17.	11	3	20	52 - 93	-41	25:43	300.000
81/82:	5.	17	8	9	61 - 52	+9	42:26	412.000
82/83:	2.	23	6	5	76 - 38	+38	52:16	452.000
83/84:	5.	19	7	8	79 - 46	+ 33	45:23	395.000
84/85:	2.	18	10	6	87 - 51	+36	46:22	375.000
85/86:	2.	20	9	5	83 - 41	+42	49:19	425.000
86/87:	5.	17	6	11	65 - 54	+11	40:28	389.000
87/88:	1.	22	8	4	61 - 22	+39	52:16	378.000
88/89:	3.	18	8	8	55 - 32	+23	44:24	352.000
89/90:	7.	10	14	10	49 - 41	+8	34:34	327.000
90/91:	3.	14	14	6	46 - 29	+17	42:26	346.000
91/92:	9.	11	16	11	44 - 45	-1	38:38	329.000
92/93:	1.	19	10	5	63 - 30	+33	48:20	368.000
93/94:	8.	13	10	11	51 - 44	+7	36:32	413.000
GESAMT:		**429**	**263**	**324**	**1707-1468**	**+ 239**	**1121:911**	**10.369.000**

Die Zuschauerentwicklung in 30 Jahren Bl-Zugehörigkeit des SV Werder

In den 30 Jahren der Zugehörigkeit zur 1. Fußball-Bundesliga sahen insgesamt 9.976.234 Zuschauer die Bundesligaspiele von Werder Bremen.

Die meisten Zuschauer/pro Spiel:	26.788	(1964/65)
Die wenigsten Zuschauer/pro Spiel:	15.183	(1973/74)

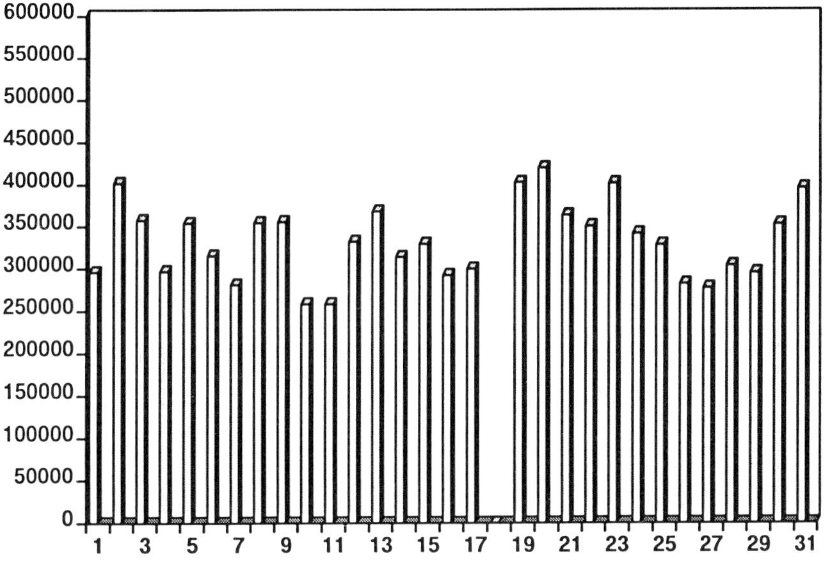

Zur Erläuterung: Die Ziffern 1 - 31 kennzeichnen die Spieljahre (63/64 - 93/94); 63/64 und 64/65 => 15 Heimspiele; 91/92 => 19 Heimspiele; die restlichen Spielzeiten umfaßten jeweils 17 Heimspiele; Saison Nr. 18 => 2. Bundesliga!

		Werder	1. BL
	Gesamt	9.976.234	201.967.647
Durchschnitt:	Saison	332.541	6.515.085
	Spiel	19.638	21.422

1963 / 64

SAISONFAZIT:

Die erste Bundesligasaison begann mit dem Vertreter aus dem Norden: dem SV Werder Bremen.

Hoffnungsvoll startete man in die erste Saison. Gleich am ersten Spieltag war Borussia Dortmund zu Gast im Weserstadion - die Dortmunder waren der amtierende Deutsche Meister. Am Ende hatten die Werderaner die Gäste mit 3:2 besiegt. Das erste Bundesligator für die Bremer schoß Soja nach 34 Minuten (Die Borussen waren durch Konietzka bereits nach einer Minute in Führung gegangen). Doch in den nächsten Spielen sollte nicht mehr viel gelingen, auswärts setzte es eine Niederlage nach der anderen. Erst mit dem 4:2 Erfolg über den Hamburger SV konnte man wieder zuversichtlich nach vorne schauen. Zwei Spieltage später gewann Werder sogar beim FC Schalke 04 mit 3 : 2. In der Tabelle pendelten sich die Grünweißen zwischen den Plätzen 8 bis 10 ein. Am 13. Spieltag folgte ein Rückschlag, denn die Heimpartie gegen den 1.FC Saarbrücken verlor die Multhaup-Elf mit 0:3 Toren. Am Ende der Hinrunde belegte Werder einen hervorragenden 6. Platz - dieser konnte aber nicht bis zum Ende gehalten werden. Die höchste Saisonniederlage bezogen die Bremer am 26. Spieltag in Frankfurt. Mit sage und schreibe 0:7 unterlag man den Hessen, die am Ende der Saison den 3. Platz belegten. Aber es gab auch tolle Erfolge während dieser Spielzeit (4:1 gegen die 60er, zwei Siege gegen die Schalker Knappen und ein knapper 2:1-Erfolg gegen den Club.

Aus dem Aufgebot der Bremer ist neben Lorenz auch Schütz hervorzuheben, der wie Lorenz alle 30 Bundesligaspiele der Norddeutschen mitmachte. Nebenbei trug er sich auch noch elfmal als Torschütze ein. Damit wurde "Pico" erfolgreichster Goalgetter.

SAISONSTATISTIK	**Platz: 10**			
	Siege:	10	Tore:	53 - 62 (- 9)
	Unentsch.:	8	Punkte:	28 : 32
	Niederl.:	12	Zuschauer:	311.000

FIEBERKURVE

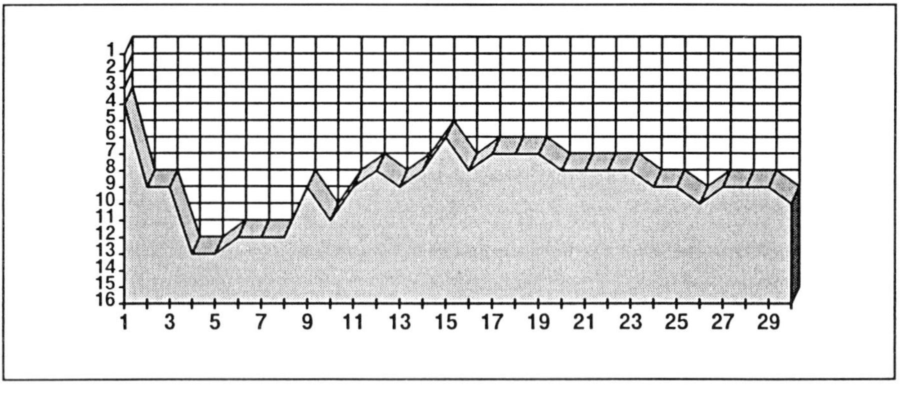

Günter Bernard klärt mit Faustabwehr vor zwei Frankfurtern. (Bremen-Frankfurt 4:1)

Meistermacher Willi "Fischken" Multhaup.

1963/64

Sp.	Datum		Gegner	Ergebnis	SV-Torschützen	Zuschauer
01.	24.08.63	H	Bor. Dortmund	3 : 2 (1-1)	Soya I Schütz I Klöckner	32.000
02.	31.08.63	A	1.FC Nürnberg	0 : 3 (0-2)	-	33.000
03.	07.09.63	H	VfB Stuttgart	2 : 2 (1-2)	Meyer I Zebrowski	30.000
04.	14.09.63	A	Kaiserslautern	0 : 3 (0-1)	-	22.000
05.	21.09.63	H	Meidericher SV	1 : 1 (0-1)	Schütz	27.000
06.	05.10.63	A	1.FC Köln	3 : 4 (1-0)	Klöckner I Meyer I Zebrowski	23.000
07.	12.10.63	H	Hamburger SV	4 : 2 (2-1)	Schütz 3 I Zebrowski	40.000
08.	19.10.63	A	E. Braunschweig	1 : 1 (1-1)	Schütz	28.000
09.	26.10.63	A	Schalke 04	3 : 2 (1-1)	Ferner 2 I Schütz	30.000
10.	09.10.63	H	Hertha BSC	2 : 2 (1-0)	Hänel I EIG: Schimmöller	16.000
11.	16.10.63	H	E. Frankfurt	4 : 1 (2-1)	Meyer 3 I Schütz	22.000
12.	23.11.63	A	Karlsruher SC	1 : 1 (0-1)	Zebrowski	20.000
13.	30.11.63	H	1.FC Saarbrücken	0 : 3 (0-1)	-	10.000
14.	07.12.63	A	Pr. Münster	3 : 1 (2-0)	Ferner I Meyer I Zebrowski	9.000
15.	14.12.63	H	1860 München	4 : 1 (1-1)	Meyer 2 I Thun I Soya	13.000
16.	11.01.64	A	Bor. Dortmund	3 : 4 (0-4)	Hänel I Zebrowski I Schütz	16.000
17.	18.01.64	H	1.FC Nürnberg	2 : 1 (1-1)	Thun I Hänel	16.000
18.	25.01.64	A	VfB Stuttgart	0 : 2 (0-0)	-	18.000
19.	01.02.64	H	Kaiserslautern	2 : 0 (1-0)	Schimeczek I Thun	14.000
20.	15.02.64	A	Meidericher SV	0 : 1 (0-0)	-	20.000
21.	22.02.64	H	1.FC Köln	1 : 1 (1-0)	Schütz	40.000
22.	29.02.64	A	Hamburger SV	1 : 1 (1-1)	Jung	22.000
23.	07.03.64	H	E. Braunschweig	2 : 3 (0-2)	Zebrowski I Schütz	12.000
24.	14.03.64	H	Schalke 04	1 : 0 (1-0)	Zebrowski	15.000
25.	21.03.64	A	Hertha BSC	2 : 5 (1-2)	Klöckner I Hänel	18.000
26.	04.04.64	A	E. Frankfurt	0 : 7 (0-2)	-	17.000
27.	11.04.64	H	Karlsruher SC	0 : 0 (0-0)	-	12.000
28.	18.04.64	A	Saarbrücken	2 : 3 (0-1)	Soya 2	8.000
29.	25.04.64	H	Pr. Münster	4 : 2 (2-1)	Meyer I Soya I Thun I Klöckner	12.000
30.	09.05.64	A	1860 München	2 : 3 (1-1)	Thun 2	15.000

1963/64

Spieltag	Lambertz	Piontek	Bordel	Lorenz	Jagielski	Schütz	Hänel	Ferner	Meyer	Soya	Klöckner	Zebrowski	Bernard	Illic	Schimeczek	Thun	Schwierzke	Nachtwey	Jung						
01.	x	x	x	x	x	x	x	x	x	x	x														
02.	x	x	x	x	x	x	x	x	x		x	x													
03.	x	x	x	x	x	x	x	x	x	x		x													
04.		x	x	x	x	x	x	x	x	x	x		x												
05.		x	x	x	x	x	x	x	x	x		x	x												
06.		x		x	x	x		x	x	x	x	x		x	x										
07.	x	x		x	x	x	x			x		x			x	x	x								
08.	x	x		x	x	x	x			x		x			x	x	x								
09.	x	x		x	x	x	x	x		x		x			x	x									
10.	x	x		x	x	x	x	x		x		x			x	x									
11.	x	x		x	x	x		x	x	x		x				x		x							
12.	x	x		x	x	x		x	x	x		x				x		x							
13.	x	x		x		x	x	x	x	x		x				x		x							
14.		x		x	x	x		x	x	x		x		x	x	x									
15.		x		x	x	x		x	x	x		x		x	x	x									
16.	x	x		x	x	x	x	x		x		x				x		x							
17.		x		x	x	x	x	x		x		x		x		x		x							
18.		x		x	x	x	x			x	x	x	x		x				x						
19.		x		x	x	x		x		x	x	x	x		x	x									
20.		x		x	x	x		x	x		x	x	x		x	x									
21.		x		x	x	x	x	x	x			x	x		x	x									
22.		x		x	x	x				x	x	x	x		x	x			x						
23.		x		x	x	x	x	x				x	x		x	x			x						
24.		x		x	x	x			x	x		x	x		x	x			x						
25.		x	x	x		x	x	x		x	x	x	x		x										
26.		x		x		x				x	x	x	x		x	x	x		x						
27.		x	x	x		x	x	x			x	x	x		x	x									
28.		x	x	x		x		x		x	x		x		x	x		x							
29.		x		x		x		x	x	x	x	x	x		x	x									
30.		x	x	x		x		x		x	x	x	x		x	x									

SP.:	11	30	9	30	23	30	17	24	15	25	14	27	15	4	20	22	3	6	5						
T.:	0	0	0	0	0	11	4	3	9	5	4	8	0	0	1	6	0	0	1						

1964 / 65

SAISONFAZIT:

In der zweiten Spielzeit gelang den Bremern die Überraschung - sie konnten den Deutschen Meistertitel an die Weser holen. Den letztjährigen Meister aus Köln wies man dabei mit 3 Punkten Vorsprung in die Schranken, auch die Dortmunder und die Münchener Löwen konnten den Werder-Expreß nicht aufhalten.

Gezielt hatte sich Werder mit Horst-Dieter Höttges und Klaus Matischak (12 Tore) verstärkt. Höttges gab der Abwehr Stabilität, Matischak sorgte vorne für den nötigen Druck und wurde erfolgreichster Torschütze. Dicht dahinter folgten Schütz (10 Treffer) und Zebrowski (11 Treffer). Vom Kader machten 9 Spieler mehr als 25 Bundesligaspiele mit. Besonders machte sich dies in der Abwehr bemerkbar. Nahezu unverändert ging Werder in die 30 Spielen gehen - auch ein Grund für die wenigsten Gegentore (nur 29 x mußte Torhüter Bernard hinter sich greifen) aller Vereine.

Die Saison begann mit einer Niederlage auf dem Betzenberg (1-2). Mit drei Siegen in Folge setzten sich die Bremer aber dann im oberen Tabellendrittel fest. Mit dem 2-0 Erfolg in Frankfurt (ein Jahr zuvor hatten die Norddeutschen noch mit 0-7 verloren) setzte Werder sich zum erstenmal an die Spitze der Bundesliga.

Am 17. Spieltag übernahmen die Bremer dann durch ein Unentschieden in Braunschweig erneut die Tabellenspitze - und gaben sie auch bis zum letzten Spieltag nicht mehr ab:

DEUTSCHER MEISTER 1964/65

SAISONSTATISTIK	**Platz: 1**			
	Siege:	15	Tore:	54 - 29 (+ 25)
	Unentsch.:	11	Punkte:	41 : 19
	Niederl.:	4	Zuschauer:	407.000

FIEBERKURVE

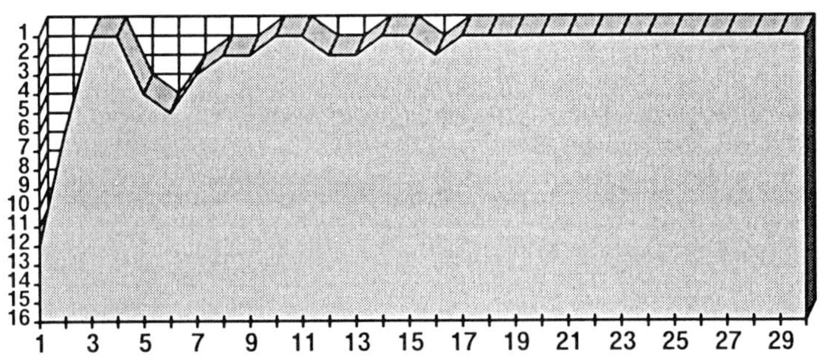

Klaus Matischak (re.) gewinnt das Kopfballduell mit dem Meidericher Krämer. (Werder-MSV 1:0)

1964/65

Sp.	Datum		Gegner	Ergebnis	SV-Torschützen	Zuschauer
01.	22.08.64	A	Kaiserslautern	1 : 2 (1-2)	Matischak	25.000
02.	29.08.64	H	E. Braunschweig	5 : 1 (3-1)	Hänel I Piontek I Schütz I Zebr. I Matischak	15.000
03.	05.09.64	A	E. Frankfurt	2 : 0 (1-0)	Zebrowski 2	23.000
04.	12.09.64	H	Karlsruher SC	1 : 0 (0-0)	Schütz	27.000
05.	19.09.64	A	1.FC Köln	2 : 4 (0-2)	Schütz I Zebrowski	35.000
06.	26.09.64	H	Hamburger SV	0 : 0 (0-0)	-	40.000
07.	10.10.64	A	Hannover 96	2 : 1 (1-1)	Matischak 2	50.000
08.	17.10.64	H	Bor. Neunkirchen	2 : 0 (2-0)	Klöckner I Zebrowski	14.000
09.	24.10.64	A	VfB Stuttgart	1 : 1 (1-0)	Schütz	18.000
10.	07.11.64	H	Hertha BSC	5 : 1 (0-0)	Schütz 2 I Soya I Zebrowski I Schulz	18.000
11.	14.11.64	H	Schalke 04	2 : 2 (1-1)	Soya I Schütz	19.000
12.	21.11.64	A	1860 München	1 : 3 (1-1)	Klöckner	35.000
13.	28.11.64	H	Meidericher SV	1 : 0 (0-0)	Zebrowski	18.000
14.	05.12.64	A	Bor. Dortmund	2 : 1 (1-1)	Höttges I Klöckner	18.000
15.	12.12.64	H	1.FC Nürnberg	1 : 1 (1-0)	Schulz	35.000
16.	19.12.64	H	Kaiserslautern	1 : 1 (0-1)	Ferner	18.000
17.	02.01.65	A	E. Braunschweig	1 : 1 (0-1)	Zebrowski	30.000
18.	09.01.65	H	E. Frankfurt	2 : 2 (1-0)	Lorenz I Schütz	25.000
19.	23.01.65	A	Karlsruher SC	2 : 0 (1-0)	Schulz I EIG: Kahn	25.000
20.	30.01.65	H	1.FC Köln	0 : 0 (0-0)	-	40.000
21.	13.02.65	A	Hamburger SV	4 : 0 (2-0)	Matischak 2 I Schütz I EIG: D. Seeler	30.000
22.	20.02.65	H	Hannover 96	3 : 0 (1-0)	Matischak 2 I Piontek	33.000
23.	06.03.65	A	B. Neunkirchen	1 : 1 (0-0)	Matischak	28.000
24.	20.03.65	H	VfB Stuttgart	1 : 0 (0-0)	Lorenz	25.000
25.	27.03.65	A	Hertha BSC	0 : 0 (0-0)	-	54.000
26.	03.04.65	A	Schalke 04	0 : 1 (0-1)	-	35.000
27.	10.04.65	H	60 München	3 : 2 (1-2)	Zebrowski I Schulz I EIG: Bena	40.000
28.	30.04.65	A	Meidericher SV	2 : 2 (1-0)	Matischak I Schütz	35.000
29.	08.05.65	H	Bor. Dortmund	3 : 0 (2-0)	Matischak I Klöckner I Zebrowski	40.000
30.	15.05.65	A	1.FC Nürnberg	3 : 2 (2-2)	Zebrowski I Piontek I Matischak	22.000

1964/65

Spieltag	Bernard	Piontek	Höttges	Lorenz	Jagielski	Schütz	Zebrowski	Ferner	Matischak	Hänel	Klöckner	Steinmann	Schulz	Soya	Schimeczek	Thun	Bordel								
01.	x	x	x	x	x	x	x	x	x	x	x														
02.	x	x		x	x	x	x	x	x	x	x	x													
03.	x	x	x	x	x	x	x		x				x			x	x								
04.	x	x	x	x	x	x	x	x	x				x			x									
05.	x	x	x	x	x	x	x	x			x			x	x										
06.	x	x	x	x	x	x	x	x	x	x		x													
07.	x	x	x			x	x	x	x	x	x	x			x										
08.	x	x	x			x	x	x		x	x	x		x	x										
09.	x	x	x	x	x	x		x		x	x	x		x											
10.	x	x	x		x	x	x	x			x	x	x	x											
11.	x		x	x	x	x	x	x			x	x	x	x											
12.	x		x	x	x	x	x	x			x	x	x	x											
13.	x	x	x	x	x		x	x	x		x	x	x												
14.	x	x	x	x			x	x		x	x	x	x		x										
15.	x	x	x	x		x	x	x			x	x	x		x										
16.	x	x	x	x	x	x	x	x			x	x	x												
17.	x	x	x	x	x	x	x	x			x	x			x										
18.	x	x	x	x	x	x	x	x				x	x	x											
19.	x	x	x	x	x	x	x	x	x			x	x												
20.	x	x	x	x	x	x	x	x	x			x	x												
21.	x	x	x	x	x	x	x	x	x			x	x												
22.	x	x	x	x	x	x	x	x	x			x	x												
23.	x	x	x	x	x	x	x	x	x			x	x												
24.	x	x	x	x	x	x		x	x			x	x	x											
25.	x	x	x	x	x	x	x	x	x			x	x												
26.	x	x	x	x	x	x	x	x	x			x	x												
27.	x	x	x	x	x	x	x	x	x			x	x												
28.	x	x	x	x	x	x	x	x	x		x	x													
29.	x	x	x	x	x	x	x	x	x		x	x													
30.	x	x	x	x	x	x	x	x	x		x	x													

SP.:	30	28	29	27	26	28	28	29	19	7	17	26	19	8	6	2	1								
T.:	0	3	1	2	0	10	11	1	12	1	4	0	4	2	0	0	0								

1965 / 66

SAISONFAZIT:

Den Triumph vom Vorjahr konnten die Bremer nicht wiederholen, zu stark war die Konkurrenz aus München (TSV 1860 und der Neuling Bayern) und aus Dortmund. Am Ende sprang ein dennoch zufriedenstellender 4. Platz heraus.

In der Hinrunde zeigte die Mannschaft gegenüber der letzten Saison ungewohnte Schwächen. Von den 10 Niederlagen bezogen sie 7 in der Hinrunde. Hätte Werder in der Vorserie so stark aufgetrumpft wie in der Rückrunde, wahrscheinlich wäre der Deutsche Meister wiederum aus Bremen gekommen. So war schon am 17. Spieltag (1:3 Niederlage bei den Bayern) fast alles verspielt. In der zweiten Hälfte der Saison gab Bremen nur noch 6 Punkte ab, auch wurde hier der höchste Saisonsieg erzielt: mit sage und schreibe 7:0 gewann man beim Neuling aus Mönchengladbach. Aber auch sonst zeigten sich die Bremer Stürmer in hervorragender Schußlaune: 5:0 gegen Tasmania, 5:2 gegen Neunkirchen, 6:1 in Schalke und eben oben erwähntes 7:0 auf dem Bökelberg.

Werder's neuer Trainer Günter Brocker ließ ebenso offensiv spielen wie Multhaup das Jahr zuvor. In Schütz hatte man wiederum den herausragenden Torjäger. Den gegnerischen Torhütern setzte er 20 Bälle ins Netz. Doch die Abwehr war diese Saison nicht so sattelfest, 40 Gegentreffer mußten die Verteidiger zulassen. Manko dieser Saison war auch, daß der SV fast nie in der gleichen Formation auflaufen konnte. Lediglich Torhüter Bernard und Ferner machten alle 34 Spiele mit, dicht gefolgt von den Akteuren Piontek, Zebrowski, Steinmann und Lorenz.

SAISONSTATISTIK	**Platz: 4**			
	Siege:	21	Tore:	76 - 40 (+ 36)
	Unentsch.:	3	Punkte:	45 : 23
	Niederl.:	10	Zuschauer:	372.000

FIEBERKURVE

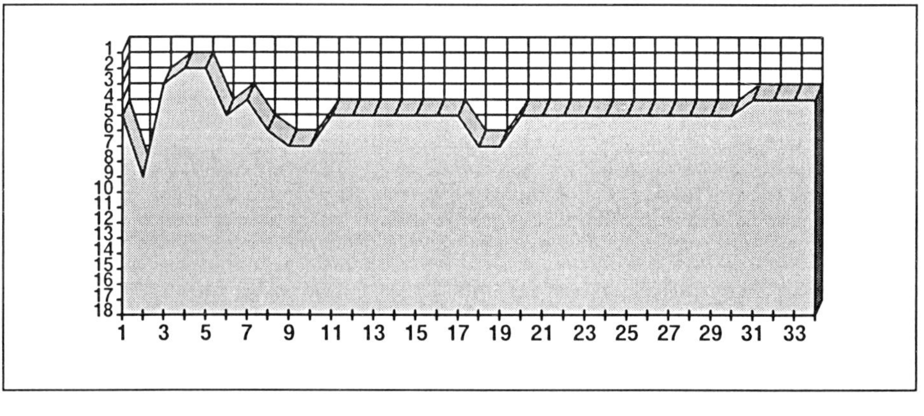

Willi Soya (li.) überwindet HSV-Keeper Schnoor zum 1:0 (Endstand 3:1 für Werder)

Alter gegen neuer Meister: Werder unterlag den Münchner Löwen mit 0:2, Matischak zieht gegen Torwart Radenkovic und Wagner im Luftkampf den Kürzeren.

1965/66

Sp.	Datum		Gegner	Ergebnis	SV-Torschützen	Zuschauer
01.	14.08.65	H	1.FC Nürnberg	1 : 0 (0-0)	Schulz	35.000
02.	21.08.65	A	Hannover 96	1 : 2 (0-0)	Ferner	70.000
03.	28.09.65	H	Kaiserslautern	4 : 1 (2-0)	Matischak 2 I Hänel I Schütz	34.000
04.	04.09.65	A	VfB Stuttgart	2 : 0 (1-0)	Zebrowski I Schütz	40.000
05.	11.09.65	H	Meidericher SV	2 : 0 (0-0)	Ferner I Matischak	25.000
06.	18.09.65	A	1.FC Köln	0 : 2 (0-1)	-	45.000
07.	02.10.65	H	Schalke 04	2 : 0 (1-0)	Podlich I Matischak	18.000
08.	16.10.65	H	1860 München	0 : 2 (0-0)	-	48.000
09.	20.10.65	A	E. Frankfurt	0 : 1 (0-1)	-	45.000
10.	23.10.65	H	E. Braunschweig	4 : 0 (3-0)	Matischak 2 I Piontek I Schütz	15.000
11.	30.10.65	A	B. Neunkirchen	2 : 1 (2-0)	Schütz I Zebrowski	15.000
12.	06.11.65	H	Tasmania Berlin	5 : 0 (3-0)	Matischak 2 I Zebrowski I Lorenz I Ferner	12.000
13.	20.11.65	A	Karlsruher SC	2 : 3 (2-2)	Hänel 2	20.000
14.	27.11.65	H	B. Mönchengladbach	2 : 0 (0-0)	Lorenz I Höttges	20.000
15.	04.12.65	A	Bor. Dortmund	1 : 2 (1-1)	Zebrowski	25.000
16.	11.12.65	H	Hamburger SV	2 : 0 (2-0)	Danielsen I Höttges	15.000
17.	18.12.65	A	Bay. München	1 : 3 (1-1)	Piontek	20.000
18.	08.01.66	A	1.FC Nürnberg	1 : 2 (0-0)	Höttges	35.000
19.	15.01.66	H	Hannover 96	3 : 3 (1-3)	Zebrowski I Danielsen I Schimeczek	12.000
20.	29.01.66	A	Kaiserslautern	3 : 2 (2-2)	Schütz 2 I Zebrowski	22.000
21.	05.02.66	H	VfB Stuttgart	3 : 1 (0-0)	Zebrowski I Lorenz I Schütz	16.000
22.	12.02.66	A	Meidericher SV	2 : 1 (1-0)	Schütz 2	9.000
23.	26.02.66	H	1.FC Köln	2 : 1 (2-0)	Danielsen I Dausmann	25.000
24.	05.03.66	A	Schalke 04	6 : 1 (1-1)	Lorenz I Danielsen I Podlich 2 I Hänel I Schütz	28.000
25.	12.03.66	A	1860 München	1 : 3 (1-2)	Hänel	28.000
26.	19.03.66	H	E. Frankfurt	3 : 2 (3-1)	Schütz 2 I Podlich	15.000
27.	26.03.66	A	E. Braunschweig	0 : 1 (0-1)	-	18.000
28.	30.03.66	H	B. Neunkirchen	5 : 2 (4-1)	Schütz 4 I Podlich	8.000
29.	11.04.66	A	Tasmania Berlin	1 : 1 (1-1)	Podlich	1.000
30.	23.04.66	H	Karlsruher SC	3 : 1 (1-1)	Schütz 2 I Danielsen	8.000
31.	30.04.66	A	B. Mönchengladbach	7 : 0 (1-0)	Dausmann 4 I Schütz I Höttges I Ferner	20.000
32.	14.05.66	H	Bor. Dortmund	1 : 0 (0-0)	Höttges	44.000
33.	21.05.66	A	Hamburger SV	3 : 1 (2-1)	Soya I Schulz I EIG: Piechowiak	15.000
34.	28.75.66	H	Bay. München	1 : 1 (1-1)	Schütz	22.000

1965/66

Spieltag	Bernard	Bordel	Steinmann	Lorenz	Jagielski	Schimeczek	Schulz	Schütz	Danielsen	Ferner	Podlich	Piontek	Höttges	Zebrowski	Matischak	Hänel	Dausmann	Soya							
01.	x	x	x	x	x	x	x	x	x	x	x														
02.	x		x	x	x			x		x	x	x	x	x	x										
03.	x		x	x	x			x		x		x	x	x	x	x									
04.	x		x	x	x			x		x		x	x	x	x	x									
05.	x		x	x	x			x		x		x	x	x	x	x									
06.	x		x	x	x		x			x		x	x	x	x		x								
07.	x		x	x			x		x	x	x	x	x	x	x										
08.	x		x	x	x				x	x	x	x	x	x	x										
09.	x		x	x	x		x		x	x		x	x	x	x										
10.	x		x	x	x			x	x	x		x	x	x	x										
11.	x		x	x	x			x	x	x		x	x	x	x										
12.	x		x	x	x			x		x	x	x	x	x	x										
13.	x		x	x		x				x		x	x	x	x	x	x								
14.	x		x	x		x	x		x	x		x	x	x	x										
15.	x		x	x			x		x	x		x	x	x		x	x								
16.	x			x			x		x	x		x	x	x	x	x	x								
17.	x			x			x		x	x		x	x	x	x	x	x								
18.	x		x	x		x			x	x		x	x	x		x	x								
19.	x		x	x		x			x	x		x	x	x	x		x								
20.	x		x	x				x	x	x		x	x	x	x		x								
21.	x		x	x				x	x	x		x	x	x	x		x								
22.	x		x	x				x	x	x		x	x	x	x		x								
23.	x		x	x				x	x	x		x	x	x	x		x								
24.	x		x	x				x	x	x	x	x	x	x		x									
25.	x		x	x				x	x	x	x	x	x	x		x									
26.	x		x	x				x	x	x	x	x	x	x		x									
27.	x		x	x		x		x		x		x	x	x	x	x									
28.	x		x	x				x	x	x	x	x	x	x		x									
29.	x	x	x				x	x	x	x	x	x		x		x									
30.	x	x	x				x	x	x	x	x	x		x		x									
31.	x		x				x	x	x	x		x	x	x		x	x								
32.	x		x	x				x	x	x		x	x	x		x	x								
33.	x		x	x			x	x	x	x		x	x			x		x							
34.	x		x	x				x	x	x		x	x	x		x	x								
SP.:	34	3	32	31	11	6	12	23	26	34	11	33	31	32	21	19	14	1							
T.:	0	0	0	4	0	1	2	20	5	4	6	2	5	7	8	5	5	1							

1966 / 67

SAISONFAZIT:

Welch eine verkorkste Saison. In ihrem vierten Jahr der Bundesligazugehörigkeit wären die Norddeutschen fast abgestiegen. Nur mit Mühe konnten sie sich am Ende retten und vor den beiden Absteigern Düsseldorf und RW Essen plazieren.

Die Saison begann alles andere als vielversprechend, setzte es doch zu Beginn drei Niederlagen hintereinander. Der erste Punktgewinn kam erst am 4. Spieltag mit dem 2:1-Sieg über den FC Schalke 04. In den folgenden Spielen konnte Werder vor allem auf die Heimstärke vertrauen, wurden doch nacheinander Hamburg, Bayern und Hannover klar besiegt. Auswärts lag, über die gesamte Saison gesehen, die Schwäche der Bremer. Lediglich 3 Siege konnte die Brocker-Elf auf Gegners Platz erringen (1:0 in Düsseldorf, 1:0 bei RW Essen und 1:0 in Schalke). Das war für einen gesicherten Platz im Mittelfeld einfach zu wenig und so bewegte man sich ab dem 15. Spieltag zwischen Tabellenplatz 10 und 13. Am Ende der Saison schöpften die beiden Absteiger sogar noch einmal Hoffnung, verloren die Bremer doch ein Spiel nach dem anderen. Aus den letzten 8 Spielen konnten lediglich 4 Punkte gewonnen werden. Am 34. Spieltag war Bremen jedoch froh, nicht abgestiegen zu sein und ein weiteres Jahr in der höchsten Klasse spielen zu können.

Der in der letzten Spielzeit noch so hervorragende Sturm kam in dieser Saison überhaupt nicht zum Zuge. Auch Toptorjäger Schütz traf nur zehnmal. Weit dahinter folgten ihm Zebrowski (8 Treffer) und mit jeweils 6 Toren Ferner, Görts und Schweighöfer.

Für die nächste Saison konnte das Ziel nur lauten: Es kann nur besser werden!

SAISONSTATISTIK	**Platz: 16**			
	Siege:	10	Tore:	49 - 56 (- 7)
	Unentsch.:	9	Punkte:	29 : 39
	Niederl.:	15	Zuschauer:	296.000

FIEBERKURVE

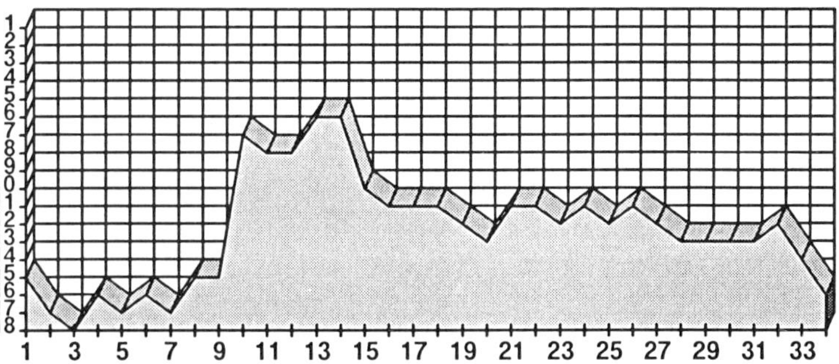

Etwas zu spät kommt Horst-Dieter Höttges gegen Uwe Seeler. Das Nordderby ging jedoch klar mit 5:1 an Werder

1966/67

Sp.	Datum		Gegner	Ergebnis	SV-Torschützen	Zuschauer
01.	20.08.66	A	E. Braunschweig	0 : 2 (0-1)	-	20.000
02.	27.08.66	H	VfB Stuttgart	1 : 2 (0-2)	Zebrowski	16.000
03.	03.09.66	A	MSV Duisburg	0 : 1 (0-0)	-	13.000
04.	10.09.66	H	Schalke 04	2 : 1 (2-0)	Schütz I Görts	12.000
05.	17.09.66	A	Kaiserslautern	0 : 2 (0-0)	-	20.000
06.	24.09.66	H	Hamburger SV	5 : 1 (3-0)	Höttges I Schütz I Zebr. I Danielsen I Schweißf.	20.000
07.	01.10.66	A	Bor. Dortmund	0 : 2 (0-1)	-	21.000
08.	08.10.66	H	Bay. München	4 : 1 (2-0)	Piontek I Ferner I Schweißfurth I Schütz	24.000
09.	15.10.66	A	F. Düsseldorf	1 : 0 (0-0)	Ferner	30.000
10.	22.10.66	H	Hannover 96	3 : 0 (1-0)	Görts 2 I Schütz	22.000
11.	29.10.66	A	Karlsruher SC	4 : 4 (2-1)	Schütz 3 I Görts	12.000
12.	05.11.66	H	B. Mönchengladbach	2 : 2 (0-1)	Höttges I Piontek	16.000
13.	12.11.66	A	RW Essen	1 : 0 (1-0)	Zebrowski	30.000
14.	26.11.66	H	1.FC Nürnberg	4 : 4 (2-2)	Schweißfurth 2 I Höttges I Zebrowski	15.000
15.	03.12.66	A	E. Frankfurt	1 : 4 (1-2)	Zebrowski	14.000
16.	10.12.66	A	1860 München	1 : 2 (1-1)	Görts	12.000
17.	17.12.66	H	1.FC Köln	1 : 3 (1-1)	Schweißfurth	15.000
18.	07.01.67	H	E. Braunschweig	2 : 3 (1-2)	Zebrowski I Lorenz	18.000
19.	21.01.67	A	VfB Stuttgart	1 : 1 (0-1)	Schweißfurth	23.000
20.	28.01.67	H	MSV Duisburg	1 : 1 (0-1)	Zebrowski	10.000
21.	11.02.67	A	Schalke 04	1 : 0 (1-0)	Ferner	30.000
22.	18.02.67	H	Kaiserslautern	1 : 1 (0-1)	Görts	13.000
23.	25.02.67	A	Hamburger SV	1 : 1 (1-1)	Hänel	22.000
24.	04.03.67	H	Bor. Dortmund	2 : 1 (1-0)	Schütz 2	30.000
25.	11.03.67	A	Bay. München	0 : 1 (0-0)	-	13.000
26.	18.03.67	H	F. Düsseldorf	1 : 0 (1-0)	Ferner	10.000
27.	01.04.67	A	Hannover 96	1 : 2 (0-1)	Schütz	22.000
28.	14.04.67	H	Karlsruher SC	0 : 3 (0-1)	-	17.000
29.	22.04.67	A	B. Mönchengladbach	1 : 1 (0-0)	Danielsen	15.000
30.	29.04.67	H	RW Essen	0 : 0 (0-0)	-	10.000
31.	13.05.67	A	1.FC Nürnberg	1 : 2 (1-1)	Lorenz	14.000
32.	20.05.67	H	E. Frankfurt	3 : 0 (1-0)	Danielsen I Ferner I Zebrowski	20.000
33.	27.05.67	H	1860 München	2 : 4 (1-2)	Hänel I Lorenz	28.000
34.	03.06767	A	1.FC Köln	1 : 4 (0-2)	Ferner	7.000

1966/67

Spieltag	Bernard	Piontek	Höttges	Ferner	Steinmann	Zebrowski	Lorenz	Schütz	Björnmose	Danielsen	Görts	Schimeczek	Hänel	Schweighöfer	Lambertz	Bordel	Jagielski	Schröder	Matischak	Teupel					
01.	x	x	x	x	x	x	x	x	x	x	x														
02.	x	x	x	x	x	x		x		x			x	x				x							
03.	x	x	x	x	x	x	x	x			x		x				x								
04.	x	x	x	x	x	x	x	x			x		x				x								
05.	x	x	x	x	x		x	x		x	x		x				x								
06.		x	x	x	x	x		x		x	x	x		x	x										
07.		x	x	x	x	x		x		x	x	x		x						x					
08.	x	x	x	x	x	x		x		x	x	x		x											
09.	x	x	x	x	x	x		x		x	x	x		x											
10.	x	x	x	x	x	x		x		x	x	x		x											
11.	x	x		x	x	x	x	x		x	x	x		x											
12.	x	x	x	x	x	x		x		x	x	x		x											
13.	x	x	x	x	x	x		x		x	x	x		x											
14.	x	x	x	x	x	x		x		x	x	x		x											
15.	x	x	x	x	x	x		x		x	x	x		x											
16.	x	x	x	x	x	x	x	x			x		x					x							
17.	x	x	x	x	x	x	x	x			x			x				x							
18.	x	x	x	x	x	x	x	x			x	x	x												
19.		x	x	x	x	x	x				x	x	x	x	x										
20.	x	x	x	x	x	x	x	x			x	x	x												
21.	x	x	x	x	x	x			x	x	x	x	x												
22.	x	x	x	x	x	x		x		x	x	x	x												
23.	x	x	x	x	x	x		x		x	x	x	x												
24.	x	x	x	x	x		x	x		x	x	x							x						
25.	x		x	x	x		x	x		x	x	x				x			x						
26.	x		x	x	x		x	x	x	x	x	x				x									
27.	x		x	x	x		x	x	x	x	x	x	x												
28.			x	x	x			x	x	x	x		x		x	x		x							
29.		x	x	x	x	x	x	x		x		x	x		x										
30.		x	x	x	x	x	x	x		x		x	x		x										
31.		x		x		x	x	x		x	x	x	x		x	x									
32.	x	x		x	x	x	x	x		x	x	x	x												
33.	x	x	x	x	x	x	x	x		x	x		x												
34.	x	x	x	x		x	x	x		x			x			x	x								

SP.:	27	30	30	34	32	28	21	32	5	27	30	24	19	13	6	5	4	4	2	1					
T.:	0	2	3	6	0	8	3	10	0	3	6	0	2	6	0	0	0	0	0	0					

1967 / 68

SAISONFAZIT:

Zu Beginn dieser 5. Spielzeit fanden sich die Bremer dort wieder, wo sie gegen Ende der vergangenen Saison gestanden hatten: nämlich am Tabellenende, nahe einem Abstiegsplatz.

Nach den 3 Auftaktniederlagen standen die Norddeutschen schon mit dem Rücken zur Wand. Unter ihrem neuenTrainer Fritz Langner mußte sich die Mannschaft erst finden. Bis zum 10. Spieltag wurde es dann etwas besser - 10:2 Punkte sprechen hierfür. Werder fand sich im einigermaßen gesicherten Mittelfeld wieder. Bis zum 21. Spieltag befand die Elf sich in dieser Zone.

In der Rückrunde waren die Bremer dann kaum noch wiederzuerkennen. Die letzte Niederlage (1:3 in Gladbach) war das Startsignal für die tolle Aufholjagd. Ab dem 21. Spieltag erzielten die Grün-Weißen 6 Siege hintereinander. Danach folgten 3 Unentschieden und anschließend wiederum nur Siege bis zum 34. Spieltag. Was für eine tolle Serie legten die Bremer hin! Diese Erfolgsserie brachte sie auf den 2. Tabellenplatz, mit 3 Punkten Rückstand auf den neuen Meister aus Nürnberg.

Diese Aufholjagd hätte man den Norddeutschen wohl nicht zugetraut, doch Trainer Langner hatte seine Spieler gut unter Kontrolle und ließ ihnen viele Freiheiten, was sich in den vielen herausgespielten Siegen dokumentiert. Nach der Niederlage in Mönchengladbach (1:3) erzielten die Hanseaten 25:3 Punkte hintereinander - fast ein Bundesligarekord.

Diesen hervorragenden 2. Platz gilt es nun für die nächste Saison zu verteidigen, wahrlich kein leichtes Unterfangen für die Bremer.

SAISONSTATISTIK	**Platz: 2**			
	Siege:	18	Tore:	68 - 51 (+ 17)
	Unentsch.:	8	Punkte:	44 : 24
	Niederl.:	8	Zuschauer:	358.000

FIEBERKURVE

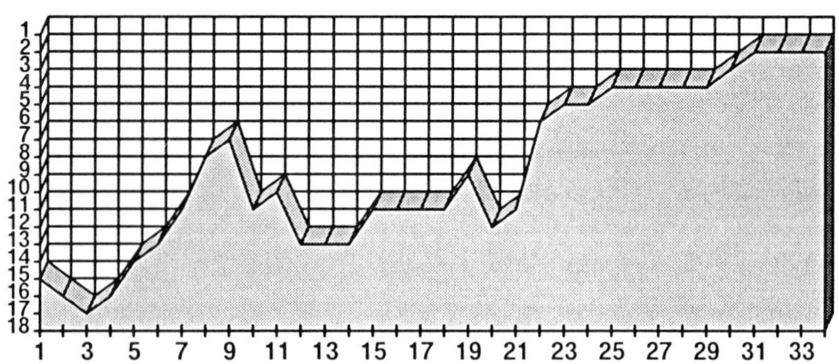

Der Schalker Klaus Fichtel konnte weder die Flanke von Werner Görts noch die 0:2-Niederlage der "Knappen" im Weserstadion verhindern.

1967/68

Sp.	Datum		Gegner	Ergebnis	SV-Torschützen	Zuschauer
01.	19.08.67	H	Hamburger SV	1 : 4 (1-1)	Rupp	40.000
02.	26.08.67	A	E. Frankfurt	3 : 5 (2-4)	Höttges 2 I Schütz	25.000
03.	02.09.67	H	B. Mönchengladbach	0 : 4 (0-1)	-	12.000
04.	09.09.67	A	E. Braunschweig	3 : 0 (1-0)	Görts I Ferner I Rupp	18.000
05.	13.09.67	H	1860 München	2 : 2 (2-2)	Görts I Björnmose	33.000
06.	16.09.67	A	Schalke 04	2 : 0 (0-0)	Görts I Björnmose	13.000
07.	23.09.67	H	VfB Stuttgart	3 : 1 (2-0)	Piontek I Höttges I Görts	30.000
08.	30.09.67	A	1.FC Köln	4 : 1 (1-0)	Rupp 2 I Björnmose I Lorenz	28.000
09.	14.10.67	A	Kaiserslautern	2 : 2 (0-0)	Björnmose I Görts	23.000
10.	21.10.67	H	1.FC Nürnberg	0 : 4 (0-0)	-	45.000
11.	28.10.67	A	MSV Duisburg	1 : 1 (0-1)	Ferner	9.000
12.	04.11.67	H	Alem. Aachen	0 : 1 (0-0)	-	18.000
13.	11.11.67	A	Hannover 96	2 : 4 (1-2)	Höttges I Björnmose	17.000
14.	18.11.67	H	Bay. München	4 : 1 (1-1)	Höttges 2 I Görts 2	29.000
15.	25.11.67	A	Bor. Dortmund	1 : 1 (1-1)	Görts	12.000
16.	02.12.67	H	Karlsruher SC	6 : 1 (4-0)	Görts 3 I Höttges I Piontek I Zebrowski	15.000
17.	09.12.67	A	B. Neunkirchen	0 : 0 (0-0)	-	6.000
18.	06.01.68	A	Hamburger SV	1 : 2 (0-1)	Rupp	16.000
19.	13.01.68	H	E. Frankfurt	2 : 0 (2-0)	Görts I Rupp	8.000
20.	20.01.68	A	B. MÖnchengladbach	1 : 3 (1-1)	Zebrowski	18.000
21.	03.02.68	H	E. Braunschweig	3 : 2 (1-1)	Danielsen I Ferner I Görts	12.000
22.	10.02.68	A	1860 München	3 : 1 (2-1)	Görts I Höttges I Björnmose	8.000
23.	17.02.68	H	Schalke 04	2 : 0 (1-0)	Görts I Danielsen	14.000
24.	02.03.68	A	VfB Stuttgart	3 : 0 (1-0)	Danielsen I Görts I Björnmose	20.000
25.	09.03.68	H	1.FC Köln	3 : 1 (2-0)	Björnmose I Danielsen I Rupp	20.000
26.	16.03.68	H	Kaiserslautern	2 : 1 (2-0)	Piontek I Ferner	16.000
27.	23.03.68	A	1.FC Nürnberg	0 : 0 (0-0)	-	25.000
28.	30.03.68	H	MSV Duisburg	3 : 3 (1-1)	Piontek I Höttges I Steinmann	20.000
29.	06.04.68	A	Alem. Aachen	1 : 1 (0-1)	Rupp	25.000
30.	20.04.68	H	Hannover 96	1 : 0 (0-0)	Schütz	18.000
31.	27.04.68	A	Bay. München	3 : 2 (0-0)	Danielsen I Steinmann I Lorenz	10.000
32.	11.05.68	H	Bor. Dortmund	2 : 1 (0-1)	Rupp I Lorenz	20.000
33.	18.05.68	A	Karlsruher SC	2 : 1 (2-1)	Zebrowski I Rupp	12.000
34.	25.05.68	H	B. Neunkirchen	2 : 1 (2-0)	Schmidt I Lorenz	8.000

1967/68

Spieltag	Loweg	Piontek	Höttges	Ferner	Hänel	Steinmann	Danielsen	Zebrowski	Björnmose	Rupp	Görts	Schmidt	Lorenz	Bernard	Schweighöfer	Schimeczek	Schütz
01.	x	x	x	x	x	x	x	o	x	x	x	+					
02.	x	o	x		x	x			x	x	x	x	*			x	x
03.		x	x	x		x		+	x	o	x		x	x		x	x
04.		x	x	x		x	x		x	x	x		x	x		x	
05.		x	x	x	+	x	x		x	x	x		x	x		o	
06.		x	x	x		x	x		x	x	x	+	x	x			o
07.		x	x	x		x	x		x	x	x		x	x			x
08.		x	x	x		x	x		x	x	x		x	x			x
09.		x	x	x		x	x		x	x	x		x	x			x
10.			x	x		x	x		x	x	x	+	x	x		o	x
11.			o	x	+	x	x		x	x	x		x	x		x	x
12.		x	x	x		x	x	+	x	x	o		x	x			x
13.		x	x	x		x	x	x	x	x			x	x			x
14.		x	x	x		x		o	x	x	x		x	x	+		x
15.		x	x	x		x	x		x	x	x		x	x			x
16.		x	x	x		x		x	x	x	x		x	x		+	o
17.		x	x	x		x		x	x	x	x		x	x		x	
18.		x	x	x	+	o			x	x	x		x	x		x	x
19.		x	x	x	x			x	x	x	x		x	x			x
20.		x	x	x		x		x	x		x	x	x	x			x
21.		x	x	x		x	x		x	x	x		x	x			x
22.		x	x	x		x	x		x	x	x		x	x			x
23.		x	x	x		x	x		x	x	x		x	x			x
24.		x	x	x		x	x		x	x	x		x	x			x
25.	+	x	x	x		x	x		x	x	x		x	o			x
26.	x	x	x	x		x	x	+	x	o	x		x				x
27.		x	x	x		x	x		x	x	x		x	x			x
28.		x	x	x		x	x		x	x	x		x	x			x
29.		x		x		x	x		x	x	x	x	x	x			x
30.		x	x	x			x		x	x	x		x	x		x	x
31.			x	x		x	x		x	x	x	+	x	x		x	o
32.		x	x	x		x	x	o	x	x		+	x	x			x
33.		x	x	x		x	x	o	x	x		+	x	x			x
34.		x	x	x		x	x	+	x	o		x	x	x			x

SP.:	4	31	33	33	6	32	26	13	34	33	30	12	33	31	1	10	30
T.:	0	4	9	4	0	2	5	3	8	10	16	1	4	0	0	0	2

1968 / 69

SAISONFAZIT:

Die Hoffnung auf eine ähnlich gute Plazierung wie im letzten Jahr erfüllte sich für die Bremer nicht. Von Platz 2 im Vorjahr fielen die Werderaner auf den 9. Platz zurück - welch ein Absturz.

Mit einer ausgeglichenen Bilanz (14 Siege standen 14 Niederlagen gegenüber; 59 - 59 Tore) konnte Werder einfach nicht mehr erreichen. Den guten Lauf aus der Rückrunde der vergangenen Saison konnten die Bremer nicht wiederholen.

Abgesehen vom neuen Meister aus München (Bayern errang mit 8 Punkten Vorsprung den ersten Meistertitel) waren die dahinter Plazierten Mannschaften nahezu ausgeglichen. Vom 2. Platz (Aachen mit 38 Punkten) bis zum 16. Platz (Dortmund mit 30 Punkten) lagen nur 8 Punkte Differenz. Jeder konnte in dieser Spielzeit fast jeden schlagen, nahm man einmal die Bayern aus. Sie dominierten die ganze Saison. Bremen konnte den Münchenern eine der wenigen Niederlagen beibringen (1:0-Heimsieg am 11. Spieltag). In München setzte es dann die höchste Saisonniederlage, mit 0:6 wurde man wieder an die Weser geschickt!

Trainer Langner erlebte seine letzte Trainersaison an der Weser, sein Nachfolger wurde im Sommer Fritz Rebell.

In Görts und Rupp hatten die Werderaner zwei erfolgreiche Goalgetter, die es zusammen auf 28 Treffer brachten, etwas weniger als die Hälfte aller erzielten BremerTore. Die torreichste Begegnung erlebten die Zuschauer am letzten Spieltag: mit 6:5 schlug Werder die Gladbacher Borussen, ein versöhnlicher Abschluß für die treuen Bremer Fans im Weserstadion.

SAISONSTATISTIK	**Platz: 9**			
	Siege:	14	Tore:	59 - 59 (0)
	Unentsch.:	6	Punkte:	34 : 34
	Niederl.:	14	Zuschauer:	313.000

FIEBERKURVE

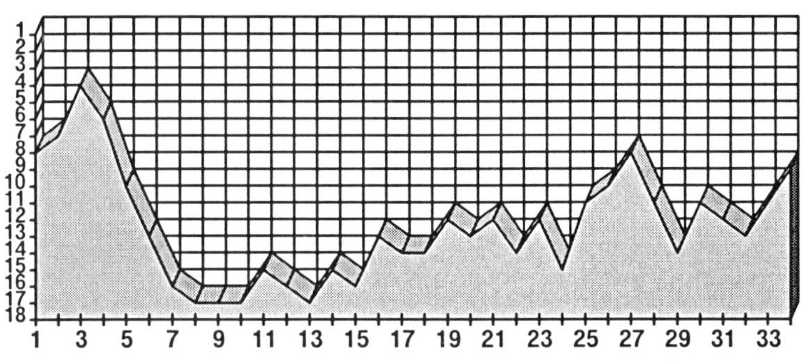

Rechts: Energisch setzt sich Gerhard Zebrowski gegen seine Kontrahenten Bohnsack und Laszig (re.) durch.

Links: Jupp Heynckes (Nr. 9) erzielt das 2:1 für Hannover 96 gegen Bremen (Endstand 3:2). Coordes (Nr. 4) und Keeper Bernard kommen zu spät.

1968/69

Sp.	Datum		Gegner	Ergebnis	SV-Torschützen	Zuschauer
01.	17.08.68	H	Hannover 96	3 : 2 (2-0)	Steinmann I Görts I Piontek	25.000
02.	24.08.68	A	Kaiserslautern	0 : 1 (0-1)	-	12.000
03.	31.08.68	H	1860 München	4 : 1 (0-0)	Görts 2 I Zebrowski I Björnmose	18.000
04.	04.09.68	A	Hamburger SV	2 : 5 (1-2)	Görts I Schütz	19.000
05.	07.09.68	H	Schalke 04	1 : 3 (1-1)	Höttges	15.000
06.	14.09.68	A	Hertha BSC	0 : 1 (0-1)	-	40.000
07.	21.09.68	H	E. Frankfurt	0 : 1 (0-0)	-	18.000
08.	28.09.68	A	MSV Duisburg	0 : 2 (0-0)	-	17.000
09.	05.10.68	H	E. Braunschweig	2 : 1 (1-1)	Zebrowski I Höttges	16.000
10.	19.10.68	A	VfB Stuttgart	2 : 2 (0-1)	Görts I Piontek	15.000
11.	26.10.68	H	Bay. München	1 : 0 (0-0)	Steinmann	35.000
12.	30.10.68	A	Alem. Aachen	1 : 2 (1-1)	Björnmose	15.000
13.	02.11.68	A	Bor. Dortmund	2 : 3 (2-2)	Danielsen I Rupp	15.000
14.	09.11.68	H	1.FC Köln	3 : 1 (1-0)	Rupp I Schütz I Görts	15.000
15.	16.11.68	A	1.FC Nürnberg	1 : 1 (1-1)	Görts	9.000
16.	30.11.68	H	Kick. Offenbach	2 : 0 (1-0)	Rupp I Danielsen	10.000
17.	07.12.68	A	B. Mönchengladbach	1 : 1 (0-0)	Rupp	20.000
18.	11.01.69	A	Hannover 96	0 : 1 (0-1)	-	15.000
19.	18.01.69	H	Kaiserslautern	2 : 1 (0-0)	Görts I Lorenz	11.000
20.	25.01.69	A	1860 München	3 : 4 (1-2)	Rupp 2 I Ferner	13.000
21.	01.02.69	H	Hamburger SV	1 : 1 (1-0)	Görts	29.000
22.	08.02.69	A	Schalke 04	1 : 2 (0-0)	Höttges	18.000
23.	22.02.69	H	Hertha BSC	2 : 0 (0-0)	Schmidt I Schütz	20.000
24.	01.03.69	A	E. Frankfurt	1 : 2 (1-1)	Rupp	11.000
25.	08.03.69	H	MSV Duisburg	2 : 1 (0-1)	Schmidt I Görts	10.000
26.	15.03.69	A	E. Braunschweig	3 : 0 (0-0)	Görts I Rupp I Lorenz	7.000
27.	22.03.69	H	VfB Stuttgart	1 : 0 (1-0)	Björnmose	22.000
28.	29.03.69	A	Bay. München	0 : 6 (0-2)	-	17.000
29.	19.04.69	H	Alem. Aachen	1 : 2 (1-0)	Görts	12.000
30.	26.04.69	H	Bor. Dortmund	2 : 1 (2-1)	Höttges I Rupp	15.000
31.	17.05.69	A	1.FC Köln	3 : 3 (2-3)	Görts I Danielsen I Höttges	16.000
32.	24.05.69	H	1.FC Nürnberg	3 : 3 (2-1)	Rupp I Höttges EIG: L. Müller	30.000
33.	31.05.69	A	Kick. Offenbach	3 : 0 (2-0)	Görts 2 I Ferner	16.000
34.	07.06.69	H	B. Mönchengladbach	6 : 5 (4-3)	Rupp 3 I Björnmose 2 I Schütz	12.000

1968/69

Spieltag	Bernard	Piontek	Höttges	Schütz	Steinmann	Lorenz	Görts	Ferner	Björnmose	Danielsen	Zebrowski	Rupp	Schmidt	Loweg	Roder	Schimeczek	Schweighöfer	Meyer	Faber	Zembski					
01.	x	x	x	x	x	x	x	x	x	x	x														
02.	x	x	x	x	x	x	x	x	o	x	x		+												
03.	x	x	x	x	o	x	x	x	o	+	x		+			x									
04.	o	x	x	x	x	x	x	x	x	x	o			+	+										
05.	x	x	x	o	x	x	x	x	x	x	o				+	+									
06.	x	x	x	o		x	x	x	x	x	o		+			x	+								
07.	x	x	x	o		x	x	x	x		o	+	+		x	x									
08.		x	x	x		x	x	x	x			x	+	x	o	x									
09.		x	x		x	x	x	x	x	o	x		x	x		+o		+							
10.		x	x		x	x	x	x	x	x	o	+	x	x											
11.		x	x	x	x	x	x	x	x	x	o	+		x											
12.		x	x	x	x	x	x	x	x	x	o	+		x											
13.		x	x	o	x	x	o	x	x	x	+	x	+	x											
14.		x	o	x	o	x	x	x	x	x	+	x	+	x											
15.	x	x	x	x	x	x	x	x	x	x		x													
16.	x	x	x	x	x	x	x	x	o	x		x	+												
17.	x	x	x	x	x	x	x	x	x			x				x									
18.	x	x		x	x	x	x	x	x	x		x	x												
19.	x	x	x		x	x	x	x	x		o	x	x				+								
20.	x		x	x	x	x	x	x	x		x	x	x												
21.	x		x	x	x	x	x	x	x	+	o	x	x												
22.	x		x	x	x	x	x	x	x	x		x	x												
23.	x	x	x	x	x	x	x	x	x	x			x												
24.	x		x	x	x	x	x	x	x			x	x				x								
25.	x	+	x	x	x	x	x	x	x		o		x				o	+							
26.	x	x	x	x	x	x	o	x	x	x		x	+												
27.	x		x	x	x	x	x	x	x			x	x			x									
28.	x			x	x	x	x	x	x			x	x			x		x							
29.		x	o	x	x	x	x	o	x	x		+	x	x					+						
30.	x	x	x	x	x	x	x	x	x	x		x													
31.	x	x	x	x	x	x	x	x	x	x		x													
32.	x	x	x	x	x	x	x	x	x	x		x													
33.	o	x	x	x	x	x	x	x	x	x		x		+											
34.				x	x	x	x	x	x	x		x	x	x		o				+					

SP.:	25	27	31	31	31	34	34	34	34	25	17	25	23	11	4	11	4	3	1	1					
T.:	0	2	6	4	2	2	15	2	5	3	2	13	2	0	0	0	0	0	0	0					

1969 / 70

SAISONFAZIT:

Unter ihrem neuen Trainer Fritz Rebell belegten die Hanseaten einen 11. Platz. Diese Tabellenregion sollte auch für die nächsten Jahre zählen.

Das spielerische Potential der Spitzenklubs hatte Werder nicht mehr zu bieten.. Die Teams aus Köln, Hertha, Dortmund, Hamburg, Bayern und natürlich vom neuen Deutschen Meister Borussia Mönchengladbach waren spielerisch einfach besser. So lautete das Ziel auch nur: bloß nicht in die Abstiegszone geraten. Dieses Ziel konnte aber erst in der Rückrunde so einigermaßen erreicht werden. Während der Hinrunde fand Werder sich nämlich genau dort wieder, wo man eigentlich nicht hinwollte - am Tabellenende.

Die ausgeglichene Bilanz aus dem Vorjahr konnte nicht wiederholt werden. Den 10 Siegen standen 11 Unentschieden und sogar 13 Niederlagen gegenüber, was sich auch im Torverhältnis bemerkbar machte. Ganze 38 Treffer erzielten die Bremer, dem standen aber 47 Gegentore gegenüber (zweimal bezogen die Norddeutschen eine 1:4 Niederlage (in Bayern und in Berlin). Ansonsten waren viele Spiele ausgeglichen. Oftmals hing der Sieg, oder auch die Niederlage, an einem einzigen Törchen. In vielen Spielen waren die Bremer nicht clever genug, einen Vorsprung über die Zeit zu retten, was sich dann jedesmal in Punktverlusten bemerkbar machte.

Neben der eklatanten Abwehrschwäche war auch in dieser Saison der Sturm nur ein laues Lüftchen. Torjäger Görts war fast auf sich allein gestellt, fehlte ihm doch Bernd Rupp, sein Partner aus der letzten Saison.

SAISONSTATISTIK	**Platz: 11**			
	Siege:	10	Tore:	38 - 47 (- 9)
	Unentsch.:	11	Punkte:	31 : 37
	Niederl.:	13	Zuschauer:	261.000

FIEBERKURVE

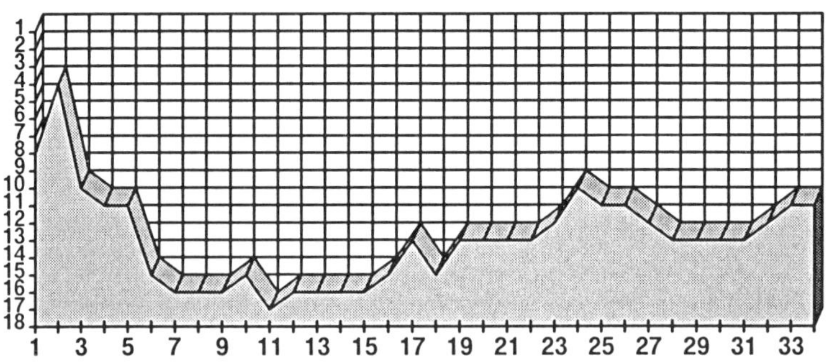

Mit dem 2:1-Sieg in Braunschweig machte der SV Werder einen großen Schritt zum Klassenerhalt. Höttges und Interimstrainer Tilkowski (re.) verlassen den Platz.

Kapitän Schütz, Hans Tilkowski, Görts und Herbert Meyer feiern den 1:0-Sieg bei den Münchner "Löwen", der den Klassenerhalt sicherte.

1969/70

Sp.	Datum		Gegner	Ergebnis	SV-Torschützen	Zuschauer
01.	16.08.69	A	VfB Stuttgart	1 : 1 (0-0)	Windhausen	28.000
02.	23.08.69	H	1.FC Köln	2 : 1 (0-1)	Görts I Danielsen	25.000
03.	30.08.69	A	Hannover 96	2 : 3 (1-0)	Windhausen I Görts	47.000
04.	06.09.69	H	Hamburger SV	1 : 1 (1-1)	Windhausen	35.000
05.	13.09.69	A	RW Oberhausen	1 : 3 (1-2)	Schütz	26.000
06.	27.09.69	H	Schalke 04	0 : 1 (0-1)	-	16.000
07.	04.10.69	A	Bay. München	1 : 4 (0-1)	Schmidt	25.000
08.	11.10.69	H	B. Mönchengladbach	0 : 0 (0-0)	-	14.000
09.	15.10.69	A	E. Frankfurt	1 : 2 (0-0)	Windhausen	12.000
10.	25.10.69	H	Kaiserslautern	3 : 2 (3-1)	Görts I Lorenz I Höttges	8.000
11.	01.11.69	A	Bor. Dortmund	1 : 2 (1-1)	Lorenz	18.000
12.	08.11.69	H	E. Braunschweig	0 : 1 (0-0)	-	12.000
13.	15.11.69	H	RW Essen	2 : 1 (1-0)	Hasebrink I Björnmose	10.000
14.	29.11.69	A	MSV Duisburg	1 : 1 (0-0)	Schütz	8.000
15.	06.12.69	H	1860 München	1 : 1 (0-1)	Björnmose	10.000
16.	13.12.69	A	Alem. Aachen	0 : 0 (0-0)	-	10.000
17.	20.12.69	H	Hertha BSC	1 : 0 (1-0)	Schütz	11.000
18.	10.01.70	H	VfB Stuttgart	1 : 1 (0-0)	Björnmose	14.000
19.	17.01.70	A	1.FC Köln	0 : 3 (0-2)	-	29.000
20.	24.01.70	H	Hannover 96	1 : 0 (1-0)	Schütz	18.000
21.	31.01.70	A	Hamburger SV	2 : 2 (0-0)	Schütz I Höttges	10.000
22.	07.02.70	H	RW Oberhausen	1 : 1 (0-1)	Piontek	10.000
23.	14.02.70	A	Schalke 04	0 : 0 (0-0)	-	7.000
24.	21.02.70	H	Bay. München	1 : 0 (0-0)	Görts	31.000
25.	28.02.70	A	B. Mönchengladbach	0 : 1 (0-0)	-	18.000
26.	07.03.70	H	E. Frankfurt	3 : 2 (1-1)	Lorenz I Hasebrink I Björnmose	12.000
27.	14.03.70	A	Kaiserslautern	0 : 1 (0-0)	-	7.000
28.	21.03.70	H	Bor. Dortmund	1 : 3 (1-1)	Lorenz	17.000
29.	28.03.70	A	E. Braunschweig	2 : 1 (2-0)	Björnmose I Görts	10.000
30.	04.04.70	A	RW Essen	2 : 3 (1-1)	Görts I Lorenz	21.000
31.	11.04.70	H	MSV Duisburg	0 : 0 (0-0)	-	12.000
32.	18.04.70	A	1860 München	1 : 0 (1-0)	Piontek	28.000
33.	30.04.70	H	Alem. Aachen	4 : 1 (2-0)	Görts 3 I Höttges	6.000
34.	03.05.70	A	Hertha BSC	1 : 4 (1-1)	Hasebrink	33.000

1969/70

Spieltag	Bernard	Piontek	Höttges	Schütz	Schmidt	Hasebrink	Danielsen	Björnmose	Görts	Windhausen	Lorenz	Coordes	Steinmann	Zembski	Meyer	Stefens	Plaggemeyer	Hoyer	Kiefert	Schimeczek	Deterding				
01.	x	x	x	x	x	x	x	x	x	x	o	+													
02.	x	x	o	x	x	x	x	x	x	x		x		+											
03.	x	x		x	x	o	x	x	x	x		x		+							+				
04.	x	x	x	x	x	x	x	x	x	x	x														
05.	x	x	x	o	x	+	x	x	x	x	x		x												
06.	x		x	x	x	x	x	x		x	x	o	x								+				
07.		x	x	x	x	x	x	x		x	x		x			x									
08.	x	x	x	x	x	x	x	x	x	o	+		x												
09.	x	x	x	x	x	x	x	x	x	x			x												
10.	x	x	x	x	x	o		x	x	x	x	+	x												
11.	x		x	x	x	x	x	x	x	x	x		x												
12.	x		o	x	x	x	x	x	x	x	o		x	+							+				
13.	x		x	x	x	o	x	x	x		x		x	x							+				
14.	x		x	x	x	x	x	x	x		o		x	x							+				
15.	x		x	x	x	x	o	x	x	x			x	x							+				
16.	x	x	x	x	x	x		x	x				x	x							x				
17.	x	x	x	x	x	x		x	x	x			x	x											
18.	x	x	x			x	x	x	x		o	+	x	x	x										
19.	x		x	x		x	x	x	x		o	x	x		x		+								
20.	x	x	x	x			x	o	x		x	x	x		x					+					
21.	x	x	x	x		x		x	x		+	x	x	x	o										
22.	x	x	x	x	x	x		x	x	x			x	x											
23.	x	x	x	x		o	x	x	x		o	+	x		x										
24.	x	x	o	x		x	+	x	x			x	x	x	x										
25.	x	x	x			x		x	x		o	x	x	x	x		+								
26.	x	x	x			x	x	x	x		x		x	x	x										
27.	x		x			x	x	x	x	x		x	x	x	x										
28.	x	x	x	x		x	x	x	o		x	+	x		x										
29.	x	x	x	x			x	o	x		x	+	x		o			x	+						
30.	x			x	x	x	x	x	x		x	x	x	x											
31.	x	x	x	x	+		x	x	x		x	x	o		x										
32.	x	x	x	x	+	x		o	x		+	x	x	x	o										
33.			o	x	+	x	x	x	x		x	x	x	x		x									
34.				x	x	x	x	x	x	+	o	x	x	x		x									

SP.:	31	23	31	30	23	31	27	34	29	17	25	20	30	19	13	3	2	1	1	1	7				
T.:	0	2	3	5	1	3	1	5	9	4	5	0	0	0	0	0	0	0	0	0	0				

1970 / 71

SAISONFAZIT:

Mit Robert Gebhardt, der zu Beginn dieser Saison den Trainerposten übernommen hatte, ging es ins achte Bundesligajahr, wobei Gebhardt schon der sechste Trainer der Bremer ist.

Am Ende der Spielzeit war man froh in Bremen, hatte man sich doch gegenüber des letzten Jahres stabilisieren können. Eine fast ausgeglichene Bilanz stand am Ende des 34. Spieltages. Den 11 Siegen standen 11 Unentschieden und 12 Niederlagen gegenüber. In der Tordifferenz lag Werder mit plus 1 vorn, außerdem wurde die Punktzahl des Vorjahres um zwei Punkte verbessert.

Diese Saison hatten die Hanseaten keinen ausgesprochenen Goalgetter, die erzielten Tore teilten sich 13 Akteure, wobei Schütz, Kamp und Lorenz die Schützenliste anführten. Sie trafen jeweils fünfmal ins Schwarze. Auch ein Indiz dafür, daß Werder zehnmal keinen Treffer erzielen konnte, bei zwei Negativserien blieb der SV in 4 bzw. 3 Spielen ohne Treffer. Vom Kader machten drei Akteure alle 34 Spiele mit: Zembski, Schütz und Kamp.

Das kurioseste Spiel fand wohl am 27. Spieltag auf dem Bökelberg in Mönchengladbach statt. Beim amtierenden Deutschen Meister erreichten die Bremer ein 1:1 bis kurz vor Spielschluß. Doch dann brach ein Torpfosten und die Partie mußte abgebrochen werden. Am sog. grünen Tisch wurde diese Partie dann mit 2-0 Toren und 2:0 Punkten für die Bremer gewertet. Für die Gladbacher aber trotzdem kein Hindernis, denn sie holten erneut den Meistertitel an den Bökelberg.

SAISONSTATISTIK	**Platz: 10**			
	Siege:	11	Tore:	41 - 40 (+ 1)
	Unentsch.:	11	Punkte:	33 : 35
	Niederl.:	12	Zuschauer:	312.000

FIEBERKURVE

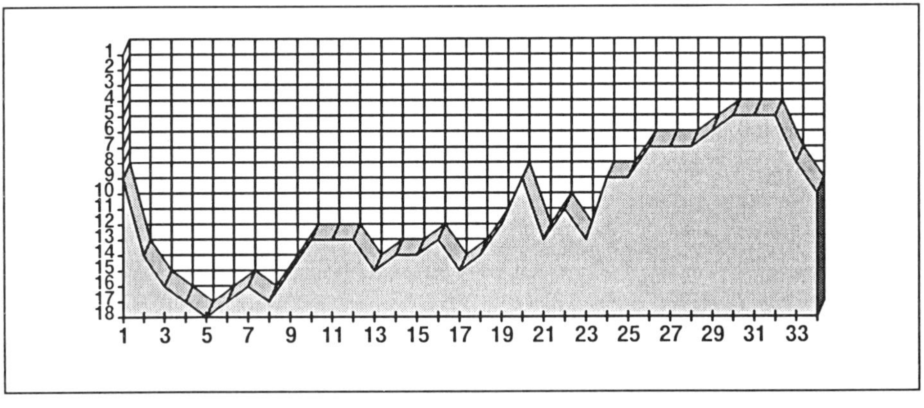

Dieter Zembski versucht gegen Frankfurts Horst Heese zu klären.
(Bremen-Frankfurt 1:0)

Ole Björnmose und Gladbachs Günter Netzer im Kampf um den Ball.
(Bremen-Gladbach 1:1)

1970/71

Sp.	Datum		Gegner	Ergebnis	SV-Torschützen	Zuschauer
01.	15.08.70	H	1.FC Köln	1 : 1 (1-0)	Schmidt	25.000
02.	22.08.70	A	Kick. Offenbach	1 : 2 (0-1)	Björnmose	15.000
03.	28.08.70	A	E. Braunschweig	0 : 1 (0-1)	-	19.000
04.	05.09.70	H	MSV Duisburg	0 : 2 (0-0)	-	12.000
05.	12.09.70	A	VfB Stuttgart	0 : 3 (0-0)	-	15.000
06.	19.09.70	H	Hertha BSC	0 : 0 (0-0)	-	22.000
07.	23.09.70	A	Bor. Dortmund	1 : 0 (1-0)	Windhausen	12.000
08.	26.09.70	H	RW Essen	1 : 1 (1-1)	Björnmose	15.000
09.	03.10.70	A	E. Frankfurt	2 : 0 (1-0)	Windhausen 2	6.000
10.	07.10.70	H	B. Mönchengladbach	1 : 1 (1-1)	Zembski	32.000
11.	10.10.70	A	Hamburger SV	1 : 1 (0-0)	Windhausen	14.000
12.	24.10.70	H	Hannover 96	0 : 0 (0-0)	-	15.000
13.	31.10.70	A	Arm. Bielefeld	0 : 3 (0-2)	-	17.000
14.	07.11.70	H	Kaiserslautern	1 : 1 (1-0)	Schütz	10.000
15.	14.11.70	A	Bay. München	1 : 2 (0-0)	Coordes	16.000
16.	28.11.70	H	RW Oberhausen	2 : 0 (2-0)	Schütz I Görts	12.000
17.	05.12.70	A	Schalke 04	0 : 0 (0-0)	-	15.000
18.	23.01.71	A	1.FC Köln	1 : 1 (1-1)	Höttges	7.000
19.	30.01.71	H	Kick. Offenbach	3 : 1 (2-1)	Görts I Hasebrink I Kamp	13.000
20.	06.02.71	H	E. Braunschweig	2 : 0 (1-0)	Görts I Schütz	22.000
21.	13.02.71	A	MSV Duisburg	1 : 3 (0-1)	Kamp	11.000
22.	27.02.71	H	VfB Stuttgart	3 : 1 (1-0)	Deterding I Schütz I Hasebrink	12.000
23.	06.03.71	A	Hertha BSC	1 : 3 (0-2)	Görts	18.000
24.	13.03.71	H	Bor. Dortmund	3 : 1 (1-1)	Schmidt I Kamp I Lorenz	15.000
25.	20.03.71	A	RW Essen	2 : 2 (1-1)	Lorenz I Björnmose	18.000
26.	27.03.71	H	E. Frankfurt	1 : 0 (0-0)	Schmidt	15.000
27.	03.04.71	A	B. Mönchengladb. (*)	1 : 1 (1-1)	Hasebrink	14.000
28.	17.04.71	H	Hamburger SV	2 : 2 (1-0)	Schmidt I Lorenz	25.000
29.	01.05.71	A	Hannover 96	3 : 0 (2-0)	Schütz I Lorenz I Kamp	26.000
30.	08.05.71	H	Arm. Bielefeld	4 : 1 (2-0)	Assauer I Lorenz I Kamp I Zembski	17.000
31.	15.05.71	A	Kaiserslautern	1 : 2 (0-0)	Hasebrink	15.000
32.	22.05.71	H	Bay. München	0 : 1 (0-0)	-	40.000
33.	29.05.71	A	RW Oberhausen	0 : 3 (0-1)	-	20.000
34.	05.06.71	H	Schalke 04	0 : 1 (0-0)	-	10.000

(*) = Das Spiel wurde nachträglich mit 2-0 Toren und 2:0 Punkten für den SV Werder gewertet!

1970/71

Spieltag	Bernard	Zembski	Assauer	Schütz	Coordes	Höttges	Schmidt	Björnmose	Görts	Kamp	Windhausen	Thelen	Deterding	Götz	Stefens	Steinmann	Müller	Schöttner	Lorenz	Hasebrink	Meyer				
01.	x	x	x	x	x	x	x	x	x	o	+	x													
02.	x	x	x	x	x	x	x	x		x		o		x					+						
03.	x	x		x	x	x	x		o	x	x	+		x							x				
04.	x	x	o	x	x	x	+		o	x	x	+		x							x				
05.	x	x	x	x	x	x	x		x	x	x			+							o				
06.	x	x	x	x	x	x	+	x		x	x	x				o									
07.	x	x	x	x	x	x	x	x		x	x								x						
08.	x	x	o	x	x	x	x	x	x	+	o	x		x							+				
09.	x	x		x	x	o	x	x	x	x	x								x		+				
10.	o	x		x	x	x	x	x	x	x	x				+				x						
11.	x	x	o	x	x	x	x	x	x	x	+								o		+				
12.	x	x	x	x	x	x		x		x	x	o					+		o	+					
13.	x	x	x	x	x	x	x	x		x	o								x	+					
14.	x	x	x	x	x	x	x	x	+	x		x							o						
15.	x	x	x	x	x	x	x	x		x		x								x					
16.	x	x	x	x	x	x		x	x	x		o	+							x					
17.	x	x	x	x	x		x	x	x	x		o							+	x					
18.	x	x	x	x	x	x	+		o	x		o							x	x	+				
19.	x	x	x	x	o	x	+	+	x	x			o						x	x					
20.	x	x	x	x	x	o	+	+	x	o			x						x	x					
21.	x	x	x	x	x		x	+	x	x			o						x	x					
22.	x	x	x	x	x		+	x	x	x			x						o	x					
23.	o	x	x	x	x		+	x	x	x			x		+				o	x					
24.	x	x	x	x	x		x	x	x	x									o	x	+				
25.	x	x	o	x	x		x	x	x	x		+							x	x					
26.	x	x	x	x	x		x	x	o	x		+							o	x	+				
27.	x	x	x	x	x		x	x		x			x						x	x					
28.	x	x	x	x			x	x		x			o					+	x	x	x				
29.	x	x	x	x			x	x	x	x									x	x	x				
30.	x	o	x	x		x	x	x	x	x									x	x	+				
31.		x	x	x		x	x	x	x	x					x				x	x					
32.	x	x	x	x	+	x	x	x	x	o									x	o	+				
33.	x	x	o	x	x		x	o	x	x		+							x	x	+				
34.	x	x	o	x	x		x	x	o	x			+						x	x	+				
SP.:	33	34	31	34	30	22	32	30	25	34	12	15	9	5	3	1	1	1	26	22	15				
T.:	0	2	1	5	1	1	4	3	4	5	4	0	1	0	0	0	0	0	5	4	0				

1971 / 72

SAISONFAZIT:

Wieder wurde es nichts mit einem einstelligen Tabellenplatz, daran konnte auch der neue Trainer Multhaup nichts ändern, man blieb in der Bundesliga nur Mittelmaß, zu stark waren die anderen Teams besetzt.

Für diese Spielzeit hatten sich die Norddeutschen gut verstärkt: Laumen und Weist stießen zum Kader hinzu. Diese beiden neuen Spieler waren auch die besten Torschützen. Laumen erzielte 10 Tore und Weist 13 Tore. Mit Neuberger holte man einen starken Defensivmann an die Weser, der nebenbei auch noch 7 Treffer erzielte.

Alle 34 Spiele machte diesmal nur Kamp mit. Dahinter folgten gleich Torhüter Bernard und Neuling Neuberger mit 33 Einsätzen. Assauer brachte es auf 32 Einsätze, Laumen als Neuling auf 31 Spieleinsätze.

Nach glänzenden Siegen (4:0 gegen Bielefeld, 5:1 in Dortmund, 4:0 gegen den HSV, 5:0 gegen Hertha) bezog Werder wieder etliche klare Niederlagen (0:4 in Frankfurt, 2:4 in Bochum und Braunschweig, 1:5 in Hannover und sogar 2:6 beim neuen Deutschen Meister aus München. Gegen die Bayern verloren die Norddeutschen auch zu Hause mit 1:2. Gegen den letztjährigen Meister aus Gladbach konnte zweimal ein 2:2-Unentschieden erzielt werden.

So pendelte sich der SV Werder zwischen dem 8. und 11. Tabellenplatz in der Bundesliga ein. Jenseits von Gut und Böse erreichten die Grün-Weißen einen gesicherten 11. Platz, diese Tabellenregion sollte auch noch für die nächsten Jahre die Stammregion der Bremer werden.

SAISONSTATISTIK	**Platz: 11**			
	Siege:	11	Tore:	63 - 58 (+ 5)
	Unentsch.:	9	Punkte:	31 : 37
	Niederl.:	14	Zuschauer:	316.000

FIEBERKURVE

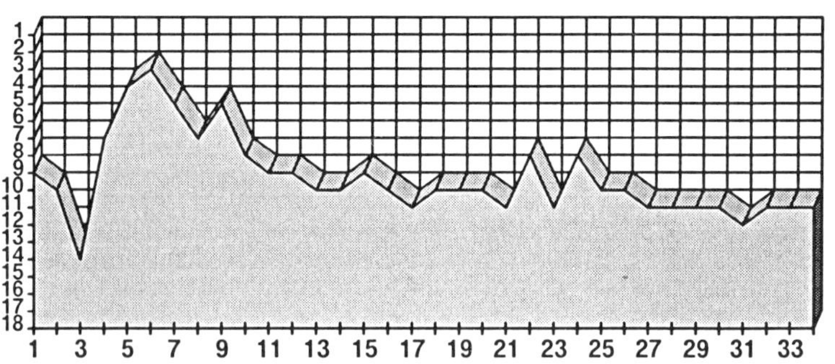

Weist, Hasebrink und Assauer nach einem harten Spiel.

Die Neuzugänge des Jahres 1971, die Werder zu einem Spitzenteam machen sollten. Stehend (v. li.): Trainer Gebhardt, Neuberger, Weist, Haak und Weber. Kniend (v. li.): Dietrich, Baumann und Laumen.

1971/72

Sp.	Datum		Gegner	Ergebnis	SV-Torschützen	Zuschauer
01.	14.08.71	A	1.FC Köln	0 : 0 (0-0)	-	24.000
02.	21.08.71	H	Kaiserslautern	2 : 2 (1-0)	Dietrich I Weist	26.000
03.	28.08.71	A	E. Frankfurt	0 : 4 (0-1)	-	20.000
04.	01.09.71	H	Arm. Bielefeld	4 : 0 (3-0)	Schütz 2 I Görts I Neuberger	19.000
05.	04.09.71	A	Bor. Dortmund	5 : 1 (2-1)	Hasebrink I Neub. I Weber I Kamp I Zembski	27.000
06.	11.09.71	H	VfL Bochum	2 : 0 (0-0)	Kamp I Laumen	33.000
07.	18.09.71	A	Schalke 04	0 : 2 (0-1)	-	30.000
08.	25.09.71	H	VfB Stuttgart	2 : 3 (0-2)	Weber I Laumen	21.000
09.	02.10.71	A	F. Düsseldorf	3 : 1 (2-0)	Neuberger I Baumann I EIG: Köhnen	15.000
10.	13.10.71	H	Bay. München	1 : 2 (1-1)	Kamp	41.000
11.	16.10.71	A	Hertha BSC	1 : 2 (1-2)	Baumann	23.000
12.	23.10.71	H	Hannover 96	2 : 1 (1-1)	Weist I Kamp	18.000
13.	30.10.71	A	E. Braunschweig	1 : 1 (1-1)	Schütz	10.000
14.	06.11.71	H	MSV Duisburg	1 : 1 (1-0)	Weber	12.000
15.	13.11.71	H	RW Oberhausen	4 : 0 (1-0)	Görts I Baumann I Weist I EIG: Wörmer	12.000
16.	27.11.71	A	Hamburger SV	1 : 2 (0-0)	Weist	17.000
17.	11.12.71	H	B. Mönchengladbach	2 : 2 (0-1)	Hasebrink I Laumen	18.000
18.	22.01.72	H	1.FC Köln	2 : 2 (1-2)	Weist I Laumen	18.000
19.	29.01.72	A	Kaiserslautern	1 : 2 (1-1)	Neuberger	16.000
20.	05.02.72	H	E. Frankfurt	3 : 1 (0-1)	Höttges I Laumen I Weist	12.000
21.	19.02.72	A	Arm. Bielefeld	0 : 1 (0-0)	-	16.000
22.	26.02.72	H	Bor. Dortmund	3 : 1 (2-0)	Weist 2 I Hasebrink	12.000
23.	04.03.72	A	VfL Bochum	2 : 4 (2-1)	Laumen I Schmidt	10.000
24.	11.03.72	H	Schalke 04	2 : 0 (0-0)	Laumen I Neuberger	36.000
25.	18.03.72	A	VfB Stuttgart	0 : 1 (0-0)	-	12.000
26.	25.03.72	H	F. Düsseldorf	1 : 1 (0-0)	Laumen	13.000
27.	08.04.72	A	Bay. München	2 : 6 (2-4)	Schmidt I Weber	15.000
28.	15.04.72	H	Hertha BSC	5 : 0 (2-0)	Weist 3 I Laumen I Neuberger	9.000
29.	22.04.72	A	Hannover 96	1 : 5 (0-3)	Kamp	17.000
30.	06.05.72	H	E. Braunschweig	2 : 4 (1-2)	Laumen I Weber	8.000
31.	20.05.72	A	MSV Duisburg	0 : 2 (0-1)	-	7.000
32.	03.06.72	A	RW Oberhausen	2 : 2 (1-0)	Görts I Schmidt	5.000
33.	24.06.72	H	Hamburger SV	4 : 0 (2-0)	Höttges 2 I Neuberger I Weist	8.000
34.	28.06.72	A	B. Mönchengladbach	2 : 2 (0-2)	Dietrich I Weist	9.000

1971/72

Spieltag	Bernard	Höttges	Schütz	Assauer	Zembski	Dietrich	Laumen	Weber	Kamp	Weist	Görts	Schmidt	Hasebrink	Neuberger	Baumann	Götz	Haak	Starzak	Bracht	Piontek					
01.	x	x	x	x	x	o	x	o	x	x	x	+	+												
02.	x	x	x	x	x	o	x	+	o	x	x		+	x											
03.	x	x	x	x	x	x	x	+	+	o	x			x	o										
04.	x	x	x	x	x		x	x	x		o		x	x	+										
05.	x		x	x	x	+	o	x	x	+	x	o	x	x											
06.	x		x	x	x		x	x	x		x	x	x	x											
07.	x	+	x	x	x		x	o	x		x	x	x	x											
08.	x	+	x	x	x		+	x	x	o		x	o	x	x										
09.	x	x	x	x	x		x	x	x		x			x	x										
10.	x	x	x	o	x		x	x	x	+	x	+		x	o										
11.	x	x	x		x		o	x	o	+	x	x	+	x	x										
12.	x	x	x	x	x			+	x	x	x	x	o	x											
13.	x	x	x	x	x			x	x	x	x			x	x										
14.	x	o		x	x	x		x	x	x	x	+		x	x										
15.	x	x		x	x	o	+	x	x	x	x			x	x										
16.	x	x		x	x		+	o	x	x	x		x	x	x										
17.	x	x		x	x		x	x	o	x	x	+	x	x											
18.	x	x		x			x		x	x	x	x	x	x	x										
19.	x	x		x	x		x		x	x	x	x	x	x											
20.	x	x		x			x	+	x	x	o	x	x	x	x										
21.	x	x		x			x		x	x	x	x	x	x	x										
22.	x			x	x		o	x	x	x	x	x	x	x	+										
23.	x	x		x	x		x	o	+	x	x	x	x	x											
24.	x	x		x	x		x		x	x	x	x	x	x											
25.	x	x		x	x		x		x	x	x	x	x	x											
26.	x	x		x	x		x	+	o	x	x	x	x	o	+										
27.				x	x		x	x	x	x		x	x	x	+	o	x								
28.	x	x		x	x		x	x	x	x		x	x	x											
29.	o	x		x	x		x	o	x	x		x	x	x		+	+								
30.	x	x		x	o		x	x	x	x		x	o	x		+		+							
31.	x	x	x	o			x	x	x			x	x	x		o		+	+						
32.	x		x		x		x	x	x		o	x	x	x		x				+					
33.	o	x		x	x	x	x		x	x	o	x		x		+	+								
34.	x			x	x	x	x		x	x		x	x	x		x									

SP.:	33	28	15	32	30	8	31	27	34	28	27	27	27	33	16	7	3	2	1	1					
T.:	0	3	3	0	1	2	10	5	5	13	3	3	3	7	3	0	0	0	0	0					

1972 / 73

SAISONFAZIT:

Was sich in den letzten Spielzeiten schon andeutete, die Bremer sind nur Mittelmaß in der höchsten Fußballklasse. Auf Tabellenplatz 11 scheinen die Bremer ein Abonnement zu besitzen. Nur am 1. Spieltag wurde ein einstelliger Tabellenplatz erreicht, danach ging es in die hinteren Tabellenregionen. Zwischen Platz 11 und 15 pendelte Bremen während der Saison hin und her. Zum Glück waren die Teams aus Oberhausen, Braunschweig, Hannover, Schalke und Hamburg in dieser Saison noch schwächer als die Werderaner.

Fünfzehnmal gingen die Bremer als Verlierer vom Platz, nur in der Saison 66/67 waren es schon einmal 15 Niederlagen. Zwischen dem 19. und 22. Spieltag gab es sogar eine kleine Siegesserie: 8:0 Punkte in Folge. Bayern (1-0), RW Oberhausen (3-2), Köln (2-1) und Braunschweig (4-2) wurden nacheinander besiegt. Wann hatte es das schon einmal gegeben? Doch diese Serie gab es nicht ein zweites Mal. Im Gegenteil, zwischenzeitlich kassierten die Bremer auch 4 Niederlagen in Folge (15. bis 18. Spieltag). Gegen Bochum (5-2) und Kaiserslautern (5-1) gab es die höchsten Siege.

Die höchste Niederlage bezog Werder beim HSV mit 1:4, ansonsten gingen die Weserstädter einige Male als knappe Verlierer vom Platz. Viele Spiele wurden nur mit einem Tor Unterschied verloren. So verlor man dreimal mit 0-1 und sogar fünfmal mit 1-2. In all diesen Spielen war mehr drin, sodaß am Ende einige Pünktchen mehr auf dem Konto hätten sein können. Gegen den alten und neuen Deutschen Meister verlor man sogar zweimal nur ganz knapp: Am 2. Spieltag verlor Bremen zu Hause gegen die Bayern mit 1-2, in München mit 1-0. Viele andere Teams hatten gegen die Münchener Bayern weitaus höher verloren, zu überlegen waren die Bayern in dieser Spielzeit.

SAISONSTATISTIK	**Platz: 11**			
	Siege:	12	Tore:	50 - 52 (- 2)
	Unentsch.:	7	Punkte:	31 : 37
	Niederl.:	15	Zuschauer:	256.000

FIEBERKURVE

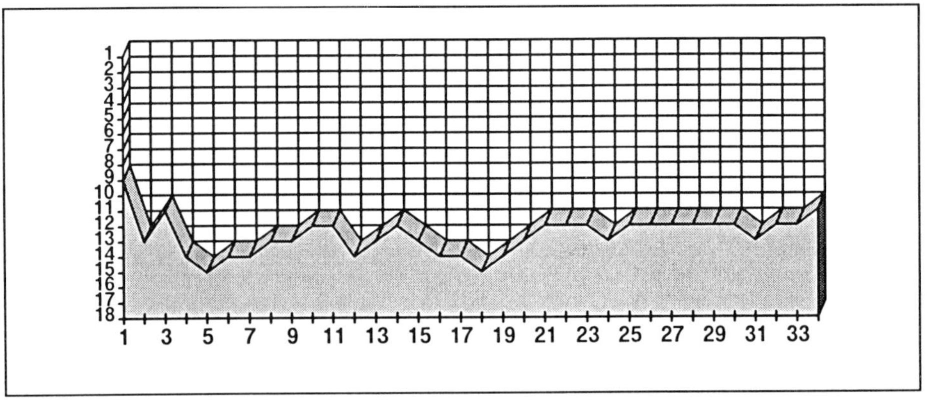

Rudi Assauer klärt einen Bayern-Angriff vor "Bulle" Roth, Hasebrink und Gerd Müller können nicht eingreifen.

1972/73

Sp.	Datum		Gegner	Ergebnis	SV-Torschützen	Zuschauer
01.	16.09.72	H	Kick. Offenbach	0 : 0 (0-0)	-	12.000
02.	20.09.72	A	Bay. München	1 : 2 (0-1)	Weist	25.000
03.	23.09.72	H	RW Oberhausen	1 : 0 (1-0)	Weist	10.000
04.	30.09.72	A	1.FC Köln	0 : 1 (0-0)	-	16.000
05.	04.10.72	A	E. Braunschweig	0 : 1 (0-0)	-	14.000
06.	07.10.72	H	Hertha BSC	1 : 1 (1-1)	Dietrich	15.000
07.	14.10.72	A	Wuppertaler SV	1 : 1 (1-1)	Weist	18.000
08.	21.10.72	H	Schalke 04	2 : 0 (1-0)	Weist I Hasebrink	18.000
09.	28.10.72	A	E. Frankfurt	2 : 2 (1-1)	Laumen I Dietrich	7.000
10.	01.11.72	H	B. Mönchengladbach	1 : 1 (1-1)	Hasebrink	33.000
11.	04.11.72	A	VfB Stuttgart	1 : 2 (1-0)	Neuberger	13.000
12.	11.11.72	H	MSV Duisburg	0 : 2 (0-1)	-	12.000
13.	18.11.72	A	Hamburger SV	2 : 2 (0-2)	Laumen I EIG: Kaltz	14.000
14.	22.11.72	H	Hannover 96	3 : 1 (2-0)	Dietrich I Neuberger I Görts	11.000
15.	25.11.72	A	Kaiserslautern	1 : 3 (0-1)	Neuberger	9.000
16.	02.12.72	H	F. Düsseldorf	1 : 3 (0-0)	Laumen	15.000
17.	16.12.72	A	VfL Bochum	0 : 2 (0-1)	-	10.000
18.	20.01.73	A	Kick. Offenbach	1 : 2 (0-1)	Laumen	15.000
19.	27.01.73	H	Bay. München	1 : 0 (0-0)	Hasebrink	30.000
20.	03.02.73	A	RW Oberhausen	3 : 2 (2-1)	Laumen 3	9.000
21.	10.02.73	H	1.FC Köln	2 : 1 (2-1)	Zembski I Höttges	21.000
22.	17.02.73	H	E. Braunschweig	4 : 2 (2-0)	Roentved I Weist I Neuberger I Dietrich	11.000
23.	24.02.73	A	Hertha BSC	1 : 2 (0-0)	Laumen	11.000
24.	10.03.73	H	Wuppertaler SV	0 : 1 (0-0)	-	17.000
25.	17.03.73	A	Schalke 04	2 : 1 (0-0)	Roentved I Hasebrink	10.000
26.	24.03.73	H	E. Frankfurt	2 : 0 (1-0)	Weist I Roentved	14.000
27.	31.03.73	A	B. Mönchengladbach	1 : 3 (0-2)	Weist	14.000
28.	07.04.73	H	VfB Stuttgart	0 : 2 (0-1)	-	6.000
29.	28.04.73	A	MSV Duisburg	2 : 1 (1-1)	Weist 2	8.000
30.	05.05.73	H	Hamburger SV	1 : 4 (1-3)	Görts	16.000
31.	19.05.73	A	Hannover 96	2 : 2 (1-1)	Roentved I Kamp	15.000
32.	26.05.73	H	Kaiserslautern	5 : 1 (2-0)	Kamp I Roentved I Hasebr. I Höttges I Görts	7.000
33.	02.06.73	A	F. Düsseldorf	1 : 2 (1-1)	Weist	10.000
34.	09.06.73	H	VfL Bochum	5 : 2 (3-1)	Weist 3 I Hasebrink I Höttges	8.000

1972/73

Spieltag	Bernard	Zembski	Assauer	Höttges	Schmidt	Kamp	Laumen	Dietrich	Görts	Weist	Neuberger	Hasebrink	Roentved	Kontny	Baumann	Erkenbrecher	Tippelt	Burdenski	Rosenberger						
01.	x	x	x	x	x	o	x	x	x	x	x	+													
02.	x	x	x	x	x	x		x	x	x	x	x													
03.	x	x	x	x	x	x	+	o	x	x	o	x					+								
04.	x	x	x	x	x	x	x		x	x	x	o			+										
05.	x	x	x	x	x	x		+	x	x	x	x			o										
06.	x	x	x	o	x	+		x	x	x	x	+	x				o								
07.	x	x	x		x	x		o	x	x	x	x	x	+											
08.	x	x	o	x	x	+		x	x	x	x	x	x												
09.	x	x	x		x	x	x	x	x		x	x	x												
10.	x	x	x	o		x	o		x	x	x	x	+	x			+								
11.	x	x	x	+	x	x	x	x	x		x	o	x												
12.	x	x	x	x	o	o	x	x	x	+	x	+	x												
13.	x	x	x	x	x	x	x	+	x	o	x	o	+												
14.	x		x	x	x	x	x	x	x		x	o	x		+										
15.	x		x	o	x	x	x		x		x	x	x	+	x										
16.	x		x	x		x	x		o	x	x	x	x	x	+										
17.	x	x	x	x		x	o	+	x	x	x	x	+	o											
18.	x	x	x	x		x	+	x	x	x	x	x	o												
19.	x	x	x	x			o	x	x	x	x	x	+	x											
20.	x	x	x	x			x	x	x	x	x	x	+	o											
21.	x	x	x	o		x	x	o	x		x	x	x	+		+									
22.	x	x	x	x		x	x	x		x	x	x	x												
23.	x	x	x	x		x	x	x	+	x	x	o	x												
24.	x	x	x	x		x	x		x		x	x	x	x											
25.	x	x	x			x	x	x	x			x	x	x		x									
26.	x	x	x	o		o	x		x	x	x	x	x	+		+									
27.	x	x	x			x	x		x	x	x	x	x	x											
28.		x	x		x	x	x		o	x	x	+	x	x					x						
29.	x	x	x	x	x	x	x		x	x	x	x													
30.		x	x	x	x	x	o		x	x		o	x			+	+		x						
31.		x	x	x	x	x	x		x		x	x	x					x							
32.		x	x	o	x	x	x		o			x	x	+		x	+	x							
33.		x	x	x	x	x	x		x	x		x	o	+				x							
34.		x	x	x	x	x	+		o	x	x	x	x					x							

SP.:	28	31	34	29	21	32	29	20	33	25	30	34	28	15	5	5	5	4	2						
T.:	0	1	0	3	0	2	8	4	3	13	4	6	5	0	0	0	0	0	0						

1973 / 74

SAISONFAZIT:

Unter Trainer Sepp Piontek erreichten die Norddeutschen auch diesmal nur den 11. Tabellenplatz. Die Mannschaft blieb fast unverändert. Eine wichtige Änderung nahm Piontek auf dem Torhüterposten vor: Dieter Burdenski war die neue Nummer 1. Er löste Günter Bernard ab, der den Verein nach 287 Spielen zwischen den Pfosten verließ.

Zu Beginn war man im Bremer Lager froh über 4 Punkte durch Unentschieden gegen starke Kontrahenten. Doch dann gab es die ersten zwei Niederlagen und die Stammregion in der Tabelle rückte immer näher. Die Plätze 10 bis 14 waren für die Hanseaten wieder reserviert. Großes Erfolgserlebnis am 7. Spieltag: bei den Bayern erreichte Werder ein 2:2-Unentschieden.

Der Zuschauerzuspruch von 270.000 war gegenüber der letzten Saison um 14.000 gestiegen.

Vom Spielerkader machten 5 Akteure aller 34 Bundesligaspiele mit (Torhüter Burdenski, Zembski, Assauer, Kamp und Görts). Dicht dahinter folgten schon Dietrich und Weist mit 32 Einsätzen, Höttges mit 31 und Bracht kam auf 30 Spiele.

Einen sogenannten Goalgetter gab es diesmal nicht, lediglich Weist brachte es auf 9 Treffer, dahinter folgte dann Roentved mit sieben und Abwehrrecke Höttges schoß immerhin 6 Tore (3 Tore davon per Strafstoß). Bracht war zweimal vom Elfmeterpunkt aus erfolgreich. Den einzigen Fehlschuß leistete sich Höttges.

SAISONSTATISTIK	Platz: 11			
	Siege:	9	Tore:	48 - 56 (- 8)
	Unentsch.:	13	Punkte:	31 : 37
	Niederl.:	12	Zuschauer:	270.000

FIEBERKURVE

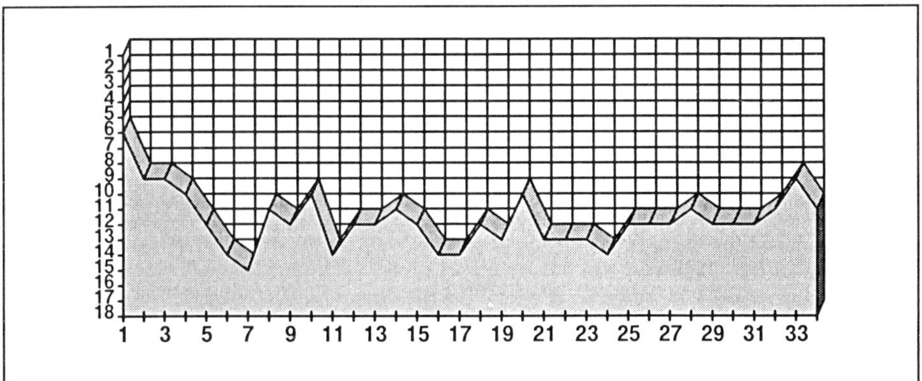

Karl-Heinz Kamp präsentiert eine hervorragende Schußhaltung.

1973/74

Sp.	Datum		Gegner	Ergebnis	SV-Torschützen	Zuschauer
01.	11.08.73	A	Kaiserslautern	2 : 2 (1-1)	Schildt I Roentved	20.000
02.	18.08.73	H	VfB Stuttgart	1 : 1 (0-0)	Höttges	24.000
03.	22.08.73	A	VfL Bochum	0 : 0 (0-0)	-	19.000
04.	25.08.73	H	Hamburger SV	1 : 1 (0-0)	Weist	30.000
05.	01.09.73	A	Kick. Offenbach	0 : 4 (0-0)	-	14.000
06.	08.09.73	H	B. Mönchengladbach	2 : 3 (2-0)	Weist I Höttges	31.000
07.	15.09.73	A	Bay. München	2 : 2 (1-1)	Roentved I Görts	31.000
08.	22.09.73	H	Fort. Köln	2 : 0 (1-0)	Weist 2	12.000
09.	29.09.73	A	RW Essen	1 : 3 (0-0)	Dietrich	10.000
10.	06.10.73	H	Hertha BSC	4 : 1 (3-1)	Weist 2 I Schildt I Kamp	16.000
11.	17.10.73	A	Wuppertaler SV	1 : 4 (0-1)	Bracht	7.000
12.	20.10.73	H	Schalke 04	2 : 1 (0-1)	Roentved I Görts	14.000
13.	27.10.73	H	F. Düsseldorf	0 : 0 (0-0)	-	14.000
14.	03.11.73	A	Hannover 96	1 : 0 (0-0)	Schildt	15.000
15.	10.11.73	H	E. Frankfurt	1 : 2 (0-1)	Weist	19.000
16.	17.11.73	A	1.FC Köln	0 : 2 (0-1)	-	13.000
17.	08.12.73	H	MSV Duisburg	1 : 2 (0-2)	EIG: Lehmann	9.000
18.	05.01.74	H	Kaiserslautern	3 : 1 (1-0)	Bracht I Thygesen I Kontny	9.000
19.	12.01.74	A	VfB Stuttgart	2 : 2 (1-1)	Kontny I Thygesen	25.000
20.	19.01.74	H	VfL Bochum	1 : 0 (1-0)	Höttges	10.000
21.	26.01.74	A	Hamburger SV	0 : 3 (0-1)	-	23.000
22.	02.02.74	H	Kick. Offenbach	0 : 2 (0-2)	-	10.000
23.	09.02.74	A	B. Mönchengladbach	1 : 3 (1-0)	Görts	12.000
24.	02.03.74	H	Bay. München	1 : 1 (1-0)	Bracht	30.000
25.	09.03.74	A	Fort. Köln	3 : 1 (1-0)	Erkenbrecher I Roentved I Assauer	5.000
26.	16.03.74	H	RW Essen	1 : 1 (1-0)	Höttges	8.000
27.	23.03.74	A	Hertha BSC	0 : 0 (0-0)	-	16.000
28.	30.03.74	H	Wuppertaler SV	3 : 0 (2-0)	Weist I Höttges I Roentved	11.000
29.	06.04.74	A	Schalke 04	2 : 4 (1-2)	Roentved I Weist	52.000
30.	20.04.74	A	F. Düsseldorf	1 : 1 (0-1)	Assauer	12.000
31.	27.04.74	H	Hannover 96	3 : 3 (0-3)	Thygesen I Görts I Ohling	12.000
32.	04.05.74	A	E. Frankfurt	1 : 1 (0-0)	Ohling	8.000
33.	11.05.74	H	1.FC Köln	4 : 2 (2-2)	Roentved I Höttges I Bracht I Görts	11.000
34.	18.05.74	A	MSV Duisburg	1 : 3 (0-0)	Thygesen	12.000

1973/74

Spieltag	Burdenski	Zembski	Höttges	Assauer	Schmidt	Kamp	Dietrich	Roentved	Schildt	Weist	Görts	Bracht	Kontny	Thygesen	Erkenbrecher	Brexendorf	Ohling	Dreyer	Ripke						
01.	x	x	x	x	x	x	x	x	x	x	x														
02.	x	x	x	o	+	x	x	o	x	x	x	+			x										
03.	x	x	x	o	x	x	x	x	x	x	x	+													
04.	x	x	x	o	x	x	x	+	x	x	x				x										
05.	x	x	x	x	x	x	x	o	o	x	x	+			+										
06.	x	x	x	x	x	o	x	x		x	x	o			+	+									
07.	x	x	x	x	x	x	x	x		x	x		x												
08.	x	x	x	x	x	x	x	x		x	o		+		o			+							
09.	x	x	x	x	x	x	x	x		x	x	x													
10.	x	x	x	x	x	x	x	+	o	x	x	x													
11.	x	x	x	x		x	x	x	x	x	x	x													
12.	x	x	x	x		x	x	x	x	x	x	x													
13.	x	x	x	x		x	x	x	x	x	x	x													
14.	x	x	x	x		x	x	x	x	x	x	x													
15.	x	x	x	x		x	x		o	x	x	x	x						+						
16.	x	x	x	x		x	x		x		x	x			x	x									
17.	x	x	o	x		x	x	x	o	x	x	+	x		+										
18.	x	x		x		x	x	x		x	x	x	x	+		o									
19.	x	x	x	x		x	x	x		x	x	o	x	+											
20.	x	x	x	x		x	x	+		o	x	x	x	x											
21.	x	x	x	x		x	x	o	+	x	x	x	x												
22.	x	x	x	x		x	o		+	x	x	x	x	o		+									
23.	x	x	x	x		x	x	x		o	x	o	x	+				+							
24.	x	x	x	x		x		x	x		x	x	x		o	+									
25.	x	x		x		x	x	x	o	+	x	x	x		x										
26.	x	x	x	x		x	x		o	+	x	x	x	+	o										
27.	x	x	x	x		x	x	x		x	x	x	x												
28.	x	x	x	x		x	x	x		x	x	x	o	+											
29.	x	x	o	x		x	x	x		x	x	x	+	+		o									
30.	x	x		x		x	x	x	+	x	x	x	x	o											
31.	x	x	x	x		x	x	x		x	x	o	o	+			+								
32.	x	x	x	x		x	x			x	x	o	x	x			+								
33.	x	x	o	x	x	x	x	x		o	x	+	+	x											
34.	x	x	o	x	x	x		x	o	+	x	x	+	x											

SP.:	34	34	31	34	12	34	32	29	20	32	34	30	21	13	10	6	2	2	1						
T.:	0	0	6	2	0	1	1	7	3	9	5	4	2	4	1	0	2	0	0						

1974 / 75

SAISONFAZIT:

Die wohl bisher mit Abstand schlechteste Saison lag hinter den Bremern. Nur 1966/67 standen die Norddeutschen am 34. Spieltag noch einen Platz schlechter da. Mit viel Mühe konnte Werder sich auf dem 15. Platz halten. Da ab dieser Spielzeit drei Mannschaften absteigen mußten, war es eine sehr knappe Entscheidung. Der VfB Stuttgart hatte einen Punkt weniger als die Bremer und mußte als dritte Mannschaft in die 2. Liga. Der Wuppertaler SV und TeBe Berlin standen schon lange als Absteiger fest. Trainer Josef Piontek konnte in seinem dritten Jahr nicht mehr viel bewegen, fehlte es ihm doch an Alternativen im Spielerkader. Den guten Zuschauerzuspruch (326.000 => + 3300 im Schnitt) haben die Verantwortlichen wohl nur der Weltmeisterschaft im eigenen Lande zu verdanken, denn bei den kläglichen Leistungen der Spieler wären sonst wohl weitaus weniger Fans ins Weserstadion gepilgert.

Den 9 Siegen standen doppelt so viele Niederlagen gegenüber. So wenig Punkte hatte der SV Werder noch nie erreicht, auch die Tordifferenz (minus 24 Tore) spricht nicht für die Hanseaten. Neben einigen guten Resultaten setzte es deutliche Niederlagen. Hätten die Bremer nicht Mitte der Rückrunde eine kleine Serie von 7:1 Punkten erzielt, wer weiß, vielleicht wären sie schon in dieser Saison abgestiegen. Gegen den neuen Meister aus Gladbach gab es zu Hause eine 2:4-Schlappe, am Bökelberg sogar mit 1:4. Die wenigen hervorragenden Ergebnisse erzielte Werder gegen den VfB (5:2), gegen Hertha (4:0), gegen den 1.FC Köln (4:1) und in Wuppertal (4:2).

Fazit: Es geht kaum schlechter! Für die nächste Saison müssen sich die Verantwortlichen einiges einfallen lassen, will der Klub auch weiterhin in der Bundesliga spielen.

SAISONSTATISTIK	**Platz: 15**			
	Siege:	9	Tore:	45 - 69 (- 24)
	Unentsch.:	7	Punkte:	25 : 43
	Niederl.:	18	Zuschauer:	326.000

FIEBERKURVE

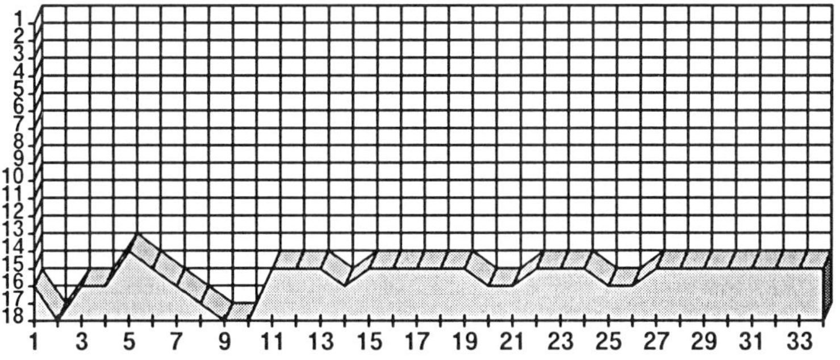

Das 2:1 gegen Kölns sichtlich überraschten Keeper Schumacher erzielt Weist (Mi.), Per Roentved bleibt nur die Zuschauerrolle.

1974/75

Sp.	Datum		Gegner	Ergebnis	SV-Torschützen	Zuschauer
01.	24.08.74	H	E. Frankfurt	0 : 3 (0-2)	-	16.000
02.	31.08.74	A	TeBe Berlin	0 : 4 (0-2)	-	9.000
03.	11.09.74	H	Kaiserslautern	3 : 1 (0-1)	Görts I Klausmann I Bracht	12.000
04.	14.09.74	A	MSV Duisburg	0 : 4 (0-2)	-	15.000
05.	21.09.74	H	RW Essen	0 : 0 (0-0)	-	18.000
06.	28.09.74	A	VfL Bochum	1 : 3 (0-1)	Ohling	11.000
07.	05.10.74	H	F. Düsseldorf	0 : 0 (0-0)	-	14.000
08.	09.10.74	A	Bay. München	0 : 2 (0-1)	-	16.000
09.	12.10.74	H	Kick. Offenbach	3 : 6 (2-0)	Ohling I Assauer I Weist	10.000
10.	19.10.74	A	Hertha BSC	0 : 2 (0-0)	-	16.000
11.	02.11.74	H	VfB Stuttgart	5 : 2 (1-1)	Roentved I Höttges I Ohling I Weist I Kamp	13.000
12.	09.11.74	A	1.FC Köln	1 : 3 (0-1)	Höttges	11.000
13.	16.11.74	H	Wuppertaler SV	2 : 1 (0-1)	Weist I Kamp	14.000
14.	23.11.74	A	Schalke 04	0 : 2 (0-2)	-	25.000
15.	30.11.74	A	E. Braunschweig	0 : 0 (0-0)	-	17.000
16.	07.12.74	H	Hamburger SV	1 : 0 (0-0)	Weist	36.000
17.	14.12.74	A	B. Mönchengladbach	2 : 4 (1-3)	Roentved 2	10.000
18.	25.01.75	H	E. Frankfurt	1 : 2 (1-1)	Ohling	10.000
19.	01.02.75	H	TeBe Berlin	1 : 1 (0-1)	Höttges	14.000
20.	15.02.75	A	Kaiserslautern	1 : 4 (1-4)	Höttges	10.000
21.	22.02.75	H	MSV Duisburg	3 : 1 (0-0)	Kamp I Görts I Weist	12.000
22.	01.03.75	A	RW Essen	1 : 1 (1-1)	Kamp	14.000
23.	08.03.75	H	VfL Bochum	3 : 0 (1-0)	Roentved I Weist I Bracht	14.000
24.	22.03.75	A	F. Düsseldorf	1 : 4 (0-1)	Höttges	13.000
25.	27.03.75	H	Bay. München	0 : 2 (0-0)	-	40.000
26.	01.04.75	A	Kick. Offenbach	1 : 5 (1-3)	Röber	15.000
27.	05.04.75	H	Hertha BSC	4 : 0 (2-0)	Röber 2 I Weist 2	19.000
28.	19.04.75	A	VfB Stuttgart	2 : 2 (0-1)	Weist 2	52.000
29.	03.05.75	H	1.FC Köln	4 : 1 (2-1)	Kamp 2 I Weist I Roentved	26.000
30.	10.05.75	A	Wuppertaler SV	4 : 2 (2-0)	Roentved 2 I Höttges I Röber	6.000
31.	24.05.75	H	Schalke 04	0 : 1 (0-1)	-	22.000
32.	31.05.75	H	E. Braunschweig	0 : 0 (0-0)	-	15.000
33.	07.06.75	A	Hamburger SV	0 : 2 (0-2)	-	24.000
34.	14.06.75	H	B. Mönchengladbach	1 : 4 (1-2)	Röber	31.000

1974/75

Spieltag	Burdenski	Kamp	Kontny	Assauer	Zembski	Höttges	Brexendorf	Erkenbrecher	Bracht	Ohling	Weist	Görts	Klausmann	Hiller	Roentved	Röber	Dietrich	Thygesen	Geils	Ripke					
01.	x	x	x	x	x	x	o	+	o	+	x	x	x												
02.	x	x	x	x	x	x		o	x		x	o	+						+	x					
03.	x	x	x	x	x	x		x	x	+	o	x	x												
04.	x	x	x	x		x	o	x	x	+		x	o					+	x						
05.	x	x	x	x		x	+	x	x	o		x	x						o	+					
06.	x	x	o	x	x	x	x	x		+		x	x						x						
07.	x	x	x	x	x	x				o	+	x	o	x		+	x								
08.	x	x	x	x	x	x				+	o	x	+	x		o	x								
09.	x	x	x	x	x	o				x	+	x	x	x			x		+o						
10.	x	x	x	x	x		+		x	o	x	x	+			o	x								
11.	x	x		x	x	x			x	o	+	x		x	x		x								
12.	x	x		x	x	x		x	x		x	x	+		o		x								
13.	x	x		x	x	x		o	x	+	x	x			x		x								
14.	x	x		x	x	o		+	x	+	x	x		x	o		x								
15.	x	x		x	x	x			x	o	+	x		x	x		x								
16.	x	x		x	x	x			x	o	+	x		x	x		x								
17.	x	x		x	x	x			x	o	+	x		o	x	+	x								
18.	x	x		x	x	x			o	o	+	x	+	x	x	x									
19.	x	x		x	x	x			x	o	+	x	+	o	x	x									
20.	x	x		x	x	x			+	+		x	o	x	o	x	x								
21.	x	x		x	x	x			+	+		x	o	x	o	x	x								
22.	x	x	+	x	x	x			x		x	x		x	x	o									
23.	x	x		x	x	x			x	+	o	x	+	x	x	o									
24.	x	x		x	x	x			o	+	x	x	+	x	x	o									
25.	x	x		x	x	x			x	+	o	x	+	x	o	x									
26.	x	x		x	x	x			x	+	o	x		x	x	x									
27.	x	o	+	x	x	x			x		x	x		x	x	x									
28.	x	x	+	x	x	x			o		x	x		x	x	o		+							
29.	x	o	+	x	x	x			o		x	x		x	x	x		+							
30.	x	x	+	x	o	x			o		x	x		x	x	x		+							
31.	x	x		x	x	x			x	+	o	x		x	x	o		+							
32.	x	x		x	o	x			x		x	x		x	x	x		+							
33.	x	x	x	x					x	+	o	x		x	x	x		x							
34.	x	x	x	x					x	x		x	+	o	x	x			+	o					

SP.:	34	34	17	34	30	31	5	9	30	26	29	34	19	25	23	21	12	7	6	3					
T.:	0	6	0	1	0	6	0	0	2	4	11	2	1	0	7	5	0	0	0	0					

1975 / 76

SAISONFAZIT:

Der 11. Trainer sollte neuen Schwung ins Team bringen. Jetzt hatte Werder zwei Burdenskis' im Team, im Tor und als Trainer. Doch die Trainertätigkeit von Herbert Burdenski sollte nur bis Ende Februar des nächsten Jahres andauern. Dann wurde er mangels Erfolg von Otto Rehhagel bis Ende der Saison abgelöst.

Bis Mitte der Hinrunde spielte Werder gut mit und bewegte sich zwischen den Plätzen 6 und 11. Zu Beginn stand der SVW sogar auf dem 2. Platz. Nach dem 14. Spieltag ging es doch stetig bergab. Wenige Erfolge konnten noch erzielt werden, so daß wieder die hintere Tabellenregion die Heimat sein sollte. Am Ende hatten die Hanseaten 3 Punkte Vorsprung vor dem 16. Platz. Zusammen mit Düsseldorf, Bochum und dem KSC hatte Bremen 30 Punkte auf dem Konto. Hannover und Offenbach (je 27 Punkte) und Uerdingen (nur 22 Punkte) mußten absteigen. Der Kelch war wieder einmal an den Bremern vorübergegangen. Dies lag wohl auch an der kleinen Punkteserie gegen Ende der Spielzeit. Vom 29. Spieltag (2:2 gegen den Meister aus Gladbach) bis zum 33. Spieltag (2:0 über den MSV) erzielten die Bremer 8:2 Punkte hintereinander. Dies war wohl der Grundstein zum Klassenerhalt. Das letzte Spiel gegen RWE war damit bedeutungslos.

Mit der Sturmausbeute konnten die Norddeutschen auch in dieser Saison nicht zufrieden sein (nur 44 Treffer). Lediglich Röber bewies seinen Torriecher. Danach tat sich nicht mehr viel. Auch ein Indiz dafür, daß der SVW in 14 Spielen (einmal blieben die Norddeutschen sogar in 5 Spielen hintereinander ohne Torerfolg) keinen Treffer erzielen konnte. Hier mußten sich die Bremer also für die nächste Spielzeit erheblich verbessern. Auch gilt es, die Abwehr zu verstärken, denn 55 Gegentore sind nicht gerade wenig.
Dem neuen Trainer steht also viel Arbeit ins Haus.

SAISONSTATISTIK	**Platz: 13**			
	Siege:	11	Tore:	44 - 55 (- 11)
	Unentsch.:	8	Punkte:	30 : 38
	Niederl.:	15	Zuschauer:	353.000

FIEBERKURVE

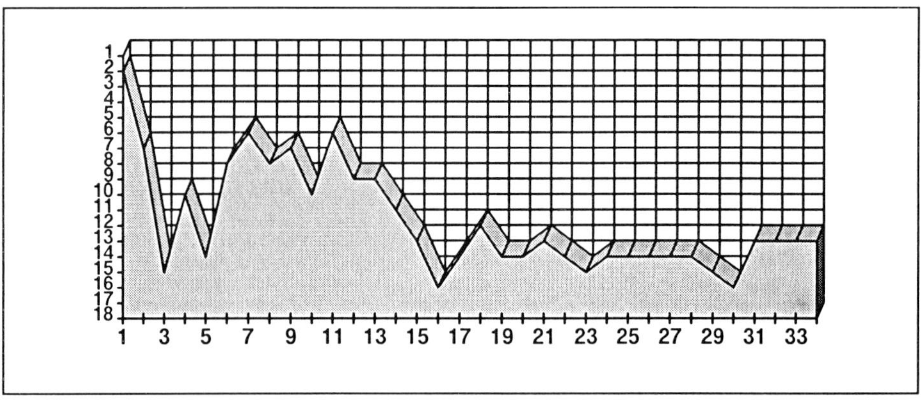

Weist, Höttges, Kamp und Roentved verlassen nach einem Sieg den Platz.

1975/76

Sp.	Datum		Gegner	Ergebnis	SV-Torschützen	Zuschauer
01.	09.08.75	A	VfL Bochum	3 : 0 (2-0)	Röber I Aslund I Weist	9.000
02.	16.08.75	H	E. Frankfurt	1 : 2 (0-1)	Görts	27.000
03.	23.08.75	A	Bay. München	0 : 4 (0-0)	-	26.000
04.	27.08.75	H	Hertha BSC	3 : 2 (2-1)	Aslund I Schlief I Höttges	18.000
05.	30.08.75	A	E. Braunschweig	2 : 3 (0-1)	Höttges I Roentved	24.000
06.	06.09.75	H	Karlsruher SC	1 : 0 (0-0)	Roentved	18.000
07.	13.09.75	H	1.FC Köln	3 : 2 (2-2)	Höttges I Röber I Weist	18.000
08.	20.09.75	A	B. Uerdingen	1 : 2 (1-2)	Kamp	20.000
09.	27.09.75	H	F. Düsseldorf	3 : 0 (1-0)	Weist I Roentved I Görts	16.000
10.	04.10.75	A	Schalke 04	2 : 4 (1-2)	Weist I Röber	25.000
11.	25.10.75	H	Kick. Offenbach	3 : 1 (1-1)	Höttges I Röber I Müllner	14.000
12.	01.11.75	A	B. Mönchengladbach	0 : 3 (0-1)	-	18.000
13.	08.11.75	H	Hannover 96	0 : 0 (0-0)	-	21.000
14.	15.11.75	A	Kaiserslautern	0 : 4 (0-1)	-	16.000
15.	22.11.75	H	Hamburger SV	1 : 3 (0-2)	Görts	36.000
16.	29.11.75	A	MSV Duisburg	0 : 2 (0-2)	-	9.000
17.	06.12.75	H	RW Essen	3 : 3 (2-1)	Röber I Görts I Weist	12.000
18.	17.01.76	H	VfL Bochum	4 : 1 (1-1)	Roentved 2 I Röber I Müllner	15.000
19.	24.01.76	A	E. Frankfurt	0 : 2 (0-2)	-	10.000
20.	07.02.76	H	Bay. München	0 : 0 (0-0)	-	25.000
21.	14.02.76	A	Hertha BSC	0 : 0 (0-0)	-	18.000
22.	21.02.76	H	E. Braunschweig	0 : 1 (0-0)	-	18.000
23.	06.03.76	A	Karlsruher SC	0 : 2 (0-0)	-	30.000
24.	13.03.76	A	1.FC Köln	1 : 1 (0-0)	Ohling	12.000
25.	20.03.76	H	B. Uerdingen	3 : 0 (0-0)	Görts I Röber I Ohling	13.000
26.	27.03.76	A	F. Düsseldorf	0 : 3 (0-1)	-	10.000
27.	10.04.76	H	Schalke 04	1 : 1 (1-0)	Röber	23.000
28.	17.04.76	A	Kick. Offenbach	0 : 2 (0-1)	-	15.000
29.	01.05.76	H	B. Mönchengladbach	2 : 2 (1-1)	Kamp I Roentved	33.000
30.	08.05.76	A	Hannover 96	0 : 0 (0-0)	-	22.000
31.	15.05.76	H	Kaiserslautern	3 : 2 (3-0)	Kontny I Röber I Roentved	21.000
32.	29.05.76	A	Hamburger SV	2 : 1 (2-1)	Görts I Aslund	24.000
33.	04.06.76	H	MSV Duisburg	2 : 0 (1-0)	Röber I Aslund	25.000
34.	12.06.76	A	RW Essen	0 : 2 (0-1)	-	14.000

1975/76

Spieltag	Burdenski	Kontny	Bracht	Höttges	Assauer	Kamp	Hiller	Roentved	Röber	Schlief	Sunday	Weist	Görts	Aslund	Müllner	Ohling	Dietrich	Rütten	Geis	Daras					
01.	x	o	+	x	x	x	x	x	x	x		+	x	o											
02.	x		+	x	x	x	x	o	x	x		+	x	o				x							
03.	x	x	x	x	x	x	x		o	x		+	x	o	+										
04.	x		x	x	x	x	x	x	x	x		+	x	o											
05.	x		x	x	o	x	x	x	x	x		+	x	x											
06.	x		x	x	x	x	x	x	o	x		+	x	x											
07.	x		o	x	x	x	x	x	x	x		x	x		+										
08.	x		x	x	x	x	x	x	o	o		x	x	+	+										
09.	x		x	o		x	x	x	x	x		x	x		+			x							
10.	x		x	x		x	x	x	x	x		x	x					x							
11.	x	x	x	x			x	x	x	o		x	x		+		x								
12.	x	x	o	x			x	x	x	x		x	x		+		x								
13.	x	x	x	x			x	x	x	x			x	o	+		x								
14.	x	x	x	x			x	x	x			x	x	x			x								
15.	x	x	x	x			x	x	x	x		x	x		+		o								
16.	x	x	x	x	x		x		x	o		x	x	x			+								
17.	x	+	x	x	x	x	x		o			x	x		x	+	o								
18.	x		x	x	x	x	x	x	x				x	+	x	o									
19.	x		x	x	x	x	x	x	x				x		o	x	+								
20.	x	x	x	x	x	x	x	x	x				x				x								
21.	x	x	x	x	x	x		x	x				x		x	x									
22.	x		x	x	x	x	x	x	x			o	x		+		x								
23.	x	x	x	x	x	x	x	x	x				x	o		+									
24.	x	x	x	x		x	x	x	x				x		x	x									
25.	x	x	x	x	x	x		x	x				x		x	x									
26.	x	x	x		x	x	x	x	x	+			x	+	o	o									
27.	x	x	x	x	o	x	x	x	x				x	+	+	o									
28.	x	x	x	o	x	x	x	x	x				x		+	x									
29.	x	x	x		o	x	x	x	x	+			x	+	x	o									
30.	x	x	x		x	x	x	x	x	o			x			o			+	+					
31.	x	x	x	o	+	x	x	x	x				x	x	+	o									
32.	x	x	x	x		x	x	x	x				x	x		x									
33.	x	x	x	x		x	x	x	x				x	x		x									
34.	x	x	x			x	x	x	o	+	+		o	x	x	x									

SP.:	34	23	34	30	23	28	32	31	34	19	1	17	34	19	21	16	10	3	1	1					
T.:	0	1	0	4	0	2	0	7	10	1	0	5	6	4	2	2	0	0	0	0					

1976 / 77

SAISONFAZIT:

Unter ihrem neuen Trainer Hans Tilkowski erreichten die Bremer einen guten 11. Platz. Mit dem Abstieg hatte der SVW, abgesehen von den ersten Spielen, nichts am Hut. In sicheren Tabellenregionen (Platz 9 - 11) rangierten die Bremer.

Zu Beginn hielten sich die Norddeutschen auf einem Abstiegsplatz auf, doch das sollte nicht der Dauerplatz sein, denn es ging stetig bergauf. Der Abwärtstrend der letzten Jahre konnte durch Tilkowski (bereits zum zweitenmal als Trainer in Bremen tätig) gestoppt werden.

Mit Meininger holten die Verantwortlichen des SVW einen guten Stürmer an die Weser. Er traf in seinen 28 Einsätzen zehnmal ins Schwarze. Dicht dahinter folgte ihm Röber mit 8 Toren. 2 Eigentore des Gegners (Seliger/MSV und Wörmer/RWE) schraubten die Torquote auf 51 Treffer. Doch die Abwehr kassierte 59 Gegentreffer, eindeutig zu viele, um in den oberen Tabellenregionen mitspielen zu können. An dieser Schwäche muß noch gearbeitet werden, will der Klub nicht wieder in tiefere Regionen abstürzen.

Vom Spielerkader machten Torhüter Burdenski, Kamp, Röber und Hiller alle 34 Spiele mit. Dicht dahinter folgen Höttges (32), Konschal (31) und Bracht (30).

Auch in dieser Saison gab es neben guten Resultaten (4:2 in Dortmund, 1:0 gg. Braunschweig und ein 1:0 gegen den Deutschen Meister aus Gladbach) auch wieder etliche klare Niederlagen (3:5 beim HSV, 0:3 in Duisburg, 2:4 in Kaiserslautern und 1:7 in Frankfurt) zu beklagen. Hier merkte man noch den Unterschied zu den Topmannschaften der Bundesliga. Den Bremern fehlte es an spielerischer Qualität und Durchsetzungsvermögen.

SAISONSTATISTIK	Platz: 11			
	Siege:	13	Tore:	51 - 59 (- 8)
	Unentsch.:	7	Punkte:	33 : 35
	Niederl.:	14	Zuschauer:	320.000

FIEBERKURVE

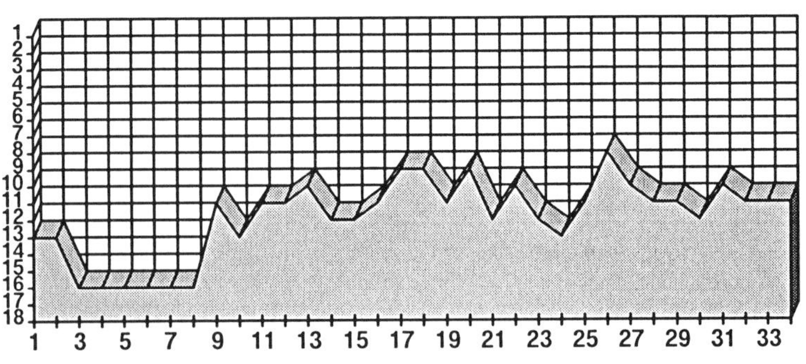

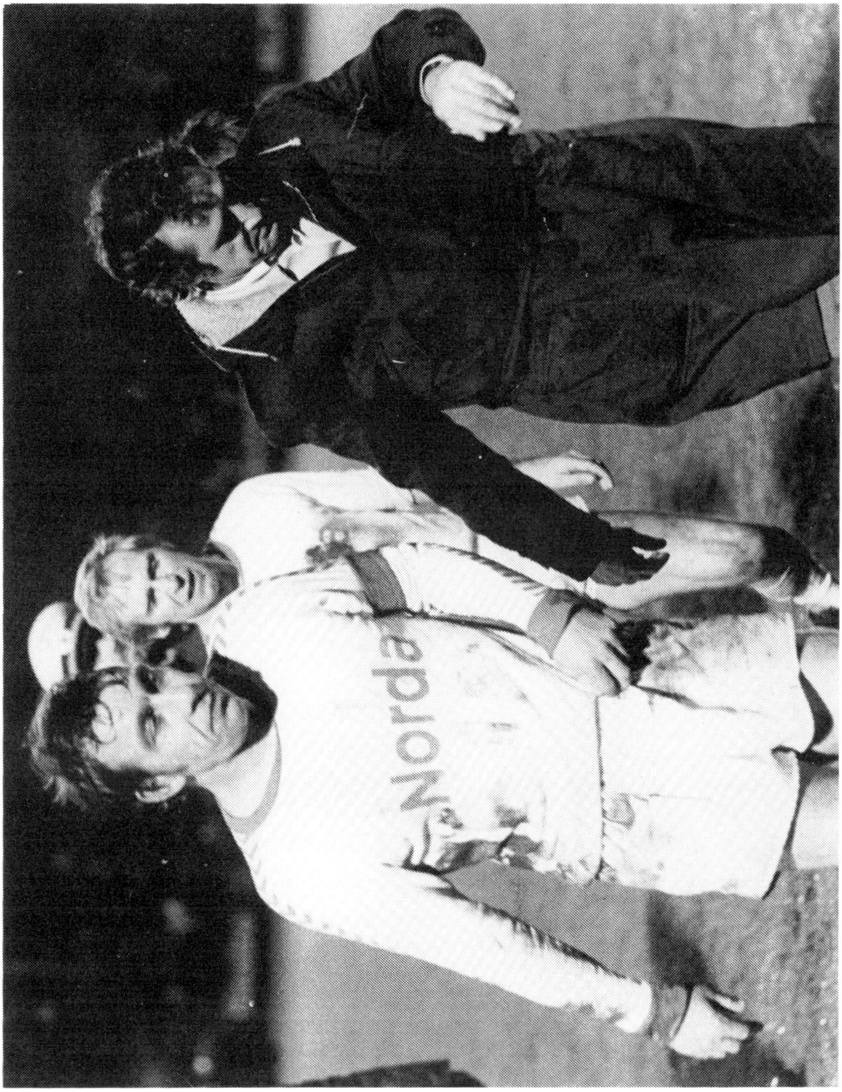

Kapitän Höttges, Görts und Trainer Tilkowski verlassen nach der Heimniederlage gegen Düsseldorf den Platz.

1976/77

Sp.	Datum		Gegner	Ergebnis	SV-Torschützen	Zuschauer
01.	14.08.76	A	Schalke 04	2 : 3 (1-2)	Kamp I Roentved	27.000
02.	21.08.76	H	Hamburger SV	2 : 2 (1-1)	Röber I Konschal	36.000
03.	28.08.76	A	Saarbrücken	0 : 2 (0-1)	-	25.000
04.	04.09.76	H	Karlsruher SC	1 : 1 (1-1)	Roentved	12.000
05.	11.09.76	A	B. Mönchengladbach	1 : 3 (0-2)	Mense	13.000
06.	18.09.76	H	MSV Duisburg	2 : 2 (1-1)	Hiller EIG: Seliger	15.000
07.	25.09.76	A	Hertha BSC	1 : 2 (0-1)	Hiller	16.000
08.	02.10.76	H	VfL Bochum	2 : 0 (1-0)	Röber I Kamp	15.000
09.	09.10.76	A	Bor. Dortmund	4 : 2 (2-2)	Konschal 2 I Meininger I Roentved	49.000
10.	23.10.76	H	Bay. München	2 : 3 (1-1)	Weist I Röber	38.000
11.	30.10.76	H	Kaiserslautern	2 : 0 (0-0)	Bracht I Konschal	13.000
12.	06.11.76	A	RW Essen	0 : 0 (0-0)	-	8.000
13.	13.11.76	H	E. Frankfurt	2 : 1 (1-1)	Weist I Bracht	16.000
14.	20.11.76	A	F. Düsseldorf	2 : 3 (0-2)	Röber I Görts	18.000
15.	27.11.76	H	E. Braunschweig	2 : 2 (2-0)	Röber I Meininger	20.000
16.	04.12.76	A	TeBe Berlin	4 : 2 (1-2)	Siegmann 2 I Görts I Kamp	8.000
17.	11.12.76	H	1.FC Köln	2 : 1 (0-1)	Roentved I Röber	23.000
18.	15.01.77	H	Schalke 04	1 : 1 (1-1)	Meininger	15.000
19.	22.01.77	A	Hamburger SV	3 : 5 (1-1)	Görts I Bracht I Meininger	18.000
20.	29.01.77	H	Saarbrücken	1 : 0 (1-0)	Meininger	12.000
21.	05.02.77	A	Karlsruher SC	1 : 3 (0-1)	Meininger	18.000
22.	12.02.77	H	B. Mönchengladbach	1 : 0 (0-0)	Meininger	29.000
23.	26.02.77	A	MSV Duisburg	0 : 3 (0-2)	-	13.000
24.	05.03.77	H	Hertha BSC	1 : 0 (0-0)	Höttges	14.000
25.	12.03.77	A	VfL Bochum	2 : 0 (1-0)	Röber I Meininger	18.000
26.	19.03.77	H	Bor. Dortmund	3 :0 (1-0)	Meininger I Höttges I Konscha	30.000
27.	26.03.77	A	Bay. München	0 : 1 (0-0)	-	24.000
28.	02.04.77	A	Kaiserslautern	2 : 4 (1-0)	Kamp I Bracht	15.000
29.	12.04.77	H	RW Essen	3 : 1 (1-1)	Roentved I Röber I EIG: Wörmer	12.000
30.	16.04.77	A	E. Frankfurt	1 : 7 (1-2)	Meininger	19.000
31.	23.04.77	H	F. Düsseldorf	0 : 2 (0-0)	-	12.000
32.	07.05.77	A	Braunschweig	1 : 0 (0-0)	Roentved	18.000
33.	14.05.77	H	TeBe Berlin	0 : 0 (0-0)	-	8.000
34.	21.05.77	A	1.FC Köln	0 : 3 (0-2)	-	14.000

1976/77

Spieltag	Burdenski	Höttges	Roentved	Siegmann	Kamp	Röber	Hiller	Bracht	Geils	Görts	Ohling	Weist	Mense	Konschal	Petrovic	Daras	Meininger	Geils							
01.	x	x	x	x	x	x	x	x	o	x	o	+	+												
02.	x	x	x	x	x	x	x	x	+	x	+o			o			x								
03.	x	x	x	x	x	x	x	x		x		+	+		o		o								
04.	x	x	x	x	x	x	x	x		x		o		o	+		+								
05.	x	x	x	x	x	x	x	x		x			o	+	x										
06.	x	x	x	x	x	x	x	o		x		+	o	x	+										
07.	x	x	x	x	x	x	x	+		x				x	o			x							
08.	x	x	x		x	x	x	+		x		+		x	o		o	x							
09.	x	x	x	+	o	x	x	x		o			+	x			x	x							
10.	x	x	x		x	x	x	o			+	+		x	x			x							
11.	x	o	x	+	x	x	x	x		o		x		x	+			x							
12.	x		x	x	x	x	x	x		o		x		x	+			x							
13.	x	x	x		x	x	x	x			+	o		x	o		+	x							
14.	x	x	x		x	x	x	x		+		o		o	+		x	x							
15.	x	x	x	+	x	x	x	x		x				x			o	x							
16.	x	x		x	x	x	x	x		x		o		x			+	x							
17.	x	x	x		x	x	x	x		x				x	+		o	x							
18.	x	x	x	+	x	x	x			x				x	x		o	x							
19.	x	o	x	+	x	x	x	x		x				x	o		+	x							
20.	x	x	x		x	x	x	x		o				x	+		x	x							
21.	x	x	x		o	x	x	x		x	+	+		o			x	x							
22.	x	x	x		x	x	x	x		x				x	+		o	x							
23.	x	x	x		x	x	x	x		x	+o	+		x			o	x							
24.	x	x		x	x	x	x	x						x	x		x	x							
25.	x	x		x	x	x	x	x						x	x		x	x							
26.	x	x		x	x	x	x	x						x	x		x	x							
27.	x	x		x	x	x	x	x		+				x	o		x	x							
28.	x	x	x	x	x	o	x	x		+				x	+		o	x							
29.	x	o	x	x	x	x	x			o		+		x	+		x	x							
30.	x		x	x	x	o	x			x	+			x	x		x	x							
31.	x	x	x	x	x	x	x			o	+				o	+	x	x							
32.	x	x	x		x	x	x	x		x				x	+		o	x							
33.	x	x	x		x	x	x	x		o	+			o	+		x	x							
34.	x	x	x	x	x	x	x	x		+				x			o	x							

SP.:	34	32	29	23	34	34	34	30	2	29	9	14	5	31	26	1	28	28							
T.:	0	2	6	2	4	8	2	4	0	3	0	2	1	5	0	0	10	0							

1977 / 78

SAISONFAZIT:

Was letzte Saison so gut aufgehört hatte, setzte sich leider in dieser Spielzeit nicht fort. Hans Tilkowski konnte als verantwortlicher Trainer im zweiten Jahr den Abwärtstrend nicht aufhalten und räumte seinen Stuhl gegen Ende des Jahres. Für ihn mußte Fred Schulz die Kastanien aus dem Feuer holen. Mit ihm landeten die Bremer dann auf dem 15. Platz, aber doch relativ klar vor einem der Abstiegsplätze, denn der 16. hatte nur ganze 22 Punkte auf seinem Konto (TSV 1860). Mit den Münchenern mußten auch Saarbrücken (22 Punkte) und der FC St. Pauli (18 Punkte) absteigen.

Aus dem Spielerkader erwies sich Jürgen Röber als Goalgetter. In seinen 34 Spielen erzielte er 13 Treffer. Doch hinter ihm klaffte eine große Lücke. Es folgen Roentved und Bracht mit je 6 Treffern. Die restlichen Tore teilten sich 10 Spieler. Alle 34 Spiele machten diesmal nur Röber, Bracht und Konschal mit. Mit 33 Einsätzen folgte Torhüter Burdenski, der nur in Kaiserslautern von Voß ersetzt wurde. Auf 32 Einsätze kamen Geils und Oldie Höttges.

Die Bremer spielten schlecht in dieser Spielzeit. Nach Siegen folgten immer wieder herbe Niederlagen (2:7 in Köln). Dreimal hintereinander verlor der SV sogar mit 0:2 (in Düsseldorf, gegen Köln und in Bochum). Auch blieb Werder wiederum in 11 Spielen ohne Torerfolg, ein Trend aus den vergangenen Spielzeiten setzte sich also auch in diesem Jahr (für den SVW übrigens die 15. BL-Saison) fort. Werder besaß einfach nicht die Topstürmer, um oben mitspielen zu können. Die Durchschlagskraft im Sturm fehlte. Ein Manko, das auch eine gute Abwehr nicht wettmachen kann.

SAISONSTATISTIK	**Platz: 15**			
	Siege:	13	Tore:	48 - 57 (- 9)
	Unentsch.:	5	Punkte:	31 : 37
	Niederl.:	16	Zuschauer:	339.000

FIEBERKURVE

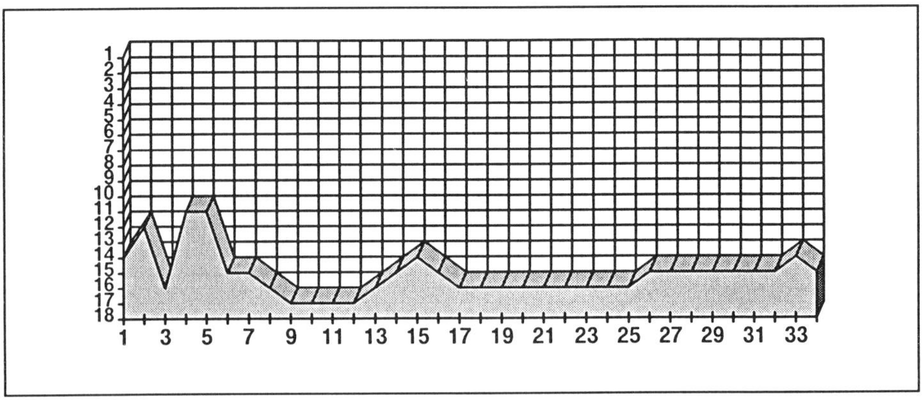

Bremens Däne Roentved gewinnt das Sprungduell mit dem Schalker Lennart Larsson.
Bremen-Schalke 2:0

1977/78

Sp.	Datum		Gegner	Ergebnis	SV-Torschützen	Zuschauer
01.	06.08.77	A	St. Pauli	1 : 3 (0-0)	Roentved	20.000
02.	13.08.77	H	F. Düsseldorf	2 : 1 (1-0)	Roentved I Konschal	20.000
03.	17.08.77	A	1.FC Köln	2 : 7 (1-3)	Roentved I Bracht	18.000
04.	27.08.77	H	VfL Bochum	1 : 0 (0-0)	Roentved	16.000
05.	31.08.77	H	Bay. München	1 : 1 (0-0)	Röber	34.000
06.	03.09.77	A	E. Braunschweig	0 : 2 (0-2)	-	17.000
07.	10.09.77	H	Saarbrücken	1 : 1 (1-1)	Röber	11.000
08.	17.09.77	A	Schalke 04	0 : 1 (0-1)	-	34.000
09.	24.09.77	H	Hamburger SV	1 : 2 (0-1)	Meininger	36.000
10.	01.10.77	A	Bor. Dortmund	1 : 4 (0-0)	Mense	33.000
11.	12.10.77	H	B. Mönchengladbach	3 : 2 (1-1)	Höttges I Röber I Roentved	29.000
12.	22.10.77	A	Hertha BSC	0 : 2 (0-1)	-	14.000
13.	29.10.77	H	MSV Duisburg	4 : 2 (2-0)	Mense I Bracht I Röber I Konschal	12.000
14.	05.11.77	A	1860 München	0 : 0 (0-0)	-	13.000
15.	12.11.77	H	E. Frankfurt	3 : 0 (2-0)	Roentved I Bracht I Röber	18.000
16.	26.11.77	A	Kaiserslautern	1 : 2 (1-2)	Röber	15.000
17.	03.12.77	H	VfB Stuttgart	0 : 1 (0-1)	-	17.000
18.	10.12.77	H	St. Pauli	4 : 0 (3-0)	Röber 2 I Kamp I EIG: Feilzer	8.000
19.	17.12.77	A	F. Düsseldorf	0 : 2 (0-0)	-	10.000
20.	07.01.78	H	1.FC Köln	0 : 2 (0-0)	-	23.000
21.	14.01.78	A	VfL Bochum	0 : 2 (0-0)	-	15.000
22.	21.01.78	A	Bay. München	1 : 3 (0-2)	Bracht	12.000
23.	28.01.78	H	E. Braunschweig	2 : 1 (1-0)	Meininger I Konschal	15.000
24.	04.02.78	A	Saarbrücken	1 : 1 (0-1)	Röber	26.000
25.	11.02.78	H	Schalke 04	2 : 0 (0-0)	Dressel I Höttges	20.000
26.	18.02.78	A	Hamburger SV	1 : 1 (1-1)	Glowacz	19.000
27.	25.02.78	H	Bor. Dortmund	3 : 1 (2-0)	Bracht I Dressel I Höttges	25.000
28.	04.03.78	A	B. Mönchengladbach	0 : 4 (0-0)	-	18.000
29.	11.03.78	H	Hertha BSC	4 : 2 (3-0)	Görts I Bracht I Röber I EIG: Kliemann	22.000
30.	18.03.78	A	MSV Duisburg	0 : 2 (0-1)	-	7.000
31.	01.04.78	H	1860 München	2 : 0 (1-0)	Glowacz I Röber	16.000
32.	08.05.78	A	E. Frankfurt	2 : 0 (1-0)	Röber I Dressel	12.000
33.	22.04.78	H	Kaiserslautern	5 : 3 (3-1)	Geils I Siegmann I Röber I Konschal I Glowacz	17.000
34.	29.04.78	A	VfB Stuttgart	0 : 2 (0-1)	-	40.000

1977/78

Spieltag	Burdenski	Geils	Roentved	Höttges	Kamp	Hiller	Röber	Bracht	Konschal	Reinders	Dressel	Meininger	Siegmann	Görts	Glowacz	Mense	Wessel	Daras	Voß						
01.	x	x	x	x	x	x	x	x	x	o	+	x													
02.	x	x	x	x	x	x	x	x	o	+	o	x		+											
03.	x	x	x	x	x	x	x	x	x	+	o	x													
04.	x	x	x	x	x	x	x	x	x	x	o	+													
05.	x	x	x	x	x	x	x	x	x	o	o	+		+											
06.	x	x	x	x	x	x	x	o	x	x		o	+	+											
07.	x	x	x	x	x	o	x	o	x	+	x	x		+											
08.	x	x	x	x	x	x	x	x	x	+		o	x												
09.	x	x	x	x		x	x	x	o	+	x	o	x	+											
10.	x	x	x	x		x	x	+	x	o		x	x	o		+									
11.	x	x	x	o	o	+	x	x	x	x	x	+	x												
12.	x	x	x	o	x		x	x	o		x	x	x			+		+							
13.	x	x	x	x	x		x	x	x	o			x	+		o		+							
14.	x	x	x	x	x	x	o	x	x	x			+		x										
15.	x	x	x	x	x		x	o	x	x	o		+		x	+									
16.		x	o	o	x		x	x	x	x	+		x		x	+			x						
17.	x	x		x	x		x	x	x	o	x	+	o		x	+									
18.	x	x		x	x	+	x	x	x	o	o	+	x		x										
19.	x	x		x		x	x	x	x	o	o	+	x	+	x										
20.	x	x	+	x		x	x	x	x	o	o	+	x		x										
21.	x	x				x	x	x	o	x	+		x	x	x		x								
22.	x	x				x	x	x	o	o	x	+	x	x		+	x								
23.	x	x	+	x		o	x	x	x		x	x	x	o		+									
24.	x	x		x		x	x	x	x	+	o	x	x	x											
25.	x	x	x	x			x	x	x		x		x	x	x										
26.	x	x	x	x			x	x	x		x		x	x	x										
27.	x	o	x	x		+	x	x	x		x		x	x	x										
28.	x			x	x	x	x	x	x	+	o		x	x	x										
29.	x			x	x		x	x	x		x	o	x	x	x	+									
30.	x	x		x	x		x	x	x		o	+	x	o	x	+									
31.	x	x		x	x		x	x	x		x	+	x	o	x										
32.	x	x		x	x		x	x	x		x	+	x	o	x										
33.	x	x		x	x		x	x	x	+	x		x	o	x										
34.	x	o		x	x	x	x	x	o	x	x	+	x			+									

SP.:	33	32	21	32	23	22	34	34	34	25	29	24	28	21	17	11	2	2	1						
T.:	0	1	6	3	1	0	13	6	4	0	3	2	1	1	3	2	0	0	0						

1978 / 79

SAISONFAZIT:

Wolfgang Weber war als neuer verantwortlicher Trainer an die Weser gekommen. Er sollte den Abwärtstrend aus der vergangenen Saison aufhalten. Teilweise gelang es ihm auch, denn am Ende stand der SVW auf einem gesicherten Platz im Mittelfeld der Liga.

Die ersten drei Spiele brachten nur 1:5-Punkte. Erst am 4. Spieltag konnten die Duisburger mit 3:2 daheim bezwungen werden, dem folgten wieder zwei Niederlagen. Auch nach dem 3:1-Erfolg auf der Bielefelder Alm folgten 1:3-Punkte. Dieser Faden zog sich über die ganze Saison, nach guten Siegen folgten wieder Niederlagen. Zu unbeständig war der SVW während der 34 Spieltage. Aber immerhin kamen die Bremer am Ende auf einen guten 11. Platz und waren eigentlich nur in der Hinrunde einem Abstiegsplatz sehr nahe, doch die Teams aus Bielefeld, Nürnberg und Darmstadt waren zu schwach für die Liga und stiegen ab. Gegen den neuen Deutschen Meister HSV erreichte die Weber-Elf sogar 2 Unentschieden, auch dem Ex-Meister aus Köln knöpften die Hanseaten daheim einen Punkt ab (1:1). In Köln bezogen die Bremer allerdings eine 0:2-Niederlage.

Trainer Weber kam mit einer Stammelf von nur 14 Spielern aus, denn Schaaf, Feldhaus und Haskamp kamen jeweils nur zu einem Spieleinsatz. Aus dem Kader machten 10 Akteure über 30 Spiele mit, auch ein Novum. Unumschränkte Nummer 1 im Tor war wieder Burdenski, der alle Spiele mitmachte. Torjäger war wiederum Jürgen Röber mit 12 Treffern, dicht dahinter folgten Wunder (8 Treffer) und Reinders (7 Treffer).

Zu denken gibt allerdings der Rückgang der Zuschauer. Sie pilgerten nicht wie gewohnt ins Weserstadion (minus 41000).

SAISONSTATISTIK	Platz: 11			
	Siege:	10	Tore:	48 - 60 (- 12)
	Unentsch.:	11	Punkte:	31 : 37
	Niederl.:	13	Zuschauer:	298.000

FIEBERKURVE

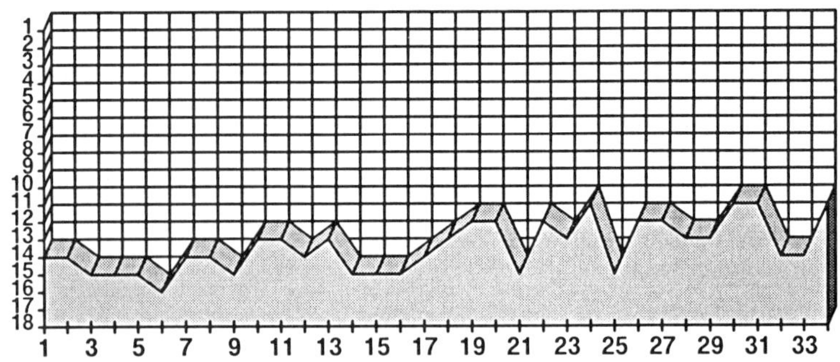

Klaus Wunder, Schütze des 1:0, im Zweikampf mit HSV-Verteidiger Ivan Buljan. (Bremen-HSV 1:1)

1978/79

Sp.	Datum		Gegner	Ergebnis	SV-Torschützen	Zuschauer
01.	12.08.78	A	F. Düsseldorf	1 : 3 (0-0)	Röber	15.000
02.	19.08.78	H	Hamburger SV	1 : 1 (1-0)	Wunder	28.000
03.	25.08.78	A	Bor. Dortmund	0 : 1 (0-0)	-	35.000
04.	02.09.78	H	MSV Duisburg	3 : 2 (1-0)	Möhlmann I Geils I Konschal	13.000
05.	09.09.78	A	Schalke 04	1 : 2 (1-1)	Bracht	33.000
06.	16.09.78	H	E. Frankfurt	0 : 2 (0-0)	-	14.000
07.	30.09.78	A	Arm. Bielefeld	3 : 1 (2-0)	Wunder I Reinders I Dressel	17.000
08.	07.10.78	H	Bay. München	1 : 1 (1-0)	Hiller	30.000
09.	14.10.78	A	B. Mönchengladbach	0 : 4 (0-1)	-	14.000
10.	21.10.78	H	E. Braunschweig	3 : 1 (1-1)	Röber 2 I Wunder	14.000
11.	28.10.78	H	VfL Bochum	3 : 3 (2-1)	Reinders I Möhlmann I Wunder	14.000
12.	04.11.78	A	VfB Stuttgart	1 : 1 (0-0)	Dressel	27.000
13.	11.11.78	H	Hertha BSC	1 : 1 (1-0)	EIG: Gersdorff	13.000
14.	18.11.78	A	1.FC Köln	0 : 2 (0-2)	-	15.000
15.	25.11.78	H	Darmstadt 98	3 : 0 (1-0)	Wunder I Röber I Roentved	11.000
16.	09.12.78	A	Kaiserslautern	0 : 4 (0-1)	-	26.000
17.	16.12.78	H	1.FC Nürnberg	3 : 1 (1-0)	Röber 2 I Hiller	11.000
18.	13.01.79	H	F. Düsseldorf	1 : 1 (1-0)	Wunder	15.000
19.	20.01.79	A	Hamburger SV	2 : 2 (0-1)	Möhlmann I Reinders	40.000
20.	27.01.79	H	Bor. Dortmund	4 : 4 (2-2)	Dressel I Reinders I Röber I Bracht	19.000
21.	03.02.79	A	MSV Duisburg	0 : 2 (0-2)	-	10.000
22.	10.03.79	H	Schalke 04	3 : 1 (2-1)	Röber 2 I Roentved	18.000
23.	17.03.79	A	E. Frankfurt	1 : 2 (0-2)	Dressel	16.000
24.	24.03.79	H	Arm. Bielefeld	1 : 0 (1-0)	Reinders	15.000
25.	04.04.79	A	Bay. München	0 : 4 (0-1)	-	18.000
26.	07.04.79	H	B. Mönchengladbach	3 : 1 (2-0)	Wunder I Röber I Reinders	22.000
27.	14.04.79	A	E. Braunschweig	1 : 1 (1-1)	Reinders	19.000
28.	18.04.79	A	VfL Bochum	0 : 3 (0-1)	-	15.000
29.	21.04.79	H	VfB Stuttgart	0 : 2 (0-2)	-	30.000
30.	05.05.79	A	Hertha BSC	2 : 0 (1-0)	Wunder I Dressel	12.000
31.	12.05.79	H	1.FC Köln	1 : 1 (1-0)	Möhlmann	15.000
32.	19.05.79	A	Darmstadt 98	0 : 3 (0-1)	-	7.000
33.	02.06.79	H	Kaiserslautern	3 : 1 (3-0)	Konschal I Röber I Möhlmann	16.000
34.	09.06.79	A	1.FC Nürnberg	2 : 2 (0-0)	Röber I Linz	8.000

1978/79

Spieltag	Burdenski	Geils	Roentved	Siegmann	Konschal	Möhlmann	Reinders	Röber	Bracht	Wunder	Dressel	Kamp	Hiller	Linz	Schaaf	Feldhaus	Haskamp
01.	x	x	x	x	x	x	x	x	x	x	x						
02.	x	x	x	x	x	x	o	x	x	x	x	+					
03.	x	x	x	x	x	x	o	x	x	x	+	o	+				
04.	x	x	x	x	x	x		x	x	x	x	o	+				
05.	x	x	x	x	x	x	+	x	x	x	o	x					
06.	x	x	x	x	x	o	+	x	x	x	x	x					
07.	x	x	x	x	+	x	x	x	x	x	o		x				
08.	x	x	x	x	x	x	x	x	x	x			x				
09.	x	x	x	x	x	x	x	x	x	x			x				
10.	x	x	x	x	x	x	o	x	x	x	+	+	o				
11.	x	x	x	x	x	x	x	x	x	x	o		+				
12.	x	x	x	x	x	x	x	o	x	x	x		+				
13.	x	o	x	x	x	x	x	x	x	x	+	+	o				
14.	x	o	x	x	x	x	x	x	x	x	+	+	o				
15.	x	x	x	x	+	x	o	x	x	x	x	x					
16.	x		x	x	x	o	o	x	x	x	x	x	+	+			
17.	x	o	x	+	x	+	o	x	x	x	x	x	x				
18.	x	x	x		x	x	x	+	x	x	x	x	o				
19.	x	x	x		x	+	x	x	x	o	x	o	x	+			
20.	x	o	x	+	x	+	x	o	x	x	x	x	x				
21.	x	x	x		x	x	x		x	x	x	x	x				
22.	x	x	x		x	+	x	x	x	o	x	x	x				
23.	x	x	x	+		x	x	o	x	o	x	x	x	+			
24.	x	x	x		x	x	x	x	x		x	x	x				
25.	x	x	x	o	o	x	x		x	+	x	x	x	+			
26.	x	x	x		+	x	o	x	x	x	o	x	x	+			
27.	x	x	x		x	x	o	x	x	x	+	x	x				
28.	x	o	x		x	x	x		x	x	x	o	x	+	+		
29.	x		x		x	x	o	x	x	x	x	x	x	+			
30.	x	x	x		x	x	x		x	x	x	x	x				
31.	x	x	x		x	x	x		x	x	x	x	x				
32.	x	x	x		x	x	o	x	o	+	x	x	x	+			
33.	x	x	x		x	x	o	x	x	x	o	x	+	+			
34.	x	x			x	x		x		o	x	x	x	x		x	+
SP.:	34	32	33	20	32	34	32	30	32	33	32	28	29	10	1	1	1
T.:	0	1	2	0	2	5	7	12	2	8	5	0	2	1	0	0	0

1979 / 80

SAISONFAZIT:

Die 17. Spielzeit war die mit Abstand schlechteste für die Bremer. Am Ende stand der Bundesligaabstieg! Trainer Wolfgang Weber überlebte die Saison nicht, er wurde Mitte Februar von Langner abgelöst, immerhin schon der 16. Trainer der Grün-Weißen. Für Fritz Langner war es schon die 3. Trainertätigkeit an der Weser. Aber auch er konnte das Ruder nicht mehr herumdrehen - der SVW stieg ab.

Zu Beginn der Spielzeit pendelten sich die Bremer noch in gewohnten Regionen ein, doch es ging stetig bergab. Am 20. Spieltag (0-5 in Dortmund) stand Bremen erstmals auf einem Abstiegsplatz. Zwischen dem 26. und 30. Spieltag kam vorübergehend Hoffnung auf, doch fünf Niederlagen bis zum 34. Spieltag besiegelten den Abstieg endgültig. Zum rettenden Platz fehlten immerhin vier Punkte.

In dieser Saison lief einfach nichts zusammen. Das Team erspielte sich zwar elf Siege, doch bei den 20 Niederlagen kassierte Werder viele Gegentore. 93 Bälle mußte Torhüter Burdenski aus dem Netz holen. So verlor der SVW allein fünfmal mit 1:4-Toren. Die höchste Niederlage setzte es mit 0:7 bei den Bayern. Auch sonst kassierten die Bremer viele klare Niederlagen (4:6 gegen TSV 1860, 0:5 daheim gegen Köln und 2:5 am letzten Spieltag in Bochum). Aber es gab auch hervorragende Siege zu vermelden (4:1 gegen Düsseldorf, 4:0 gegen Braunschweig und Schalke und 4:2 gegen Gladbach). Das Team war allerdings zu unbeständig in seinen Leistungen. Mit etwas mehr Stabilität hätte man vielleicht einige Punkte mehr ergattern können, so aber stieg der SV Werder in die 2. Liga ab.

Nun gilt es für die Bremer, den sofortigen Wiederaufstieg zu schaffen.

SAISONSTATISTIK	Platz: 17			
	Siege:	11	Tore:	52 - 93 (- 41)
	Unentsch.:	3	Punkte:	25 : 43
	Niederl.:	20	Zuschauer:	300.000

FIEBERKURVE

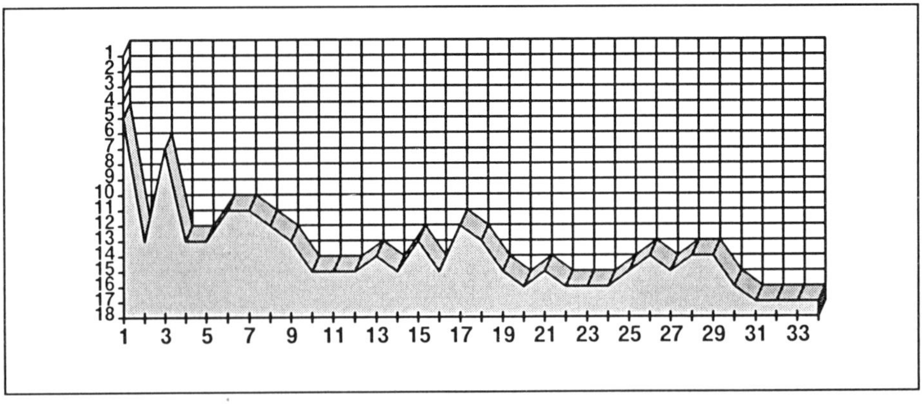

Dave Watson, der nur zwei Einsätze für Werder bestritt, scheitert an Uerdingens Keeper Hesselbach. (Bremen-Uerdingen 1:0)

Vorbildliche Schußhaltung von Jürgen Röber (li.), der vor Hans Weiner an den Ball kommt .(Bremen-FC Bayern 1:4)

1979/80

Sp.	Datum		Gegner	Ergebnis	SV-Torschützen	Zuschauer
01.	11.08.79	H	B. Uerdingen	1 : 0 (0-0)	Wunder	15.000
02.	18.08.79	A	1860 München	1 : 4 (1-2)	Dressel	37.000
03.	29.08.79	H	Bor. Dortmund	2 : 1 (1-0)	Möhlmann I Wunder	21.000
04.	01.09.79	A	F. Düsseldorf	1 : 4 (1-3)	Wunder	12.000
05.	08.09.79	H	VfB Stuttgart	2 : 3 (0-1)	Möhlmann I Burdenski	21.000
06.	15.09.79	A	E. Braunschweig	2 : 1 (0-0)	Reinders I EIG: Bruns	10.000
07.	22.09.79	H	B. Leverkusen	1 : 1 (1-1)	Reinders	15.000
08.	06.10.79	A	Schalke 04	0 : 3 (0-1)	-	20.000
09.	19.10.79	H	Hamburger SV	1 : 1 (0-0)	Röber	40.000
10.	27.10.79	A	B. Mönchengladbach	1 : 2 (0-1)	Reinders	12.000
11.	03.11.79	H	Bay. München	1 : 4 (0-2)	Dressel	26.000
12.	10.11.79	A	Hertha BSC	0 : 0 (0-0)	-	17.000
13.	17.11.79	H	MSV Duisburg	2 : 1 (0-1)	Röber I Wunder	9.000
14.	24.11.79	A	Kaiserslautern	1 : 3 (0-3)	Offermanns	15.000
15.	01.12.79	H	E. Frankfurt	4 : 3 (2-2)	Dressel 2 I Bracht I Reinders	15.000
16.	08.12.79	A	1.FC Köln	1 : 4 (0-3)	Röber	16.000
17.	15.12.79	H	VfL Bochum	2 : 0 (1-0)	Röber I Reinders	10.000
18.	19.01.80	A	B. Uerdingen	0 : 2 (0-1)	-	7.000
19.	26.01.80	H	1860 München	4 : 6 (1-2)	Röber 2 I Möhlmann 2	10.000
20.	02.02.80	A	Bor. Dortmund	0 : 5 (0-2)	-	18.000
21.	09.02.80	H	F. Düsseldorf	4 : 1 (3-0)	Dressel I Reinders I Behrens I Röber	14.000
22.	23.02.80	A	VfB Stuttgart	1 : 5 (1-1)	Dressel	18.000
23.	01.03.80	H	E. Braunschweig	4 : 0 (3-0)	Reinders 3 I Dressel	13.000
24.	08.03.80	A	B. Leverkusen	0 : 4 (0-1)	-	9.000
25.	15.03.80	H	Schalke 04	4 : 0 (3-0)	Dressel 2 I Bracht I Konschal	18.000
26.	22.03.80	A	Hamburger SV	0 : 5 (0-2)	-	31.000
27.	29.03.80	H	B. Mönchengladbach	4 : 2 (2-1)	Behrens I Reinders I Röber I Dressel	23.000
28.	12.04.80	A	Bay. München	0 : 7 (0-2)	-	21.000
29.	19.04.80	H	Hertha BSC	1 : 0 (0-0)	Behrens	16.000
30.	26.04.80	A	MSV Duisburg	1 : 4 (0-3)	Reinders	20.000
31.	03.05.80	H	Kaiserslautern	2 : 4 (0-2)	Möhlmann I Behrens	17.000
32.	17.05.80	A	E. Frankfurt	2 : 3 (1-0)	Röber I Dressel	16.000
33.	24.05.80	H	1.FC Köln	0 : 5 (0-1)	-	17.000
34.	31.05.80	A	VfL Bochum	2 : 5 (1-2)	Dressel I Steinkogler	9.000

1979/80

Spieltag	Burdenski	Konschal	Geils	Otten	Möhlmann	Röber	Bracht	Reinders	Wunder	Hiller	Dressel	Kamp	Offermanns	Siegmann	Steinkogler	Watson	Feldhaus	Behrens
01.	x	x	x	x	x	x	x	x	o	+	x					x		
02.	x	x	o	x	o	x	x	x		x	x	+	+			x		
03.	x	x	x	x	x		x	x	x	x	x	+	o					
04.	x	x	x	x	x		x	o	x	o	x	x	+				+	
05.	x	x	x	x	x		x	x	x	+	o	x	x					
06.	x	x	x	x	x	x	x	x	x		x		x					
07.	x	x	x	x	x	x	x	x	x		x		x					
08.	x	x	x	x	x	x	x	x	+		x	o	x					
09.	x	x	x	x	x	x	x	o	+		x	x	x					
10.	x	x	x	x	x	x	x	x	+		x	o	+	o				
11.	x	o	x	x	x	x	x	x		+	x	o	+	x				
12.	x	x	x	x	x	x	x	o	+	x	x	x						
13.	x	x	x	x	x	x	o	x	+	x	x	o	+					
14.	x	x	o	x	x	x	x	x	+	o	x		x	+				
15.	x	x	x	x	x	x	x	x	+	+	x			o	o			
16.	x	x	o	x	x	x	x	x	+	+	x			x	o			
17.	x	o	x	x		x	x	x	+	x	x		+	x	o			
18.	x	x	x	x	o	x		o	x	x	x		+	x			+	
19.	x	x	x	o	x	x	x	x	o		x		+	x			+	
20.	x	x	o	x	x	x	x	x		x	x	+		x				
21.	x	x	x	x	x	x	x	o	+		x	x	+					o
22.	x	x	x	x	x	x	x	x		+	x	o		x				
23.	x	x	x	+	x	x	x	x			x	o	+	x				o
24.	x	o	x	x	x	x	x	x		+	x	o		x				+
25.	x	x	x	x	x	x	x	o			x	+		x	+			o
26.	x	x	x	x	x	x	x	x			x	o		x				+
27.	x	x	x	+	x	x	o	x	+		x	x		x				o
28.	x	o	x	x	x	x	x	x		x	x	o	+		+			
29.	x	x	x	x	x	x	x	x			x	x						x
30.	x	o	x	x	x	x	x	x	+		x	x			+			o
31.	x	x	x	+	x	x	x	x		o		x	+	o				x
32.	x	o	x		x	x	o	x	x	+	x	x	+	x				
33.	x	+	x	x	x	x	o	x	x		x			x	+			o
34.	x		x	x	x	o		x	x	x	x		+	x	x			
SP.:	34	33	34	33	33	31	32	34	23	20	33	23	22	19	8	2	3	10
T.:	1	1	0	0	5	9	2	11	4	0	12	0	1	0	1	0	0	4

1981 / 82

SAISONFAZIT:

Welch eine triumphale Rückkehr für die Grün-Weißen in die Bundesliga. Die Bremer wurden hinter dem FC Bayern (3., 1965/66), Wuppertal (4., 1972/73) und dem VfB Stuttgart (4., 1977/78) zum viertbesten Aufsteiger. Am Ende stand ein hervorragender 5. Platz, was gleichzeitig auch die Teilnahme am UEFA-Cup bedeutete.

Mit Otto Rehhagel hatten die Bremer den richtigen Trainer gefunden. Die Hanseaten kehrten aus der 2. Liga Nord mit einer eingespielten Mannschaft zurück. Zudem hatten sie endlich wieder sehr durchschlagkräftige Torschützen in den Reihen. Uwe Reinders avancierte zum Goalgetter mit 18 Toren, dicht gefolgt von Norbert Meier (15 Tore). Aus dem Kader absolvierten Gruber, Otten und Möhlmann alle 34 Spiele. Dann folgten Torjäger Reinders, Kostedde und Meier mit 33 Spieleinsätzen.

Rehhagel ließ seine Elf stürmen, was auch gleich einige etablierte Bundesligisten zu spüren bekamen. Auf dem Bökelberg gewannen seine Mannen gleich am 1. Spieltag mit 4:2. Den ersten Dämpfer erlitt der SVW bei den Bayern (1:3). Am 14. Spieltag folgte ein Einbruch erster Güte. In Frankfurt bezogen die Grün-Weißen eine deutliche 2:9-Schlappe. Beim HSV gab es in Runde 32 eine 0:5-Abfuhr. Das waren aber auch schon die negativen Schlagzeilen, die der SVW während dieser Spielzeit produzierte.

Ein großer Erfolg für die Truppe um Otto Rehhagel. Niemand konnte zu dieser Zeit schon ahnen, daß dieser Trainer für die nächsten Jahre an der Weser bleiben würde, zu oft hatten die Verantwortlichen in den zurückliegenden Jahren die Trainer gewechselt.

SAISONSTATISTIK	**Platz: 5**			
	Siege:	17	Tore:	61 - 52 (+ 9)
	Unentsch.:	8	Punkte:	42 : 26
	Niederl.:	9	Zuschauer:	412.000

FIEBERKURVE

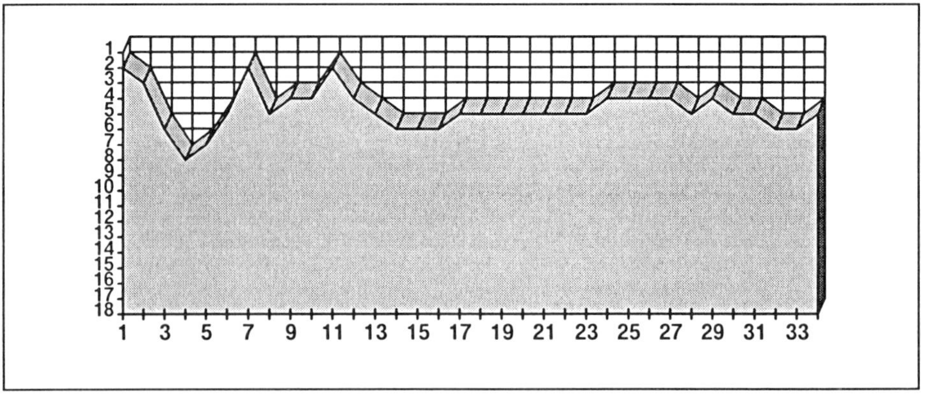

Norbert Meier flankt vor Ralf Falkenmayer Richtung Frankfurter Tor.
(Bremen-Frankfurt 2:1)

Beobachtet von Gerd Zewe (li.) erzielt Rigobert Gruber sein zweites Tor gegen Düsseldorf zum 4:1-Endstand - Torwart Bücher ist machtlos.

1981/82

Sp.	Datum		Gegner	Ergebnis	SV-Torschützen	Zuschauer
01.	08.08.81	A	B. Mönchengladbach	4 : 2 (3-2)	Möhlmann 2 I Siegmann I Meier	22.000
02.	15.08.81	H	Arm. Bielefeld	1 : 0 (0-0)	Meier	34.000
03.	22.08.81	A	Bay. München	1 : 3 (1-1)	Meier	42.000
04.	26.08.81	H	B. Leverkusen	0 : 0 (0-0)	-	20.000
05.	05.09.81	A	Darmstadt 98	1 : 1 (0-0)	Kostedde	18.000
06.	12.09.81	H	VfL Bochum	3 : 1 (2-0)	Kostedde I Reinders I Meier	24.000
07.	19.09.81	H	F. Düsseldorf	4 : 1 (2-0)	Gruber 2 I Kostedde I Bracht	24.000
08.	25.09.81	A	Karlsruher SC	0 : 3 (0-3)	-	24.000
09.	03.10.81	H	E. Braunschweig	2 : 0 (0-0)	Reinders I Gruber	21.000
10.	17.10.81	A	Kaiserslautern	1 : 1 (0-0)	Gruber	17.000
11.	24.10.81	H	Bor. Dortmund	2 : 0 (1-0)	Kostedde I Gruber	27.000
12.	31.10.81	A	1.FC Nürnberg	1 : 2 (0-1)	Meier	17.000
13.	07.11.81	H	1.FC Köln	1 : 1 (1-0)	Siegmann	35.000
14.	14.11.81	A	E. Frankfurt	2 : 9 (1-4)	Meier I Reinders	23.000
15.	28.11.81	H	Hamburger SV	3 : 2 (2-1)	Reinders 2 I Kostedde	40.000
16.	12.12.81	A	MSV Duisburg	1 : 0 (1-0)	Reinders	7.000
17.	19.12.81	H	VfB Stuttgart	2 : 2 (1-0)	Kostedde I Gruber	20.000
18.	16.01.82	H	Mönchengladbach	0 : 1 (0-1)	-	29.000
19.	23.01.82	A	Arm. Bielefeld	2 : 0 (1-0)	Meier 2	22.000
20.	30.01.82	H	Bay. München	2 : 0 (1-0)	Reinders I Gruber	40.000
21.	06.02.82	A	B. Leverkusen	3 : 1 (0-0)	Meier 2 I Kostedde	6.000
22.	13.02.82	H	Darmstadt 98	4 : 4 (2-1)	Kostedde I Meier I Reinders I Gruber	15.000
23.	27.02.82	A	VfL Bochum	2 : 0 (0-0)	Kostedde I Reinders	15.000
24.	06.03.82	A	F. Düsseldorf	0 : 0 (0-0)	-	12.000
25.	13.03.82	H	Karlsruher SC	2 : 1 (2-0)	Möhlmann I Meier	15.000
26.	27.03.82	A	E. Braunschweig	1 : 1 (0-1)	Reinders	30.000
27.	03.04.82	H	Kaiserslautern	0 : 1 (0-1)	-	22.000
28.	17.04.82	A	Bor. Dortmund	0 : 1 (0-0)	-	40.000
29.	24.04.82	H	1.FC Nürnberg	3 : 1 (1-1)	Reinders 3	14.000
30.	28.04.82	A	1.FC Köln	2 : 4 (1-3)	Reinders I Meier	18.000
31.	08.05.82	H	E. Frankfurt	2 : 1 (0-0)	Siegmann I Rautiainen	20.000
32.	15.05.82	A	Hamburger SV	0 : 5 (0-1)	-	53.000
33.	22.05.82	H	MSV Duisburg	5 : 1 (2-1)	Reinders 2 I Bracht I Okudera 2	12.000
34.	29.05.82	A	VfB Stuttgart	4 : 2 (2-1)	Meier 2 I Reinders 2	18.000

1981/82

Spieltag	Burdenski	Siegmann	Fichtel	Gruber	Otten	Kamp	Möhlmann	Bracht	Reinders	Kostedde	Meier	Rautiainen	Okudera	Böhnke	Behrens	Haskamp	Konschal	Rülander	Frese	Schaaf					
01.	x	x	x	x	x	x	x	x	x	x	o	+													
02.	x	x	x	x	x	x	x	x	x	x	o	+													
03.	x		x	x	x	x	x	x	x	x	x	+					o								
04.	x		x	x	x	x	x	x	x	x	x	+					o								
05.	x		x	x	x	x	x	x	x	o	o	+	x		+										
06.	x	+	x	x	x	o	x	x	x	x	o		x	+											
07.	x	+	x	x	x	x	x	o	x	x	o	+	x												
08.	x		x	x	x	x	x	x	x	x	x		x												
09.	x	+	x	x	x	o	x	x	x	x	x		o				+								
10.	x	x	x	x	x	x	x	x	x	o	+		x												
11.	x	x	x	x	x	+	x	o	x	x	x		x												
12.	x	o	x	x	x	o	x		x	x	x	+	x		+										
13.	o	x	x	x	x		x	x	x	x	x		x					+							
14.		x	x	x	x		x	o	x	x	x	+	x					o	+						
15.	x	x	x	x	x	+	x	o	x	o	x	+	x												
16.	x	x	x	x	x	x	x		x	o	o	+	x	+											
17.	x	x	x	x	x	x	o		x	x	o	+	x	+											
18.	x	x	x	x	x	o	x		x	x	o	+	x		+										
19.	x		x	x	x	x	x		x	o	x	x	x	+											
20.	x		x	x	x	x	x	x	x	o	o	+	x	+											
21.	x	x	x	x	x	x	x		x	x	o	+	o			+									
22.	x	o	x	x	x	+	x		x	x	x	o	x		+										
23.	x	x	x	x	x	x	x		x	x		x	x												
24.	x	x	x	x	x	x	x		x	o	o	+	x	+											
25.	x	x	x	x	x	x	x		x	x	o	+	x												
26.	x	x	x	x	x	x	x		x	x	o	+	x												
27.	x	o	x	x	x	x	x		x	x	o	+	x		+										
28.	x	x	x	x	x	x	x		x	x	o	+	x												
29.	x	x	x	x	x	o	x		x	o	x	+	x			+									
30.	x	x	x	x	x	o	x		x	o	x		x		+	+									
31.	x	x	x	x	x		x	x	x	x	o	+	x												
32.	x		x	x	x	x	x	o	x		o	x	x	+		+									
33.	x		o	x	x	x	x	x	x	x	x		x							+					
34.	x		x	x	x	x	x	x	x	o	o	+	x	+											

SP.:	33	25	34	34	34	31	34	19	34	33	33	26	30	8	6	4	3	2	1	1					
T.:	0	3	0	8	0	0	3	2	18	9	15	1	2	0	0	0	0	0	0	0					

1982 / 83

SAISONFAZIT:

In der zweiten Saison nach dem Wiederaufstieg trumpften die Grün-Weißen noch mehr auf. Sie wirbelten die etablierten Teams gehörig durcheinander und erreichten unter Otto Rehhagel eine Superplazierung: der 2. Platz - punktgleich mit dem neuen Deutschen Meister aus Hamburg. Lediglich die Tordifferenz sprach für den HSV (+ 46).

Ab dem 25. Spieltag starteten die Bremer eine furiose Aufholjagd auf den Hamburger SV. In 10 Spielen erreichte der SVW 19:1-Punkte. Der verlorene Punkt in Leverkusen hat wohl die Meisterschaft gegen Bremen entschieden. Hätten die Bremer dort gewonnen, es wäre wohl der Titel gewesen. Am 32. Spieltag wurde es noch einmal spannend, denn der HSV kam nur zu einem 2:2 auf dem Betzenberg. Jetzt waren beide Teams wieder punktgleich. Aber es sollte nicht reichen, denn die Tordifferenz sprach für den HSV - schade!

Die Verantwortlichen des SVW hatten vor der Saison einen Toptorjäger eingekauft: Rudi Völler! Er narrte die Stürmer reihenweise und traf 23mal. Völler war von den Abwehrspielern selten zu halten und wurde zum besten Stürmer in der Bundesliga. Auch Meier bewies seinen Torinstinkt und kam auf 11 Tore. Dann folgte Außenstürmer Uwe Reinders mit 8 Treffern.

Die Zuschauer pilgerten so zahlreich wie noch nie ins Weserstadion. Insgesamt kamen noch 40.000 mehr als letzte Saison. Ein Beweis für die attraktive Spielweise der Bremer unter Otto Rehhagel.

Nach diesem hervorragenden 2. Platz wollte Werder nun in der nächsten Saison den Titel an die Weser holen!

SAISONSTATISTIK	**Platz: 2**			
	Siege:	23	Tore:	76 - 38 (+ 38)
	Unentsch.:	6	Punkte:	52 : 16
	Niederl.:	5	Zuschauer:	419.969

FIEBERKURVE

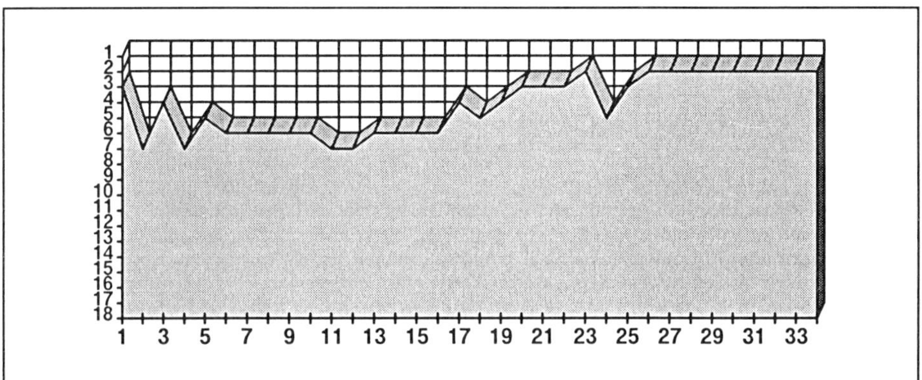

Auftakt nach Maß: Bremens Uwe Reinders (hier im Duell mit Nachtweih) bezwang Bayern-Keeper Pfaff mit einem kuriosen Einwurftor - das "goldene" Tor zum Saisonstart!

1982/83

Sp.	Datum		Gegner	Ergebnis	SV-Torschützen	Zuschauer
01.	21.08.82	H	Bay. München	1 : 0 (1-0)	EIG: Pfaff	35.000
02.	25.08.82	A	Hamburger SV	1 : 1 (1-1)	Völler	25.000
03.	01.09.82	H	B. Mönchengladbach	2 : 0 (1-0)	Völler 2	30.000
04.	04.09.82	A	VfB Stuttgart	1 : 4 (0-2)	Reinders	26.000
05.	11.09.82	H	Hertha BSC	3 : 1 (3-0)	Völler 2 I Meier	18.000
06.	18.09.82	A	1.FC Köln	1 : 2 (1-2)	Meier	14.000
07.	25.09.82	H	Kaiserslautern	3 : 0 (2-0)	Sidka I Neubarth I Meier	16.000
08.	01.10.82	A	Bor. Dortmund	0 : 0 (0-0)	-	28.000
09.	09.10.82	H	Schalke 04	4 : 0 (0-0)	Siegmann I Neubarth I Okudera I Möhlmann	22.000
10.	23.10.82	A	1.FC Nürnberg	0 : 2 (0-0)	-	21.000
11.	30.10.82	A	E. Braunschweig	1 : 3 (0-0)	Meier	16.000
12.	06.11.82	H	F. Düsseldorf	2 : 2 (2-0)	Völler I Siegmann	15.000
13.	13.11.82	A	Karlsruher SC	2 : 1 (2-0)	Sidka I Gruber	10.000
14.	20.11.82	H	B. Leverkusen	3 : 1 (2-1)	Möhlmann I Siegmann I Völler	14.000
15.	27.11.82	A	Arm. Bielefeld	2 : 1 (1-1)	Völler I Okudera	22.000
16.	04.12.82	H	E. Frankfurt	3 : 0 (2-0)	Völler I Sidka I EIG: Pahl	16.000
17.	11.12.82	A	VfL Bochum	2 : 1 (0-1)	Okudera I Völler	8.000
18.	22.01.83	A	Bay. München	1 : 1 (0-1)	Völler	18.000
19.	29.01.83	H	Hamburger SV	3 : 2 (2-0)	Völler I Neubarth I Möhlmann	41.000
20.	05.02.83	A	B. Mönchengladbach	2 : 1 (0-0)	Völler I Neubarth	8.000
21.	19.02.83	H	VfB Stuttgart	3 : 2 (2-0)	Sidka I Neubarth I Meier	33.000
22.	26.02.83	A	Hertha BSC	1 : 0 (1-0)	Meier	24.000
23.	05.03.83	H	1.FC Köln	1 : 1 (0-1)	Sidka	34.000
24.	12.03.83	A	Kaiserslautern	1 : 2 (1-2)	Meier	22.000
25.	19.03.83	H	Bor. Dortmund	4 : 2 (2-1)	Völler I Okudera I Meier 2	33.000
26.	26.03.83	A	Schalke 04	2 : 0 (2-0)	Gruber I Völler	15.000
27.	09.04.83	H	1.FC Nürnberg	3 : 2 (3-0)	Völler I Reinders I Meier	26.000
28.	16.04.83	H	E. Braunschweig	6 : 0 (3-0)	Reinders 2 I Völler 2 I Sidka I Schaaf	29.000
29.	30.04.83	A	F. Düsseldorf	5 : 2 (3-0)	Völler 3 I Gruber I Bracht	22.000
30.	07.05.83	H	Karlsruher SC	3 : 0 (1-0)	Reinders I Möhlmann I Sidka	22.000
31.	14.05.83	A	B. Leverkusen	1 : 1 (0-1)	Möhlmann	18.000
32.	21.05.83	H	Arm. Bielefeld	5 : 1 (2-0)	Möhlm. I Völler I Reinders I Neub. I Meier	28.000
33.	28.05.83	A	E. Frankfurt	1 : 0 (1-0)	Reinders	48.000
34.	04.06.83	H	VfL Bochum	3 : 2 (1-1)	Völler I Reinders I Siegmann	40.000

1982/83

Spieltag	Burdenski	Fichtel	Otten	Siegmann	Okudera	Kamp	Gruber	Bracht	Reinders	Völler	Schaaf	Meier	Sidka	Möhlmann	Neubarth	Böhnke	Haskamp	Hermann
01.	x	x	x	x	x	x	x	x	x	o	+	o				+		
02.	x	x	x	x	x	x	x	o	x	x			+	x				
03.	x	x	x	x	x		x		x	x		x	x	x				
04.	x	x	x	x	x	+	x		x	x		x	o	x				
05.	x	x	x		x	x	x		x	x	+	o	o	x		+		
06.	x	x	x	x	x	o			o	x	x	x		x	+	+		
07.	x	x	x	x	x					o	x	o	x	x	x	+	+	
08.	x	x	x	x	x	x					+	x	x	x	o	o	+	
09.	x	x	x	x	x	o	x				+	o	x	x	x	+		
10.	x	x	x	x	x	o	x				x	x	x	x		+		
11.	x	x	x	x	x		x			x	o	x	x	x		+		
12.	x	x	x	x	x		o	+		x	x	x	x	x				
13.	x	x	x	x	x	+	x	+		x	o	o	x	x				
14.	x	x	x	x	x	+	o	o		x		x	x	x		+		
15.	x	x	x		x	x	x	o		x	+	o	x	x			+	
16.	x	x	x	x	x	+	x	o		x		x	x	o		+		
17.	x	x	x	x	x	x				x		x	x	o		o	+	+
18.	x	o	x		x	o	x	x		x	+	x	x		+			
19.	x	x	x	x	x	x		o		x	+		x	x	x			
20.	x		x		x	x	x	x	+	x	x	x		x	o			
21.	x	x	x	+	x	x	x		+	x		o	x	x	o			
22.	x	x	x	x	x		x	+	+	x		o	x	o	x			
23.	x	o	x	x	x		x	x		x	+	+	o	x	x			
24.	x	o	x		x	o	x	x	x	x		+	x	x	+			
25.	x	x	x		x		x	o	+	x	+	x	x	x	o			
26.	x	x	x	x	x		x		+	x	+	o	x	x	o			
27.	x	o	x	x	x		x	+	x	o		x	x	x		+		
28.	x	x	x	x	x			o	x	x	x		x	x		+		
29.	x	x	x	o	o		x	+	x	x	+	x	x	x				
30.	x	x	x		x		x	o	x	x		x	x	x	+			
31.	x	o	x	o	x		x	+	x	x		x	x	x	+			
32.	x	o	x		x		x	o	x	x	+	x	x	x	+			
33.	x	x	x	x	x		x		o	x	+	o	x	x	+			
34.	x	o	x	x	x		x	+	x	x		o	x	x	+			
SP.:	34	33	34	27	34	18	28	21	20	31	21	31	31	32	18	13	4	1
T.:	0	0	0	4	4	0	3	1	8	23	1	11	7	6	6	0	0	0

1983 / 84

SAISONFAZIT:

Dicht hinter den etablierten Mannschaften plazierten sich die Bremer auf den 5. Platz - freilich ein kleiner Rückschritt gegenüber dem letzten Jahr. Doch dieses Jahr war die Spitze eng beisammen (3 Teams mit 48:20 Punkten), die Deutsche Meisterschaft wurde durch die bessere Tordifferenz entschieden. Der VfB Stuttgart (+ 46 Tore) war hierbei die glücklichere Mannschaft, gefolgt vom Hamburger SV (+ 39) und Mönchengladbach (+ 33). Einen Punkt dahinter der Rekordmeister aus München, gefolgt vom SV Werder, dem drei Punkte zum Titel fehlten.

Dabei begann die Saison alles andere als zufriedenstellend, wurden doch die ersten 5 Auswärtsspiele nicht gewonnen (2 Niederlagen, 3 Unentschieden). Im Weserstadion behielt die Rehagel-Elf eine weiße Weste. Erst mit dem 3:0 in Uerdingen kletterten die Bremer in der Tabelle nach oben. Zwischen Platz 4 und 6 pendelte sich der SVW ein, am Ende stand dann Platz 5.

Die Bremer Tormaschine aus dem Vorjahr produzierte auch dieses Jahr wieder viele Tore - insgesamt 79mal trafen die Spieler ins Schwarze. Goalgetter war auch diesmal wieder Rudi Völler, inzwischen Nationalspieler und sehr erfolgreich. Dahinter waren Meier (14 Treffer) und Neubarth (13 Treffer) zu finden.

Zuverlässiger Rückhalt war wiederum Burdenski im Tor - er absolvierte alle 34 Spiele und ließ sich nur 46 mal bezwingen. Manko für die Abwehr, daß sowohl Fichtel als auch Kamp nur 8 Spiele mitmachen konnten, sonst wäre der Abwehrblock wohl noch stärker gewesen. Vom Kader machten vier Spieler 33 Spiele mit: Pezzey (als Libero von Frankfurt gekommen), Meier, Reinders und Möhlmann. Bruno Pezzey war wohl der wertvollste Neueinkauf der letzten Jahre nach Rudi Völler.

SAISONSTATISTIK	**Platz: 5**			
	Siege:	19	Tore:	79-46 (+ 33)
	Unentsch.:	7	Punkte:	45:23
	Niederl.:	8	Zuschauer:	395.000

FIEBERKURVE

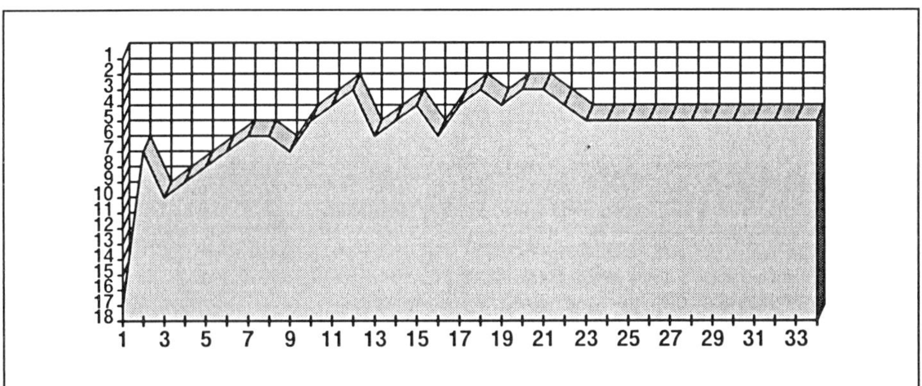

Drei Leistungsträger der Grün-Weißen: Bruno Pezzey, Norbert Meier und Rudi Völler (v. li.).

Jonny Otten und Bayerns Karl-Heinz Rummenigge im Zweikampf.
(Bremen-FC Bayern 4:2)

1983/84

Sp.	Datum		Gegner	Ergebnis	SV-Torschützen	Zuschauer
01.	13.08.83	A	W. Mannheim	0 : 2 (0-2)	-	42.000
02.	20.08.83	H	VfL Bochum	5 : 2 (1-1)	Meier 2 I Völler 2 I Neubarth	18.000
03.	24.08.83	A	Mönchengladbach	1 : 3 (0-1)	Völler	22.000
04.	31.08.83	H	1.FC Köln	1 : 0 (1-0)	Schaaf	26.000
05.	03.09.83	A	Bay. München	0 : 0 (0-0)	-	32.000
06.	10.09.83	H	1.FC Nürnberg	2 : 0 (0-0)	Pezzey I Völler	18.000
07.	17.09.83	A	E. Frankfurt	0 : 0 (0-0)	-	20.000
08.	24.09.83	H	Hamburger SV	0 : 0 (0-0)	-	41.000
09.	01.10.83	A	Kaiserslautern	3 : 3 (2-1)	Völler 2 I Reinders	17.000
10.	15.10.83	H	Bor. Dortmund	2 : 1 (1-0)	Bracht I Reinders	24.000
11.	22.10.83	A	B. Uerdingen	3 : 0 (1-0)	Meier I Sidka I Völler	17.000
12.	29.10.83	H	B. Leverkusen	3 : 0 (1-0)	Meier 2 I Neubarth	19.000
13.	05.11.83	A	Arm. Bielefeld	0 : 2 (0-1)	-	18.000
14.	12.11.83	H	F. Düsseldorf	2 : 0 (1-0)	Pezzey I Neubarth	27.000
15.	26.11.83	H	Kick. Offenbach	8 : 1 (4-1)	Sidka I Reinders 2 I Pezzey 2 I Völler 2 I Otten	14.000
16.	03.12.83	A	VfB Stuttgart	0 : 3 (0-0)	-	35.000
17.	10.12.83	H	E. Braunschweig	4 : 0 (3-0)	Meier 2 I Reinders I Okudera	15.000
18.	21.01.84	H	W. Mannheim	5 : 0 (1-0)	Reind. I Gruber I Meier I Neub. I EIG: Quaisser	16.000
19.	28.01.84	A	VfL Bochum	3 : 3 (0-3)	Neubarth I Völler I EIG: Zugcic	19.000
20.	04.02.84	H	Mönchengladbach	2 : 0 (0-0)	Neubarth I Völler	32.000
21.	11.02.84	A	1.FC Köln	4 : 1 (1-0)	Meier 2 I Völler I Möhlmann	15.000
22.	21.04.84	H	Bay. München	3 : 2 (2-0)	Völler I Sidka I Neubarth	40.000
23.	25.02.84	A	1.FC Nürnberg	0 : 2 (0-1)	-	16.000
24.	10.03.84	H	E. Frankfurt	2 : 3 (1-2)	Reinders 2	16.000
25.	17.03.84	A	Hamburger SV	0 : 4 (0-2)	-	46.000
26.	24.03.84	H	Kaiserslautern	1 : 1 (1-1)	Meier	17.000
27.	31.03.84	A	Bor. Dortmund	3 : 2 (1-2)	Meier I Sidka I Völler	23.000
28.	07.04.84	H	B. Uerdingen	5 : 2 (0-2)	Reinders 2 I Pezzey I Völler 2	16.000
29.	14.04.84	A	B. Leverkusen	0 : 0 (0-0)	-	12.000
30.	28.04.84	H	Arm. Bielefeld	3 : 0 (1-0)	Meier I Völler I Neubarth	18.000
31.	05.05.84	A	F. Düsseldorf	4 : 3 (1-1)	Neubarth 2 I Meier I Lellek	10.000
32.	12.05.84	A	K. Offenbach	7 : 3 (2-1)	Neub. 3 I Völler I Möhlm. I Reind. I EIG: Kutzop	15.000
33.	19.05.84	H	VfB Stuttgart	1 : 2 (0-0)	Möhlmann	38.000
34.	26.05.84	A	Braunschweig	2 : 1 (1-1)	Böhnke I Möhlmann	18.000

1983/84

Spieltag	Burdenski	Fichtel	Kamp	Pezzey	Schaaf	Sidka	Möhlmann	Bracht	Völler	Neubarth	Meier	Reinders	Gruber	Okudera	Siegmann	Otten	Böhnke	Ordenewitz	Lellek	Böhm	Hermann
01.	x	o	x	x	x	x	x	o	x	x	x	+	+								
02.	x	o		x	x	x	x	x	x	+	o	x	x	+							
03.	x		x	x	x	x	x	x	x	+	o	x	x								
04.	x			x	x	x	x	+	x	x	o	x	x	x							
05.	x			x	x	x	x	+	x	o	o	x	x	x	+						
06.	x		+	x	x	x	x	+	x	x	x	o	x	o							
07.	x			x	x	x	x		x	+	x	o	x	x		x					
08.	x			x		x	x	x	x		x	x	x	x		x					
09.	x			x	x	x	x	o	x	+	o	x	x	+		x					
10.	x			x	+	x	x	x	x	+	o	o	x	x		x					
11.	x			x	x	x	x		x	+	o	o	x	x		x	+				
12.	x			x	+	x	o		x	x	x	o	x	x		x	+				
13.	x		o	x	x	x			x	+	x	x	x	x		x					
14.	x			x	x	x	o			x	x	x	x	x	+	x					
15.	x	+		x	x	x	x		x	+	o	x	o	x		x					
16.	x			x	x	x	x		x		x	x	x	x		x					
17.	x			x	x	x	x		x		x	x		x	x	x					
18.	x			x	x	o	x		x	+	x	x	x	x		x					
19.	x			x	x		x		x	x	x	x	x	x		x					
20.	x			x	x	x	x		x	+	x	x	x	o		x					
21.	x			x		x	x		x	o	x		x	x	x	x		+			
22.	x			x	x	x	x		o	+	o	x	x	x	+						
23.	x			x		x	x		x	x	x	+	x	x	o	x					
24.	x	o		x	x	x	x		x	+	x	x		x		x					
25.	x		+	x	o	x	x		x	x	o	+		x	x	x					
26.	x			x		x	x		x	+	x	x	x	x	o	x					
27.	x			x	x	x	x		x	+	x	x	x	x		o					
28.	x			x	x	x	x		x	x	x	o	x	+		x					
29.	x			x	x	x	o		x	x	o	x		x	+	x		+			
30.	x			x	x	x	x		o	+	x	o	x	x	+	x					
31.	x	x			x	x	x			x	x	x			o	x	o	+	+		
32.	x	x	x	x			x		x	x	o	o				x		+	x		+
33.	x	x	+	x	x		x		x	o	o	x				x		+	x		
34.	x	x	x	x	x		x			x		x		x		x	o			+	
SP.:	34	8	8	33	29	30	33	9	31	31	33	33	27	29	11	27	4	5	3	1	1
T.:	0	0	0	5	1	4	4	1	18	13	14	11	1	1	0	1	1	0	1	0	0

1984 / 85

SAISONFAZIT:

In dieser Spielzeit kratzten die Werderaner wiederum an der Schale, doch die Bayern waren einen Tick besser und belegten mit 4 Punkten Vorsprung den ersten Platz. Dieses Jahr bestimmten nur 2 Teams die Bundesliga: einmal waren das die Münchener Bayern und dann der SV Werder Bremen. Nach dem 5. Platz aus der letzten Saison sprang diesmal ein 2. Platz heraus, geschlagen nur von den fast übermächtigen Bayern. Gegenüber den Anfangsjahren der Fußball-Bundesliga, wo der SVW nur eine mittelmäßige Mannschaft war, hatte sich Werder seit dem Wiederaufstieg als Klassemannschaft präsentiert und in der oberen Tabellenregion fest plazieren können - Jahr für Jahr.

Mit Rudi Völler hatten die Bremer diese Saison wieder einen Weltklassefußballer in ihren Reihen. Mit 25 Toren belegte er hinter Klaus Allofs (Köln, 26 Treffer) den 2. Platz in der Torjägerliste. Frank Neubarth brachte es auf 14 Torerfolge, Reinders schoß den Ball zwölfmal ins Netz. Möhlmann und Torhüter Burdenski absolvierten wiederum alle 34 Spiele, mit je 33 Einsätzen folgten ihnen Pezzey (6 Tore) und Okudera.

Überragende Spielergebnisse dieser Saison: 6:2 gegen den 1.FC Köln, 5:2 gegen den HSV, 7:1 gegen den KSC, 6:0 gegen Dortmund und 6:1 gegen Kaiserslautern. Die Tormaschinerie lief also auf vollen Touren, Rudi Völler war einfach nicht zu bremsen und brachte die gegnerischen Abwehrspieler schier zur Verzweiflung. Gegen die Bayern gab es in München eine 2:4-Niederlage und im Weserstadion einen glanzvollen 4:2-Sieg.

Otto Rehhagel kam diesmal mit einem Stamm von 13 Spielern aus - weitere 4 Spieler (Lellek, Ordenewitz, Wolter und Sauer) absolvierten noch Kurzeinsätze. Auch ein Indiz für eine geschlossene Mannschaftsleistung.

SAISONSTATISTIK	Platz: 2			
	Siege:	18	Tore:	87 - 51 (+ 36)
	Unentsch.:	10	Punkte:	46 : 22
	Niederl.:	6	Zuschauer:	375.000

FIEBERKURVE

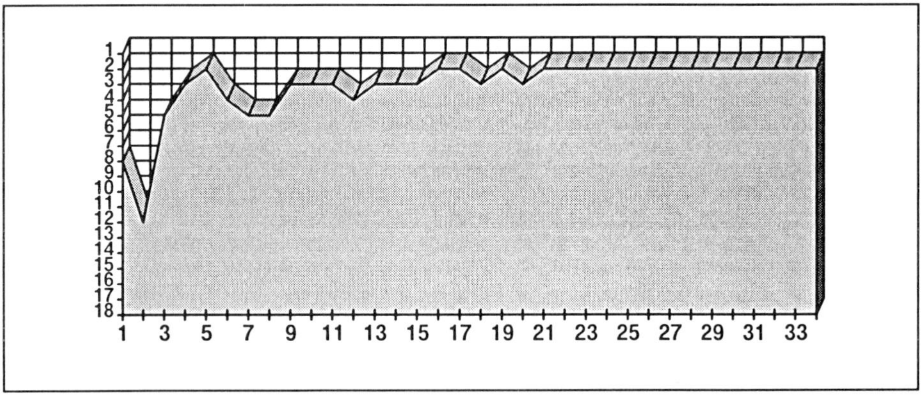

Rudi Völler bezwingt Toni Schumacher zum 3:1. Armin Görgens (re.) und Frank Neubarth beobachten die Szene (Bremen-1.FC Köln 6:2)

Norbert Meier verwandelt gegen Gladbach einen Elfmeter im Nachschuß zum 2:0-Endstand. Weiter im Bild (v. li.): Okudera und die Borussen Herlovsen (halb verdeckt), Borowka, Krauss.

1984/85

Sp.	Datum		Gegner	Ergebnis	SV-Torschützen	Zuschauer
01.	25.08.84	H	B. Uerdingen	1 : 0 (0-0)	Kutzop	18.000
02.	29.08.84	A	Bay. München	2 : 4 (1-2)	Pezzey I Neubarth	40.000
03.	08.09.84	H	1.FC Köln	6 : 2 (1-1)	Meier 3 I Reinders I Völler I Neubarth	22.000
04.	15.09.84	A	VfB Stuttgart	3 : 1 (1-1)	Sidka I Meier I Kutzop	25.000
05.	22.09.84	H	W. Mannheim	1 : 1 (0-1)	Ordenewitz	18.000
06.	29.09.84	A	F. Düsseldorf	2 : 3 (0-2)	Möhlmann I EIG: Edvaldsson	15.000
07.	06.10.84	H	E. Frankfurt	3 : 3 (2-1)	Pezzey 2 I Möhlmann	15.000
08.	10.10.84	A	Schalke 04	2 : 2 (1-1)	Neubarth I Völler	21.000
09.	20.10.84	H	Hamburger SV	5 : 2 (1-1)	Völler 2 I Reinders I Meier I Neubarth	35.000
10.	27.10.84	A	Mönchengladbach	1 : 1 (0-0)	EIG: Hannes	27.000
11.	03.11.84	H	VfL Bochum	2 : 2 (1-0)	Völler I Schaaf	24.000
12.	10.11.84	A	B. Leverkusen	0 : 0 (0-0)	-	10.000
13.	14.11.84	H	Karlsruher SC	7 : 1 (4-1)	Neubarth 3 I Völler 2 I Reinders 2	15.000
14.	17.11.84	A	Kaiserslautern	2 : 2 (1-0)	Reinders I Hermann	19.000
15.	24.11.84	H	E. Braunschweig	4 : 1 (3-1)	Neubarth 2 I Völler 2	15.000
16.	01.12.84	A	Arm. Bielefeld	4 : 3 (2-2)	Möhlmann 2 I Reinders I Neubarth	15.000
17.	08.12.84	H	Bor. Dortmund	6 : 0 (3-0)	Völler 4 I Neubarth I Reinders	19.000
18.	02.02.85	A	B. Uerdingen	1 : 3 (0-1)	Pezzey	13.000
19.	09.02.85	H	Bay. München	4 : 2 (2-1)	Völler 2 I Reinders I Hermann	41.000
20.	27.02.85	A	1.FC Köln	2 : 3 (0-1)	Neubarth I Pezzey	26.000
21.	02.03.85	H	VfB Stuttgart	3 : 1 (3-0)	Reinders I Sidka I Völler	21.000
22.	09.03.85	A	W. Mannheim	1 : 1 (0-0)	Völler	23.000
23.	16.03.85	H	F. Düsseldorf	2 : 1 (2-0)	Okudera I Pezzey	15.000
24.	22.03.85	A	E. Frankfurt	3 : 1 (1-1)	Meier I Okudera I Völler	30.000
25.	30.03.85	H	Schalke 04	2 : 1 (1-0)	Möhlmann I Sidka	24.000
26.	03.04.85	A	Hamburger SV	0 : 2 (0-1)	-	50.000
27.	13.04.85	H	Mönchengladbach	2 : 0 (1-0)	Völler I Meier	41.000
28.	20.04.85	A	VfL Bochum	3 : 1 (2-1)	Völler I Möhlmann I EIG: Oswald	28.000
29.	04.05.85	H	B. Leverkusen	2 : 2 (2-0)	Okudera I Völler	18.000
30.	11.05.85	A	Karlsruher SC	1 : 1 (0-0)	Völler	11.000
31.	18.05.85	H	Kaiserslautern	6 : 1 (1-1)	Völler 2 I Neubarth 2 I Reinders I Sidka	17.000
32.	25.05.85	A	E. Braunschweig	2 : 0 (1-0)	Völler I Reinders	11.000
33.	01.06.85	H	Arm. Bielefeld	2 : 1 (1-0)	Möhlmann I Reinders	17.000
34.	08.06.85	A	Bor. Dortmund	0 : 2 (0-0)	-	32.000

1984/85

Spieltag	Burdenski	Schaaf	Kutzop	Pezzey	Otten	Hermann	Möhlmann	Neubarth	Sidka	Okudera	Meier	Reinders	Völler	Lellek	Ordenewitz	Wolter	Sauer
01.	x	x	x	x	o	+	o	+	x	x	x	x	x				
02.	x	x	x	x	o	+	x	+	x	x	o	x	x				
03.	x	x	+	x	x	+	x	x	o	x	o	x	x				
04.	x	x	x	x	x	+	x	x	x	x	o			+	o		
05.	x	x	x	x	o	+	x	x	x	x	o		x		+		
06.	x	x	+	x	x	x	x	o	x				x	x	x		
07.	x	o	x	x	x	+	x	x	x	x	x		x				
08.	x	x	x	x	x	+	x	x	x	x	o		x				
09.	x		o	x	x	+	x	x	x	x	x	o	x	+			
10.	x	x	+	x	x	x	x	x	x	x	o		o		+		
11.	x	x	+	x	x	o	x	x	x	x	x	+	o				
12.	x	x		x	x	x	x	+	x	x	x	o	x				
13.	x	x	x		x	+	o	x	x	x	o	x	x		+		
14.	x	o	x	x	x	x	x	+		x	x	x	x				
15.	x	x	x	x	x	+	x	x		x	o	o	x			+	
16.	x	x		x	x	+	x	o	o	x	x	x	x			+	
17.	x	x		x	x	+	o	x	x	x	x	o	x			+	
18.	x			x	x	x	x	x	x	x	x	x	x				
19.	x	x		x	x	x	x		x	x	x	x	x				
20.	x	x		x	x	o	x	x	x	o	x	+	x		+		
21.	x	x	x	x	x	+	x	+	o	x	o	x	x				
22.	x	x	x	x	x	x	x		x	x		x	x				
23.	x	x	x	x	x	+	x	+	x	x	o	o	x				
24.	x	x	x	x	x	+	x	x	x	o	o	+	x				
25.	x	x		x	x		x	x	x	x	x	x	x				
26.	x	x		x	x		x	x	x	x	x	x	x				
27.	x	x		x	x	x	x		x	x	x	x	x				
28.	x	x	x	x	x	+	x	o	x	x	o	+	x				
29.	x	x	+	x	x	+	x	o	x	x	o	x	x				
30.	x	x	o	x	x		x	x	o	x	x	+	x		+		
31.	x	x		x	x	x	x	x	x	x		x	x				
32.	x	x	+	x	x	x	x	x	x	x		x	o				
33.	x	x	x	x		o	x	x	x	x	+	x	o		+		
34.	x	x	x	x		x	o	x	x	x	o	x			+		+
SP.:	34	32	24	33	32	31	34	31	32	33	30	28	32	3	9	3	1
T.:	0	1	2	6	0	2	7	14	4	3	7	12	25	0	1	0	0

1985 / 86

SAISONFAZIT:

Diese Spielsaison bestand eigentlich nur aus einem Spieltag: dem 33.! An diesem Tag trafen die beiden besten Mannschaften dieser Saison aufeinander: Werder Bremen und Bayern München. Bis zu diesem Spieltag hatte Bremen die Tabelle (bis auf 2 Ausnahmen) immer angeführt. Doch es sollte nichts mit dem Meistertitel werden.

Vor der Begegnung lautete die Tabelle wie folgt:

1. Werder Bremen	82-39 Tore	und	48:16 Punkte
2. Bayern München	76-31 Tore	und	46:18 Punkte

Die bessere Tordifferenz sprach also schon für die Bayern. Ein Sieg, und der Titel für Bremen wäre perfekt gewesen. Wenige Minuten vor Schluß stand es 0:0 und der Schiedsrichter gab einen Elfmeter für die Bremer. Michael Kutzop, ein sicherer Strafstoßschütze, hatte es nun auf dem Fuß, den Titel mit einem verwandelten Elfmeter zu sichern. Doch sein Schuß prallte vom Pfosten ins Aus. Dieser verschossene Elfmeter machte eine perfekte Saison für die Bremer kaputt - doch kein Vorwurf an Kutzop.

Die Entscheidung war vertagt und fiel dann am letzten Spieltag. Die Bayern gewannen klar mit 6:0 gegen Gladbach und die Bremer verloren in Stuttgart mit 1:2. Die glücklichen Bayern konnten den Titel feiern, die Bremer hingegen, die ganze Saison Tabellenführer, standen mit leeren Händen da.

Manchmal kommt es also nicht auf alle 34 Spieltage an, sondern nur auf eine einzige Begegnung. In dieser Saison war es sogar noch ein einziger Elfmeter. Dieser Elfmeter entschied über den Meistertitel: gegen die Bremer und für die Bayern! Tragisch!

SAISONSTATISTIK	**Platz: 2**			
	Siege:	20	Tore:	83 - 41 (+ 42)
	Unentsch.:	9	Punkte:	49 : 19
	Niederl.:	5	Zuschauer:	425.000

FIEBERKURVE

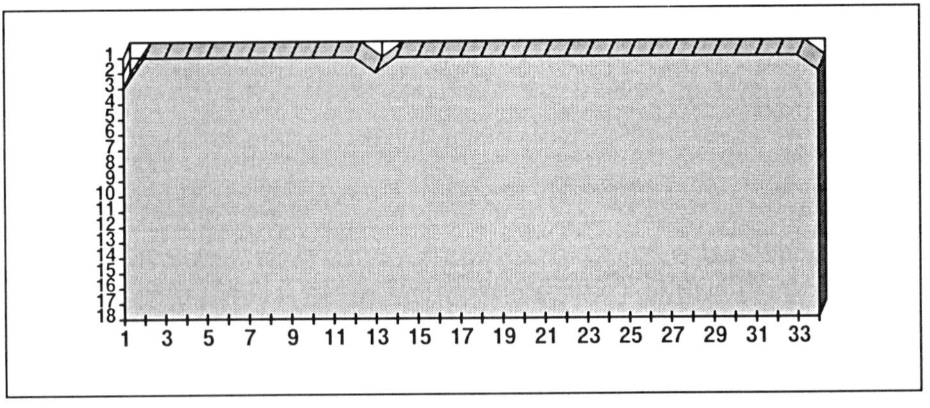

Fußball-Ballett mit Manfred Burgsmüller und Leverkusens Bum-Kun Cha (re.). "Manni" trifft zum 4:0 (Endergebnis 5:0)

Die Szene, die Bundesliga-Geschichte schrieb: Kutzops verschossener Foulelfmeter gegen Bayern-Keeper Pfaff. Ein Tor hätte eine Runde vor Schluß die Meisterschaft bedeutet, die sich dann doch die Münchner sicherten!

1985/86

Sp.	Datum		Gegner	Ergebnis	SV-Torschützen	Zuschauer
01.	10.08.85	A	Schalke 04	1 : 0 (1-0)	Völler	31.000
02.	17.08.85	H	Hannover 96	8 : 2 (4-2)	Völler 3 I Meier 2 I Neubarth 2 I Kutzop	32.000
03.	21.08.85	A	Saarbrücken	1 : 1 (1-0)	Neubarth	30.000
04.	31.08.85	H	Hamburger SV	2 : 0 (1-0)	Neubarth I Wolter	35.000
05.	04.09.85	A	1.FC Köln	3 : 3 (1-2)	Völler 2 I Pezzey	20.000
06.	07.09.85	H	1.FC Nürnberg	2 : 1 (1-0)	Völler I Pezzey	21.000
07.	14.09.85	A	F. Düsseldorf	4 : 1 (2-1)	Sidka I Kutzop I Neubarth I Völler	14.000
08.	21.09.85	H	W. Mannheim	2 : 2 (1-1)	Kutzop I Meier	19.000
09.	28.09.85	A	VfL Bochum	3 : 2 (1-0)	Meier I Neubarth I Sidka	23.000
10.	05.10.85	H	E. Frankfurt	4 : 0 (2-0)	Ordenewitz 2 I Kutzop I Pezzey	21.000
11.	11.10.85	A	Kaiserslautern	0 : 3 (0-1)	-	26.000
12.	26.10.85	H	Bor. Dortmund	4 : 2 (2-1)	Neubarth 2 I Ordenewitz 2	18.000
13.	02.11.85	A	B. Leverkusen	1 : 5 (0-3)	Kutzop	15.000
14.	09.11.85	H	B. Uerdingen	6 : 1 (3-0)	Kutzop 2 I Neubarth 2 I Hermann I Pezzey	17.000
15.	20.11.85	A	Mönchengladbach	2 : 1 (0-0)	Völler I Burgsmüller	28.000
16.	23.11.85	A	Bay. München	1 : 3 (1-1)	Schaaf	37.000
17.	30.11.85	H	VfB Stuttgart	6 : 0 (3-0)	Kutzop 2 I Ordenewitz 2 I Burgsmüller 2	21.000
18.	07.12.85	H	Schalke 04	3 : 1 (1-1)	Neubarth 3	24.000
19.	14.12.85	A	Hannover 96	4 : 2 (1-2)	Pezzey I Votava I Burgsm. I Ordenewitz	49.000
20.	25.01.86	H	Saarbrücken	1 : 0 (0-0)	Kutzop	19.000
21.	01.02.86	A	Hamburger SV	1 : 0 (0-0)	Burgsmüller	44.000
22.	08.02.86	H	1.FC Köln	2 : 0 (1-0)	Neubarth I Schaaf	22.000
23.	15.02.86	A	1.FC Nürnberg	2 : 2 (1-0)	Wolter 2	31.000
24.	22.02.86	H	F. Düsseldorf	7 : 3 (3-0)	Burgsmüller 3 I Neubarth 4	15.000
25.	01.03.86	A	W. Mannheim	1 : 1 (0-1)	Burgsmüller	16.000
26.	08.03.86	H	VfL Bochum	0 : 0 (0-0)	-	24.000
27.	15.03.86	A	E. Frankfurt	2 : 0 (0-0)	Hermann I Okudera	27.000
28.	22.03.86	H	Kaiserslautern	2 : 0 (0-0)	Burgsmüller I Schaaf	26.000
29.	29.03.86	A	Bor. Dortmund	1 : 1 (1-1)	Wolter	42.000
30.	05.04.86	H	B. Leverkusen	5 : 0 (2-0)	Burgsm. 2 I Pezzey I Hermann I Neubarth	30.000
31.	12.04.86	A	B. Uerdingen	0 : 1 (0-0)	-	18.000
32.	19.04.86	H	Mönchengladbach	1 : 1 (0-0)	Neubarth	40.000
33.	22.04.86	H	Bay. München	0 : 0 (0-0)	-	41.000
34.	26.04.86	A	VfB Stuttgart	1 : 2 (0-1)	Burgsmüller	62.000

1985/86

Spieltag	Burdenski	Kutzop	Schaaf	Pezzey	Okudera	Möhlmann	Hermann	Wolter	Sidka	Votava	Meier	Völler	Neubarth	Rulânder	Ordenewitz	Burgsmüller	Otten	Funk	Noruschat	Sauer					
01.	x	x	x	x	x	o	+	+	x	x	x	x	x												
02.	x	x	x	x	x			+	o	x	o	x	x	x	+										
03.	x	x	x	x	x			o		x	x	x	x	x	+										
04.	x	x	x	x	x			+	o	x	x	x	o	x	+										
05.	x	x	x	x	x			+	x	x	x	x	x	o											
06.	x	x	x	x	x				x	x	x	o	x	x	+										
07.	x	x	x	x	x			+	x	x	x	o	o	x	+										
08.	x	o	x	x	x			+	x	x	x	x		x	x										
09.	x	x	x	x	x			x	x	x	x	o	o		+					+					
10.	x	x		x	x	x	+	x	x	x	o		x		x										
11.	x	x		x	x	x	+	o	x	x	x		o		x				+						
12.	x	x		x	x	x	+	o	x	x	x		x		x										
13.	x	x		x	x	x	+	+	x	x	x		x	o	o										
14.	x	x	o	x	x	x	+	+	x	x	x		x		o										
15.	x	x	x	x	x	x	+		x	x	x	o				x									
16.	x	o	x	x	x	x			x	x	x	o	+		+	x									
17.	x	x	x	x	x		x			x	x		o	x	+	x									
18.	x	x	x	x	x		x	x		x			o	x	+	x									
19.	x	x	x	x	x	o	+			x	o		x	x	+	x									
20.	x	x	x	x	o		+	+		x	x		x		o	x	x								
21.	x	x	x	x	+		x	x		x	o		o		+	x	x								
22.	x	x	x	x	x		x	x			x		x			x	x								
23.	x	x	x	x	x		o	x	+		x		x	+		x	o								
24.	x	x	x	x	x		x	o	x	+	o		x		+	x									
25.	x	x	x	x	o		x	x	x	x			x		+	x									
26.	x	x	x	x	o		x	x	x	x			x		+	x									
27.	x	x	x	x	+		x	+	x	x	o		o			x	x								
28.	x	x	x	x	+		o	+	o	x	x		x			x	x								
29.		x	x	x			x	x		x	x		x			x	x	x							
30.		x	x	x	x		+	o	+	x	o		x			x	x	x							
31.		x	x		x		o	x		x	x		x		+	x	x	x							
32.	x	x	x	x	o		+	o		x	x		x		+	x	x								
33.	x	x	x	x	x			x		x	o	+	x			x	x								
34.	x	x	x	x	x			x		x	+	o	+		o	x	x								

SP.:	31	34	30	33	33	9	23	29	22	32	31	13	32	12	24	20	12	3	1	1					
T.:	0	10	3	6	1	0	3	4	2	1	4	9	20	0	7	13	0	0	0	0					

1986 / 87

SAISONFAZIT:

In dieser Saison sollte es eine Neuauflage des Krimis der letzten Spielzeit geben: die Bremer wollten den Münchener Bayern Paroli bieten. Doch die Bayern waren nicht nur zu stark für die Bremer, sondern auch für die übrigen Bundesligisten. Mit 6 Punkten Vorsprung vor dem HSV und sogar 10 vor dem Dritten aus Gladbach holten sie völlig verdient den Titel an die Isar. Der SVW belegte punktgleich mit den Dortmunder Borussen den 5. Platz. Die bessere Tordifferenz sprach für die Dortmunder.

Trotz eines Rudi Völler (er brachte es immerhin auf 22 Treffer) blieb Werder im Sturm gegenüber der letzten Spielzeit harmlos. Ihm fehlte der Sturmpartner. Ordenewitz (8 Treffer) und Burgsmüller (8 Treffer) konnten die Lücke, die Neubarth hinterließ (er machte nur 5 Kurzeinsätze mit) nicht schließen.

Für Dieter Burdenski war es die letzte große Saison (absolvierte alle 34 Spiele im Tor), denn ab der nächsten Spielzeit sollte Oliver Reck im Tor stehen. Auch für Rudi Völler hieß es Ende dieser Saison Abschied nehmen, ihn zog es zum AS Rom nach Italien. Ein herber Verlust für den SVW, denn ein Rudi Völler kann wohl nie gleichwertig ersetzt werden, auch nicht durch Kalle Riedle, der als Nachfolger für Völler geholt wurde.

Die Abwehr war so anfällig wie nie in den letzten Jahren, insgesamt kassierte Werder 54 Gegentreffer. Für einen Platz unter den ersten Drei einfach zu viel. Die höchste Heimschlappe seit Jahrzehnten erlitten die Bremer am 21. Spieltag gegen Mönchengladbach. Mit sage und schreibe 7:1 behielten die Mönche die Oberhand. Wie entfesselt spielten die Gäste in der 2. Halbzeit auf und erzielten 6 Tore. Welch ein Debakel für die Norddeutschen, so waren sie zu Hause noch nie vorgeführt worden!

SAISONSTATISTIK	Platz: 5			
	Siege:	17	Tore:	65 - 54 (+ 11)
	Unentsch.:	6	Punkte:	40 : 28
	Niederl.:	11	Zuschauer:	389.000

FIEBERKURVE

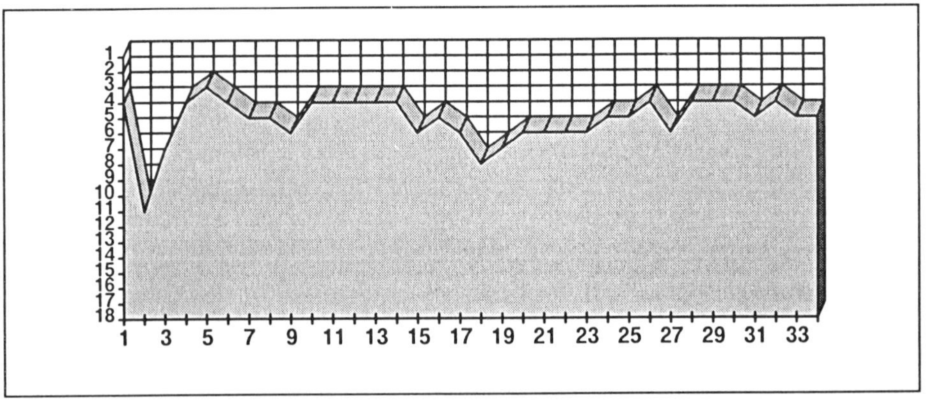

Günter Hermann setzt sich auf dem linken Flügel gegen Günter Kutowski durch, Jonny Otten in der Zuschauerrolle. (Bremen-Dortmund 5:0)

1986/87

Sp.	Datum		Gegner	Ergebnis	SV-Torschützen	Zuschauer
01.	09.08.86	H	1.FC Nürnberg	5 : 3 (0-2)	Burgsmüller 3 I Ordenewitz 2	25.000
02.	16.08.86	A	Hamburger SV	0 : 3 (0-2)	-	46.000
03.	23.08.86	H	Kaiserslautern	1 : 0 (1-0)	Völler	21.000
04.	03.09.86	A	Mönchengladbach	2 : 1 (1-1)	Kutzop 2	22.000
05.	06.09.86	A	BW 90 Berlin	4 : 1 (2-1)	Völler 2 I Kutzop I Schaaf	47.000
06.	13.09.86	H	VfL Bochum	0 : 0 (0-0)	-	23.000
07.	20.09.86	A	E. Frankfurt	2 : 2 (1-0)	Meier I Möhlmann	24.000
08.	27.09.86	H	Bay. München	1 : 1 (1-0)	Völler	38.000
09.	04.10.86	A	B. Leverkusen	1 : 4 (1-2)	Ordenewitz	18.000
10.	11.10.86	H	W. Mannheim	4 : 2 (2-2)	Burgsmüller I Schaaf I Votava I Kutzop	16.000
11.	18.10.86	A	FC Homburg	1 : 0 (1-0)	Kutzop	8.000
12.	01.11.86	H	B. Uerdingen	5 : 1 (2-1)	Völler 3 I Votava 2	20.000
13.	08.11.86	A	VfB Stuttgart	0 : 4 (0-3)	-	19.000
14.	15.11.86	H	Schalke 04	0 : 0 (0-0)	-	26.000
15.	22.11.86	A	Bor. Dortmund	1 : 2 (1-0)	Völler	37.000
16.	29.11.86	H	F. Düsseldorf	5 : 2 (3-0)	Völler 2 I Burgsmüller I Schaaf I Kutzop	18.000
17.	06.12.86	A	1.FC Köln	0 : 3 (0-2)	-	12.000
18.	21.02.87	A	1.FC Nürnberg	1 : 5 (0-0)	Kutzop	23.000
19.	28.02.87	H	Hamburger SV	2 : 1 (1-0)	Völler 2	32.000
20.	14.03.87	A	Kaiserslautern	3 : 1 (1-1)	Völler 2 I Ordenewitz	38.000
21.	21.03.87	H	Mönchengladbach	1 : 7 (0-1)	Pezzey	29.000
22.	28.03.87	H	BW 90 Berlin	2 : 0 (0-0)	Burgsmüller I Wolter	15.000
23.	04.04.87	A	VfL Bochum	1 : 1 (0-0)	Völler	18.000
24.	11.04.87	H	E. Frankfurt	4 : 1 (2-1)	Meier I Wolter I Votava I Sauer	17.000
25.	15.04.87	A	Bay. München	2 : 3 (2-1)	Völler I Wolter	37.000
26.	25.04.87	H	B. Leverkusen	1 : 0 (0-0)	Bratseth	20.000
27.	02.05.87	A	W. Mannheim	0 : 1 (0-1)	-	12.000
28.	09.05.87	H	FC Homburg	6 : 0 (2-0)	Meier 2 I Völler 2 I Ordenewitz I Möhlmann	15.000
29.	16.05.87	A	B. Uerdingen	1 : 1 (1-0)	Ordenewitz	7.000
30.	23.05.87	H	VfB Stuttgart	1 : 0 (1-0)	Völler	20.000
31.	30.05.87	A	Schalke 04	0 : 1 (0-1)	-	18.000
32.	06.05.87	H	Bor. Dortmund	5 : 0 (2-0)	Burgsm. 2 I Möhlmann I Schaaf I Ordenewitz	23.000
33.	13.06.87	A	F. Düsseldorf	1 : 2 (0-2)	Völler	8.000
34.	17.06.87	H	1.FC Köln	2 : 1 (2-1)	Ordenewitz I Völler	31.000

1986/87

Spieltag	Burdenski	Kutzop	Wolter	Schaaf	Otten	Möhlmann	Votava	Burgsmüller	Meier	Völler	Ordenewitz	Sauer	Hermann	Bratseth	Pezzey	Ruländer	Neubarth	Hanses	Schlindwein	Noruschat	Eilts				
01.	x	o	+	x	x	x	x	x	x	o	+						x		x						
02.	x	o	x	x	x		x	x	x	x	+	+	x						o						
03.	x	x	x	x	x		x	x	o	x		+	+			o			x						
04.	x	x	o	x		x	x	x	x	o		x	x			+	+								
05.	x	x		x		x	x	o	x	o	+	x	x			x	+								
06.	x	o	+	x		x	x	x	x	x		x				x	x								
07.	x	o	x	x	x	x	x	x	o	x		x	+				+								
08.	x	x	x	x	x	x	x	x	x	o	+	x													
09.	x		o	x	x		x	x	x		x	x	x			x		+							
10.	x	x	x	x	o		x	x	o		x	x	+			x		+							
11.	x	x	x	x	x		x	x		x	x	x	x												
12.	x	x	o	x	x		x		o	x	x	x	x					+		+					
13.	x	x		x	x		x	x	x	o	+	x	x			x									
14.	x			x	x		x	x	x	x	x	x	x			x									
15.	x	x	x	x	x		x	x	o	x	+	x	x												
16.	x	x	x	x	x		x	x	o	x	x		+			x									
17.	x	x	x	x	x		x	x		o	x		x			x					+				
18.	x	x	o		x	x	x	x	x	x	+			x	x										
19.	x	o		x	x	x	x		o	x	x	+	+	x	x										
20.	x		x	x	x	x	x	+	o	x	o		+	x	x										
21.	x		x	x	x	x	x	+	x	x	x			o	x										
22.	x		x	x	x	o	x	x	o		x	+	+	x	x										
23.	x	x	x			x	x	+	x	x	o	x		x	x										
24.	x	o	x		+	x	x	+	o	x	x	x		x	x										
25.	x	o	x	x	x		x	+	x	o	x	x	+	x											
26.	x	o	x	+	x	x	x	o		x	+	x		x	x										
27.	x	o	o		x	x	x	+		x	x	x	+	x	x										
28.	x		o	x	x	x	x	+	x	x	o		+	x	x										
29.	x		x	x	x	x	x		x	x	x	+		x	o										
30.	x	o	+	x			x		x	x	x	x	x	x	x										
31.	x		x	o	x		x	+	x	x	x	x	x	x											
32.	x		x	+	x	o	x	x	x		x	o	+	x	x										
33.	x	o	x		o	x	x	+	x	x	x		+	x	x										
34.	x			o	x	x	x	x	x	x	x		+	x	x										

SP.:	34	24	29	29	29	20	34	30	30	30	30	25	25	17	15	10	5	3	3	1	1				
T.:	0	7	3	4	0	3	3	8	4	22	8	1	0	1	1	0	0	0	0	0	0				

1987 / 88

SAISONFAZIT:

Geschafft! Ottos Traum ging in Erfüllung - Deutscher Meister! Für die Bremer war es nach 64/65 der zweite Titel. Die konsequente Aufbauarbeit nach dem Wiederaufstieg in die 1. Bundesliga machte sich in dieser Saison bezahlt. Über die gesamte Dauer der Saison waren die Norddeutschen die beste Mannschaft. Mit einem 4-Punkte-Vorsprung vor Bayern und Köln belegten sie den 1. Platz.

Nachdem der SVW den 1. Platz am 11. Spieltag vorübergehend abgegeben hatte (nur 1:1 in Homburg), eroberten sich die Mannen von Otto Rehhagel diesen Platz am 13. Spieltag (2:1 in Gladbach) wieder zurück und gaben ihn auch bis zum 34. Spieltag nicht mehr ab. Zwei von vier Niederlagen kassierte Werder erst, als die Meisterschaft schon eingefahren war.

Neben einem Superangriff (Riedle und Ordenewitz erzielten mehr als die Hälfte aller Werder-Tore) war vor allem die starke Abwehr ein Garant für den 2. Titel. Sauer, Bratseth, Borowka, Schaaf, Kutzop hielten die Abwehr zusammen und so hatte Oliver Reck selten zu tun. Nur 22mal mußte er hinter sich greifen. In 19 Spielen kassierten die Bremer keinen Gegentreffer. Zwischen dem 16. und 21. Spieltag wurde Reck kein einziges Mal bezwungen. Danach hielt er noch einmal in 5 Spielen seinen Kasten sauber.

Vier Niederlagen (1:2 in Bayern, 0:1 in Stuttgart, 0:2 in Köln und 1:4 daheim gegen den HSV) kassierten die Bremer nur. Stolze 22 Siege standen dem gegenüber. Dabei deklassierten sie in einigen Spielen ihre Gegner (5:1 gegen den VfB und Uerdingen, 5:0 gegen Schalke und 4:0 gegen Dortmund).

SAISONSTATISTIK	**Platz: 1**			
	Siege:	22	Tore:	61 - 22 (+ 39)
	Unentsch.:	8	Punkte:	52 : 16
	Niederl.:	4	Zuschauer:	378.000

FIEBERKURVE

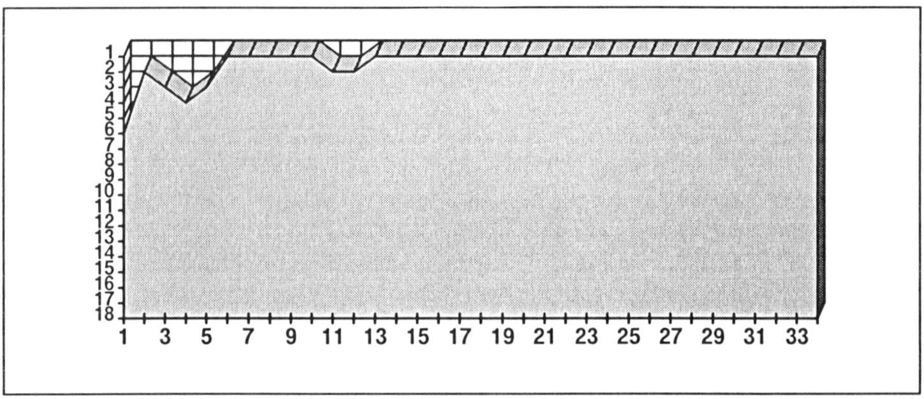

Getümmel im Schalker Strafraum: Neubarth kommt, bedrängt von Klinkert und beobachtet von Jakobs, Riedle und Hannes, zum Torschuß. (Bremen-Schalke 5:0)

Mit diesem wuchtigen Kopfball scheitert Rune Bratseth (re.) knapp am 96-Keeper Raps. Kuhlmey und Riedle sehen staunend zu. (Hannover 96-Bremen 0:1)

1987/88

Sp.	Datum		Gegner	Ergebnis	SV-Torschützen	Zuschauer
01.	01.08.87	A	Hannover 96	1 : 0 (1-0)	Schaaf	45.000
02.	08.08.87	H	Karlsruher SC	2 : 0 (1-0)	Ordenewitz I Meier	19.000
03.	15.08.87	A	Kaiserslautern	0 : 0 (0-0)	-	18.000
04.	22.08.87	H	VfL Bochum	0 : 0 (0-0)	-	16.000
05.	26.08.87	A	B. Uerdingen	2 : 1 (0-1)	Riedle 2	11.000
06.	02.09.87	H	VfB Stuttgart	5 : 1 (2-0)	Ordenewitz 3 I Meier I EIG: Buchwald	26.000
07.	05.09.87	A	B. Leverkusen	3 : 1 (0-1)	Ordenewitz 2 I Burgsmüller	10.000
08.	12.09.87	H	Bor. Dortmund	4 : 0 (3-0)	Burgsmüller 2 I Ordenewitz I Meier	27.000
09.	19.09.87	A	Bay. München	1 : 2 (0-0)	Meier	62.000
10.	26.09.87	H	W. Mannheim	3 : 1 (1-1)	Riedle I Meier I Burgsmüller	20.000
11.	03.10.87	A	FC Homburg	1 : 1 (0-1)	Burgsmüller	8.000
12.	10.10.87	H	1.FC Nürnberg	1 : 0 (0-0)	Ordenewitz	20.000
13.	17.10.87	A	Mönchengladbach	2 : 1 (1-1)	Ordenewitz I Sauer	19.000
14.	31.10.87	H	E. Frankfurt	2 : 0 (2-0)	Votava I EIG: Schlindwein	18.000
15.	07.11.87	H	1.FC Köln	2 : 1 (1-1)	Neubarth I Votava	30.000
16.	14.11.87	A	Hamburger SV	0 : 0 (0-0)	-	35.000
17.	21.11.87	H	Schalke 04	5 : 0 (1-0)	Riedle 2 I Ordenewitz 2 I Meier	18.000
18.	28.11.87	H	Hannover 96	1 : 0 (0-0)	Riedle	17.000
19.	05.12.87	A	Karlsruher SC	2 : 0 (1-0)	Neubarth 2	18.000
20.	20.02.88	H	Kaiserslautern	0 : 0 (0-0)	-	17.000
21.	27.02.88	A	VfL Bochum	1 : 0 (1-0)	Ordenewitz	17.000
22.	05.03.88	H	B. Uerdingen	5 : 1 (1-1)	Riedle 2 I Neubarth 2 I Meier	15.000
23.	12.03.88	A	VfB Stuttgart	0 : 1 (0-0)	-	23.000
24.	19.03.88	H	B. Leverkusen	3 : 3 (0-2)	Riedle 2 I Burgsmüller	15.000
25.	26.03.88	A	Bor. Dortmund	0 : 0 (0-0)	-	37.000
26.	30.03.88	H	Bay. München	3 : 1 (2-1)	Ordenewitz I Riedle 2	40.000
27.	02.04.88	A	W. Mannheim	1 : 0 (0-0)	Borowka	15.000
28.	09.04.88	H	FC Homburg	3 : 0 (1-0)	Neubarth I Sauer I Riedle	16.000
29.	16.04.88	A	1.FC Nürnberg	0 : 0 (0-0)	-	39.000
30.	23.04.88	H	Mönchengladbach	2 : 0 (0-0)	Kutzop I Riedle	26.000
31.	04.05.88	A	E. Frankfurt	1 : 0 (0-0)	Riedle	27.000
32.	07.05.88	A	1.FC Köln	0 : 2 (0-1)	-	35.000
33.	14.05.88	H	Hamburger SV	1 : 4 (1-1)	Meier	38.000
34.	21.05.88	A	Schalke 04	4 : 1 (4-0)	Riedle 2 I Ordenewitz 2	11.000

1987/88

Spieltag	Reck	Sauer	Bratseth	Borowka	Schaaf	Wolter	Votava	Hermann	Kutzop	Otten	Riedle	Ordenewitz	Burgsmüller	Meier	Neubarth	Burdenski	Eilts	Ruländer	Möhlmann						
01.	x	x	x	x	x	x	x	o	+	x	x	o	+												
02.	x	x	x	x	x	x	x	+		o	x	x		x											
03.	x	x	o	x	x	x	x	+	+	x	x	x		o											
04.	x	x	x	x	x	o	x			x	x	x		x	+										
05.	x	x	x	x	+		x	x	o	o	x	x		+	x										
06.	x	x	x	x	x		x	x			x	x	+	x	o										
07.	x	x	x	x	x		x	x		o	x	x	+	+	o										
08.	x	x	x	x	o	+	x	x		+	x	x	x	o											
09.	x	x	x	x	x		x	x		x	o	x	+	+				o							
10.	x	x	x	x	x		x	x			x	x	x	x											
11.	x	x	x	o	x		x	x		o	x	x	+	x					+						
12.	x	x	x	x	x		x	x			x	x	+	x				o							
13.	x	x	x	x	x			x	x	x	x	x	+		o										
14.	x	x	x	x			x	x	o	+	x	x	+	o	x										
15.	x		x	x	x	+	x	x	x	+	x		o	o	x										
16.	x	x	x	x	+	x	x	x		x	x		x	o											
17.	x	x	x		x		x	x		x	x	x		x	x										
18.	x	x	x	x	x		x	+		o	x	x	+	o	x										
19.	x	o	x	x	x	x	o	x		+	x	x	+		x										
20.	x	x	x			x	x	x		o	x	x	+	x	x										
21.	x	x	x	x	x	x	x			x	o	x	+	+	o										
22.	x	x	x	x	o	+	x			x	x	o	+	x	x										
23.	x	x	x	x	o	o	x			x	x	x	+		x	+									
24.		x	x	o			x	+	x	x	x	x	+	x	o	x									
25.		x	x		x	x	x	x	o	+	x		x		x	x									
26.	x	x	x	x		+	x	+	x	o	x	x		o	x										
27.	x	x	x	x		x	x	x	x	x		o	+		x										
28.	x	x		x	x	x	x	o	x		x	+	+	o	x										
29.	x	x	o	x	x		x	x	x	x	x		+	+	o										
30.	x	x		x	x			x	x	x	o	+	x	x	x										
31.	x	x		x	x		x	x	x	x	x	x			x										
32.	x	x	o	x	o		x	x	+	x	x	x		x			+								
33.	x	x	x	x	+		x	x	x	o	x	x	+	o											
34.	x	x	x	x	x		x	o	x	o	x	x	+				+								

SP.:	32	33	31	31	29	16	32	30	17	30	33	30	26	26	22	3	2	2	1						
T.:	0	2	0	1	1	0	2	0	1	0	17	15	6	8	6	0	0	0	0						

1988 / 89

SAISONFAZIT:

In dieser Saison konnte der Meister nicht auf so hohem Niveau spielen. Die Konkurrenz hatte stark aufgerüstet, die Bayern waren in dieser Saison die eindeutig beste Mannschaft und holten auch verdient den Titel nach München. Werder belegte einen Punkt hinter Köln den 3. Platz, einen Punkt vor dem Nordrivalen HSV.

Das vom letzten Jahr noch verwöhnte Publikum pilgerte nicht mehr so zahlreich ins Weserstadion (minus 26.000).

Gegen die Bayern gab es im Weserstadion ein 2:2 und in München ein 0:0. Die Zahl der Niederlagen verdoppelte sich im Vergleich zum Vorjahr. Dem standen "nur" 18 Siege gegenüber. Die Torfabrik aus der letzten Saison arbeitete in diesem Jahr nicht so erfolgreich, um den Titel zu verteidigen. Mittelstürmer Kalle Riedle erzielte 13 Tore, Neubarth ebenfalls. Aber danach tat sich nicht mehr viel. Ordenewitz gelangen nut 6 Torerfolge. Auf die gleiche Anzahl kam Oldie Burgsmüller.

Auch die im Vorjahr so souveräne Abwehr zeigte deutliche Lücken, sodaß der Gegner 32 Treffer erzielen konnte. Die Hintermannschaft wurde oft auseinandergerissen. Viele Verletzungen sorgten dafür, daß sich die Abwehr nicht einspielen konnte. Viele Spiele wurden nur mit einem Tor Unterschied verloren, hier und da wäre vielleicht ein Punkt mehr drin gewesen.

Aus dem Kader machte neben Torhüter Reck nur noch Günter Hermann alle Bundesligaspiele mit. Dahinter folgten Wolter, Votava und Riedle mit 33 Einsätzen. Bratseth brachte es auf 32 Spiele. Nebenbei trug er sich auch noch fünfmal als Torschütze ein.

Für die nächste Saison heißt es nun wieder angreifen.

SAISONSTATISTIK	**Platz: 3**			
	Siege:	18	Tore:	55 - 32 (+ 23)
	Unentsch.:	8	Punkte:	44 : 24
	Niederl.:	8	Zuschauer:	352.000

FIEBERKURVE

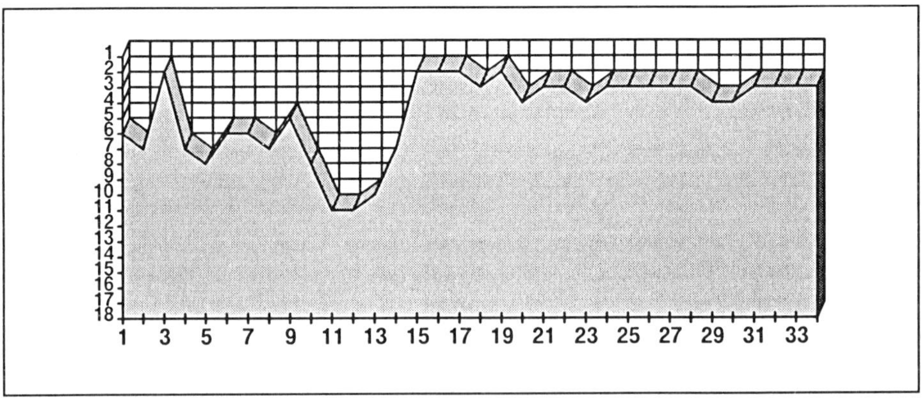

Rechts: Uli Borowka überläuft den St. Paulianer Bernhard Olck. (Bremen-St. Pauli 0:0)

Rechts: Kölns Thomas Häßler blockt Günter Hermann ab. (Bremen-1.FC Köln 1:2

1988/89

Sp.	Datum		Gegner	Ergebnis	SV-Torschützen	Zuschauer
01.	23.07.88	H	Hamburger SV	2 : 1 (0-1)	Riedle I Burgsmüller	25.000
02.	30.07.88	A	Kaiserslautern	0 : 0 (0-0)	-	21.000
03.	13.08.88	H	B. Leverkusen	3 : 1 (1-0)	Riedle 2 I Sauer	19.000
04.	20.08.88	A	Mönchengladbach	1 : 4 (0-1)	Burgsmüller	12.000
05.	27.08.88	A	W. Mannheim	1 : 1 (0-1)	Votava	14.000
06.	03.09.88	H	Bor. Dortmund	2 : 0 (1-0)	Neubarth I Riedle	18.000
07.	10.09.88	A	Hannover 96	2 : 2 (1-0)	Kutzop I Bratseth	20.000
08.	13.09.88	H	Bay. München	2 : 2 (1-0)	Meier I Burgsmüller	35.000
09.	01.10.88	A	Stuttg. Kickers	6 : 0 (2-0)	Neubarth 3 I Riedle 2 I Ordenewitz	11.000
10.	08.10.88	H	FC St. Pauli	0 : 0 (0-0)	-	17.000
11.	22.10.88	A	1.FC Köln	0 : 2 (0-0)	-	24.000
12.	29.10.88	H	B. Uerdingen	3 : 1 (1-1)	Kutzop I Neubarth I Riedle	14.000
13.	05.11.88	A	1.FC Nürnberg	1 : 0 (1-0)	Neubarth	14.000
14.	12.11.88	H	VfL Bochum	2 : 0 (0-0)	Ordenewitz 2	14.000
15.	19.11.88	A	E. Frankfurt	0 : 0 (0-0)	-	16.000
16.	26.11.88	H	Karlsruher SC	3 : 1 (1-0)	Neubarth 3	18.000
17.	03.12.88	A	VfB Stuttgart	3 : 3 (2-2)	Bratseth 2 I Schaaf	32.000
18.	18.02.89	A	Hamburger SV	0 : 2 (0-0)	-	21.000
19.	25.02.89	H	Kaiserslautern	1 : 0 (1-0)	Meier	15.000
20.	04.03.89	A	B. Leverkusen	0 : 1 (0-1)	-	14.000
21.	11.03.89	H	Mönchengladbach	2 : 0 (2-0)	Burgsmüller I Riedle	21.000
22.	18.03.89	H	W. Mannheim	2 : 1 (1-0)	Burgsmüller I Riedle	37.000
23.	25.03.89	A	Bor. Dortmund	1 : 3 (1-1)	Borowka	46.000
24.	01.04.89	H	Hannover 96	1 : 0 (0-0)	Riedle	17.000
25.	08.04.89	A	Bay. München	0 : 0 (0-0)	-	51.000
26.	15.04.89	H	Stuttg. Kick.	4 : 0 (2-0)	Neubarth I Bratseth I Riedle I Wolter	16.000
27.	29.04.89	A	FC St. Pauli	3 : 1 (2-1)	Neubarth I Ordenewitz I Bratseth	21.000
28.	06.05.89	H	1.FC Köln	1 : 2 (1-1)	Ordenewitz	33.000
29.	13.05.89	A	B. Uerdingen	1 : 2 (0-1)	Meier	8.000
30.	20.05.89	H	1.FC Nürnberg	2 : 1 (0-1)	Sauer I Riedle	14.000
31.	25.05.89	A	VfL Bochum	1 : 0 (1-0)	Riedle	8.000
32.	03.06.89	H	E. Frankfurt	2 : 0 (1-0)	Neubarth I Ordenewitz	23.000
33.	10.06.89	A	Karlsruher SC	0 : 1 (0-1)	-	15.000
34.	17.06.89	H	VfB Stuttgart	3 : 0 (0-0)	Schaaf I Neubarth I Burgsmüller	16.000

1988/89

Spieltag	Reck	Sauer	Kutzop	Wolter	Bratseth	Borowka	Schaaf	Votava	Meier	Ordenewitz	Hermann	Riedle	Burgsmüller	Otten	Neubarth	Eilts	Skogheim	Hanses
01.	x	x	o	+	x	x	x	x	o	+	x	x	x					
02.	x	x		x	x	x	x	x			x	x		x	x			
03.	x	x		+	x	x	x	x	o		x	x	+	x	o			
04.	x	x		o	x	x	x	x	+	x	x	x	+	o				
05.	x	x	o	o	x	x		x		+	x	x	x	x		+		
06.	x			+	x	o	x	x	x	+	x	o	x	x	x			
07.	x	x	o	+	x		x	x	x	x	o	x	x	x				
08.	x	o	x			x	+	x	x	x	x	x	x	x				
09.	x			o	x		x	x	x	x	x	x	+	o	x	+		
10.	x		o	+	x	x	x	x		x	x	x	x	o				+
11.	x		x	x	x	x	x	x			o	x	+	x	o		+	
12.	x		x	+	x	x	x	x	x	+	x	x	o		o			
13.	x			x	x	x	x	x	+	x	x	x		o	o		+	
14.	x			x	x	x	x	x	x	+	x	x	+	o	o			
15.	x			+	x	x	x	x	x	x	x	x		o	x			
16.	x			x	x	o	x	x	o	+	x	x	+	x	x			
17.	x			x	x	x	x	x		x	x	o	+	x	x			
18.	x	o	+	x	x	x	x	x		o	x	x	+		x			
19.	x		x	x	x		x	x	x	+	x	o	+	x	o			
20.	x		x	x	x	x		x	+	o	x	o	+	x	x			
21.	x	+		x	x	o		x	x	+	x	x	o	x	x			
22.	x	x		x	x			x	x		x	x	x	x	x			
23.	x	x		o	x	x		x	o	+	x	x	+	x	x			
24.	x			o	x	x	+	x		o	x	x	+	x	x	x		
25.	x			x	x	x	+	x		o	x	x		x	x	x		
26.	x	+		x	x	x	o	x			x	x	+	x	o	x		
27.	x			x	x	x		x		x	x	x		x	x	x		
28.	x	+		x	x	x		x	o	x	x	x	+	o		x		
29.	x	x		x	x	x		x	+	x	x			o	x	x		
30.	x	x		x		x		x	x		x	o	+	o	x	x	+	
31.	x	x		x	o	+		x		o	x	x	+	x	x	x		
32.	x	x		x	x		x	x		+	x	o	+	x	o	x		
33.	x	x		o	x			x	+	x	o	x	+	x	x	x		
34.	x	x		x	x	x	x				x	x	+	o	x	x		
SP.:	34	19	10	33	32	28	23	33	21	27	34	33	28	31	27	13	3	1
T.:	0	2	2	1	5	1	2	1	3	6	0	13	6	0	13	0	0	0

1989 / 90

SAISONFAZIT:

Nachdem in der letzten Saison schon ein kleiner Rückschritt zu vermerken war, so folgte diesmal der Absturz auf den siebten Platz, die schlechteste Plazierung seit dem Wiederaufstieg 81/82. Auf den alten und neuen Meister aus München betrug der Rückstand 16 Punkte - eine Welt.

Mit einer nahezu ausgeglichenen Bilanz (10 Siege - 10 Niederlagen) belegte Werder mit nur 49 erzielten Toren in der Endabrechnung den 7. Platz. Im Sturm fehlte diesmal die Durchschlagskraft. Kalle Riedle fehlte in den ersten Spielen und konnte nur 7 Tore erzielen. Wynton Rufer, neu an die Weser gekommen, war der Goalgetter mit 10 Treffern. Doch dahinter tat sich dann eine Weile gar nichts. Mit 5 Toren folgt Neuling Uwe Harttgen.

Neu im Kader befanden sich auch Bockenfeld, Bode und Ersatztorhüter Jürgen Rollmann, der allerdings nur zu 2 Einsätzen kam. Aus dem Kader machte nur "Kiwi" Rufer alle 34 Spiele mit - und das in seiner ersten Bundesligasaison. Wynton Rufer ist wohl der Spieler des Jahres für die Bremer. Auf 32 Einsätze kam Torwart Oliver Reck, dahinter Eilts mit 31 Einsätzen. Insgesamt setzte Trainer Rehhagel 20 Spieler ein.

Die überzeugendsten Spiele lieferte der SVW daheim im Weserstadion: 6:1 gegen den VfB Stuttgart, 4:0 gegen den KSC, Köln, Kaiserslautern und Nürnberg. Gegen den Deutscher Meister spielten die Norddeutschen zweimal Unentschieden. Die deutlichsten Niederlagen erlitten die Bremer beim HSV und auf dem Bökelberg mit jeweils 0:4. Zwischen dem 9. und 12. Spieltag konnte der SVW keinen Punkt erringen - 0:8 Punkte in Serie. In 11 Spielen blieben die Bremer sogar ohne Torerfolg - auch ein Beweis für die geringe Durchschlagskraft der Stürmer.

SAISONSTATISTIK	Platz: 7			
	Siege:	10	Tore:	49 - 41 (+ 8)
	Unentsch.:	14	Punkte:	34 : 34
	Niederl.:	10	Zuschauer:	327.000

FIEBERKURVE

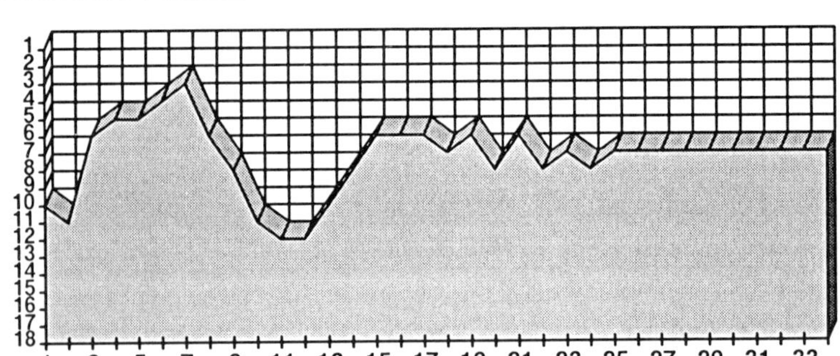

Oben: Neubarth im Kampf mit vier Stuttgartern (v. li. Allgöwer, Frontzeck, Schäfer, Hartmann). Aus Werder-VfB 6:1

Rechts: Norwegischer Kopfballversuch: Bremens Bratseth (re.) und Frankfurts Jörn Andersen verpassen diesen Ball. (Bremen-Frankfurt 1:2)

1989/90

Sp.	Datum		Gegner	Ergebnis	SV-Torschützen	Zuschauer
01.	29.07.89	A	St. Pauli	0 : 0 (0-0)	-	21.000
02.	05.08.89	H	F. Düsseldorf	2 : 2 (1-1)	Burgsmüller I Rufer	18.000
03.	12.08.89	H	Bor. Dortmund	2 : 0 (2-0)	Rufer I EIG: Helmer	25.000
04.	16.08.89	A	1.FC Nürnberg	1 : 1 (1-1)	Borowka	36.000
05.	23.08.89	H	Mönchengladbach	0 : 0 (0-0)	-	21.000
06.	26.08.89	A	FC Homburg	1 : 1 (0-1)	Harttgen	9.000
07.	02.09.89	H	Karlsruher SC	4 : 0 (2-0)	Rufer 2 I Bockenfeld I EIG: Schmidt	15.000
08.	09.09.89	A	1.FC Köln	2 : 4 (0-2)	Bode 2	21.000
09.	16.09.89	H	W. Mannheim	0 : 1 (0-0)	-	14.000
10.	20.09.89	A	Hamburger SV	0 : 4 (0-2)	-	14.000
11.	30.09.89	H	E. Frankfurt	1 : 2 (0-1)	Hermann	16.000
12.	07.10.89	A	VfL Bochum	0 : 0 (0-0)	-	11.000
13.	14.10.89	H	VfB Stuttgart	6 : 1 (2-1)	Rufer 2 I Neubarth 2 I Meier I Kutzop	19.000
14.	21.10.89	A	B. Uerdingen	1 : 0 (0-0)	Riedle	10.000
15.	28.10.89	H	Kaiserslautern	4 : 0 (1-0)	Bode 2 I Sauer 2	19.000
16.	04.11.89	A	Bay. München	1 : 1 (0-0)	Riedle	32.000
17.	18.11.89	H	B. Leverkusen	0 : 0 (0-0)	-	24.000
18.	25.11.89	H	St. Pauli	2 : 1 (1-1)	Neubarth I Riedle	20.000
19.	02.12.89	A	F. Düsseldorf	1 : 2 (0-1)	Borowka	13.000
20.	09.12.89	A	Bor. Dortmund	1 : 4 (0-3)	Rufer	31.000
21.	16.12.89	H	1.FC Nürnberg	4 : 0 (2-0)	Bratseth I Neubarth I Votava I Rufer	12.000
22.	24.02.90	A	Mönchengladbach	0 : 4 (0-3)	-	25.000
23.	03.03.90	H	FC Homburg	0 : 0 (0-0)	-	12.000
24.	10.03.90	A	Karlsruher SC	1 : 2 (0-1)	Bratseth	20.000
25.	17.03.90	H	1.FC Köln	4 : 0 (3-0)	Riedle 2 I Votava I Neubarth	26.000
26.	24.03.90	A	W. Mannheim	0 : 0 (0-0)	-	11.000
27.	31.03.90	H	Hamburger SV	2 : 1 (2-1)	Bockenfeld I Eilts	22.000
28.	07.04.90	A	E. Frankfurt	0 : 1 (0-0)	-	11.000
29.	14.04.90	H	VfL Bochum	1 : 1 (0-1)	Riedle	14.000
30.	21.04.90	A	VfB Stuttgart	1 : 3 (0-2)	Votava	25.000
31.	28.04.90	H	B. Uerdingen	0 : 0 (0-0)	-	20.000
32.	02.05.90	A	Kaiserslautern	2 : 2 (1-1)	Rufer 2	35.000
33.	05.05.90	H	Bay. München	2 : 2 (2-0)	Harttgen 2	30.000
34.	12.05.90	A	B. Leverkusen	3 : 1 (1-0)	Harttgen 2 I Riedle	6.000

1989/90

Spieltag	Reck	Bratseth	Borowka	Otten	Bockenfeld	Wolter	Votava	Hermann	Eilts	Rufer	Burgsmüller	Kutzop	Schaaf	Bode	Sauer	Harttgen	Rollmann	Neubarth	Meier	Riedle					
01.	x	x	x	x	x	x	x	o	x	x	o	+	+												
02.	x	x	o	x	x		x	o	x	x	x	+	x	+											
03.	x	x	x	x	x	+	x	o	x	x	o	+	x												
04.	x	x	x	x	x	x	x	x	x	x			x												
05.	x	x		x	x		x	x	x	x	o	x	x	+											
06.	x	x		o	x	+	x	x		x	o		x	+	x	x									
07.	x	x		o	x	x	x	x		x	+		x	o	+	x									
08.		x		o	x	x	x	x	x	x			+	x		x	x								
09.	x	x	o	o	x		x	x	x	x	+			x	+	x									
10.	x	x		x	x		x	x	x	x	+	o	x	x											
11.	x	x	x	x	x		x	x		x				+		+		o	o	x					
12.	x		x	x	x			x	x	x		x	x					x		x					
13.	x	x	x	+	x			x	x	x		x			+			x	o	o					
14.	x	x	x	x	x		x	x	x	x			+		+			o		o					
15.	x	x	x		o		x	x	x	x			+	o	+				x	x					
16.	x	x	x	o	o	x		x	x	x				x	+				+	x					
17.	x	x	x		o	+	x	x	x	x				+				o	x	x					
18.	x	x	x	x	o	+	x	x	x	x								o	+	x					
19.	x	x	x	o	o		x	x	x	x	+							x	+	x					
20.	x		x	x	o	+	x	x	x	x		o			x			+		x					
21.	x	x	x	x	x		x		o	x			x		+			x		x					
22.	x		x	x	x	+	x	o	x	x				+	x	o				x					
23.	x		x	x	x		x		x	x	+	o	x	o		x		+							
24.		x	o	x	x		x		x	x				+	x		x	x		x					
25.	x	x	x	x		x	x		o	x			+	+	x			o		x					
26.	x	x	x	x		x	x		x	x				+	+	x		o		o					
27.	x		x	x	o	x	x		x	x		x	+	+		x		o							
28.	x	x	+	x		x	x	o	x	x		x		+				o		x					
29.	x	x	x		o	+		o	x	x			+		x	x		x		x					
30.	x	x			+	x	x	x	x	x		o	+		o			x		x					
31.	x	x	x			x	x	x	x	x			o		x			+		x					
32.	x	x	x		x	+	x	x	x	x				o	o	x		+							
33.	x	x	x		o	+	x	x	x	x				x	x	x									
34.	x	x	x	x	o	+	x	x	x	o	+					x				x					

SP.:	32	29	28	27	30	21	30	28	31	34	11	12	19	20	18	13	2	19	7	20					
T.:	0	2	2	0	2	0	3	1	1	10	1	1	0	4	2	5	0	5	1	7					

1990 / 91

SAISONFAZIT:

Im 27. Bundesligajahr für den SV Werder Bremen ging es gegenüber den letzten beiden Spielzeiten wieder bergauf. Ein hervorragender 3. Platz wurde erspielt. Hinter Meister Kaiserslautern und Bayern München belegte der SVW mit 42:26 Punkte diesen Platz, 2 Punkte vor den Frankfurtern und dem HSV.

Nach dem Top-Torjäger Rudi Völler mußte Trainer Rehhagel diesmal den Verlust von Kalle Riedle kompensieren. Ihn zog es am Ende der letzten Saison nach Italien - zu Lazio Rom. Für ihn holte Rehhagel Oldie Klaus Allofs an die Weser. In seinen 30 Einsätzen erzielte Allofs immerhin 10 Tore. In der internen Goalgetterliste belegte er damit den 2. Platz hinter "Kiwi" Rufer, dem 15 Tore gelangen. In seinem 2. Jahr an der Weser entwickelte sich Wynton immer mehr zum Nachfolger von Völler und Riedle.

Alle 34 Spiele machte diesmal nur Torhüter Oliver Reck mit - ein Garant für die wenigen Gegentore. Nach Reck folgte schon Rufer mit 33 Einsätzen, dahinter Eilts und Borowka mit je 31 Spielen. Borowka trug sich zudem auch einmal als Torschütze ein. Diese Saison kam Bremen mit 16 Stammspielern aus, Bester und Freund kamen nur zu jeweils einem Einsatz.

Durch die attraktivere Spielweise kamen auch wieder mehr Zuschauer zu den Spielen (plus ca. 19.000).

Der höchste Saisonsieg gelang gegen Hertha BSC. Mit 6:0 wurden die Berliner an die Spree zurückgeschickt. Hertha war das schwächste Team in der Bundesliga und belegte auch abgeschlagen mit 9 Punkten Rückstand auf den Vorletzten aus Uerdingen den letzten Platz.

SAISONSTATISTIK	**Platz: 3**			
	Siege:	14	Tore:	46 - 29 (+ 17)
	Unentsch.:	14	Punkte:	42 : 26
	Niederl.:	6	Zuschauer:	346.000

FIEBERKURVE

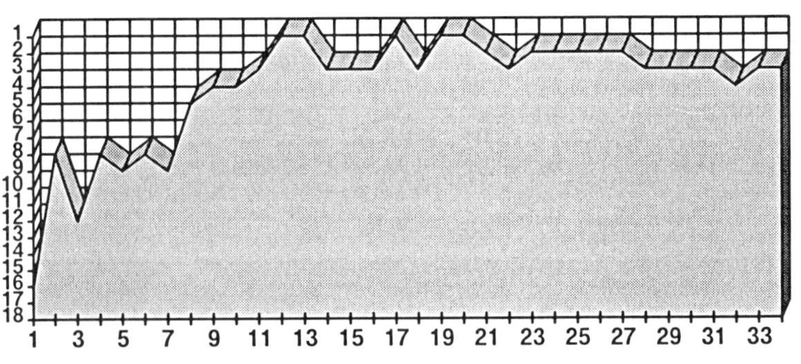

Die Hamburger Beiersdorfer, Doll und Matysik schirmen ihren Strafraum gegen Klaus Allofs und Frank Neubarth ab. (Bremen-HSV 3:1)

1990/91

Sp.	Datum		Gegner	Ergebnis	SV-Torschützen	Zuschauer
01.	11.08.90	A	Wattenscheid 09	0 : 2 (0-1)	-	12.000
02.	18.08.90	H	Mönchengladbach	3 : 0 (2-0)	Rufer 2 I Neubarth	19.000
03.	25.08.90	A	1.FC Köln	0 : 1 (0-1)	-	15.000
04.	01.09.90	H	Hamburger SV	3 : 1 (1-1)	Allofs I Hermann I Rufer	20.000
05.	08.09.90	A	E. Frankfurt	0 : 0 (0-0)	-	25.000
06.	15.09.90	H	Bor. Dortmund	1 : 1 (0-0)	Neubarth	19.000
07.	22.09.90	A	Hertha BSC	0 : 0 (0-0)	-	17.000
08.	29.09.90	H	Bay. München	1 : 0 (0-0)	Borowka	33.000
09.	06.10.90	A	1.FC Nürnberg	3 : 2 (1-1)	Allofs 2 I Bode	21.000
10.	13.10.90	H	B. Uerdingen	4 : 3 (2-1)	Harttgen 2 I Allofs I Votava	18.000
11.	20.10.90	A	B. Leverkusen	0 : 0 (0-0)	-	14.000
12.	27.09.90	H	St. Pauli	1 : 0 (0-0)	Harttgen	23.000
13.	10.11.90	A	VfB Stuttgart	1 : 0 (1-0)	Rufer	24.000
14.	17.11.90	H	Karlsruher SC	2 : 0 (1-0)	Allofs I Rufer	19.000
15.	24.11.90	A	Kaiserslautern	0 : 1 (0-1)	-	34.000
16.	08.12.90	H	F. Düsseldorf	3 : 1 (0-0)	Rufer 2 I Allofs	17.000
17.	15.12.90	A	VfL Bochum	2 : 1 (1-0)	Rufer 2	13.000
18.	23.02.91	H	Wattenscheid	1 : 1 (1-1)	Harttgen	18.000
19.	02.03.91	A	Mönchengladbach	1 : 1 (0-1)	Bode	27.000
20.	09.03.91	H	1.FC Köln	2 : 1 (0-0)	Harttgen I Neubarth	24.000
21.	16.03.91	A	Hamburger SV	2 : 3 (0-2)	Bratseth I Rufer	43.000
22.	23.03.91	H	E. Frankfurt	1 : 1 (0-0)	Neubarth	24.000
23.	02.04.91	A	Bor. Dortmund	1 : 1 (1-1)	Rufer	42.000
24.	06.04.91	H	Hertha BSC	6 : 0 (2-0)	Rufer 3 I Neubarth I Harttgen I EIG: Zernicke	18.000
25.	13.04.91	A	Bay. München	1 : 1 (0-1)	Rufer	50.000
26.	17.04.91	H	1.FC Nürnberg	0 : 0 (0-0)	-	16.000
27.	20.04.91	A	B. Uerdingen	0 : 0 (0-0)	-	9.000
28.	04.05.91	H	B. Leverkusen	1 : 1 (0-1)	Allofs	15.000
29.	11.05.91	A	St. Pauli	0 : 0 (0-0)	-	20.000
30.	18.05.91	H	VfB Stuttgart	0 : 1 (0-1)	-	17.000
31.	25.05.91	A	Karlsruher SC	1 : 1 (0-0)	Bode	17.000
32.	01.06.91	H	Kaiserslautern	1 : 2 (1-1)	Allofs	32.000
33.	08.06.91	A	F. Düsseldorf	2 : 1 (1-1)	Allofs	15.000
34.	15.06.91	H	VfL Bochum	2 : 1 (2-0)	Votava I Harttgen	14.000

1990/91

Spieltag	Reck	Bratseth	Bockenfeld	Votava	Otten	Hermann	Harttgen	Eilts	Borowka	Allofs	Rufer	Bode	Neubarth	Schaaf	Sauer	Wolter	Bester	Freund
01.	x	x	o	x	o	+	x	x	xx	x	x	+	x					
02.	x	x		x	x	x		x	x	x	x	+	o	o	+			
03.	x	x	o	x	x	x	+	x	x	x	x	+	o					
04.	x			x	x	x		x	o	x	x	+	o	x	x	+		
05.	x	x		x	o	x	x		x	x	x		+	x	x			
06.	x	x		x	o	x	x		x	x	x		+	x	x			
07.	x	x		x			x		x	x	x	+	o	x	x	x		
08.	x	x		x		x	x	x	x	o	x	+			x	x		
09.	x	x		x			x	x	x	x	x	x			x	x		
10.	x	x		x			x	x	x	x	x	x			x	x		
11.	x	o	x	x			x	x	x		x	x		+	x	x		
12.	x	x		x		o	x	x	x		x	x	+		x	x		
13.	x	x		x		x	o	x	x	x	x		+		x	x		
14.	x	x	+	x		o	x	x	o	x	x		+		x	x		
15.	x	x	o	x		x	x	x		x	x		+		x	x		
16.	x	x				x	x	x	x	x	x	o	+		x	x		
17.	x	x		x		x	x	x	x	x	x				x	x		
18.	x	x	+	x		x	x	x	x	x	x		+		o	o		
19.	x		o			x		x	x	x		x	x	x	x	+	o	+
20.	x			o		x	x	x	o	x	x	+	x	+	x	x		
21.	x	x	+			x	x	x	o		x	o	x	+		x		
22.	x	x		x		x	x	x	o	x	x	+	x		x			
23.	x	x		x		o	x	o	x	x	x	+	x	+		x		
24.	x	x	o	x		x	x	x	x		x	+	o	+		x		
25.	x	x		x		x	o	x	x	+	x	x	x			x		
26.	x	x		x		x	x	x	x	x	x	+	o			x		
27.	x	x		x		x	x	x	x	x	x				x	x		
28.	x	x	o	x		o	x	x	x	x	x	+	+			x		
29.	x	x		x		x	x	x	x	o	x		x		x	+		
30.	x	x		x		x	x	x	o	x	x	+			x	x		
31.	x	x	x	x			x	x	x	x	x	x				x		
32.	x	x	+	x		o	x	x	x	x	x	x				x		
33.	x	x	x	x		x	o	x		x	x	x		+		x		
34.	x	x	+	x		o	x	x	o		x	+	x	x		x		

SP.:	34	31	14	31	6	29	31	32	32	30	33	25	23	13	22	29	1	1
T.:	0	1	0	2	0	1	7	0	1	10	15	3	5	0	0	0	0	0

1991 / 92

SAISONFAZIT:

In dieser Mammutsaison blieb dem norddeutschen Vertreter nur ein Platz im Mittelfeld der Liga. Nachdem der Start in diese mit 38 Spielen längste Saison gründlich mißlungen war (der SVW pendelte zwischen Platz 10 und 15 hin und her), sprang am Ende nur der enttäuschende 9. Platz heraus. Nach der guten letzten Saison ein Rückschritt für die Mannen um Otto Rehhagel. In einem nahezu unveränderten Spielerkader verstand es Otto nicht, seine Spieler so zu motivieren, um mehr zu erreichen als den 9. Platz.

Die Saison begann schlecht, konnte Werder doch aus den ersten 12 Spielen nur 4 Siege erringen. Am 15. Spieltag setzte es beim 1.FC Köln eine deutliche 0:5-Niederlage. Es sollte zum Glück die einzige klare Niederlage bleiben. Bei den 11 Niederlagen verloren die Bremer dreimal mit 1:3 (alle 3 Spiele übrigens zu Hause gegen die Stuttgarter Kickers, Köln und Nürnberg am letzten Spieltag).

Diese Saison wurde sogar mit einem negativen Torverhältnis abgeschlossen. In 38 Spielen wurden nur 44 Tore erzielt, 45 Treffer bekamen die Torhüter Reck und Rollmann vom Gegner eingeschenkt. In 11 Spielen blieb ein Torjubel für die Bremer aus, allerdings blieb die Abwehr auch in 14 Spielen ohne Gegentor.

Im Angriff konnte sich kein Spieler besonders hervortun, lediglich Marco Bode überraschte positiv mit 12 Treffern. Dann kam schon Allofs mit 8 und Rufer erzielte diesmal nur 5 Tore. Für einen Toptorjäger wie ihn einfach zu wenig, immerhin traf er vergangene Saison 15mal ins Schwarze.

Aus dem Kader machte kein Spieler alle 38 Spiele mit, Uli Borowka kam auf 36 Einsätze, ihm folgte Rune Bratseth mit 34 Einsätzen.

SAISONSTATISTIK	**Platz: 9**			
	Siege:	11	Tore:	44 - 45 (- 1)
	Unentsch.:	16	Punkte:	38 : 38
	Niederl.:	11	Zuschauer:	329.000

FIEBERKURVE

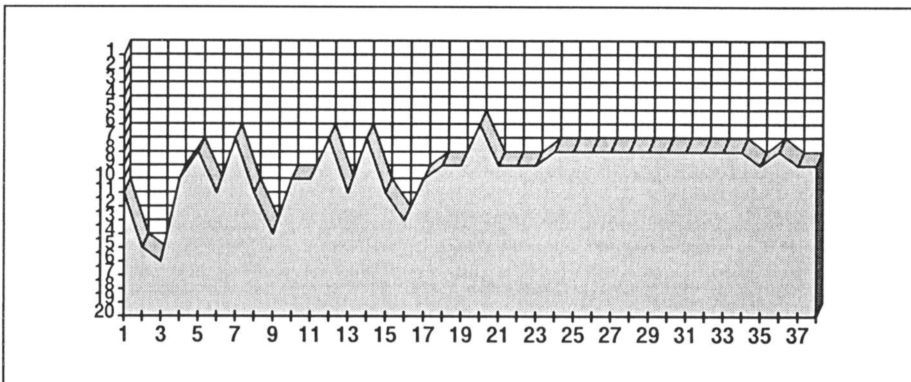

Mit einem Fallrückzieher bringt Marco Bode das Kölner Tor in Gefahr, Bodo Illgner und Anders Giske können vereint klären. (Bremen-Köln 1:3)

Matchwinner beim 2:1 gegen Düsseldorf war Marco Bode, der beide Treffer erzielte.

1991/92

Sp.	Datum		Gegner	Ergebnis	SV-Torschützen	Zuschauer
01.	03.08.91	H	Bay. München	1 : 1 (0-1)	Rufer	33.000
02.	10.08.91	A	Bor. Dortmund	1 : 2 (0-0)	Allofs	44.000
03.	14.08.91	H	VfB Stuttgart	1 : 1 (0-0)	Bode	18.000
04.	21.08 91	A	Mönchengladbach	2 : 0 (0-0)	Bode I Neubarth	20.000
05.	24.08.91	H	Wattenscheid 09	2 : 2 (1-0)	Harttgen I Bode	13.000
06.	28.08.91	A	B. Leverkusen	0 : 0 (0-0)	-	12.000
07.	31.08.91	H	MSV Duisburg	5 : 1 (2-1)	Bode 2 I Kohn I Allofs I EIG: Gielchen	18.000
08.	07.09.91	A	Karlsruher SC	1 : 2 (1-1)	Rufer	15.000
09.	14.09.91	A	Stuttg. Kick.	1 : 2 (1-0)	Allofs	8.000
10.	21.09.91	H	H. Rostock	1 : 0 (1-0)	Bode	25.000
11.	28.09.91	A	F. Düsseldorf	0 : 0 (0-0)	-	13.000
12.	05.10.91	H	Schalke 04	2 : 1 (1-0)	Neubarth I Legat	25.000
13.	12.10.91	A	Dyn. Dresden	1 : 2 (0-2)	Neubarth	15.000
14.	19.10.91	H	VfL Bochum	3 : 0 (2-0)	Neubarth I Allofs I Bode	12.000
15.	26.10.91	A	1.FC Köln	0 : 5 (0-3)	-	19.000
16.	02.11.91	H	Kaiserslautern	0 : 2 (0-0)	-	18.000
17.	09.11.91	A	Hamburger SV	1 : 0 (1-0)	Hermann	21.000
18.	16.11.91	H	E. Frankfurt	1 : 0 (0-0)	Allofs	21.000
19.	23.11.91	A	1.FC Nürnberg	0 : 1 (0-1)	-	36.000
20.	30.11.91	A	Bay. München	4 : 3 (2-0)	Rufer I Bode I Kohn I Borowka	18.000
21.	07.12.91	H	Bor. Dortmund	0 : 1 (0-1)	-	17.000
22.	14.12.92	A	VfB Stuttgart	1 : 1 (0-0)	Allofs	18.000
23.	08.02.92	H	Mönchengladbach	0 : 0 (0-0)	-	16.000
24.	15.02.92	A	Wattenscheid	1 : 0 (0-0)	Neubarth	17.000
25.	22.02.92	H	B. Leverkusen	1 : 1 (1-1)	Legat	14.000
26.	29.02.92	A	MSV Duisburg	0 : 0 (0-0)	-	15.000
27.	07.03.92	H	Karlsruher SC	0 : 0 (0-0)	-	12.000
28.	14.03.92	H	Stuttg. Kick.	1 : 3 (0-2)	Kohn	10.000
29.	21.03.92	A	H. Rostock	0 : 0 (0-0)	-	12.000
30.	28.03.92	H	F. Düsseldorf	2 : 1 (1-0)	Bode 2	9.000
31.	04.04.92	A	Schalke 04	0 : 0 (0-0)	-	40.000
32.	11.04.92	H	Dyn. Dresden	2 : 0 (1-0)	Bode I Eilts	11.000
33.	18.04.92	A	VfL Bochum	2 : 2 (0-0)	Bode I Rufer	13.000
34.	25.04.92	H	1.FC Köln	1 : 3 (0-1)	Kohn	16.000
35.	02.05.92	A	Kaiserslautern	2 : 2 (1-1)	Wolter I Allofs	38.000
36.	05.05.92	H	Hamburger SV	1 : 1 (1-0)	Kohn	20.000
37.	09.05.92	A	E. Frankfurt	2 : 2 (0-1)	Rufer I Allofs	46.000
38.	16.05.92	H	1.FC Nürnberg	1 : 3 (1-0)	Kohn	21.000

1991/92

Spieltag	Reck	Bratseth	Borowka	Bockenfeld	Votava	Harttgen	Eilts	Legat	Bode	Rufer	Allofs	Schaaf	van Lent	Neubarth	Hermann	Kohn	Wolter	Otten	Rollmann	Bester					
01.	x	x	x	o	x	o	x	x	x	x	x	+				+									
02.	x	x	x		o	+	x	o	x	x	+	x			x	x									
03.	x	x	x			o	x		+	x	x	x		x	o	x	+								
04.	x	x	x			x	x	+	x	x				x	x	o	x								
05.	x	x	x			o	x	+	x	x	+			x	x	o	x								
06.	x		x		x	x	x		x	x	+	x		o	+	o	x								
07.	x	x	x		x		x	x	x	x	+	+		x		o	o								
08.	x	x	x	x	x		x	x		x	x	+		x		o									
09.	x	x	o	x	x		x	x		x	x	+		x	+	o									
10.	x	x	x	x	x		x	x	o	x	+	x		o	+										
11.	x	x	x	x	x	x	x		x	x	x	x													
12.	x	x	o	x	x		x	x	x	x	o			x		+	+								
13.	x	x	x	x	x			o	x		+			x	x	o	x	+							
14.	x	x	x	x	x		x		x	o	x			o		+	x	+							
15.	x	x		+	x		x	+	x	x	o			x	o		x	x							
16.	x	x	o		x	x	x	+	x	x	o			x		+	x								
17.	x	x	x		x		x	+	x	x				x	o		x	x							
18.	x	x	x		x		x		x	x	+			o	x		x	x							
19.	x	x	x	+	x	x	x		o	x	+			x			x	o							
20.	x	x	x	+	x	x	x		o	x	x	x			x	+	o								
21.	x	x	x	x	x	x	x			x			+		x	o		o		+					
22.	x	x	x	x	x	x	x				x	+		o	x	+o		x							
23.	x	x	o		x	x	x	x	+		x			x	+	o	x								
24.	x	x	x	x	o	+	x	x		o	x			x		+	x								
25.	x	x	x	x	o	+	x	x		o	x			x		+	x								
26.	x	x	x		x	x	x		+	o	x			x	x		x								
27.	x		x	o	x	x	x	x	x		o	+					x	x		+					
28.	x		x	x	o	x	x	o	x		x			x	+	x	+								
29.	x	x	x	x		x			x		+	o		x	x		x	x							
30.	x	x	x	x		o	x			+	x	+			o	x	x								
31.		x	x		o		x	x	x	+				+	x	o	x	x	x						
32.	+	x		x			x	x	x	x	o	x				+	x	x	o						
33.	x	x	x		x		x	x	x	x		o		+	+	o	x								
34.		x	o	x	x		x	x	x		+			x	+	x		o	x						
35.		x	x	x	x		x	x	x		+			x		o	x		x						
36.			x	o	x		x	x	x	o	+			x	x	x			x	+					
37.		o	x	x	x	x	x	+	o	x	x	x		+					x						
38.		o	x	x	x		x	x	+	o	x	+		x		x			x						

SP.:	32	34	36	25	32	20	37	25	32	29	32	18	1	30	24	27	26	13	7	3					
T.:	0	0	1	0	0	1	1	2	12	5	8	0	0	5	1	6	1	0	0	0					

1992 / 93

SAISONFAZIT:

Nach der enttäuschenden letzten Saison trumpften die Hanseaten diesmal so richtig auf. Der Lohn: Deutscher Meister! Nach 1965 und 1988 ist dies der dritte Meistertitel für die Bremer.

Rehhagel hatte zum letztjährigen Kader noch erhebliche Verstärkung (Beiersdorfer und vor allem Herzog, während der Winterpause verpflichteten die Bremer noch Torjäger Bernd Hobsch) bekommen. Gerade Hobsch erwies sich als ein Glückskauf, schoß er doch in etlichen Spielen wichtige Tore, so zum Beispiel am letzten Spieltag beim VfB. Kaum war er eingewechselt, da klingelte es auch schon zweimal in Immels Kasten.

Es mußte einfach aufwärts gehen. So schlecht wie in der letzten Saison sollte es nicht noch einmal kommen. Aber die Saison begann alles andere als gut für die Werderaner. In den ersten Begegnungen wollte nicht viel klappen. In Karlsruhe setzte es sogar eine deutliche 2:5-Schlappe. Doch eine kleine Siegesserie (4 Siege hintereinander) ließ die Bremer näher an die Spitze rücken.

Dem Spitzenreiter aus München rückte man immer näher, auch das gute Torepolster der Bayern machten die Bremer wett (u. a. 5:0 gegen den HSV). Psychologisch von Vorteil war auch der glatte 4:1-Heimerfolg (auch im Olympiastadion hatte Werder den Münchenern mit 3:1 das Nachsehen gegeben) gegen die Bayern. Nun wußten die Bayern, daß ihnen ein Konkurrent auf den Fersen war. Am 31. Spieltag wurde es noch einmal spannend, setzte es doch auf dem Bökelberg eine klare 1:3-Niederlage. Aber die anschließenden 3 Siege (12-0 Tore) ließen keinen Zweifel mehr aufkommen - der neue Deutsche Meister kam aus Bremen!

SAISONSTATISTIK	**Platz: 1**			
	Siege:	19	Tore:	63 - 30 (+ 33)
	Unentsch.:	10	Punkte:	48 : 20
	Niederl.:	5	Zuschauer:	368.000

FIEBERKURVE

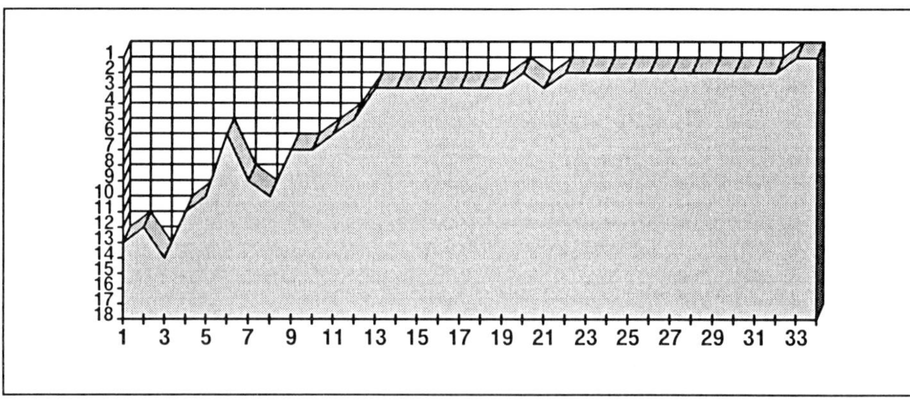

Bernd Hobsch erzielt die 1:0-Führung gegen den Karlsruher SC (Endstand 3:0)

Mit langem Bein versucht Dieter Eilts den Kölner Pierre Littbarski vom Ball zu trennen.
(Bremen-Köln 2:0)

1992/93

Sp.	Datum		Gegner	Ergebnis	SV-Torschützen	Zuschauer
01.	15.08.92	A	1.FC Nürnberg	0 : 0 (0-0)	-	35.000
02.	22.08.92	H	B. Leverkusen	1 : 1 (1-1)	Borowka	15.000
03.	26.08.92	A	Karlsruher SC	2 : 5 (2-2)	Rufer I Harttgen	18.000
04.	29.08 92	H	VfL Bochum	3 : 1 (3-1)	Votava I Bratseth I ElG: Schwanke	12.000
05.	02.09.92	A	Schalke 04	0 : 0 (0-0)	-	35.000
06.	05.09.92	H	B. Uerdingen	2 : 1 (1-0)	Harttgen I Votava	11.000
07.	19.09.92	A	Kaiserslautern	1 : 3 (0-2)	Rufer	29.000
08.	26.09.92	H	E. Frankfurt	0 : 0 (0-0)	-	21.000
09.	03.10.92	A	Dyn. Dresden	3 : 2 (2-0)	Herzog I Bode I Beiersdorfer	14.000
10.	17.10.92	H	1.FC Köln	2 : 0 (1-0)	Beiersdorfer 2	18.000
11.	24.10.92	A	Bay. München	3 : 1 (1-0)	Rufer 2 I Herzog	33.000
12.	31.10.92	H	Wattenscheid 09	3 : 0 (2-0)	Rufer 2 I Bratseth	14.000
13.	14.11.92	A	Bor. Dortmund	2 : 2 (1-2)	Herzog I Borowka	43.000
14.	21.11.92	H	Mönchengladbach	2 : 0 (0-0)	Borowka I Herzog	18.000
15.	28.11.92	H	Saarbrücken	2 : 0 (0-0)	Rufer I Kohn	15.000
16.	05.12.92	A	Hamburger SV	0 : 0 (0-0)	-	46.000
17.	12.12.92	H	VfB Stuttgart	1 : 1 (1-0)	Rufer	19.000
18.	20.02.93	H	1.FC Nürnberg	3 : 0 (0-0)	Rufer I Herzog I Hobsch	15.000
19.	27.02.93	A	B. Leverkusen	2 : 2 (1-0)	Bode I Hobsch	14.000
20.	06.03.93	H	Karlsruher SC	3 : 0 (2-0)	Hobsch I Herzog I Rufer	21.000
21.	13.03.93	A	VfL Bochum	0 : 2 (0-2)	-	20.000
22.	20.03.93	H	Schalke 04	2 : 0 (2-0)	Eilts I ElG: Herzog	24.000
23.	27.03.93	A	B. Uerdingen	2 : 0 (1-0)	Rufer 2	10.000
24.	03.04.93	H	Kaiserslautern	1 : 0 (1-0)	Votava	26.000
25.	10.04.93	A	E. Frankfurt	0 : 3 (0-1)	-	36.000
26.	17.04.93	H	Dyn. Dresden	3 : 0 (2-0)	Legat I Wolter I Beiersdorfer	19.000
27.	24.04.93	A	1.FC Köln	0 : 0 (0-0)	-	38.000
28.	27.04.93	H	Bay. München	4 : 1 (1-1)	Rufer 2 I Herzog I Hobsch	41.000
29.	01.05.93	A	Wattenscheid 09	2 : 2 (1-1)	Hobsch I Rufer	12.000
30.	08.05.93	H	Bor. Dortmund	1 : 0 (1-0)	Neubarth	41.000
31.	15.05.93	A	Mönchengladbach	1 : 3 (0-1)	Neubarth	31.000
32.	22.05.93	A	Saarbrücken	4 : 0 (2-0)	Neubarth I Kohn 2 I Herzog	16.000
33.	29.05.93	H	Hamburger SV	5 : 0 (2-0)	Rufer 2 I Herzog 2 I Kohn	38.000
34.	05.06.93	A	VfB Stuttgart	3 : 0 (0-0)	Hobsch 2 I Wolter	52.000

1992/93

Spieltag	Reck	Bratseth	Borowka	Wolter	Bockenfeld	Votava	Herzog	Eilts	Legat	Rufer	Bode	Harttgen	Neubarth	Allofs	Kohn	Hermann	Schaaf	Gundelach	van Lent	Hobsch	Beiersdorfer				
01.	x	x	x	x	x	o	o	x	x	x	x	+	+												
02.	x	x	x	x	o	x	x	x	x	x				+	o	+									
03.	x	x	o	x		x	x	x	o	x	x	x	+	+											
04.	x	x	+	x		x	o	x	x	x		x	o		+						x				
05.	x	x	x	o	+	x	x	x			x		x	+	o						x				
06.	x	x			x	x	o	x			x	x		x	o	+			+		x				
07.	x	x		x	x	x	o	x		x	x	+		+		o					x				
08.	x	o		x	+	x	x	o		x	x	x		x		+					x				
09.	x	x		x	x	x	o	x		x	x	+				x					x				
10.	x	x	x	x		x	x	x		x	x			o					+		x				
11.			x	x		x	o	x	x	x	x	+	x					x			x				
12.	x	x	x	+	o	x	o	x	+	x	x		x								x				
13.	x	x	x	x		x	x	x	x	x	x										x				
14.	x	x	x	x		x	o	x	x	x	x		+		+						o				
15.		x	x	x	+	o	x	x	x	x	x				+			x			o				
16.	x		x	x		x	x	x	o	o	x	+	x	+							x				
17.	x		x	x	x	x	o	x		o	x	+	x		+						x				
18.	x	x	x	x		x	x	x	x	o			x	+	+					o					
19.	x	x	x	+		x	x	x		x	x		o	+						x	o				
20.	x	x	x		+		x	x	x	x	o				+		o			x	x				
21.	x		x	x		x	x	x		o	x			+	+		o			x	x				
22.	x	x	x	x	+	x	x	o		o	x				+					x	x				
23.	x	x	x	x	+	x		o		x	x	o					+			x	x				
24.	x	x	x	x	x	x	o		x	o	x			+			+			x					
25.	x	x	x	x	+	x	x		x	+	o	x								x	o				
26.	x	x		x	x	x	o		x	x	o		+		+					x	x				
27.	x	x	+	x		x	o		x	x	x		o	+						x	x				
28.	x		x	x		x	x		x	o	o		x		+		+			x	x				
29.	x	x		x		x	x		x	x	x		x	+						x	o				
30.	x	x	x	x		x	x		x	x	x		o							x	+				
31.	x	x	x			x	o		x	x	x	+	x	+						x	o				
32.	x	x	x	x		x	+		x	x	x		o		o					+	x				
33.	x	x	x	+	o	x	x		x	x			x		o					+	x				
34.	x	x	x	x		x	o	x	x	x				+	o					+	x				

SP.:	32	29	28	31	17	33	33	24	23	32	29	12	19	16	17	5	5	2	2	17	29				
T.:	0	2	1	2	0	3	10	1	1	17	4	2	3	0	4	0	0	0	0	7	4				

1993 / 94

SAISONFAZIT:

Für den Deutschen Meister stand die Titelverteidigung auf dem Programm. Doch daraus wurde nichts. Eine insgesamt enttäuschende Saison brachte am Ende nur den 8. Platz, etliche Punkte hinter den Bayern, dem neuen Meister. Zu wenig für einen amtierenden Deutschen Meister.

Dabei hatte sich das Team mit Mario Basler noch erheblich gegenüber der letzten Spielzeit verstärkt. Der Start verlief auch nach Maß. Zuerst wurde der VfB mit 5:1 zurück an den Neckar geschickt, dann erreichte Werder ein beachtliches 2:2 beim Topfavoriten Frankfurt. Die nächsten beiden Spiele konnten ebenso gewonnen werden. Doch dann setzte es eine herbe Schlappe: Im Weserstadion unterlag Bremen dem Aufsteiger aus Duisburg mit 1:5-Toren (Halbzeitstand: 0:0)! Mit den nächsten 3 Spielen kehrte wieder Ruhe ins Team, siegte die Rehagel-Elf doch dreimal hintereinander.

Doch in der Rückrunde wollte nicht mehr viel gelingen. Selten überzeugte das Team von Trainer Rehhagel. Negativ auch in dieser Saison die 3 Roten Karten gegen Beiersdorfer (in Freiburg) und sogar zweimal gegen Basler (in Leipzig und in München). Daneben gab es noch eine Gelb-Rote Karte gegen Wolter (gg. Köln). Zwischen dem 22. und 28. Spieltag sprangen lediglich 2 Unentschieden heraus. Alle anderen Partien gingen verloren. Erst mit dem glücklichen 3:2-Erfolg über Freiburg kam Werder aus den unteren Tabellenregionen (um Platz 12 herum) heraus und durch den 4:2-Erfolg über Gladbach sicherte man sich wenigstens noch Platz 8.

Aus dieser verkorksten Saison sind allenfalls 3 positive Merkmale zu verzeichnen: das Vordringen des Clubs im EC in die Champions-League, der Spieler Mario Basler avancierte zum Nationalspieler und der Gewinn des DFB-Vereinspokals (3:1 gg. RW Essen).

SAISONSTATISTIK	**Platz: 8**			
	Siege:	13	Tore:	51 - 44 (+ 7)
	Unentsch.:	10	Punkte:	36 : 32
	Niederl.:	11	Zuschauer:	413.000

FIEBERKURVE

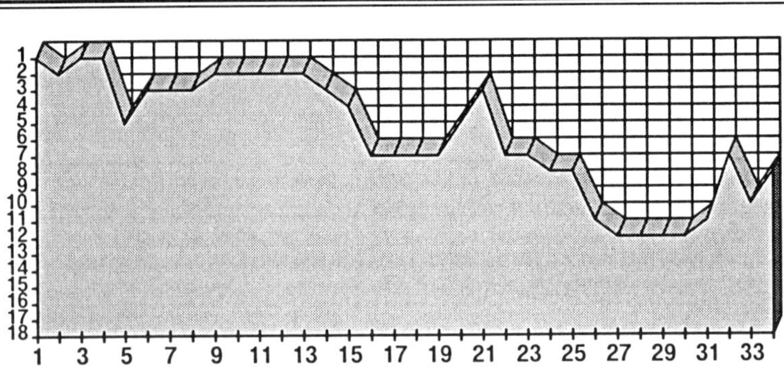

Andreas Herzog erzielt per Linksschuß das 2:0 gegen den VfB Stuttgart. Hobsch, Buck, Berthold und Strunz (von links) als "Statisten". (Werder-VfB Stuttgart 5:1)

Rechts: Traumtor durch Dietmar Beiersdorfer: Der Ex-Hamburger erzielt mit Fallrückzieher das 2:1 gegen den VfB Leipzig. (Endstand 3:1)

1993/94

Sp.	Datum		Gegner	Ergebnis	SV-Torschützen	Zuschauer
01.	07.08.93	H	VfB Stuttgart	5 : 1 (2-0)	Herzog 2 I Hobsch I Rufer 2	24.000
02.	14.08.93	A	E. Frankfurt	2 : 2 (1-1)	Beiersdorfer I Bode	40.000
03.	21.08.93	H	VfB Leipzig	3 : 1 (1-1)	Hobsch I Beiersdorfer I Basler	21.000
04.	28.08 93	A	Kaiserslautern	3 : 2 (1-0)	Borowka I Herzog I Wolter	32.000
05.	01.09.93	H	MSV Duisburg	1 : 5 (0-0)	Hobsch	22.000
06.	04.09.93	A	1.FC Nürnberg	1 : 0 (0-0)	Rufer	38.000
07.	08.09.93	H	Bayern München	1 : 0 (0-0)	Hobsch	40.000
08.	18.09.93	A	Karlsruher SC	3 : 0 (1-0)	Wiedener 2 EIG: Wittwer	24.000
09.	25.09.93	H	Wattenscheid	0 : 0 (0-0)	-	18.000
10.	02.10.93	A	Schalke 04	1 : 1 (0-0)	Hobsch	25.000
11.	09.10.93	H	Bor. Dortmund	4 : 0 (0-0)	Votava I Hobsch I Eilts I Herzog	36.000
12.	16.10.93	A	SC Freiburg	0 : 0 (0-0)	-	15.000
13.	23.10.93	H	Hamburger SV	0 : 2 (0-2)	-	37.000
14.	30.10.93	A	B. Leverkusen	2 : 2 (2-1)	Bode I Rufer	19.000
15.	06.11.93	A	1.FC Köln	0 : 2 (0-1)	-	33.000
16.	13.11.93	H	Dyn. Dresden	0 : 1 (0-1)	-	18.000
17.	20.11.93	A	Mönchengladbach	2 : 3 (2-1)	Rufer 2	27.000
18.	27.11.93	A	VfB Stuttgart	0 : 0 (0-0)	-	17.000
19.	04.12.93	H	E. Frankfurt	1 : 0 (0-0)	Rufer	25.000
20.	11.12.93	A	VfB Leipzig	1 : 1 (0-1)	Hobsch	11.000
21.	12.02.94	H	Kaiserslautern	2 : 0 (2-0)	Bratseth I Bode	19.000
22.	19.02.94	A	MSV Duisburg	0 : 1 (0-0)	-	21.000
23.	26.02.94	H	1.FC Nürnberg	2 : 2 (1-1)	Herzog I Basler	15.000
24.	05.03.94	A	Bayern München	0 : 2 (0-0)	-	63.000
25.	12.03.94	H	Karlsruher SC	0 : 2 (0-0)	-	20.000
26.	19.03.94	A	Wattenscheid	2 : 2 (1-1)	Bode 2	5.000
27.	26.03.94	H	Schalke 04	0 : 1 (0-1)	-	23.000
28.	02.04.94	A	Bor. Dortmund	2 : 3 (1-0)	Basler I Bode	42.000
29.	05.04.94	H	SC Freiburg	3 : 2 (2-1)	Neubarth 3	19.000
30.	09.04.94	A	Hamburger SV	1 : 1 (1-1)	Herzog	37.000
31.	16.04.94	H	Leverkusen	2 : 1 (1-0)	Basler 2	23.000
32.	23.04.94	H	1.FC Köln	3 : 1 (2-1)	Rufer 2 I Neubarth	26.000
33.	30.04.94	A	Dyn. Dresden	0 : 1 (0-0)	-	26.000
34.	07.05.94	H	Mönchengladbach	4 : 2 (1-1)	Rufer I Hobsch I Legat I Bode	27.000

1993/94

Spieltag	Reck	Votava	Beiersdorfer	Borowka	Wolter	Rufer	Eilts	Legat	Bode	Hobsch	Herzog	Wiedener	Basler	Neubarth	Bockenfeld	Gundelach	Bratseth	Schaaf	Bester	Harttgen	Unger	Sauer			
01.	x	x	o	x	x	x	x		x	x	x		+	o	+										
02.	x	x	x	o	x	x	x		x	x	o		+	x	*										
03.		x	x	+	x	x	o		x	x	x		x	x		x									
04.	x	x	x	x	x	x	x	x	x	x	o	+													
05.	x	x	o	x	x	x	x	x	x	x	x				+										
06.	x	x	x	x	x	o	x	x	x		x	+	x												
07.	x	x	x	x	x	x	x	+	o	x	o		+				x								
08.	x	x	x	x	x	x	x		x	o	o	+	x					+							
09.	x	x	x	x		x	x	+	o	x	x		x				x								
10.	x	x	o	x		x	x		o	x	x		+		+		x	x							
11.	x	x	x	x		x	x	+	o	o	x	+	x				x								
12.	x	x	x	x		x	x		x	x	o	+	+				x	o							
13.	x	x		x		x	x	o	o	x	x		x	+	+		x								
14.		x	x	x	+	x	x		x	x	x	x	o			x	o								
15.		x	o	x	o	x	x		x	x	x				+	x	x	+							
16.		x	x	o	x	x	x	+	o		x		x	+		x	x								
17.	x	x	x	x	x	x		x	x	o	o		+	+			x								
18.	x	x	x	x	x	x	x		x	o		+	x	+o			x								
19.	x	x	x	x	x	x	x	+	x	o		+	o				x								
20.	x	+	o	x	x	x	x	o	x	x	+		x				x								
21.	x	x	x		x	x	x	x	x		x	+	x				o								
22.	x	x	x		o	x	x		x		x	x	x				o	+	+						
23.	x		o		x	x	x	x	x		x	x	x	+			x								
24.	x	x	x		x	x	o	x		+	x	x	x				x								
25.	x	x	o		x	x		x		+	x	x		x	x		x								
26.	x	x	x		x	x		x	x			x		o			x	+		o	+				
27.	x	x	x		x	x		x	x		x		x	x			x								
28.	x	x	x					x	x		x	o	x	x			x	x				+			
29.	x	x	x		o	x			o		x	x	x	x	+		x	+							
30.	x	x		o	x	x		x	x		x	+	o	x			x	+							
31.	x	o	x	o	x	x	+	x	x		x	+	x				x								
32.	x	x	x	o	x	x			x	x	o	+	x	+			x								
33.	x	x	x			x	x	o	x	x	+	x	x	+			o								
34.	x	x	o	+	x	o	x	x	x	x		+	x	x											

SP.:	30	33	32	24	27	33	26	22	32	23	30	21	29	17	8	4	26	9	1	1	1	1			
T.:	0	1	2	1	1	10	1	1	7	8	6	2	5	4	0	0	1	0	0	0	0	0			

TABELLEN

63/64	Verein	S	U	N	Tore	Pkt.
01.	1.FC Köln	17	11	2	78-40	45:15
02.	Meider. SV	13	13	4	60-36	39:21
03.	E. Frankfurt	16	7	7	65-41	39:21
04.	B. Dortmund	14	5	11	73-57	33:27
05.	VFB Stuttg.	13	7	10	48-40	33:27
06.	Hamb. SV	11	10	9	69-60	32:28
07.	München 60	11	9	10	66-50	31:29
08.	Schalke 04	12	5	13	51-53	29:31
09.	Nürnberg	11	7	12	45-56	29:31
10.	**W. Bremen**	**10**	**8**	**12**	**53-62**	**28:32**
11.	Braunschw.	11	6	13	36-49	28:32
12.	Kaiserslt.	10	6	14	48-69	26:34
13.	Karlsruhe	8	8	14	42-55	24:36
14.	Hertha BSC	9	6	15	45-65	24:36
15.	Pr. Münster	7	9	14	34-52	23:37
16.	Saarbrücken	6	5	19	44-72	17:43

64/65	Verein	S	U	N	Tore	Pkt.
01.	**W. Bremen**	**15**	**11**	**4**	**54-29**	**41:19**
02.	1.FC Köln	14	10	6	66-45	38:22
03.	B. Dortmund	15	6	9	67-48	36:24
04.	München 60	14	7	9	70-50	35:25
05.	Hannover	13	7	10	48-42	33:27
06.	Nürnberg	11	10	9	44-38	32:28
07.	Meider. SV	12	8	10	46-48	32:28
08.	Frankfurt	11	7	12	50-58	29:31
09.	Braunschw.	10	8	12	42-47	28:32
10.	Neunkirchen	9	9	12	44-48	27:33
11.	Hamb. SV	11	5	14	46-56	27:33
12.	VFB Stuttg.	9	8	13	46-50	26:34
13.	Kaiserslt.	11	3	16	41-53	25:35
14.	Hertha BSC	7	11	12	40-62	25:35
15.	Karlsruhe	9	6	15	47-62	24:36
16.	Schalke 04	7	8	15	45-60	22:38

65/66	**Verein**	**S**	**U**	**N**	**Tore**	**Pkt.**
01.	München 60	20	10	4	80-40	50:18
02.	B. Dortmund	19	9	6	70-36	47:21
03.	B. München	20	7	7	71-38	47:21
04.	**W. Bremen**	**21**	**3**	**10**	**76-40**	**45:23**
05.	1.FC Köln	19	6	9	74-41	44:24
06.	Nürnberg	14	11	9	54-43	39:29
07.	Frankfurt	16	6	12	64-46	38:30
08.	Meider. SV	14	8	12	70-48	36:32
09.	Hamburg. SV	13	8	13	64-52	34:34
10.	Braunschw.	11	12	11	49-49	34:34
11.	VFB Stuttg.	13	6	15	42-48	32:36
12.	Hannover	12	8	15	59-57	30:38
13.	Mönchengl.	9	11	14	57-68	29:39
14.	Schalke 04	10	7	17	33-55	27:41
15.	Kaiserslt.	8	10	16	42-65	26:42
16.	Karlsruhe	9	6	19	35-71	24:44
17.	Neunkirchen	9	4	21	32-82	22:46
18.	Tasmania B.	2	4	28	15-108	8:60

66/67	**Verein**	**S**	**U**	**N**	**Tore**	**Pkt.**
01.	Braunschw.	17	9	8	49-27	43:25
02.	München 60	17	7	10	60-47	41:27
03.	B. Dortmund	15	9	10	70-41	39:29
04.	E. Frankfurt	15	9	10	66-49	39:29
05.	Kaiserslt.	13	12	9	43-42	38:30
06.	B. München	16	5	13	62-47	37:31
07.	1.FC Köln	14	9	11	48-48	37:31
08.	Mönchengl.	12	10	12	70-49	34:34
09.	Hannover	13	8	13	40-46	34:34
10.	Nürnberg	12	10	12	43-50	34:34
11.	MSV Duisb.	10	13	11	40-42	33:35
12.	VFB Stuttg.	10	13	11	48-54	33:35
13.	Karlsruhe	11	9	14	54-62	31:37
14.	Hamburg. SV	10	10	14	37-53	30:38
15.	Schalke 04	12	6	16	37-63	30:38
16.	**W. Bremen**	**10**	**9**	**15**	**49-56**	**29:39**
17.	F. Düsseld.	9	7	18	44-66	25:43
18.	RW Essen	6	13	15	35-53	25:43

67/68	**Verein**	**S**	**U**	**N**	**Tore**	**Pkt.**
01.	Nürnberg	19	9	6	71-37	47:21
02.	**W. Bremen**	**18**	**8**	**8**	**68-51**	**44:24**
03.	Mönchengl.	15	12	7	77-45	42:26
04.	1.FC Köln	17	4	13	68-52	38:30
05.	B. München	16	6	12	68-58	38:30
06.	E. Frankfurt	15	8	11	58-51	38:30
07.	MSV Duisb.	13	10	11	69-58	36:32
08.	VFB Stuttg.	14	7	13	65-54	35:33
09.	Braunschw.	15	5	14	37-39	35:33
10.	Hannover	12	10	12	48-52	34:34
11.	Al. Aachen	13	8	13	52-66	34:34
12.	München 60	11	11	12	55-39	33:35
13.	Hamburg. SV	11	11	12	51-54	33:35
14.	B. Dortmund	12	7	15	60-59	31:37
15.	Schalke 04	11	8	15	42-48	30:38
16.	Kaiserslt.	8	12	14	39-67	28:40
17.	Neunkirchen	7	5	22	33-93	19:49
18.	Karlsruhe	6	5	23	32-70	17:51

68/69	**Verein**	**S**	**U**	**N**	**Tore**	**Pkt.**
01.	B. München	18	10	6	61-31	46:22
02.	Al. Aachen	16	6	12	57-51	38:30
03.	Mönchengl.	13	11	10	61-46	37:31
04.	Braunschw.	13	11	10	46-43	37:31
05.	VFB Stuttg.	14	8	12	60-54	36:32
06.	Hamburg. SV	13	10	11	55-55	36:32
07.	Schalke 04	14	7	13	45-40	35:33
08.	E. Frankfurt	13	8	13	46-43	34:34
09.	**W. Bremen**	**14**	**6**	**14**	**59-59**	**34:34**
10.	München 60	15	4	15	44-59	34:34
11.	Hannover	9	14	11	47-45	32:36
12.	MSV Duisb.	8	16	10	33-37	32:36
13.	1.FC Köln	13	6	15	47-56	32:36
14.	Hertha BSC	12	8	14	31-39	32:36
15.	Kaiserslt.	12	6	16	45-47	30:38
16.	B. Dortmund	11	8	15	49-54	30:38
17.	Nürnberg	9	11	14	45-55	29:39
18.	K. Offenbach	10	8	16	42-59	28:40

69/70	Verein	S	U	N	Tore	Pkt.
01.	Mönchengl.	23	5	6	71-29	51:17
02.	B. München	21	5	8	88-37	47:21
03.	Hertha BSC	20	5	9	67-41	45:23
04.	1.FC Köln	20	3	11	83-38	43:25
05.	B. Dortmund	14	8	12	60-67	36:32
06.	Hamburg. SV	12	11	11	57-54	35:33
07.	VfB Stuttg.	14	7	13	59-62	35:33
08.	E. Frankfurt	12	10	12	54-54	34:34
09.	Schalke 04	11	12	11	43-54	34:34
10.	Kaiserslaut.	10	12	12	44-55	32:36
11.	**W. Bremen**	**10**	**11**	**13**	**38-47**	**31:37**
12.	RW Essen	8	15	11	41-54	31:37
13.	Hannover	11	8	15	49-61	30:38
14.	Oberhausen	11	7	16	50-62	29:39
15.	MSV Duisb.	9	11	14	35-48	29:39
16.	Braunschw.	9	10	15	40-49	28:40
17.	60 München	9	7	18	41-56	25:43
18.	Al. Aachen	5	7	22	31-83	17:51

70/71	Verein	S	U	N	Tore	Pkt.
01.	Mönchengl.	20	10	4	77-35	50:18
02.	B. München	19	10	5	74-36	48:20
03.	Hertha BSC	16	9	9	61-43	41:27
04.	Braunschw.	16	7	11	52-40	39:29
05.	Hamburg. SV	13	11	10	54-63	37:31
06.	Schalke 04	15	6	13	44-40	36:32
07.	MSV Duisb.	12	11	11	43-47	35:33
08.	Kaiserslaut.	15	4	15	54-57	34:34
09.	Hannover	12	9	13	53-49	33:35
10.	**W. Bremen**	**11**	**11**	**12**	**41-40**	**33:35**
11.	1.FC Köln	11	11	12	46-56	33:35
12.	VfB Stuttg.	11	8	15	49-49	30:38
13.	B. Dortmund	10	9	15	54-60	29:39
14.	A. Bielefeld	12	5	17	34-53	29:39
15.	E. Frankfurt	11	6	17	39-56	28:40
16.	Oberhausen	9	9	16	54-69	27:41
17.	K. Offenbach	9	9	16	49-65	27:41
18.	RW Essen	7	9	18	48-68	23:45

71/72	Verein	S	U	N	Tore	Pkt.
01.	B. München	24	7	3	101-38	55:13
02.	Schalke 04	24	4	6	76-35	52:16
03.	Mönchengl.	18	7	9	82-40	43:25
04.	1.FC Köln	15	13	6	64-44	43:25
05.	E. Frankfurt	16	7	11	71-61	39:29
06.	Hertha BSC	14	9	11	46-55	37:31
07.	Kaiserslaut.	14	7	13	59-53	35:33
08.	VfB Stuttg.	13	9	12	52-56	35:33
09.	VfL Bochum	14	6	14	59-69	34:34
10.	Hamburg. SV	13	7	14	52-52	33:35
11.	**W. Bremen**	**11**	**9**	**14**	**63-58**	**31:37**
12.	Braunschw.	8	15	11	43-48	31:37
13.	F. Düsseld.	10	10	14	40-53	30:38
14.	MSV Duisb.	10	7	17	36-51	27:41
15.	Oberhausen	7	11	16	33-66	25:43
16.	Hannover	10	3	21	54-69	23:45
17.	B. Dortmund	6	8	20	34-83	20:48
18.	A. Bielefeld	6	7	21	0-0	0:0

72/73	Verein	S	U	N	Tore	Pkt.
01.	B. München	25	4	5	93-29	54:14
02.	1.FC Köln	16	11	7	66-51	43:25
03.	F. Düsseld.	15	12	7	62-45	42:26
04.	Wuppert. SV	15	10	9	62-49	40:28
05.	Mönchengl.	17	5	12	82-61	39:29
06.	VfB Stuttg.	17	3	14	71-65	37:31
07.	K. Offenbach	14	7	13	61-60	35:33
08.	E. Frankfurt	15	4	15	58-54	34:34
09.	Kaiserslaut.	12	10	12	58-68	34:34
10.	MSV Duisb.	12	9	13	53-54	33:35
11.	**W. Bremen**	**12**	**7**	**15**	**50-52**	**31:37**
12.	VfL Bochum	11	9	14	50-68	31:37
13.	Hertha BSC	11	8	15	53-64	30:38
14.	Hamburg. SV	10	8	16	53-59	28:40
15.	Schalke 04	10	8	16	46-61	28:40
16.	Hannover	9	8	17	49-65	26:42
17.	Braunschw.	9	7	18	33-56	25:43
18.	Oberhausen	9	4	21	45-84	22:46

73/74	Verein	S	U	N	Tore	Pkt.
01.	B. München	20	9	5	95-53	49:19
02.	Mönchengl.	21	6	7	93-52	48:20
03.	F. Düsseld.	16	9	9	61-47	41:27
04.	E. Frankfurt	15	11	8	63-50	41:27
05.	1.FC Köln	16	7	11	69-56	39:29
06.	Kaiserslaut.	15	8	11	80-69	38:30
07.	Schalke 04	16	5	13	72-68	37:31
08.	Hertha BSC	11	11	12	56-60	33:35
09.	VfB Stuttg.	12	7	15	58-57	31:37
10.	K. Offenbach	11	9	14	56-62	31:37
11.	**W. Bremen**	**9**	**13**	**12**	**48-56**	**31:37**
12.	Hamburg. SV	13	5	16	53-62	31:37
13.	RW Essen	10	11	13	56-70	31:37
14.	VfL Bochum	9	12	13	45-57	30:38
15.	MSV Duisb.	11	7	16	42-56	29:39
16.	Wuppertal	8	9	17	42-65	25:43
17.	Fort. Köln	8	9	17	46-79	25:43
18.	Hannover	6	10	18	50-66	22:46

74/75	Verein	S	U	N	Tore	Pkt.
01.	Mönchengl.	21	8	5	86-40	50:18
02.	Hertha BSC	19	6	9	61-43	44:24
03.	E. Frankfurt	18	7	9	89-49	43:25
04.	Hamburg. SV	18	7	9	55-38	43:25
05.	1.FC Köln	17	7	10	77-51	41:27
06.	F. Düsseld.	16	9	9	66-55	41:27
07.	Schalke 04	16	7	11	52-37	39:29
08.	K. Offenbach	17	4	13	72-62	38:30
09.	Braunschw.	14	8	12	52-42	36:32
10.	B. München	14	6	14	57-63	34:34
11.	VfL Bochum	14	5	15	53-53	33:35
12.	RW Essen	10	12	12	56-68	32:36
13.	Kaiserslaut.	13	5	16	56-55	31:37
14.	MSV Duisb.	12	6	16	59-77	30:38
15.	**W. Bremen**	**9**	**7**	**18**	**45-69**	**25:43**
16.	VfB Stuttg.	8	8	18	50-79	24:44
17.	T.B. Berlin	5	6	23	38-89	16:52
18.	Wuppertal	2	8	24	32-86	12:56

75/76	Verein	S	U	N	Tore	Pkt.
01.	Mönchengl.	16	13	5	66-37	45:23
02.	Hamburg. SV	17	7	10	59-32	41:27
03.	B. München	15	10	9	72-50	40:28
04.	1.FC Köln	14	11	9	62-45	39:29
05.	Braunschw.	14	11	9	52-48	39:29
06.	Schalke 04	13	11	10	76-55	37:31
07.	Kaiserslaut.	15	7	12	66-60	37:31
08.	RW Essen	13	11	10	61-67	37:31
09.	E. Frankfurt	13	10	11	79-58	36:32
10.	MSV Duisb.	13	7	14	55-62	33:35
11.	Hertha BSC	11	10	13	59-61	32:36
12.	F. Düsseld.	10	10	14	47-57	30:38
13.	**W. Bremen**	**11**	**8**	**15**	**44-55**	**30:38**
14.	VfL Bochum	12	6	16	49-62	30:38
15.	Karlsr. SC	12	6	16	46-59	30:38
16.	Hannover	9	9	16	48-60	27:41
17.	K. Offenbach	9	9	16	40-72	27:41
18.	B. Uerdingen	6	10	18	28-69	22:46

76/77	Verein	S	U	N	Tore	Pkt.
01.	Mönchengl.	17	10	7	58-34	44:24
02.	Schalke 04	17	9	8	77-52	43:25
03.	Braunschw.	15	13	6	56-38	43:25
04.	E. Frankfurt	17	8	9	86-57	42:26
05.	1.FC Köln	17	6	11	83-61	40:28
06.	Hamburg. SV	14	10	10	67-56	38:30
07.	B. München	14	9	11	74-65	37:31
08.	B. Dortmund	12	10	12	73-64	34:34
09.	MSV Duisb.	11	12	11	60-51	34:34
10.	Hertha BSC	13	8	13	55-54	34:34
11.	**W. Bremen**	**13**	**7**	**14**	**51-59**	**33:35**
12.	F. Düsseld.	11	9	14	52-54	31:37
13.	Kaiserslaut.	12	5	17	53-59	29:39
14.	Saarbrücken	9	11	14	43-55	29:39
15.	VfL Bochum	11	7	16	47-62	29:39
16.	Karlsruh. SC	9	10	15	53-75	28:40
17.	T.B. Berlin	6	10	18	47-85	22:46
18.	RW Essen	7	8	19	49-103	22:46

77/78	Verein	S	U	N	Tore	Pkt.
01.	1.FC Köln	22	4	8	86-41	48:20
02.	Mönchengl.	20	8	6	86-44	48:20
03.	Hertha BSC	15	10	9	59-48	40:28
04.	VfB Stuttg.	17	5	12	58-40	39:29
05.	F. Düsseld.	15	9	10	49-36	39:29
06.	MSV Duisb.	15	7	12	62-59	37:31
07.	E. Frankfurt	16	4	14	59-52	36:32
08.	Kaiserslaut.	16	4	14	64-64	36:32
09.	Schalke 04	14	6	14	47-52	34:34
10.	Hamburg. SV	14	6	14	61-67	34:34
11.	B. Dortmund	14	5	15	57-71	33:35
12.	B. München	11	10	13	62-64	32:36
13.	Braunschw.	14	4	16	43-53	32:36
14.	VfL Bochum	11	9	14	49-51	31:37
15.	**W. Bremen**	**13**	**5**	**16**	**48-57**	**31:37**
16.	60 München	7	8	19	41-60	22:46
17.	Saarbrücken	6	10	18	39-70	22:46
18.	St. Pauli	6	6	22	44-86	18:50

78/79	Verein	S	U	N	Tore	Pkt.
01.	Hamburg. SV	21	7	6	78-32	49:19
02.	VfB Stuttg.	20	8	6	73-34	48:20
03.	Kaiserslaut.	16	11	7	62-47	43:25
04.	B. München	16	8	10	69-46	40:28
05.	E. Frankfurt	16	7	11	50-49	39:29
06.	1.FC Köln	13	12	9	55-47	38:30
07.	F. Düsseld.	13	11	10	70-59	37:31
08.	VfL Bochum	10	13	11	47-46	33:35
09.	Braunschw.	10	13	11	50-55	33:35
10.	Mönchengl.	12	8	14	50-53	32:36
11.	**W. Bremen**	**10**	**11**	**13**	**48-60**	**31:37**
12.	B. Dortmund	10	11	13	54-70	31:37
13.	MSV Duisb.	12	6	16	43-56	30:38
14.	Hertha BSC	9	11	14	40-50	29:39
15.	Schalke 04	9	10	15	55-61	28:40
16.	A. Bielefeld	9	8	17	43-56	26:42
17.	1.FC Nürnb.	8	8	18	36-67	24:44
18.	Darmstadt 98	7	7	20	40-75	21:47

79/80	Verein	S	U	N	Tore	Pkt.
01.	B. München	22	6	6	84-33	50:18
02.	Hamburg. SV	20	8	6	86-35	48:20
03.	VfB Stuttg.	17	7	10	75-53	41:27
	Kaiserslaut.	18	5	11	75-53	41:27
05.	1.FC Köln	14	9	11	72-55	37:31
06.	B. Dortmund	14	8	12	64-56	36:32
07.	Mönchengl.	12	12	10	61-60	36:32
08.	Schalke 04	12	9	13	40-51	33:35
09.	E. Frankfurt	15	2	17	65-61	32:36
10.	VfL Bochum	13	6	15	41-44	32:36
11.	F. Düsseld.	13	6	15	62-72	32:36
12.	Leverkusen	12	8	14	45-61	32:36
13.	60 München	10	10	14	42-53	30:38
14.	MSV Duisb.	11	7	16	43-57	29:39
15.	Uerdingen	12	5	17	43-61	29:39
16.	Hertha BSC	11	7	16	41-61	29:39
17.	**W. Bremen**	**11**	**3**	**20**	**52-93**	**25:43**
18.	Braunschw.	6	8	20	32-64	20:48

80/81	Verein	S	U	N	Tore	Pkt.
01.	B. München	22	9	3	89-41	53:15
02.	Hamburg. SV	21	7	6	73-43	49:19
03.	VfB Stuttg.	19	8	7	70-44	46:22
04.	Kaiserslaut.	17	10	7	60-37	44:24
05.	E. Frankfurt	13	12	9	61-57	38:30
06.	Mönchengl.	15	7	12	68-64	37:31
07.	B. Dortmund	13	9	12	69-59	35:33
08.	1.FC Köln	12	10	12	54-55	34:34
09.	VfL Bochum	9	15	10	53-45	33:35
10.	Karlsruh. SC	9	14	11	56-63	32:36
11.	Leverkusen	10	10	14	52-53	30:38
12.	MSV Duisb.	10	9	15	45-58	29:39
13.	F. Düsseld.	10	8	16	45-58	28:40
14.	1.FC Nürnb.	11	6	17	47-57	28:40
15.	A. Bielefeld	10	6	18	46-65	26:42
16.	60 München	9	7	18	49-67	25:43
17.	Schalke 04	8	7	19	43-88	23:45
18.	Uerdingen	8	6	20	47-79	22:46

81/82	Verein	S	U	N	Tore	Pkt.
01.	Hamburg. SV	18	12	4	95-45	48:20
02.	1.FC Köln	18	9	7	72-38	45:23
03.	B. München	20	3	11	77-56	43:25
04.	Kaiserslaut.	16	10	8	70-61	42:26
05.	**W. Bremen**	**17**	**8**	**9**	**61-52**	**42:26**
06.	B. Dortmund	18	5	11	59-40	41:27
07.	Mönchengl.	15	10	9	61-51	40:28
08.	E. Frankfurt	17	3	14	83-72	37:31
09.	VfB Stuttg.	13	9	12	62-55	35:33
10.	VfL Bochum	12	8	14	52-51	32:36
11.	Braunschw.	14	4	16	61-66	32:36
12.	A. Bielefeld	12	6	16	46-50	30:38
13.	1.FC Nürnb.	11	6	17	53-72	28:40
14.	Karlsruh. SC	9	9	16	50-68	27:41
15.	F. Düsseld.	6	13	15	48-73	25:43
16.	Leverkusen	9	7	18	45-72	25:43
17.	Darmstadt	5	11	18	46-82	21:47
18.	MSV Duisb.	8	3	23	40-77	19:49

82/83	Verein	S	U	N	Tore	Pkt.
01.	Hamburg. SV	20	12	2	79-33	52:16
02.	**W. Bremen**	**23**	**6**	**5**	**76-38**	**52:16**
03.	VfB Stuttg.	20	8	6	80-47	48:20
04.	B. München	17	10	7	74-33	44:24
05.	1.FC Köln	17	9	8	69-42	43:25
06.	Kaiserslaut.	14	13	7	57-44	41:27
07.	B. Dortmund	16	7	11	78-62	39:29
08.	A. Bielefeld	12	7	15	46-71	31:37
09.	Düsseldorf	11	8	15	63-75	30:38
10.	E. Frankfurt	12	5	17	48-57	29:39
11.	Leverkusen	10	9	15	43-66	29:39
12.	Mönchengl.	12	4	18	64-63	28:40
13.	VfL Bochum	8	12	14	43-49	28:40
14.	1.FC Nürnb.	11	6	17	44-70	28:40
15.	Braunschw.	8	11	15	42-65	27:41
16.	Schalke 04	8	6	20	48-68	22:46
17.	Karlsruh. SC	7	7	20	39-86	21:47
18.	Hertha BSC	5	10	19	43-67	20:48

83/84	Verein	S	U	N	Tore	Pkt.
01.	VfB Stuttg.	19	10	5	79-33	48:20
02.	Hamburg. SV	21	6	7	75-36	48:20
03.	Mönchengl.	21	6	7	81-48	48:20
04.	B. München	20	7	7	84-41	47:21
05.	**W. Bremen**	**19**	**7**	**8**	**79-46**	**45:23**
06.	1.FC Köln	16	6	12	70-57	38:30
07.	Leverkusen	13	8	13	50-50	34:34
08.	A. Bielefeld	12	9	13	40-49	33:35
09.	Braunschw.	13	6	15	54-69	32:36
10.	Uerdingen	12	7	15	66-79	31:37
11.	W. Mannheim	10	11	13	45-58	31:37
12.	Kaiserslaut.	12	6	16	68-69	30:38
13.	B. Dortmund	11	8	15	54-65	30:38
14.	F. Düsseld.	11	7	16	63-75	29:39
15.	VfL Bochum	10	8	16	58-70	28:40
16.	E. Frankfurt	7	13	14	45-61	27:41
17.	K. Offenbach	7	5	22	48-106	19:49
18.	1.FC Nürnb.	6	2	26	38-85	14:54

84/85	Verein	S	U	N	Tore	Pkt.
01.	B. München	21	8	5	79-38	50:18
02.	**W. Bremen**	**18**	**10**	**6**	**87-51**	**46:22**
03.	1.FC Köln	18	4	12	69-66	40:28
04.	Mönchengl.	15	9	10	77-53	39:29
05.	Hamburg. SV	14	9	11	58-49	37:31
06.	W. Mannheim	13	11	10	47-50	37:31
07.	Uerdingen	14	8	12	57-52	36:32
08.	Schalke 04	13	8	13	63-62	34:34
09.	VfL Bochum	12	10	12	52-54	34:34
10.	VfB Stuttg.	14	5	15	79-59	33:35
11.	Kaiserslaut.	11	11	12	56-60	33:35
12.	E. Frankfurt	10	12	12	62-67	32:36
13.	Leverkusen	9	13	12	52-54	31:37
14.	B. Dortmund	13	4	17	51-65	30:38
15.	F. Düsseld.	10	9	15	53-66	29:39
16.	A. Bielefeld	8	13	13	46-61	29:39
17.	Karlsruh. SC	5	12	17	47-88	22:46
18.	Braunschw.	9	2	23	39-79	20:48

85/86	Verein	S	U	N	Tore	Pkt.
01.	B. München	21	7	6	82-31	49:19
02.	**W. Bremen**	**20**	**9**	**5**	**83-41**	**49:19**
03.	Uerdingen	19	7	8	63-60	45:23
04.	Mönchengl.	15	12	7	65-51	42:26
05.	VfB Stuttg.	17	7	10	69-45	41:27
06.	Leverkusen	15	10	7	63-51	40:28
07.	Hamburg. SV	17	5	12	52-35	39:29
08.	W. Mannheim	11	11	12	41-44	33:35
09.	VfL Bochum	14	4	16	55-57	32:36
10.	Schalke 04	11	8	15	53-58	30:38
11.	Kaiserslaut.	10	10	14	49-54	30:38
12.	1.FC Nürnb.	12	5	17	51-54	29:39
13.	1.FC Köln	9	11	14	46-59	29:39
14.	F. Düsseld.	11	7	16	54-78	29:39
15.	E. Frankfurt	7	14	13	35-49	28:40
16.	B. Dortmund	10	8	16	49-65	28:40
17.	Saarbrücken	6	9	19	39-68	21:47
18.	Hannover 96	5	8	21	43-92	18:50

86/87	Verein	S	U	N	Tore	Pkt.
01.	B. München	20	13	1	67-31	53:15
02.	Hamburg. SV	19	9	6	69-37	47:21
03.	Mönchengl.	18	7	9	74-44	43:25
04.	B. Dortmund	15	10	9	70-50	40:28
05.	**W. Bremen**	**17**	**6**	**11**	**65-54**	**40:28**
06.	Leverkusen	16	7	11	56-38	39:29
07.	Kaiserslaut.	15	7	12	64-51	37:31
08.	Uerdingen	12	11	11	51-49	35:33
09.	1.FC Nürnb.	12	11	11	62-62	35:33
10.	1.FC Köln	13	9	12	50-53	35:33
11.	VfL Bochum	9	14	11	52-44	32:36
12.	VfB Stuttg.	13	6	15	55-49	32:36
13.	Schalke 04	12	8	14	50-58	32:36
14.	W. Mannheim	10	8	16	52-71	28:40
15.	E. Frankfurt	8	9	17	42-53	25:43
16.	FC Homburg	6	9	19	33-79	21:47
17.	F. Düsseld.	7	6	24	42-91	20:48
18.	BW 90 Berlin	3	12	19	36-76	18:50

87/88	Verein	S	U	N	Tore	Pkt.
01.	**W. Bremen**	**22**	**8**	**4**	**61-22**	**52:16**
02.	B. München	22	4	8	83-45	48:20
03.	1.FC Köln	18	12	4	57-28	48:20
04.	VfB Stuttg.	16	8	10	69-49	40:28
05.	1.FC Nürnb.	13	11	10	44-40	37:31
06.	Hamburg. SV	13	11	10	63-68	37:31
07.	Mönchengl.	14	5	15	55-53	33:35
08.	Leverkusen	10	12	12	53-60	32:36
09.	E. Frankfurt	10	11	13	51-50	31:37
10.	Hannover 96	12	7	15	59-60	31:37
11.	Uerdingen	11	9	14	59-61	31:37
12.	VfL Bochum	10	10	14	47-51	30:38
13.	B. Dortmund	9	11	14	51-54	29:39
14.	Kaiserslaut.	11	7	16	53-62	29:39
15.	Karlsruh. SC	9	11	14	37-55	29:39
16.	W. Mannheim	7	14	13	35-50	28:40
17.	FC Homburg	7	10	17	37-70	24:44
18.	Schalke 04	8	7	19	48-84	23:45

88/89	Verein	S	U	N	Tore	Pkt.
01.	B. München	19	12	3	67-26	50:18
02.	1.FC Köln	18	9	7	58-30	45:23
03.	**W. Bremen**	**18**	**8**	**8**	**55-32**	**44:24**
04.	Hamburg. SV	17	9	8	60-36	43:25
05.	VfB Stuttg.	16	7	11	58-49	39:29
06.	Mönchengl.	12	14	8	44-43	38:30
07.	B. Dortmund	12	13	9	56-40	37:31
08.	Leverkusen	10	14	10	45-44	34:34
09.	Kaiserslaut.	10	13	11	47-44	33:35
10.	St. Pauli	9	14	11	41-42	32:36
11.	Karlsruh. SC	12	8	14	48-51	32:36
12.	W. Mannheim	10	11	13	43-52	31:37
13.	Uerdingen	10	11	13	50-60	31:37
14.	1.FC Nürnb.	8	10	16	36-54	26:42
15.	VfL Bochum	9	8	17	37-57	26:42
16.	E. Frankfurt	8	10	16	30-53	26:42
17.	Stuttg. K.	10	6	18	41-68	26:42
18.	Hannover 96	4	11	19	36-71	19:49

89/90	Verein	S	U	N	Tore	Pkt.
01.	B. München	19	11	4	64-28	49:19
02.	1.FC Köln	17	9	8	54-44	43:25
03.	E. Frankfurt	15	11	8	61-40	41:27
04.	B. Dortmund	15	11	8	51-35	41:27
05.	Leverkusen	12	15	7	40-32	39:29
06.	VfB Stuttg.	15	6	13	53-47	36:32
07.	**W. Bremen**	**10**	**14**	**10**	**49-41**	**34:34**
08.	1.FC Nürnb.	11	11	12	42-46	33:35
09.	F. Düsseld.	10	12	12	41-41	32:36
10.	Karlsruh. SC	10	12	12	32-39	32:36
11.	Hamburg. SV	13	5	16	39-46	31:37
12.	Kaiserslaut.	10	11	13	42-55	31:37
13.	St. Pauli	9	13	12	31-46	31:37
14.	Uerdingen	10	10	14	41-48	30:38
15.	Mönchengl.	11	8	15	37-45	30:38
16.	VfL Bochum	11	7	16	44-53	29:39
17.	W. Mannheim	10	6	18	36-53	26:42
18.	FC Homburg	8	8	18	33-51	24:44

90/91	Verein	S	U	N	Tore	Pkt.
01.	Kaiserslaut.	19	10	5	72-45	48:20
02.	B. München	18	9	7	74-41	45:23
03.	**W. Bremen**	**14**	**14**	**6**	**46-29**	**42:26**
04.	E. Frankfurt	15	10	9	63-40	40:28
05.	Hamburg. SV	16	8	10	60-38	40:28
06.	VfB Stuttg.	14	10	10	57-44	38:30
07.	1.FC Köln	13	11	10	50-43	37:31
08.	Leverkusen	11	13	10	47-46	35:33
09.	Mönchengl.	9	17	8	49-54	35:33
10.	B. Dortmund	10	14	10	46-57	34:34
11.	Wattenscheid	9	15	10	42-51	33:35
12.	F. Düsseld.	11	10	13	40-49	32:36
13.	Karlsruh. SC	8	15	11	46-52	31:37
14.	VfL Bochum	9	11	14	50-52	29:39
15.	1.FC Nürnb.	10	9	15	40-54	29:39
16.	St. Pauli	6	15	13	33-53	27:41
17.	Uerdingen	5	13	16	34-54	23:45
18.	Hertha BSC	3	8	23	37-84	14:54

91/92	Verein	S	U	N	Tore	Pkt.
01.	VfB Stuttg.	21	10	7	62-32	52:24
02.	B. Dortmund	20	12	6	66-47	52:24
03.	E. Frankfurt	18	14	6	76-41	50:26
04.	1.FC Köln	13	18	7	58-41	44:32
05.	Kaiserslaut.	17	10	11	58-42	44:32
06.	Leverkusen	15	13	10	53-39	43:33
07.	1.FC Nürnb.	18	7	13	54-51	43:33
08.	Karlsruh. SC	16	9	13	48-50	41:35
09.	**W. Bremen**	**11**	**16**	**11**	**44-45**	**38:38**
10.	B. München	13	10	15	59-61	36:40
11.	Schalke 04	11	12	15	45-45	34:42
12.	Hamburg. SV	9	16	13	32-43	34:42
13.	Mönchengl.	10	14	14	37-49	34:42
14.	D. Dresden	12	10	16	34-50	34:42
15.	VfL Bochum	10	13	15	38-55	33:43
16.	Wattenscheid	9	14	15	50-60	32:44
17.	Stuttg. K.	10	11	17	53-64	31:45
18.	H. Rostock	10	11	17	43-55	31:45
19.	MSV Duisb.	7	16	15	43-55	30:46
20.	F. Düsseld.	6	12	20	41-69	24:52

92/93	Verein	S	U	N	Tore	Pkt.
01.	**W. Bremen**	**19**	**10**	**5**	**63-30**	**48:20**
02.	B. München	18	11	5	74-45	47:21
03.	Frankfurt	15	12	7	56-39	42:26
04.	B. Dortmund	18	5	11	61-43	41:27
05.	Leverkusen	14	12	8	64-45	40:28
08.	Karlsr. SC	14	11	9	60-54	39:29
07.	VfB Stuttg.	12	12	10	56-50	36:32
08.	Kaiserslt.	13	9	12	50-40	35:33
09.	Gladbach	13	9	12	59-59	35:33
10.	Schalke	11	12	11	42-43	34:34
11.	Hamb. SV	8	15	11	42-44	31:37
12.	1.FC Köln	12	4	18	41-51	28:40
13.	Nürnberg	10	8	16	30-47	28:40
14.	Wattensch.	10	8	16	46-67	28:40
15.	D. Dresden	7	13	14	32-49	27:41
16.	Bochum	8	10	16	45-52	26:42
17.	Uerdingen	7	10	17	35-64	24:44
18.	1.FC Saarbr.	5	13	16	37-71	23:45

93/94	Verein	S	U	N	Tore	Pkt.
01.	B. München	17	10	7	68-37	44:24
02.	Kaiserslaut.	18	7	9	64-36	43:25
03.	Leverkusen	14	11	9	60-47	39:29
04.	B. Dortmund	15	9	10	49-45	39:29
05.	E. Frankfurt	15	8	11	57-41	38:30
06.	Karlsr. SC	14	10	10	46-43	38:30
07.	Stuttgart	13	11	10	51-43	37:31
08.	**W. Bremen**	**13**	**10**	**11**	**51-44**	**36:32**
09.	Duisburg	14	8	12	41-52	36:32
10.	Gladbach	14	7	13	65-59	35:33
11.	1.FC Köln	14	6	14	49-51	34:34
12.	Hamb. SV	13	8	13	48-52	34:34
13.	Dyn. Dresden (*)	10	14	10	33-44	30:34
14.	Schalke 04	10	9	15	38-50	29:39
15.	Freiburg	10	8	16	54-57	28:40
16.	Nürnberg	10	8	16	41-55	28:40
17.	Wattensch.	6	11	17	48-70	23:45
18.	VfB Leipzig	3	11	20	32-69	17:51

(*) => Dynamo Dresden wurden laut Urteil des DFB-Kontrollausschusses vier Punkte abgezogen!

Das Bremer Weserstadion

Ligenzugehörigkeit

Spieljahr	Liga	Plazierung
47/48	Oberliga Nord	4.
48/49	Oberliga Nord	8.
49/50	Oberliga Nord	4.
50/51	Oberliga Nord	6.
51/52	Oberliga Nord	7.
52/53	Oberliga Nord	3.
53/54	Oberliga Nord	5.
54/55	Oberliga Nord	3.
55/56	Oberliga Nord	6.
56/57	Oberliga Nord	5.
57/58	Oberliga Nord	7.
58/59	Oberliga Nord	2.
59/60	Oberliga Nord	2.
60/61	Oberliga Nord	2.
61/62	Oberliga Nord	2.
62/63	Oberliga Nord	2.
63/64	1. Bundesliga	10.
64/65	1. Bundesliga	1.
65/66	1. Bundesliga	4.
66/67	1. Bundesliga	16.
67/68	1. Bundesliga	2.
68/69	1. Bundesliga	9.
69/70	1. Bundesliga	11.
70/71	1. Bundesliga	10.
71/72	1. Bundesliga	11.
72/73	1. Bundesliga	11.
73/74	1. Bundesliga	11.
74/75	1. Bundesliga	15.
75/76	1. Bundesliga	13.
76/77	1. Bundesliga	11.
77/78	1. Bundesliga	15.
78/79	1. Bundesliga	11.
79/80	1. Bundesliga	17.
80/81	2. Bundesliga Nord	1.
81/82	1. Bundesliga	5.
82/83	1. Bundesliga	2.
83/84	1. Bundesliga	5.
84/85	1. Bundesliga	2.
85/86	1. Bundesliga	2.
86/87	1. Bundesliga	5.
87/88	1. Bundesliga	1.
88/89	1. Bundesliga	3.
89/90	1. Bundesliga	7.
90/91	1. Bundesliga	3.
91/92	1. Bundesliga	9.
92/93	1. Bundesliga	1.
93/94	1. Bundesliga	8.

Alle BL - Ergebnisse auf einen Blick

	Alemannia Aachen		BW 90 Berlin		Hertha BSC Berlin		Tasmania Berlin		Ten. Bor. Berlin		Arminia Bielefeld	
	H	A	H	A	H	A	H	A	H	A	H	A
63/64:					2-2	2-5						
64/65:					5-1	0-0						
65/66:							5-0	1-1				
66/67:												
67/68:	0-1	1-1										
68/69:	1-2	1-2			2-0	0-1						
69/70:	4-1	0-0			1-0	1-4						
70/71:					0-0	1-3					4-1	0-3
71/72:					5-0	1-2					4-0	0-1
72/73:					1-1	1-2						
73/74:					4-1	0-0						
74/75:					4-0	0-2			1-1	0-4		
75/76:					3-2	0-0						
76/77:					1-0	1-2			0-0	4-2		
77/78:					4-2	0-2						
78/79:					1-1	2-0					1-0	3-1
79/80:					1-0	0-0						
80/81:												
81/82:											1-0	2-0
82/83:					3-1	1-0					5-1	2-1
83/84:											3-0	0-2
84/85:											2-1	4-3
85/86:												
86/87:			2-0	4-1								
87/88:												
88/89:												
89/90:												
90/91:					6-0	0-0						
91/92:												
92/93:												
93/94:												

	VfL Bochum		E. Braun= schweig		SV Darm= stadt 98		Borussia Dortmund		Dynamo Dresden		MSV Duisburg	
	H	A	H	A	H	A	H	A	H	A	H	A
63/64:			2-3	1-1			3-2	3-4			1-1	0-1
64/65:			5-1	1-1			3-0	2-1			1-0	2-2
65/66:			4-0	0-1			1-0	1-2			2-0	2-1
66/67:			2-3	0-2			2-1	0-2			1-1	0-1
67/68:			3-2	3-0			2-1	1-1			3-3	1-1
68/69:			2-1	3-0			2-1	2-3			2-1	0-2
69/70:			0-1	2-1			1-3	1-2			0-0	1-1
70/71:			2-0	0-1			3-1	1-0			0-2	1-3
71/72:	2-0	2-4	2-4	1-1			3-1	5-1			1-1	0-2
72/73:	5-2	0-2	4-2	0-1							0-2	2-1
73/74:	1-0	0-0									1-2	1-3
74/75:	3-0	1-3	0-0	0-0							3-1	0-4
75/76:	4-1	3-0	0-1	2-3							2-0	0-2
76/77:	2-0	2-0	2-2	1-0			3-0	4-2			2-2	0-3
77/78:	1-0	0-2	2-1	0-2			3-1	1-4			4-2	0-2
78/79:	3-3	0-3	3-1	1-1	3-0	0-3	4-4	0-1			3-2	0-2
79/80:	2-0	2-5	4-0	2-1			2-1	0-5			2-1	1-4
80/81:												
81/82:	3-1	2-0	2-0	1-1	4-4	1-1	2-0	0-1			5-1	1-0
82/83:	3-2	2-1	6-0	1-3			4-2	0-0				
83/84:	5-2	3-3	4-0	2-1			2-1	3-2				
84/85:	2-2	3-1	4-1	2-0			6-0	0-2				
85/86:	0-0	3-2					4-2	1-1				
86/87:	0-0	1-1					5-0	1-2				
87/88:	0-0	1-0					4-0	0-0				
88/89:	2-0	1-0					2-0	1-3				
89/90:	1-1	0-0					2-0	1-4				
90/91:	2-1	2-1					1-1	1-1				
91/92:	3-0	2-2					0-1	1-2	2-0	1-2	5-1	0-0
92/93:	3-1	0-2					1-0	2-2	3-0	3-2		
93/94:							4-0	2-3	0-1	0-1	1-5	0-1

	Fortuna Düsseldorf		Rot-Weiß Essen		Eintracht Frankfurt		SC Frei= burg		Hamburger S V		Hannover 96	
	H	A	H	A	H	A	H	A	H	A	H	A
63/64:					4-1	0-7			4-2	1-1		
64/65:					2-2	2-0			0-0	4-0	3-0	2-1
65/66:					3-2	0-1			2-0	3-1	3-0	1-2
66/67:	1-0	1-0	0-0	1-0	3-0	1-4			5-1	1-1	3-0	1-2
67/68:					2-0	3-5			1-4	1-2	1-0	2-4
68/69:					0-1	1-2			1-1	2-5	3-2	0-1
69/70:			2-1	2-3	3-2	1-2			1-1	2-2	1-0	2-3
70/71:			1-1	2-2	1-0	2-0			2-2	1-1	0-0	3-0
71/72:	1-1	3-1			3-1	0-4			4-0	1-2	2-1	1-5
72/73:	1-3	1-2			2-0	2-2			1-4	2-2	3-1	2-2
73/74:	0-0	1-1	1-1	1-3	1-2	1-1			1-1	0-3	3-3	1-0
74/75:	0-0	1-4	0-0	1-1	0-3	1-2			1-0	0-2		
75/76:	3-0	0-3	3-3	0-2	1-2	0-2			1-3	2-1	0-0	0-0
76/77:	0-2	2-3	3-1	0-0	2-1	1-7			2-2	3-5		
77/78:	2-1	0-2			3-0	2-0			1-2	1-1		
78/79:	1-1	1-3			0-2	1-2			1-1	2-2		
79/80:	4-1	1-4			4-3	2-3			1-1	0-5		
80/81:												
81/82:	4-1	0-0			2-1	2-9			3-2	0-5		
82/83:	2-2	5-2			3-0	1-0			3-2	1-1		
83/84:	2-0	4-3			2-3	0-0			0-0	0-4		
84/85:	2-1	2-3			3-3	3-1			5-2	0-2		
85/86:	7-3	4-1			4-0	2-0			2-0	1-0	8-2	4-2
86/87:	5-2	1-2			4-1	2-2			2-1	0-3		
87/88:					2-0	1-0			1-4	0-0	1-0	1-0
88/89:					2-0	0-0			2-1	0-2	1-0	2-2
89/90:	2-2	1-2			1-2	0-1			2-1	0-4		
90/91:	3-1	2-1			1-1	0-0			3-1	2-3		
91/92:	2-1	0-0			1-0	2-2			1-1	1-0		
92/93:					0-0	0-3			5-0	0-0		
93/94:					1-0	2-2	3-2	0-0	0-2	1-1		

	FC Homburg		1.FC Kaisers= lautern		Karlsruher S C		Fortuna Köln		1.FC Köln		VfB Leipzig	
	H	A	H	A	H	A	H	A	H	A	H	A
63/64			2-0	0-3	0-0	1-1			1-1	3-4		
64/65:			1-1	1-2	1-0	2-0			0-0	2-4		
65/66:			4-1	3-2	3-1	2-3			2-1	0-2		
66/67:			1-1	0-2	0-3	4-4			1-3	1-4		
67/68:			2-1	2-2	6-1	2-1			3-1	4-1		
68/69:			2-1	0-1					3-1	3-3		
69/70:			3-2	0-1					2-1	0-3		
70/71:			1-1	1-2					1-1	1-1		
71/72:			2-2	1-2					2-2	0-0		
72/73:			5-1	1-3					2-1	0-1		
73/74:			3-1	2-2			2-0	3-1	4-2	0-2		
74/75:			3-1	1-4					4-1	1-3		
75/76:			3-2	0-4	1-0	0-2			3-2	1-1		
76/77:			2-0	2-4	1-1	1-3			2-1	0-3		
77/78:			5-3	1-2					0-2	2-7		
78/79:			3-1	0-4					1-1	0-2		
79/80:			2-4	1-3					0-5	1-4		
80/81:												
81/82:			0-1	1-1	2-1	0-3			1-1	2-4		
82/83:			3-0	1-2	3-0	2-1			1-1	1-2		
83/84:			1-1	3-3					1-0	4-1		
84/85:			6-1	2-2	7-1	1-1			6-2	2-3		
85/86:			2-0	0-3					2-0	3-3		
86/87:	6-0	1-0	1-0	3-1					2-1	0-3		
87/88:	3-0	1-1	0-0	0-0	2-0	2-0			2-1	0-2		
88/89:			1-0	0-0	3-1	0-1			1-2	0-2		
89/90:	0-0	1-1	4-0	2-2	4-0	1-2			4-0	2-4		
90/91:			1-2	0-1	2-0	1-1			2-1	0-1		
91/92:			0-2	2-2	0-0	1-2			1-3	0-5		
92/93:			1-0	1-3	3-0	2-5			2-0	0-0		
93/94:			2-0	3-2	0-2	3-0			3-1	0-2	3-1	1-1

	Bayer 04 Leverkusen		Waldhof Mannheim		B. Mönchen= gladbach		FC Bayern München		TSV 1860 München		Preußen Münster	
	H	A	H	A	H	A	H	A	H	A	H	A
63/64:									4-1	2-3	4-2	3-1
64/65:									3-2	1-3		
65/66:					2-0	7-0	1-1	1-3	0-2	1-3		
66/67:					2-2	1-1	4-1	0-1	2-4	1-2		
67/68:					0-4	1-3	4-1	3-2	2-2	3-1		
68/69:					6-5	1-1	1-0	0-6	4-1	3-4		
69/70:					0-0	0-1	1-0	1-4	1-1	1-0		
70/71:					1-1	2-0	0-1	1-2				
71/72:					2-2	2-2	1-2	2-6				
72/73:					1-1	1-3	1-0	1-2				
73/74:					2-3	1-3	1-1	2-2				
74/75:					1-4	2-4	0-2	0-2				
75/76:					2-2	0-3	0-0	0-4				
76/77:					1-0	1-3	2-3	0-1				
77/78:					3-2	0-4	1-1	1-3	2-0	0-0		
78/79:					3-1	0-4	1-1	0-4				
79/80:	1-1	0-4			4-2	1-2	1-4	0-7	4-6	1-4		
80/81:												
81/82:	0-0	3-1			0-1	4-2	2-0	1-3				
82/83:	3-1	1-1			2-0	2-1	1-0	1-1				
83/84:	3-0	0-0	5-0	0-2	2-0	1-3	3-2	0-0				
84/85:	2-2	0-0	1-1	1-1	2-0	1-1	4-2	2-4				
85/86:	5-0	1-5	2-2	1-1	1-1	2-1	0-0	1-3				
86/87:	1-0	1-4	4-2	0-1	1-7	2-1	1-1	2-3				
87/88:	3-3	3-1	3-1	1-0	2-0	2-1	3-1	1-2				
88/89:	3-1	0-1	2-1	1-1	2-0	1-4	2-2	0-0				
89/90:	0-0	3-1	0-1	0-0	0-0	0-4	2-2	1-1				
90/91:	1-1	0-0			3-0	1-1	1-0	1-1				
91/92:	1-1	0-0			0-0	2-0	1-1	4-3				
92/93:	1-1	2-2			2-0	1-3	4-1	3-1				
93/94:	2-1	2-2			4-2	2-3	1-0	0-2				

	Borussia Neunkirchen		1.FC Nürnberg		RW Ober= hausen		Kickers Offenbach		FC St. Pauli		1.FC Saar- brücken	
	H	A	H	A	H	A	H	A	H	A	H	A
63/64:			2-1	0-3							0-3	2-3
64/65:	2-0	1-1	1-1	3-2								
65/66:	5-2	2-1	1-0	1-2								
66/67:			4-4	1-2								
67/68:	2-1	0-0	0-4	0-0								
68/69:			3-3	1-1			2-0	3-0				
69/70:					1-1	1-3						
70/71:					2-0	0-3	3-1	1-2				
71/72:					4-0	2-2						
72/73:					1-0	3-2	0-0	1-2				
73/74:							0-2	0-4				
74/75:							3-6	1-5				
75/76:							3-1	0-2				
76/77:											1-0	0-2
77/78:									4-0	1-3	1-1	1-1
78/79:			3-1	2-2								
79/80:												
80/81:												
81/82:			3-1	1-2								
82/83:			3-2	0-2								
83/84:			2-0	0-2			8-1	7-3				
84/85:												
85/86:			2-1	2-2							1-0	1-1
86/87:			5-3	1-5								
87/88:			1-0	0-0								
88/89:			2-1	1-0					0-0	3-1		
89/90:			4-0	1-1					2-1	0-0		
90/91:			0-0	3-2					1-0	0-0		
91/92:			1-3	0-1								
92/93:			3-0	0-0							2-0	4-0
93/94:			2-2	1-0								

	Schalke 04		VfB Stuttgart		Stuttgarter Kickers		Bayer 05 Uerdingen		Watten= scheid 09		Wupper- taler SV	
	H	A	H	A	H	A	H	A	H	A	H	A
63/64:	1-0	3-2	2-2	0-2								
64/65:	2-2	0-1	1-0	1-1								
65/66:	2-0	6-1	3-1	2-0								
66/67:	2-1	1-0	1-2	1-1								
67/68:	2-0	2-0	3-1	3-0								
68/69:	1-3	1-2	1-0	2-2								
69/70:	0-1	0-0	1-1	1-1								
70/71:	0-1	0-0	3-1	0-3								
71/72:	2-0	0-2	2-3	0-1								
72/73:	2-0	2-1	0-2	1-2							0-1	1-1
73/74:	2-1	2-4	1-1	2-2							3-0	1-4
74/75:	0-1	0-2	5-2	2-2							2-1	4-2
75/76:	1-1	2-4					3-0	1-2				
76/77:	1-1	2-3										
77/78:	2-0	0-1	0-1	0-2								
78/79:	3-1	1-2	0-2	1-1								
79/80:	4-0	0-3	2-3	1-5			1-0	0-2				
80/81:												
81/82:			2-2	4-2								
82/83:	4-0	2-0	3-2	1-4								
83/84:			1-2	0-3			5-2	3-0				
84/85:	2-1	2-2	3-1	3-1			1-0	1-3				
85/86:	3-1	1-0	6-0	1-2			6-1	0-1				
86/87:	0-0	0-1	1-0	0-4			5-1	1-1				
87/88:	5-0	4-1	5-1	0-1			5-1	2-1				
88/89:			3-0	3-3	4-0	6-0	3-1	1-2				
89/90:			6-1	1-3			0-0	1-0				
90/91:			0-1	1-0			4-3	0-0	1-1	0-2		
91/92:	2-1	0-0	1-1	1-1	1-3	1-2			2-2	1-0		
92/93:	2-0	0-0	1-1	3-0			2-1	2-0	3-0	2-2		
93/94:	0-1	1-1	5-1	0-0					0-0	2-2		
Hansa Rostock:				**90/91**			**1-0**	**0-0**				

HEIM - AUSWÄRTSBILANZ

	Heimbilanz					Auswärtsbilanz				
Saison	S	U	N	Tore	Punkte	S	U	N	Tore	Pkt.
63/64:	8	5	2	32-21	21:9	2	3	10	21-41	7:23
64/65:	9	6	0	30-10	24:6	6	5	4	24-19	17:13
65/66:	14	2	1	43-14	30:4	7	1	9	33-26	15:19
66/67:	7	5	5	34-27	19:15	3	4	10	15-29	10:24
67/68:	11	2	4	36-27	24:10	7	6	4	32-24	20:14
68/69:	12	2	3	36-23	26:8	2	4	11	23-36	8:26
69/70:	8	6	3	22-16	22:12	2	5	10	16-31	9:25
70/71:	7	7	3	24-14	21:13	4	4	9	17-26	12:22
71/72:	9	5	3	42-20	23:11	2	4	11	21-38	8:26
72/73:	9	3	5	29-21	21:13	3	4	10	21-31	10:24
73/74:	7	6	4	30-21	20:14	2	7	8	18-35	11:23
74/75:	8	4	5	30-23	20:14	1	3	13	15-46	5:29
75/76:	9	5	3	33-20	23:11	2	3	12	11-35	7:27
76/77:	9	6	2	27-16	24:10	4	1	12	24-43	9:25
77/78:	12	2	3	38-19	26:8	1	3	13	10-38	5:29
78/79:	8	7	2	34-23	23:11	2	4	11	14-37	8:26
79/80:	10	2	5	39-32	22:12	1	1	15	13-61	3:31
81/82:	11	4	2	36-17	26:8	6	4	7	25-35	16:18
82/83:	15	2	0	52-16	32:2	8	4	5	24-22	20:14
83/84:	13	2	2	49-14	28:6	6	5	6	30-32	17:17
84/85:	13	4	0	58-21	30:4	5	6	6	29-30	16:18
85/86:	13	4	0	55-13	30:4	7	5	5	28-28	19:15
86/87:	13	3	1	45-19	29:5	4	3	10	20-35	11:23
87/88:	13	3	1	42-12	29:5	9	5	3	19-10	23:11
88/89:	14	2	1	35-10	30:4	4	6	7	20-22	14:20
89/90:	8	7	2	34-11	23:11	2	7	8	15-30	11:23
90/91:	10	5	2	32-14	25:9	4	9	4	14-15	17:17
91/92:	7	7	5	25-21	21:17	4	9	6	19-24	17:17
92/93:	14	3	0	38-5	31:3	5	7	5	25-25	17:17
93/94:	10	2	5	31-21	22:12	3	8	6	20-23	14:20

	Sp.	S	U	N	Tore	Punkte
HEIM	508	311	123	74	1091 - 541	745 : 271
AUSWÄRTS	508	118	140	250	616 - 927	376 : 640
Gesamt	1016	429	263	324	1707 -1468	1121 : 911

Bilanz gegen die anderen Vereine

Verein		SP	S	U	N	Tore	Punkte
Alemannia	Heim:	3	1	-	2	5 - 4	2 : 4
Aachen	Ausw.:	3	-	2	1	2 - 3	2 : 4
	GES.:	6	1	2	3	7 - 7	4 : 8
Blau-Weiß	Heim:	1	1	-	-	2 - 0	2 : 0
Berlin	Ausw.:	1	1	-	-	4 - 1	2 : 0
	GES.:	**2**	**2**	**-**	**-**	**6 - 1**	**4 : 0**
Hertha BSC	Heim:	16	12	4	-	43 - 11	28 : 4
Berlin	Ausw.:	16	2	5	9	10 - 23	9 : 23
	GES.:	**32**	**14**	**9**	**9**	**53 - 34**	**37 : 27**
Tasmania	Heim:	1	1	-	-	5 - 0	2 : 0
Berlin	Ausw.:	1	-	1	-	1 - 1	1 : 1
	GES.:	**2**	**1**	**1**	**-**	**6 - 1**	**3 : 1**
Tennis Bor.	Heim:	2	-	2	-	1 - 1	2 : 2
Berlin	Ausw.:	2	1	-	1	4 - 6	2 : 2
	GES.:	**4**	**1**	**2**	**1**	**5 - 7**	**4 : 4**
Arminia	Heim:	7	7	-	-	20 - 3	14 : 0
Bielefeld	Ausw.:	7	4	-	3	11 - 11	8 : 6
	GES.:	**14**	**11**	**-**	**3**	**31 - 14**	**22 : 6**
VfL	Heim:	21	15	6	0	47 - 16	36 : 6
Bochum	Ausw.:	21	9	5	7	30 - 32	23 : 19
	GES.:	**42**	**24**	**11**	**7**	**77 - 48**	**59 : 25**
Eintracht	Heim:	20	13	2	5	53 - 23	28 : 12
Braunschweig	Ausw.:	20	7	6	7	23 - 21	20 : 20
	GES.:	**40**	**20**	**8**	**12**	**76 - 44**	**48 : 32**
Darmstadt	Heim:	2	1	1	-	7 - 4	3 : 1
98	Ausw.:	2	-	1	1	1 - 4	1 : 3
	GES.:	**4**	**1**	**2**	**1**	**8 - 8**	**4 : 4**
Borussia	Heim:	26	22	2	2	69 - 23	46 : 6
Dortmund	Ausw.:	26	5	6	15	34 - 51	16 : 36
	GES.:	**52**	**27**	**8**	**17**	**103 - 74**	**62 : 42**
Dynamo	Heim:	3	2	0	1	5 - 1	4 : 2
Dresden	Ausw.:	3	1	0	2	4 - 5	2 : 4
	GES.:	**6**	**3**	**0**	**3**	**9 - 6**	**6 : 6**
MSV	Heim:	20	10	6	4	39 - 28	26 : 14
Duisburg	Ausw.:	20	3	4	13	12 - 36	10 : 30
	GES.:	**40**	**13**	**10**	**17**	**51 - 64**	**36 : 44**

Verein		SP	S	U	N	Tore	Punkte
Fortuna	Heim:	19	11	6	2	42 - 22	28 : 10
Düsseldorf	Ausw.:	19	6	3	10	30 - 37	15 : 23
	GES.:	**38**	**17**	**9**	**12**	**72 - 59**	**43 : 33**
Rot-Weiß	Heim:	7	2	5	-	10 - 7	9 : 5
Essen	Ausw.:	7	1	3	3	7 - 11	5 : 9
	GES.:	**14**	**3**	**8**	**3**	**17 - 18**	**14 : 14**
Eintracht	Heim:	30	19	4	7	60 - 33	42 : 18
Frankfurt	Ausw.:	30	7	8	15	35 - 64	22 : 38
	GES.:	**60**	**26**	**12**	**22**	**95 - 97**	**64 : 56**
SC Frei=	Heim:	1	1	0	0	3 - 2	2 : 0
burg	Ausw.:	1	0	1	0	0 - 0	1 : 1
	GES.:	**2**	**1**	**1**	**0**	**3 - 27**	**3 : 1**
Hamburger	Heim:	30	14	10	6	58 - 42	38 : 22
SV	Ausw.:	30	5	11	14	32 - 61	21 : 39
	GES.:	**60**	**19**	**21**	**20**	**90 -103**	**59 : 61**
Hannover	Heim:	14	10	4	-	32 - 12	24 : 4
96	Ausw.:	14	5	3	6	22 - 24	13 : 15
	GES.:	**28**	**15**	**7**	**6**	**54 - 36**	**37 : 19**
FC Hom=	Heim:	3	2	1	-	9 - 0	5 : 1
burg	Ausw.:	3	1	2	-	3 - 2	4 : 2
	GES.:	**6**	**3**	**3**	**-**	**12 - 2**	**9 : 3**
1.FC Kai=	Heim:	30	20	6	4	66 - 30	46 : 14
serslautern	Ausw.:	30	3	9	18	34 - 65	15 : 45
	GES.:	**60**	**23**	**15**	**22**	**100 - 95**	**61 : 59**
Karlsruher	Heim:	17	12	3	2	38 - 11	27 : 7
SC	Ausw.:	17	5	4	8	25 - 30	14 : 20
	GES.:	**34**	**17**	**7**	**10**	**63 - 41**	**41 : 27**
1.FC	Heim:	30	18	7	5	59 - 39	43 : 17
Köln	Ausw.:	30	2	6	22	33 - 77	10 : 50
	GES.:	**60**	**20**	**13**	**27**	**92 -116**	**53 : 67**
Fortuna	Heim:	1	1	-	-	2 - 0	2 : 0
Köln	Ausw.:	1	1	-	-	3 - 1	2 : 0
	GES.:	**2**	**2**	**-**	**-**	**5 - 1**	**4 : 0**
VfB	Heim:	1	1	0	0	3 - 1	2 : 0
Leipzig	Ausw.:	1	0	1	0	1 - 1	1 : 1
	GES.:	**2**	**1**	**1**	**0**	**4 - 2**	**3 : 1**
Bayer 04	Heim:	14	6	8	0	26 - 12	20 : 8
Leverkusen	Ausw.:	14	3	7	4	16 - 22	13 : 15
	GES.:	**28**	**9**	**15**	**4**	**42 - 34**	**33 : 23**

Verein		SP	S	U	N	Tore	Punkte
Waldhof	Heim:	7	4	2	1	17 - 8	10 : 4
Mannheim	Ausw.:	7	1	4	2	4 - 6	6 : 8
	GES.:	**14**	**5**	**6**	**3**	**21 - 14**	**16 : 12**
Borussia	Heim:	28	14	9	5	51 - 40	37 : 19
Mönchengladb.	Ausw.:	28	8	5	15	41 - 59	21 : 35
	GES.:	**56**	**22**	**14**	**20**	**92 - 99**	**58 : 54**
Bayern	Heim:	28	13	10	5	44 - 30	36 : 20
München	Ausw.:	28	3	6	19	29 - 73	12 : 44
	GES.:	**56**	**16**	**16**	**24**	**73 -103**	**48 : 64**
TSV 1860	Heim:	9	4	2	3	22 - 19	10 : 8
München	Ausw.:	9	2	1	6	13 - 20	5 : 13
	GES.:	**18**	**6**	**3**	**9**	**35 - 39**	**15 : 21**
Preußen	Heim:	1	1	-	-	4 - 2	2 : 0
Münster	Ausw.:	1	1	-	-	3 - 1	2 : 0
	GES.:	**2**	**2**	**-**	**-**	**7 - 3**	**4 : 0**
Borussia	Heim:	3	3	-	-	9 - 3	6 : 0
Neunkirchen	Ausw.:	3	1	2	-	3 - 2	4 : 2
	GES.:	**6**	**4**	**2**	**-**	**12 - 5**	**10 : 2**
1.FC	Heim:	19	12	5	2	42 - 27	29 : 9
Nürnberg	Ausw.:	19	4	7	8	18 - 29	15 : 23
	GES.:	**38**	**16**	**12**	**10**	**60 - 56**	**44 : 32**
Rot-Weiß	Heim:	4	3	1	-	8 - 1	7 : 1
Oberhausen	Ausw.:	4	1	1	2	6 - 10	3 : 5
	GES.:	**8**	**4**	**2**	**2**	**14 - 11**	**10 : 6**
Kickers	Heim:	7	4	1	2	19 - 11	9 : 5
Offenbach	Ausw.:	7	2	-	5	13 - 18	4 : 10
	GES.:	**14**	**6**	**1**	**7**	**32 - 29**	**13 : 15**
FC St.	Heim:	4	3	1	-	7 - 1	7 : 1
Pauli	Ausw.:	4	1	2	1	4 - 4	4 : 4
	GES.:	**8**	**4**	**3**	**1**	**11 - 5**	**: 5**
Hansa	Heim:	1	1	-	-	1 - 0	2 : 0
Rostock	Ausw.:	1	-	1	-	0 - 0	1 : 1
	GES.:	**2**	**1**	**1**	**-**	**1 - 0**	**3 : 1**
1.FC	Heim:	5	3	1	1	5 - 4	7 : 3
Saarbrücken	Ausw.:	5	1	2	2	8 - 7	4 : 6
	GES.:	**10**	**4**	**3**	**3**	**13 - 11**	**11 : 9**
VfB	Heim:	28	14	6	8	62 - 35	34 : 22
Stuttgart	Ausw.:	28	6	10	12	35 - 49	22 : 34
	GES.:	**56**	**20**	**16**	**20**	**97 - 84**	**56 : 56**

Verein		SP	S	U	N	Tore	Punkte
Stuttgarter	Heim:	2	1	-	1	5 - 3	2 : 2
Kickers	Ausw.:	2	1	-	1	7 - 2	2 : 2
	GES.:	**4**	**2**	**-**	**2**	**12 - 5**	**4 : 4**
Schalke	Heim:	25	16	4	5	45 - 17	36 : 14
04	Ausw.:	25	8	6	11	32 - 33	22 : 28
	GES.:	**50**	**24**	**10**	**16**	**77 - 50**	**58 : 42**
Bayer 05	Heim:	11	10	1	-	35 - 10	21 : 1
Uerdingen	Ausw.:	11	4	2	5	12 - 12	10 : 12
	GES.:	**22**	**14**	**3**	**5**	**47 - 22**	**31 : 13**
Watten=	Heim:	4	1	3	0	6 - 3	5 : 3
scheid 09	Ausw.:	4	1	2	1	5 - 6	4 : 4
	GES.:	**8**	**2**	**5**	**1**	**11 - 9**	**9 : 7**
Wupper=	Heim:	3	2	-	1	5 - 2	4 : 2
taler SV	Ausw.:	3	1	1	1	6 - 7	3 : 3
	GES.:	**6**	**3**	**1**	**2**	**11 - 9**	**7 : 5**

Höchste SIEGE / NIEDERLAGEN

Siege

In den Heimspielen:

8 : 1 K. Offenbach 83/84
8 : 2 Hannover 96 85/86
7 : 1 Karlsruher SC 84/85
7 : 3 Düsseldorf 85/86
6 : 0 Braunschweig 82/83, Bor. Dortmund 84/85, VfB Stuttgart 85/86, FC Homburg 86/87, Hertha BSC 90/91
6 : 1 Karlsruher SC 67/68, Kaiserslautern 84/85, B. Uerdingen 85/86, VfB Stuttgart 89/90
6 : 2 1.FC Köln 84/85
6 : 5 Mönchengladbach 68/69
5 : 0 Tasmania Berlin 65/66, Hertha BSC 71/72, W. Mannheim 83/84, Leverkusen 85/86, Dortmund 86/87, Schalke 04 87/88, Hamburg 92/93

In den Auswärtsspielen:

7 : 0 Mönchengladbach 65/66
7 : 3 K. Offenbach 83/84
6 : 0 Stuttg. Kickers 88/89
6 : 1 Schalke 04 65/66
5 : 2 Düsseldorf 82/83
5 : 1 Dortmund 71/72

Niederlagen

In den Heimspielen:

1 : 7 Mönchengladbach 86/87
0 : 5 1.FC Köln 79/80
0 : 4 Mönchengladbach 67/68, Nürnberg 67/68
1 : 5 60 München 79/80
3 : 6 Offenbach 74/75
4 : 6 MSV Duisburg 93/94

o In den Auswärtsspielen:

2 : 9 E. Frankfurt 81/82
0 : 7 E. Frankfurt 63/64, Bayern München 79/80
1 : 7 E. Frankfurt 76/77
2 : 7 1.FC Köln 77/78
0 : 6 Bayern München 68/69
2 : 6 Bayern München 71/72
0 : 5 Hamburger SV 79/80 & 81/82, Bor. Dortmund 79/80, 1.FC Köln 91/92

Wie oft welches Resultat?

	SIEGE			NIEDERLAGEN	
	HEIM	AUSW.		HEIM	AUSW.
1:0	45	24	0:1	17	32
2:0	49	17	0:2	13	41
3:0	25	9	0:3	3	20
4:0	18	2	0:4	2	15
5:0	7	0	0:5	1	4
6:0	5	1	0:6	0	1
2:1	44	21	0:7	0	2
3:1	38	15	1:2	11	46
4:1	16	5	1:3	8	29
5:1	11	1	1:4	5	16
6:1	4	1	1:5	1	5
7:1	1	0	1:7	1	1
8:1	1	0	2:3	7	16
3:2	20	10	2:4	3	10
4:2	12	6	2:5	0	4
5:2	7	1	2:6	0	1
6:2	1	0	2:7	0	1
8:2	1	0	2:9	0	1
4:3	2	3	3:4	0	3
5:3	2	0	3:5	0	2
7:3	1	1	3:6	1	0
6:5	1	0	4:6	1	0
7:0	0	1			

UNENTSCHIEDEN

	HEIM	AUSW.
0:0	34	47
1:1	54	56
2:2	24	31
3:3	8	5
4:4	3	1

Hattrick - 3 - 4 - 5 Tore in einem Spiel

*** 3 Tore in einem Bl-Spiel:**

- Schütz	7.	63/64	SV Werder - Hamburger SV	4 : 2
- Meyer	11.	"	SV Werder - Eintr. Frankfurt	4 : 1
- Schütz	11.	66/67	Karlsruher SC - SV Werder	4 : 4
- Görts	16.	67/68	SV Werder - Karlsruher SC	6 : 1
- Rupp	34.	68/69	SV Werder - Mönchengladbach	6 : 5
- Görts	33.	69/70	SV Werder - Alem. Aachen	4 : 1
- Weist	28.	70/71	SV Werder - Hertha BSC	5 : 0
- Laumen	20.	71/72	RW Oberhausen - SV Werder	2 : 3
- Weist	34.	"	SV Werder - VfL Bochum	5 : 2
- Reinders	23.	79/80	SV Werder - E. Braunschweig	4 : 0
- Reinders	29.	81/82	SV Werder - 1.FC Nürnberg	3 : 1
- Völler	29.	82/83	F. Düsseldorf - SV Werder	2 : 5
- Neubarth	32.	83/84	Kick. Offenbach - SV Werder	3 : 7
- Meier	3.	84/85	SV Werder - 1.FC Köln	6 : 2
- Neubarth	13.	"	SV Werder - Karlsruher SC	7 : 1
- Völler	2.	85/86	SV Werder - Hannover 96	8 : 2
- Neubarth	18.	"	SV Werder - Schalke	3 : 1
- Burgsmüller	24.	"	SV Werder - F. Düsseldorf	7 : 3
- Burgsmüller [*]	1.	86/87	SV Werder - 1.FC Nürnberg	5 : 3
- Völler	12.	"	SV Werder - B. Uerdingen	5 : 1
- Ordenewitz	6.	87/88	SV Werder - VfB Stuttgart	5 : 1
- Neubarth	9.	88/89	Kick. Stuttgart - SV Werder	0 : 6
- Neubarth	16.	88/89	SV Werder - Karlsruher SC	3 : 1
- Rufer	24.	90/91	SV Werder - Hertha BSC	6 : 0
- Neubarth	29.	93/94	SV Werder - SC Freiburg	3 : 2

*** 4 Tore in einem Bl-Spiel:**

Schütz	28.	65/66	SV Werder - B. Neunkirchen	5 : 2
Dausmann	31.	"	B. M'gladbach - SV Werder	0 : 7
Völler [*]	17.	84/85	SV Werder - Bor. Dortmund	6 : 0
Neubarth	21.	85/86	SV Werder - F. Düsseldorf	7 : 3

Anmerkung: Hattrick = [*]

Spieler - ABC

Name, Vorname	Geb.-datum	Spieljahre	Spiele	Tore
Allofs, Klaus	05.12.56	90-93	78	18
Aslund, Sanny	29.08.52	75-76	19	4
Assauer, Rudolf	30.04.44	70-76	188	4
Basler, Mario	18.12.68	93-94	29	5
Baumann, Carsten	07.10.46	71-73	21	3
Behrens, Uwe	10.04.59	79-82	16	4
Beiersdorfer, Dietmar	16.11.63	92-94	61	5
Bernard, Günter	04.11.39	63-73	287	0
Bester, Marinus	16.01.69	90-92 + 93-94	5	0
Björnmose, Ole	07.05.44	66-71	137	21
Bockenfeld, Manfred	23.07.60	89-94	94	2
Bode, Marco	23.07.69	89-94	138	30
Böhm, Lothar	18.02.56	83-84	1	0
Böhnke, Michael	13.12.59	81-84	25	1
Bordel, Wolfgang	27.12.39	63-67	18	0
Borowka, Ulrich	19.05.62	87-94	204	8
Bracht, Uwe	10.07.53	71-84	272	24
Bratseth, Rune	19.03.61	86-94	229	12
Brexendorf, Bernd	21.10.54	73-75	11	0
Burdenski, Dieter	26.11.50	72-88	444	1
Burgsmüller, Manfred	22.12.49	85-90	115	34
Coordes, Egon	13.07.44	69-71	50	1
Danielsen, John	13.07.39	65-70	131	17
Daras, Dimitrios	21.04.56	75-78	4	0
Dausmann, Hugo	12.09.42	65-66	14	5
Deterding, Eckhard	13.04.48	69-71	16	1
Dietrich, Peter	06.03.44	71-76	82	7
Dressel, Werner	30.08.58	77-80	94	20
Dreyer, Uwe	14.08.52	73-74	2	0
Eilts, Dieter	13.12.64	86-94	166	4
Erkenbrecher, Uwe	14.11.54	72-75	24	1
Faber, Ralf	12.09.48	68-69	1	0
Feldhaus, Wilfried	23.08.54	78-80	4	0
Ferner, Diethelm	13.07.41	63-69	188	20
Fichtel, Klaus	19.11.44	81-84	75	0
Frese, Robert	26.10.61	81-82	1	0
Freund, Oliver	15.04.70	90-91	1	0
Funk, Klaus	21.02.54	85-86	3	0
Geils, Karl-Heinz	20.05.55	74-80	132	2
Glowacz, Jürgen	30.09.52	77-78	17	3
Görts, Werner	15.01.42	66-78	363	73
Götz, Willi	20.09.47	70-72	12	0

Name, Vorname	Geb.-datum	Spieljahre	Spiele	Tore
Gruber, Rigobert	14.05.61	81-84	89	12
Gundelach, Hans-Jürgen	29.11.63	92-94	6	0
Haak, Peter	06.08.47	71-72	3	0
Hänel, Klaus	23.02.36	63-68	68	12
Hanses, Christoph	06.10.64	86-89	4	0
Harttgen, Uwe	06.07.64	89-94	77	15
Hasebrink, Heinz-Dieter	28.08.41	69-73	114	15
Haskamp, Martin	11.09.58	78-83	9	0
Hermann, Günter	05.12.60	82-93	231	8
Herzog, Andreas	10.09.68	92-94	63	16
Hiller, Franz	22.10.50	74-80	162	4
Hobsch, Bernd	07.05.68	92-94	40	15
Höttges, Horst-Dieter	10.09.43	64-78	420	55
Hoyer, Norbert	17.10.42	69-70	1	0
Ilic, Dragomir	16.08.25	63-64	4	0
Jagielski, Helmut	15.03.34	63-67	64	0
Jung, Erwin	04.03.41	63-64	5	1
Kamp, Karl-Heinz	26.09.46	70-84	361	26
Kiefert, Jürgen	02.10.41	69-70	1	0
Klausmann, Urban	29.06.52	74-75	19	1
Klöckner, Theo	19.10.34	63-65	31	8
Kohn, Stefan	09.10.65	91-93	44	10
Konschal, Hartmut	02.04.53	76-82	133	12
Kontny, Mario	07.04.53	72-76	76	3
Kostedde, Erwin	21.05.46	81-82	33	9
Kutzop, Michael	24.03.55	84-90	121	23
Lambertz, Klaus	11.05.40	63-67	17	0
Laumen, Herbert	11.08.43	71-73	60	18
Legat, Thorsten	07.11.68	91-94	70	4
Lellek, Dirk	03.01.64	83-85	6	1
Lent van, Arie	31.08.70	91-93	3	0
Linz, Paul	04.01.56	78-79	10	1
Lorenz, Bernd	24.12.47	69-71	51	10
Lorenz, Max	19.08.38	63-69	176	15
Loweg, Karl	16.04.38	67-69	15	0
Matischak, Klaus	24.10.38	64-67	42	20
Meier, Norbert	20.09.58	81-90	242	66
Meininger, Karl-Heinz	01.02.53	76-78	52	12
Mense, Willi	08.09.57	76-78	16	3
Meyer, Dieter	07.04.40	63-64	15	9
Meyer, Herbert	12.06.48	68-71	32	0
Möhlmann, Benno	01.08.54	78-88	230	33
Müller, Klaus	19.11.50	70-71	1	0

Name, Vorname	Geb.-datum	Spieljahre	Spiele	Tore
Müllner, Georg	24.10.53	75-77	23	2
Nachtwey, Walter	18.05.34	63-64	6	0
Neubarth, Frank	29.07.62	82-94	274	94
Neuberger, Willi	15.04.48	71-73	63	11
Noruschat, Axel	31.01.62	85-87	2	0
Offermanns, Hans-Jürgen	16.03.57	79-80	22	1
Ohling, Volker	17.01.55	73-77	53	8
Okudera, Yasuhiko	12.03.52	81-86	159	11
Ordenewitz, Frank	25.03.65	83-89	125	37
Otten, Jonny	31.01.61	79-92	308	1
Petrovic, Miodrag	16.11.46	76-77	26	0
Pezzey, Bruno	03.02.55	83-87	114	18
Piontek, Josef	05.03.40	63-72	203	14
Plaggemeyer, Walter	25.11.49	69-70	2	0
Podlich, Manfred	14.05.40	65-66	11	6
Rautiainen, Pasi	18.07.61	81-82	26	1
Reck, Oliver	27.02.65	87-94	226	0
Reinders, Uwe	19.01.55	77-85	206	67
Riedle, Karlheinz	16.09.65	87-90	86	38
Ripke, Franz-Josef	11.10.54	73-75	4	0
Roder, Kurt	25.09.45	68-69	4	0
Röber, Jürgen	25.12.53	74-80	184	57
Roentved, Per	27.01.49	72-79	194	40
Rollmann, Jürgen	17.10.66	89-92	9	0
Rosenberger, Bernd	22.07.47	72-73	2	0
Rülander, Hermann	21.11.60	81-82	2	0
Rütten, Klaus	14.06.52	75-76	3	0
Rufer, Wynton	29.12.62	89-94	161	57
Ruländer, Matthias	16.08.64	85-88	24	0
Rupp, Bernd	24.02.41	67-69	58	23
Sauer, Gunnar	11.06.64	84-94	120	7
Schaaf, Thomas	30.04.61	78-94	259	13
Schildt, Hans-Gerd	12.06.52	73-74	20	3
Schimeczek, Helmut	04.07.38	63-70	78	3
Schlief, Wolfgang	13.04.49	75-76	19	1
Schlindwein, Dieter	07.02.61	86-87	3	0
Schmidt, Bernd	01.12.43	67-74	150	11
Schöttner, Volker	09.06.52	70-71	1	0
Schröder, Herbert	22.12.45	66-67	4	0
Schütz, Arnold	19.01.35	63-72	253	69
Schulz, Hans	04.12.42	64-66	31	6
Schweighöfer, Rolf	01.01.39	68-69	18	6
Schwierzke, Wolfgang	08.03.37	63-64	3	0
Sidka, Wolfgang	26.05.54	82-86	115	17
Siegmann, Norbert	20.05.53	76-84	153	10

Name, Vorname	Geb.-datum	Spieljahre	Spiele	Tore
Skogheim, Vegard	28.04.66	88-89	3	0
Soya, Willi	11.10.35	63-66	34	8
Starzak, Norbert	27.08.50	71-72	2	0
Stefens, Fritz	27.10.48	69-71	6	0
Steinkogler, Gerhard	29.09.59	79-80	7	1
Steinmann, Heinz	01.02.38	64-71	184	4
Sunday, Ibrahim	01.08.50	75-76	1	0
Teupel, Gerhard	20.11.41	66-67	1	0
Thelen, Werner	08.07.47	70-71	15	0
Thun, Dieter	04.06.39	63-65	24	6
Thygesen, Poul-Erik	17.07.47	73-75	20	4
Tippelt, Dieter	20.11.53	72-73	5	0
Unger, Lars	30.09.72	93-94	1	0
Völler, Rudi	13.04.60	82-87	137	97
Voß, Albert	08.09.51	77-78	1	0
Votava, Miroslav	25.04.56	85-94	290	16
Watson, Dave	05.10.46	79-80	2	0
Weber, Jürgen	29.06.44	71-72	27	5
Weist, Werner	11.03.49	71-77	145	53
Wessel, Karl-Friedrich	26.09.54	77-78	2	0
Wiedener, André	14.03.70	87-94	21	2
Windhausen, Bernd	22.09.42	69-71	29	8
Wolter, Thomas	04.10.63	84-94	244	11
Wunder, Klaus	13.09.50	78-80	56	12
Zebrowski, Gerhard	25.04.40	63-69	145	40
Zembski, Dieter	06.11.46	68-75	179	4

ELFMETERÜBERSICHT

Für	Elfmeter	Quote	Elfmeterschütze (T=Treffer; V=Verschossen)	

63/64

W.B.	6	[4-2]	**T:** Schütz (4)	**V:** Schütz (2)
Geg.	6	[4-2]	**T:** Nolden/Duisb.,Huberts/ Frankf., Hesse/Saarbr., Brunnenmeier/1860 Münch.	**V:** Wosab/Dortmund, Witlat-schil/KSC

64/65

W.B.	2	[2-0]	**T:** Schütz, Höttges	**V:** -
Geg.	4	[1-3]	**T:** Hermann/Schalke	**V:** Huberts/Frankfurt, Moll/ Braunschw., Müller/Nürnb.

65/66

W.B.	9	[8-1]	**T:** Schütz 5, Höttges 3	**V:** Schütz
Geg.	5	[4-1]	**T:** Reitgaßl/Kaiserslautern, Grosser/1860 München, Emmerich/Dortm., Becken-bauer/Bayern	**V:** Reisch/Nürnberg

66/67

W.B.	3	[3-0]	**T:** Höttges (3)	**V:** -
Geg.	6	[4-2]	**T:** Emmerich/Dortmund, Wild/KSC, Müller/Bayern, Pott/Köln	**V:** Heidemann/Duisburg, Strehl/Nürnberg

67/68

W.B.	9	[8-1]	**T:** Höttges (8)	**V:** Höttges
Geg.	5	[4-1]	**T:** Netzer/Gladbach, Kapi-tulski/ K'lautern, Straschitz/ Hannover, Pott/Köln	**V:** Müller/Bayern

68/69

W.B.	6	[5-1]	**T:** Höttges 3, Schütz 2	**V:** Höttges
Geg.	5	[3-2]	**T:** Rühl/Köln, Milder/Gladb. Strehl/Nürnberg	**V:** Schmitt/Offenbach, Siemensmeyer/Hannover

69/70

W.B.	3	[3-0]	**T:** Schütz 2, Höttges	**V:** -
Geg.	0		**T:** -	**V:** -

Für	Elfmeter	Quote	Elfmeterschütze (T=Treffer; V=Verschossen)	

70/71

W.B.	2	[2-0]	**T:** Schütz (2)	**V:** -
Geg.	1	[1-0]	**T:** H. Kremers/Offenbach	**V:** -

71/72

W.B.	10	[8-2]	**T:** Schütz 3, Höttges 3, Weber 2	**V:** Weber, Höttges
Geg.	4	[3-1]	**T:** Kalb/Frankf., Schütz/Dortmund, Lehmann/Duisburg	**V:** Zaczyk/HSV

72/73

W.B.	2	[1-1]	**T:** Höttges	**V:** Höttges
Geg.	5	[2-3]	**T:** Handschuh/VFB, Volkert/HSV	**V:** Roth/Bayern, Scheer/ Schalke, Heynckes/Gladb.

73/74

W.B.	6	[5-1]	**T:** Höttges 3, Bracht 2	**V:** Höttges
Geg.	5	[3-2]	**T:** Handschuh/VFB, Hönig/ HSV, Kremers/Schalke	**V:** Müller/Bayern, Erlhoff/ Essen

74/75

W.B.	9	[7-2]	**T:** Höttges 5, Bracht, Assauer	**V:** Höttges, Bracht
Geg.	6	[4-2]	**T:** Balte/Bochum, Ritschel/ Offenbach, Konopka/Köln, Riedl/Kais.	**V:** Bast/Essen, Cremer/ Wuppertal

75/76

W.B.	13	[8-5]	**T:** Höttges 4, Röber 3, Weist	**V:** Assauer, Höttges, Bracht, Ohling, Roentved
Geg.	6	[4-2]	**T:** Gersdorff/Braunschweig, Heynckes/Gladbach, Lameck/Bochum, Flindt/KSC	**V:** Bast/Essen, Struth/KSC

76/77

W.B.	3	[3-0]	**T:** Höttges 2, Röber	**V:** -
Geg.	3	[2-1]	**T:** Bonhof/Gladbach, Brei/ Düsseldorf	**V:** Beckenbauer/Bayern

Für	Elfmeter	Quote	Elfmeterschütze (T=Treffer; V=Verschossen)	

77/78

W.B.	8	[6-2]	**T:** Höttges 3, Röber 3	**V:** Höttges, Röber
Geg.	4	[3-1]	**T:** Huber/Dortmund, 2 x Demuth/Pauli	**V:** Scheller/1860 Münch.

78/79

W.B.	7	[6-1]	**T:** Röber (6)	**V:** Röber
Geg.	8	[6-2]	**T:** Nickel/Braunschweig, Kaltz/HSV, Huber/Dortm., Dietz/MSV, Volkert/VFB, Bechtold/Darmst.	**V:** Moers/Bielefeld, Müller/Bayern

79/80

W.B.	7	[4-3]	**T:** Röber 2, Wunder, Burdenski	**V:** Wunder, Röber, Reinders
Geg.	9	[8-1]	T:Flohe & Wohlers/1860 M., Allofs/Düsseld., Schuster/Köln, 2x Volkert/VFB, Abel/Bochum, Breitner/Bayern	**V:** Funkel/Uerdingen

81/82

W.B.	7	[6-1]	**T:** Reinders 5, Möhlmann	**V:** Möhlmann
Geg.	3	[1-2]	**T:** Hannes/Gladbach	**V:** Sackewitz/Leverkusen, Hannes/Gladbach

82/83

W.B.	7	[6-1]	**T:** Reinders 4, Sidka 2	**V:** Meier
Geg.	2	[2-0]	**T:** Weyerich/Nürnberg, Rüßmann/Dortmund	**V:** -

83/84

W.B.	7	[4-3]	**T:** Reinders (4)	**V:** Reinders (3)
Geg.	2	[2-0]	**T:** Kutzop/Offenb., Edvaldsson/Düsseldorf	**V:** -

84/85

W.B.	7	[4-3]	**T:** Reinders 3, Sidka	**V:** Sidka, Meier, Reinders
Geg.	5	[4-1]	**T:** Claesen/VFB, Täuber/Schalke, Reich/Bielefeld, Harforth/KSC	**V:** Zewe/Düsseldorf

Für	Elfmeter	Quote	Elfmeterschütze (T=Treffer; V=Verschossen)

85/86

W.B.	8	[7-1]	T: Kutzop (7)	V: Kutzop
Geg.	5	[4-1]	T: Giesel/Hannover, Brehme/ K'lautern, Hannes/Gladbach, Zorc/Dortmund	V: Lerby/Bayern

86/87

W.B.	8	[7-1]	T: Kutzop 6, Ordenewitz	V: Völler
Geg.	7	[7-0]	T: Kaltz/HSV, Brefort/BW 90 B., Waas/Lev., Reuter/Nürnb., Pasic/VFB, Wuttke/Kaiserslt., Grahammer/Nürnberg	V: -

87/88

W.B.	7	[5-2]	T: Ordenewitz (5)	V: Ordenewitz (2)
Geg.	3	[3-0]	T: Allgöwer/VFB, Matthäus/ Bayern, Littbarski/Köln	V: -

88/89

W.B.	4	[4-0]	T: Kutzop, Ordenewitz, Burgsmüller, Bratseth	V: -
Geg.	5	[4-1]	T: Criens/Gladbach, Kohn/ Hannover, Flad/Pauli, Trapp/ KSC	V: Zorc/Dortmund

89/90

W.B.	4	[1-3]	T: Kutzop	V: Bratseth, Rufer, Hermann
	4	[3-1]	T: Theiss/Homburg, Kögl/ Bayern, Frontzeck/VFB	V: Th. Brunner/Nürnberg

90/91

W.B.	3	[2-1]	T: Harttgen, Rufer	V: Borowka
Geg.	2	[1-1]	T: Legat/Bochum	V: Bein/Frankfurt

91/92

W.B.	0		T: -	V: -
Geg.	3	[3-0]	T: Schupp/Wattensch., Kuntz Kaiserslt., Heinemann/Boch.	V: -

Für	Elfmeter	Quote	Elfmeterschütze (T=Treffer; V=Verschossen)

92/93

W.B.	8	[8-0]	**T:** Rufer (8)	**V:** -
Geg.	4	[4-0]	**T:** Bender/KSC, Walter/VFB, Heinemann/Bochum, Thon/ Bayern	**V:** -

93/94

W.B.	1	[1-0]	**T:** Rufer	**V:** -
Geg.	3	[2-1]	**T:** Zarate/Nürnberg, Bender/ KSC	**V:** Funkel/Kaiserslautern

*** Elfmeter für die Bremer:**

175	davon:	- Tore	137
		- Verschossen	38

Elfmeterschütze	Elfm.	Tore	Versch.	%
Assauer	2	1	1	50
Borowka u. Völler je	1		1	0
Bracht	5	3	2	60
Bratseth	2	1	1	50
Burdenski / Burgsmüller u. Weist je	1	1		100
Harttgen	1	1		100
Hermann, Ohlig, Roentved je	1		1	0
Höttges	48	40	8	83,33
Kutzop	16	15	1	93,75
Meier	2		2	0
Möhlmann u. Wunder je	2	1	1	50
Ordenewitz	9	7	2	77,78
Reinders	21	16	5	76,19
Röber	18	15	3	83,33
Rufer	11	10	1	90,9
Schütz	22	19	3	86,36
Sidka	4	3	1	75
Weber	3	2	1	66,67
GESAMT:	**176**	**138**	**38**	**78,41**

*** Elfmeter gegen die Bremer:**

130	davon:	- Tore	96	(73,85 %)
		- Verschossen	34	(26,15 %)

Folgende Bl-Vereine erhielten die Elfmeter zugesprochen:

Bay. München	12	6-6	VfB Stuttgart	10	10-0	Bor. Dortmund	9	7-2
Mönchengladb.	9	7-2	1.FC Köln	6	6-0	1.FC Nürnberg	9	5-4
Kaiserslaut.	7	6-1	1860 München	5	4-1	Karlsruher SC	6	6-2
Hamburger SV	5	4-1	MSV Duisburg	4	3-1	Schalke 04	4	3-1
K. Offenbach	4	3-1	VfL Bochum	6	6-0	E. Frankfurt	4	2-2
F. Düsseldorf	4	3-1	Braunschweig	3	2-1	RW Essen	3	0-3
FC St. Pauli	3	3-0	Hannover 96	4	3-1	Leverkusen	2	1-1
A. Bielefeld	2	1-1	Saarbrücken	1	1-0	BW 90 Berlin	1	1-0
Darmstadt	1	1-0	Uerdingen	1	0-1	Wuppertal	1	0-1
FC Homburg	1	1-0	Wattenscheid	1	1-0			

Aus der Sicht der BREMER Torhüter

SAISON		**scheiterten am Werder-Torhüter**			**konnten gegen den Werder-Torhüter verwandelt werden**		
63/64:	2	Lambertz 1	(Dortm.)	4	Bernard	(MSV, Frankf., Saarbr., 1860 M.)
		Bernard 1	(KSC)			
64/65:	3	Bernard		1	Bernard	(Schalke)
65/66:	1	Bernard		4	Bernard	(Kais., 1860, Dortm., Bayern)
66/67:	2	Lambertz 1	(Nürnberg)	4	Teupel 1	(Dortmund)
		Bernard 1	(MSV)		Bernard 3	(Bayern, KSC, Köln)
67/68:	1	Bernard		4	Bernard 3	(Gladbach, Hannover, Kais.)
					Loweg 1	(Köln)
68/69:	2	Bernard		3	Bernard 2	(Köln, Nürnberg)
					Loweg 1	(Gladbach)
69/70:	0			0		
70/71:	0			1	Bernard	(Offenbach)
71/72:	1	Bernard		3	Bernard	(Frankf., Dortm., MSV)
72/73:	3	Bernard		2	Bernard	(VFB, HSV)
73/74:	2	Burdenski		3	Burdenski	(VFB, HSV, Schalke)
74/75:	2	Burdenski		4	Burdenski	(Bochum, Offenb., Köln, Kais.)
75/76:	2	Burdenski		4	Burdenski	(Braunschw., Gladbach, Bochum, KSC)
76/77:	1	Burdenski		2	Burdenski	(Gladbach, Düsseld.)
77/78:	1	Burdenski		3	Burdenski	(2 x Pauli, Dortm.)
78/79:	2	Burdenski		6	Burdenski	(Braunschw., HSV, Dortm., MSV, VFB, Darmst.)
79/80:	1	Burdenski		8	Burdenski	(2 x 1860 M., Düsseld., Köln, 2 x VFB, Bochum, Bayern)
81/82:	2	Burdenski		1	Burdenski	(Gladbach)
82/83:	0			2	Burdenski	(Nürnb., Dortm.)
83/84:	0			2	Burdenski	(Offenb., Düsseld.)

SAISON		scheiterten am Werder-Torhüter		konnten gegen den Werder-Torhüter verwandelt werden		
84/85:	1	Burdenski	4	Burdenski		(VFB, Schalke, Bielef., KSC)
85/86:	1	Burdenski	4	Burd.	3	(Hannover, Kaiserslt., Gladbach)
				Funk	1	(Dortmund)
86/87:	0		7	Burdenski		(HSV, BW 90, Lev., VFB, 2 x Nürnb., Kaiserslt.)
87/88:	0		3	Reck		(VFB, Bayern, Köln)
88/89:	1	Reck	4	Reck		(Gladbach, Hannover, Pauli, KSC)
89/90:	1	Reck	3	Reck		(Homburg, Bayern, VFB)
90/91:	1	Reck	1	Reck		(Bochum)
91/92:	0		3	Reck		(Wattensch., Kaiserslt., Bochum)
92/93:	0		4	Reck	3	(KSC, VFB, Bochum)
				Gundel.	1	(Bayern)
93/94:	1	Reck	2	Reck		(Nürnberg, KSC)

*** TW - ÜBERSICHT:**

Torhüter	gehalten	nicht gehalten	Gesamt	%
Bernard	13	23	36	36,11
Burdenski	15	49	64	23,44
Funk	-	1	1	0
Gundelach	-	1	1	0
Lambertz	2	-	2	100
Loweg	-	1	1	0
Reck	4	20	24	16,67
Teupel	-	1	1	0
GESAMT:	**34**	**96**	**130**	**26,15**

EIGENTORE

*** Von den Werder - Spielern:**

	Spieler	Sp.	Paarung	Saison
01.	Jagielski	11.	1860 München - SV Werder	64/65
02.	Piontek	14.	SV Werder - Nürnberg	66/67
03.	Steinmann	2.	E. Frankfurt - SV Werder	67/68
04.	Schütz	10.	SV Werder - Nürnberg	67/68
05.	Schmidt	10.	SV Werder - Nürnberg	67/68
06.	Höttges	14.	SV Werder - Bayern M.	67/68
07.	Lorenz	10.	VfB Stuttg. - SV Werder	68/69
08.	Coordes	3.	Hannover - SV Werder	69/70
09.	Schütz	11.	Bor. Dortmund - SV Werder	69/70
10.	Zembski	26.	SV Werder - E. Frankfurt	69/70
11.	Assauer	30.	SV Werder - Braunschweig	71/72
12.	Höttges	26.	Offenbach - SV Werder	74/75
13.	Roentved	4.	SV Werder - Hertha BSC	75/76
14.	Roentved	5.	Braunschweig - SV Werder	75/76
15.	Müllner	19.	E. Frankfurt - SV Werder	75/76
16.	Roentved (3. min.)	3.	Saarbrücken - SV Werder	76/77
17.	Roentved (85. min.)	3.	Saarbrücken - SV Werder	76/77
18.	Geils	10.	SV Werder - Bayern M.	76/77
19.	Siegmann	20.	SV Werder - 1.FC Köln	77/78
20.	Röber	24.	Saarbrücken - SV Werder	77/78
21.	Siegmann	6.	E. Frankfurt - SV Werder	78/79
22.	Konschal	14.	1.FC Köln - SV Werder	78/79
23.	Roentved	20.	SV Werder - Bor. Dortmund	78/79
24.	Rülander (TW)	14.	E. Frankfurt - SV Werder	81/82
25.	Gruber	28.	SV Werder - Uerdingen	83/84
26.	Schaaf	7.	E. Frankfurt - SV Werder	86/87
27.	Reck (TW)	12.	SV Werder - Uerdingen	88/89
28.	Reck (TW)	18.	Bayern M. - SV Werder	91/92

*** Vom Bundesliga - Gegner:**

	Spieler/Verein	Sp.	Paarung	Saison
01.	Schimmöller/Hertha	10.	SV Werder - Hertha BSC	63/64
02.	Kahn/Karlsruhe	19.	KSC - SV Werder	64/65
03.	D. Seeler/Hamburg	21.	HSV - SV Werder	64/65
04.	Bena/60 München	27.	SV Werder - 1860 M.	64/65
05.	Piechowick/Hamburg	33.	HSV - SV Werder	65/66
06.	L. Müller/Nürnberg	32.	SV Werder - Nürnberg	68/69
07.	Köhnen/Düsseldorf	9.	F. Düsseld. - SV Werder	71/72
08.	Wörmer/Oberhausen	15.	SV Werder - RWO	71/72
09.	Kaltz/Hamburg	13.	HSV - SV Werder	72/73
10.	Lehmann/Duisburg	17.	SV Werder - MSV Duisb.	73/74
11.	Seliger/Duisburg	6.	SV Werder - MSV Duisb.	76/77
12.	Wörmer/RW Essen	29.	SV Werder - RWE	76/77
13.	Feilzer/St. Pauli	18.	SV Werder - St. Pauli	77/78
14.	Kliemann/Hertha	29.	SV Werder - Hertha BSC	77/78
15.	Gersdorff/Hertha	13.	SV Werder - Hertha BSC	78/79
16.	Bruns/Braunschweig	6.	Braunschw. - SV Werder	79/80
17.	Pfaff/Bayern (TW)	1.	SV Werder - Bayern M.	82/83
18.	Pahl/Frankfurt (TW)	16.	SV Werder - Frankfurt	82/83
19.	Quaisser/Mannheim	18.	SV Werder - Mannheim	83/84
20.	Zugcic/Bochum	19.	Bochum - SV Werder	83/84
21.	Kutzop/Offenbach	32.	Offenbach - SV Werder	83/84
22.	Edvaldsson/Düsseldorf	6.	F. Düsseld. - SV Werder	84/85
23.	Hannes/Gladbach	10.	Gladbach - SV Werder	84/85
24.	Oswald/Bochum	28.	Bochum - SV Werder	84/85
25.	Buchwald/Stuttgart	6.	VFB - SV Werder	87/88
26.	Schlindwein/Frankfurt	14.	SV Werder - Frankfurt	87/88
27.	Helmer/Dortmund	3.	SV Werder - Bor. Dortm.	89/90
28.	Schmidt/Karlsruhe	7.	SV Werder - KSC	89/90
29.	Zernicke/Hertha	24.	SV Werder - Hertha BSC	90/91
30.	Gielchen/Duisburg	7.	SV Werder - MSV Duisb.	91/92
31.	Schwanke/Bochum	4.	SV Werder - Bochum	92/93
32.	Herzog/Schalke	22.	SV Werder - Schalke	92/93
33.	Wittwer/KSC	8.	SV Werder - Karlsr. SC	93/94

*** Zusammenfassung:**

• Die 28 Eigentore der Werder-Spieler verteilen sich folgendermaßen:

je 1 Eig.:	Jagielski, Piontek, Steinmann, Schmidt, Lorenz, Coordes, Zembski, Assauer, Müllner, Geils, Röber, Konschal, Ruländer, Gruber, Schaaf;
je 2 Eig.:	Schütz, Siegmann, Höttges, Reck;
5 Eig.:	Roentved

Im Heimspiel "erzielt"	12
Im Auswärtsspiel "erzielt"	16

Die jeweiligen BL-Gegner:

E. Frankfurt	[6]	Saarbrücken	[3]	Nürnberg	[3]
1.FC Köln	[2]	Bor. Dortmund	[2]	Bayern München	[3]
Braunschweig	[2]	K. Offenbach	[1]	Hertha BSC	[1]
1860 München	[1]	VfB Stuttgart	[1]	Hannover	[1]
B. Uerdingen	[2]				

• Die 33 Eigentore des Gegners verteilen sich folgendermaßen:

Hertha BSC	[4]	Hamburger SV	[3]	F. Düsseldorf	[2]
MSV Duisburg	[3]	Mönchengladb.	[1]	VfL Bochum	[3]
W. Mannheim	[1]	St. Pauli	[1]	Karlsruher SC	[3]
K. Offenbach	[1]	1860 München	[1]	Nürnberg	[1]
Bay. München	[1]	VfB Stuttgart	[1]	Braunschweig	[1]
RW Essen	[1]	RW Oberhausen	[1]	E. Frankfurt	[2]
Bor. Dortmund	[1]	Schalke 04	[1]		

Im Weserstadion "erzielt"	20
Im heimischen Stadion "erzielt"	13

Gelb-Rote Karten

*** Gegen die Werder - Spieler:**

	Spieler	Sp.	Paarung	Saison
01.	Wolter	35.	Kaiserslautern - SV Werder	91/92
02.	Beiersdorfer	23.	Uerdingen - SV Werder	92/93
03.	Wolter	32.	SV Werder - 1.FC Köln	93/94

*** Vom Bundesliga - Gegner:**

	Spieler/Verein	Sp.	Paarung	Saison
01.	Matysik/Hamburg	17.	HSV - SV Werder	91/92
02.	Fach/Mönchengladb.	23.	SV Werder - Gladbach	91/92
03.	Haber/Kaiserslt.	35.	Kaiserslt. - SV Werder	91/92
04.	Rösler/Nürnberg	1.	Nürnberg - SV Werder	92/93
05.	Wuttke/Saarbrücken	15.	SV Werder - Saarbrücken	92/93
06.	Buchwald/Stuttgart	17.	SV Werder - VfB Stuttg.	92/93
07.	Wouters/B. München	7.	SV Werder - Bayern M.	93/94
08.	Spanring/SC Freiburg	29.	SV Werder - Freiburg	93/94

*** Zusammenfassung:**

- **Die 3 Gelb-Roten Karten der Werder-Spieler verteilen sich folgendermaßen:**

1 x G-R: Beiersdorfer
2 x G-R: Wolter

Im Heimspiel "erhalten" 1 — Im Auswärtsspiel "erhalten" 2

Die jeweiligen BL-Gegner:

Kaiserslautern	[1]	B. Uerdingen	[1]	1.FC Köln	[1]

- **Die 8 Gelb-Roten Karten des Gegners verteilen sich folgendermaßen:**

Hamburger SV	[1]	Kaiserslautern	[1]	Saarbrücken	[1]
Mönchengladbach	[1]	Nürnberg	[1]	VfB Stuttgart	[1]
Bayern München	[1]	SC Freiburg	[1]		

Im Weserstadion "erhalten" 5 — Im heimischen Stadion "erhalten" 3

ROTE KARTEN

*** Gegen die Werder - Spieler:**

	Spieler	Sp.	Paarung	Salson
01.	Höttges	17.	Gladbach - SV Werder	68/69
02.	Zembski	27.	Kaiserslaut. - SV Werder	69/70
03.	B. Schmidt	15.	Kaiserslaut. - SV Werder	72/73
04.	Roentved	23.	MSV Duisb. - SV Werder	76/77
05.	Watson	2.	1860 München - SV Werder	79/80
06.	Gruber	22	SV Werder - Bayern M.	83/84
07.	Otten	32.	Braunschweig - SV Werder	84/85
08.	Kutzop	19.	Hannover 96 - SV Werder	85/86
09.	Pezzey	23.	Nürnberg - SV Werder	85/86
10.	Ruländer	10.	SV Werder - Mannheim	86/87
11.	Sauer	14.	SV Werder - E. Frankfurt	87/88
12.	Sauer	21.	Bochum - SV Werder	87/88
13.	Reck (Torwart)	23.	VfB Stuttg. - SV Werder	87/88
14.	Neubarth	31.	Frankfurt - SV Werder	87/88
15.	Bratseth	11.	SV Werder - Frankfurt	89/90
16.	Eilts	12.	Bochum - SV Werder	89/90
17.	Otten	28.	Frankfurt - SV Werder	89/90
18.	Neubarth	29.	St. Pauli - SV Werder	90/91
19.	Harttgen	11.	F. Düsseld. - SV Werder	91/92
20.	Beiersdorfer	12.	SC Freiburg - SV Werder	93/94
21.	Basler	20.	VfB Leipzig - SV Werder	93/94
22.	Basler	24.	Bayern - SV Werder	93/94

*** Vom Bundesliga - Gegner:**

	Spieler/Verein	Sp.	Paarung	Saison
01.	Volkert/Nürnberg	32.	SV Werder - Nürnberg	68/69
02.	Bohnsack/Hannover	20.	SV Werder - Hannover	69/70
03.	Nerlinger/Bayern	24.	SV Werder - Bayern M.	69/70
04.	Reimann/Hannover	12.	SV Werder - Hannover	71/72
05.	Löhr/1.FC Köln	33.	SV Werder - Köln	73/74
06.	Nagy/Wuppertal	13.	SV Werder - Wuppertal	74/75
07.	Grzyb/Braunschweig	5.	Braunschw. - SV Werder	75/76
08.	Haunstein/60 München	31.	SV Werder - 60 München	77/78
09.	Szesni/MSV Duisb.	33.	SV Werder - Duisburg	81/82
10.	Klotz/Dortmund	25.	SV Werder - Bor. Dortm.	82/83
11.	Zorc/Dortmund	10.	SV Werder - Bor. Dortm.	83/84
12.	Brinkmann/Uerdingen	11.	Uerdingen - SV Werder	83/84
13.	Engels/1.FC Köln	21.	Köln - SV Werder	83/84
14.	Matthäus/Bayern	16.	Bayern M. - SV Werder	85/86
15.	Th. Brunner/Nürnberg	1.	SV Werder - Nürnberg	86/87
16.	Eder/Bayern	8.	SV Werder - Bayern M.	86/87
17.	Engels/1.FC Köln	15.	SV Werder - Köln	87/88
18.	Knüwe/Hannover	18.	SV Werder - Hannover	87/88
19.	Schlotterbeck/Stuttg. K.	26.	SV Werder - Stuttg. Kick.	88/89
20.	Gaudino/VfB Stuttg.	34.	SV Werder - VFB Stuttg.	88/89
21.	Philipkowski/Nürnberg	21.	SV Werder - Nürnberg	89/90
22.	Ibrahim/Wattenscheid	5.	SV Werder - Wattenscheid	91/92
23.	Fink/Wattenscheid	24.	Wattensch. - SV Werder	91/92
24.	Zumdick/Bochum (TW)	33.	Bochum - SV Werder	91/92
25.	Salou/Mönchengladbach	14.	SV Werder - Gladbach	92/93
26.	Beckenbauer/Saarbrücken	15.	SV Werder - Saarbrücken	92/93
27.	Metz/Karlsruhe	20.	SV Werder - KSC	92/93
28.	Berthold/VfB Stuttg.	1.	SV Werder - Stuttgart	93/94
29.	Rraklli/SC Freiburg	29.	SV Werder - Freiburg	93/94
30.	Rudy/1.FC Köln	32.	SV Werder - Köln	93/94

*** Zusammenfassung:**

• Die 22 Roten Karten der Bremer Spieler verteilen sich folgendermaßen:

je 1 x Rot: Höttges, Zembski, Schmidt, Roentved, Watson, Gruber, Kutzop, Pezzey, Ruländer, Reck, Bratseth, Eilts, Harttgen, Beiersdorfer;

je 2 x Rot: Sauer, Otten, Neubarth, Basler;

Im Heimspiel "erhalten"	4
Im Auswärtsspiel "erhalten"	18

Die jeweiligen BL-Gegner:

Kaiserslautern	[2]	VfL Bochum	[2]	W. Mannheim	[1]
Mönchengladbach	[1]	E. Frankfurt	[4]	VfB Stuttgart	[1]
1860 München	[1]	MSV Duisburg	[1]	F. Düsseldorf	[1]
Braunschweig	[1]	Bay. München	[2]	St. Pauli	[1]
Nürnberg	[1]	Hannover 96	[1]	VfB Leipzig	[1]
SC Freiburg	[1]				

• Die 30 Roten Karten des Gegners verteilen sich folgendermaßen:

Bay. München	[3]	Nürnberg	[3]	Wattenscheid	[2]
Hannover 96	[3]	Wuppertal	[1]	VfL Bochum	[1]
Bor. Dortmund	[2]	1860 München	[1]	Mönchengladb.	[1]
Braunschweig	[1]	MSV Duisburg	[1]	Saarbrücken	[1]
B. Uerdingen	[1]	Stuttg. Kick.	[1]	Karlsruher SC	[1]
1.FC Köln	[4]	VfB Stuttgart	[2]	SC Freiburg	[1]

Im Weserstadion "erhalten"	24
Im heimischen Stadion "erhalten"	6

Die Bundesliga - Trainer

Trainer	Dauer	Saison
Willi MULTHAUP	1963 - 1965	63/64 - 64/65
Günter BROCKER	1965 - 04.09.1967	65/66 - 67/68
Fritz LANGNER	09.09.1967 - 1969	67/68 - 68/69
Fritz REBELL	1969 - 16.03.70	69/70
Hans TILKOWSKI	17.03.1970 - 1970	69/70
Robert GEBHARDT	1970 - 26.09.1971	70/71 - 71/72
Willi MULTHAUP	27.09.71 - 24.10.1971	71/72
Josef PIONTEK	25.10.71 - 07.05.72	71/72
Fritz LANGNER	08.05.72 - 1972	71/72
Josef PIONTEK	1972 - 1975	72/73 - 74/75
Herbert BURDENSKI	1975 - 28.02.76	75/76
Otto REHHAGEL	29.02.76 - 1976	75/76
Hans TILKOWSKI	1976 - 22.12.1977	76/77 - 77/78
Fred SCHULZ	02.01.1978 - 1978	77/78
Wolfgang WEBER	1978 - 29.01.1980	78/79 - 79/80
Fritz LANGNER	20.02.1980 - 1980	79/80
Otto REHHAGEL	1981 - 1994	81/82 - 93/94

In ihrer Bundesligazeit arbeiteten elf verschiedene Trainer für den SV Werder Bremen, wobei Multhaup (zweimal), Langner (dreimal), Tilkowski (zweimal), Rehhagel (zweimal) und Piontek (zweimal) das Ruder übernahmen. Außer Otto Rehhagel (seit dem 02. April 1981 als Trainer im Amt) hielt es nur Sepp Piontek länger als 2 Jahre aus. Piontek durfte die Mannschaft über drei Spielzeiten betreuen. Neben Rehhagel ist Willi Multhaup (2 volle Jahre) der einzige Trainer, der die Mannschaft vom ersten bis zum letzten Spieltag einer Saison betreuen durfte. Auch Rehhagels erste Trainerstation beim SV Werder war nur eine Übergangslösung. Mit dem heutigen Trainer hat man den dienstältesten aller Bundesligavereine. Vor seiner Zeit beim SV Werder war Rehhagel schon bei sieben Vereinen tätig (Saarbrücken, Bielefeld, Dortmund etc.). Die Erfolge unter Rehhagel können sich sehen lassen: zweimal Deutscher Meister, Sieger im Cup der Pokalsieger und zweimal DFB-Pokalsieger. Der erste Meistertitel 1965 wurde mit Willi Multhaup erreicht.

Werder-Trainer in der Saison 1969/70: Fritz Rebell.

TABELLEN-

SAISON	1	2	3	4	5	6	7	8	9	10	11	12	13	14	15	16	17	18
1963/64	4	9	13	13	13	12	12	12	9	11	9	8	9	8	6	8	7	7
1964/65	12	6	1	1	4	5	3	2	2	1	1	2	2	1	1	2	1	1
1965/66	5	9	3	2	2	5	4	6	7	7	5	5	5	5	5	5	5	7
1966/67	15	17	18	16	17	16	17	15	15	7	8	8	6	6	10	11	11	11
1967/68	15	16	17	16	14	13	11	8	7	11	10	13	13	13	11	11	11	11
1968/69	8	7	4	6	10	13	16	17	17	17	15	16	17	15	16	13	14	14
1969/70	8	4	10	11	11	15	16	16	16	15	15	17	16	16	16	16	15	13
1970/71	9	14	16	17	18	17	16	17	15	13	13	13	15	14	14	13	15	14
1971/72	9	10	14	7	4	3	5	7	5	8	9	9	10	10	9	10	11	10
1972/73	9	13	11	14	15	14	14	13	13	12	12	14	13	12	13	14	14	15
1973/74	6	9	9	10	12	14	15	11	12	10	14	12	12	11	12	14	14	12
1974/75	16	18	16	16	14	15	16	17	18	18	15	15	15	16	15	15	15	15
1975/76	2	7	15	10	14	8	6	8	7	10	6	9	9	11	13	16	14	12
1976/77	13	13	16	16	16	16	16	16	11	13	11	11	10	12	12	11	9	9
1977/78	14	12	16	11	11	15	15	16	17	17	17	17	16	15	14	15	16	16
1978/79	14	14	15	15	15	16	14	14	15	13	13	14	13	15	15	15	14	13
1979/80	5	13	7	13	13	11	11	12	13	15	15	15	14	15	13	15	12	13
1981/82	2	3	6	8	7	5	2	5	4	4	2	4	5	6	6	6	5	5
1982/83	3	7	4	7	5	6	6	6	6	6	7	7	6	6	6	6	4	5
1983/84	17	7	10	9	8	7	6	6	7	5	4	3	6	5	4	6	4	3
1984/85	8	12	5	3	2	4	5	5	3	3	3	4	3	3	3	2	2	3
1985/86	3	1	1	1	1	1	1	1	1	1	1	1	1	1	1	1	1	1
1986/87	4	11	7	4	3	4	5	5	6	4	4	4	4	4	6	5	6	8
1987/88	6	2	3	4	3	1	1	1	1	1	2	2	1	1	1	1	1	1
1988/89	6	7	2	7	8	6	6	7	5	8	11	11	10	7	2	2	2	3
1989/90	10	11	6	5	5	4	3	6	8	11	12	12	10	8	6	6	6	7
1990/91	16	8	12	8	9	8	9	5	4	4	3	1	1	3	3	3	1	3
1991/92	11	15	16	10	8	11	7	11	14	10	10	7	11	7	11	13	10	9
1992/93	13	12	14	11	10	6	9	10	7	7	6	5	3	3	3	3	3	3
1993/94	1	2	1	1	5	3	3	3	2	2	2	2	2	3	4	7	7	7

PLAZIERUNGEN

19	20	21	22	23	24	25	26	27	28	29	30	31	32	33	34		SAISON
7	8	8	8	8	9	9	10	9	9	9	10						**1963/64**
1	1	1	1	1	1	1	1	1	1	1	1						**1964/65**
7	5	5	5	5	5	5	5	5	5	5	5	4	4	4	4		**1965/66**
12	13	11	11	12	11	12	11	12	13	13	13	13	12	14	16		**1966/67**
9	12	11	6	5	5	4	4	4	4	4	3	2	2	2	2		**1967/68**
12	13	12	14	12	15	11	10	8	11	14	11	12	13	11	9		**1968/69**
15	13	13	13	12	10	11	11	12	13	13	13	13	12	11	11		**1969/70**
12	9	13	11	13	9	9	7	7	7	6	5	5	5	8	10		**1970/71**
10	10	11	8	11	8	10	10	11	11	11	11	12	11	11	11		**1971/72**
14	13	12	12	12	13	12	12	12	12	12	12	13	12	12	11		**1972/73**
13	10	13	13	13	14	12	12	12	11	12	12	12	11	9	11		**1973/74**
15	16	16	15	15	15	16	16	15	15	15	15	15	15	15	15		**1974/75**
14	14	13	14	15	14	14	14	14	14	15	16	13	13	13	13		**1975/76**
11	9	12	10	12	13	11	8	10	11	11	12	10	11	11	11		**1976/77**
16	16	16	16	16	16	16	15	15	15	15	15	15	15	14	15		**1977/78**
12	12	15	12	13	11	15	12	12	13	13	11	11	14	14	11		**1978/79**
15	16	15	16	16	16	15	14	15	14	14	16	17	17	17	17		**1979/80**
5	5	5	5	5	4	4	4	4	5	4	5	5	6	6	5		**1981/82**
4	3	3	3	2	5	3	2	2	2	2	2	2	2	2	2		**1982/83**
4	3	3	4	5	5	5	5	5	5	5	5	5	5	5	5		**1983/84**
2	3	2	2	2	2	2	2	2	2	2	2	2	2	2	2		**1984/85**
1	1	1	1	1	1	1	1	1	1	1	1	1	1	1	2		**1985/86**
7	6	6	6	6	5	5	4	6	4	4	4	5	4	5	5		**1986/87**
1	1	1	1	1	1	1	1	1	1	1	1	1	1	1	1		**1987/88**
2	4	3	3	4	3	3	3	3	3	4	4	3	3	3	3		**1988/89**
6	8	6	8	7	8	7	7	7	7	7	7	7	7	7	7	**Spieltage**	**1989/90**
1	1	2	3	2	2	2	2	2	3	3	3	3	4	3	3	**35 36 37 38**	**1990/91**
9	6	9	9	9	8	8	8	8	8	8	8	8	8	8	8	9 8 9 9	**1991/92**
3	2	3	2	2	2	2	2	2	2	2	2	2	2	1	1		**1992/93**
7	5	3	7	7	8	8	11	12	12	12	12	11	7	10	8		**1993/94**

Wann war der SV Werder das erste Mal TABELLENFÜHRER der 1. Fußball-Bundesliga?

* Saison 1964/65:

  * 3. Spieltag, 05.09.1964

    * E. Frankfurt - **SV Werder** 0 : 2

(abgelöst wurde Hannover 96 0-3 beim HSV)

Insgesamt war der SV Werder auf folgenden Plätzen zu finden:

1. Platz:	89 x	**2.** Platz:	77 x	**3.** Platz:	64 x
4. Platz:	56 x	**5.** Platz:	78 x	**6.** Platz:	52 x
7. Platz:	53 x	**8.** Platz:	48 x	**9.** Platz:	41 x
10. Platz:	34 x	**11.** Platz:	75 x	**12.** Platz:	67 x
13. Platz:	64 x	**14.** Platz:	51 x	**15.** Platz:	72 x
16. Platz:	53 x	**17.** Platz:	20 x	**18.** Platz:	5 x
19. Platz:	0 x	**20.** Platz:	0 x		

FIEBERKURVE

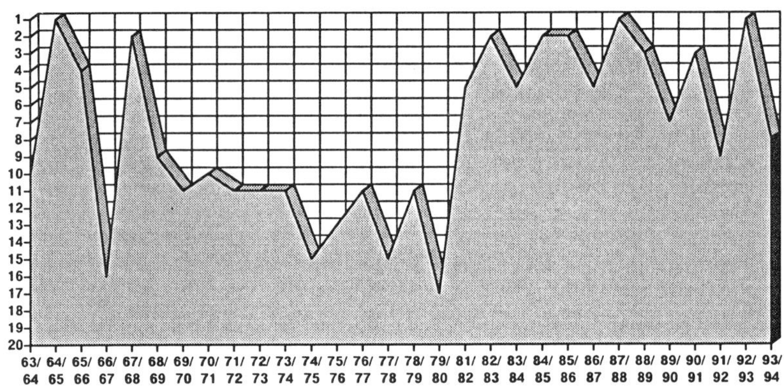

2. Bundesliga

1980/81

Sp.	Datum		Gegner	Ergebnis	SV-Torschützen	Zuschauer
01.	06.08.80	A	RW Oberhausen	1 : 1 (1-1)	Kostedde	12.000
02.	09.08.80	H	1.FC Bocholt	1 : 2 (1-1)	Möhlmann	9.000
03.	16.08.80	A	T. Bor. Berlin	1 : 0 (1-0)	Kostedde	5.000
04.	20.08.80	H	VfB Oldenburg	4 : 0 (0-0)	Kostedde 2 I Möhlmann I Konschal	14.000
05.	23.08.80	A	Viktoria Köln	2 : 1 (2-0)	Kostedde I Offermanns	6.000
06.	27.08.80	H	Fortuna Köln	2 : 1 (2-0)	Kostedde I Möhlmann	12.000
07.	08.09.80	A	Alem. Aachen	0 : 2 (0-1)	-	22.000
08.	13.09.80	H	E. Braunschweig	2 : 1 (0-0)	Kostedde I Kamp	12.000
09.	20.09.80	A	OSC Hannover	3 : 1 (1-0)	Meier I Möhlmann I Schaaf	3.000
10.	26.09.80	H	Holstein Kiel	5 : 1 (1-0)	Kostedde 2 I Reinders I Meier I Möhlmann	8.000
11.	30.09.80	A	SpVgg Erkenschwick	1 : 1 (1-0)	Offermanns	3.000
12.	07.10.80	H	U. Solingen	3 : 0 (1-0)	Möhlmann 2 I Meier	7.000
13.	11.10.80	A	Pr. Münster	3 : 2 (1-1)	Reinders I Meier I Offermanns	7.000
14.	18.10.80	H	Hertha BSC	1 : 1 (0-0)	Kostedde	19.000
15.	25.10.80	A	RW Essen	0 : 1 (0-0)	-	9.000
16.	01.11.80	H	SC Herford	3 : 1 (3-1)	Kostedde I Meier I EIG: Koberstein	6.000
17.	08.11.80	H	Göttingen 05	3 : 0 (2-0)	Möhlmann 2 I Kostedde	5.000
18.	15.11.80	A	Lüdenscheid	1 : 0 (1-0)	Siegmann	1.000
19.	29.11.80	H	Hannover 96	3 : 0 (1-0)	Konschal I Bracht I Otten	10.000
20.	06.12.80	A	Wattenscheid	1 : 1 (1-0)	Kostedde	4.000
21.	13.12.80	H	VfL Osnabrück	3 : 1 (1-0)	Kostedde I Meier I Bracht	18.000
22.	03.01.81	H	RW Oberhausen	6 : 1 (2-0)	Reinders 3 I Konschal I Meier I Kostedde	8.000
23.	10.01.81	A	Bocholt	2 : 0 (1-0)	Reinders 2	6.000
24.	24.01.81	H	T. Bor. Berlin	3 : 0 (3-0)	Kostedde 2 I Möhlmann	7.000
25.	12.05.81	A	Oldenburg	3 : 0 (2-0)	Siegmann I Meier I Behrens	18.000
26.	16.05.81	H	Vikt. Köln	0 : 0 (0-0)	-	9.000
27.	30.05.81	A	Fort. Köln	2 : 3 (1-2)	Kostedde I Reinders	1.000
28.	21.02.81	H	Alem. Aachen	6 : 0 (2-0)	Kamp 2 I Kostedde 2 I Reinders I Meier	22.000
29.	07.03.81	A	E. Braunschweig	2 : 2 (1-2)	Meier I Siegmann	23.000
30.	14.03.81	H	OSC Hannover	4 : 0 (1-0)	Reinders 2 I Möhlmann I Meier	9.000
31.	21.03.81	A	Holstein Kiel	1 : 1 (0-1)	Kostedde	1.000
32.	28.03.81	H	Erkenschwick	2 : 1 (1-1)	Meier I Kamp	8.000
33.	04.04.81	A	U. Solingen	4 : 2 (2-2)	Meier 2 I Kostedde I Reinders	8.000
34.	11.04.81	H	Pr. Münster	2 : 1 (1-0)	Kostedde I Reinders	13.000
35.	16.04.81	A	Hertha BSC	2 : 1 (0-1)	Rautiainen I Reinders	71.000
36.	21.04.81	H	RW Essen	1 : 0 (0-0)	Kostedde	10.000
37.	25.04.81	A	SC Herford	2 : 0 (0-0)	Reinders 2	4.000
38.	01.05.81	A	Göttingen	3 : 1 (1-0)	Siegmann I Kostedde I Möhlmann	8.000
39.	05.05.81	H	Lüdenscheid	2 : 0 (1-0)	Kostedde 2	7.000
40.	09.05.81	A	Hannover 96	0 : 0 (0-0)	-	19.000
41.	07.02.81	H	Wattenscheid	3 : 1 (2-0)	Kostedde 2 I Otten	7.000
42.	14.02.81	A	VfL Osnabrück	4 : 1 (1-0)	Meier 2 I Konschal I Möhlmann	10.000

1980/81

Spieltag	Burdenski	Fichtel	Konschal	Siegmann	Otten	Kamp	Möhlmann	Bracht	Jank	Kostedde	Meier	Offermanns	Behrens	Reinders	Voß	Schaaf	Maszthaler	Rautiainen	Haskamp	Böhnke					
01.	x	x	x	x	x	x	x	o	x	x	x	*													
02.	x	x		x	x	x	x	x	o	o	x	*	*												
03.	x	x	x	x	x	x	x	o	*	x	o	*		x											
04.	x	x	x	x	x	x	x		o	x	*	x		x											
05.	x	x	x	x	x	x	x	*		x	o	x		x											
06.	o	x	x	x	x	x	x	*	x	x		o		x	*										
07.		x	x	x	x	x	x	*	o	x		x		x	x										
08.	x	x	x	x	x	x	x	x		x	x			x											
09.	x	x	o	x	x	o	x	x		x	x			x		*	*								
10.	x	x		x	x	x	x	o	*	x	x	x		o		*									
11.	x	x			x	x	x	x	*	o	x	x	*	o		x									
12.	x	x	x	x	x		x	o	o	x	x			*		x	*								
13.	x	x	x	x	x	*	x			x	x	x		x		o									
14.	x	x	x	x	x	x	x			x	x	o		x		*									
15.	x	x	x	x	x	x	x			x	x	o		x		*									
16.	x	x	o	x	x	x	x		*	o	x	x		x		*									
17.	x	x	x	x	x	x	x	x		x	x			x											
18.	x	x	x	x	x	x		x	x	o	x	*		x											
19.	x	x	x	x	x	x		x	o	x	x	*		x											
20.	x	x	x	x	x	x		x	x	x	x			x											
21.	x	x	x	x	x	x	o	x	*	x	x			x											
22.	x	x	x	x	x			x	*	x	x			x		x		o							
23.	x	x	x	x	x		o	x	*	x	x			x		x									
24.		x	x	x	x	o	x	x	o	x	x				x	*		*							
25.	x	x		x	x	x	x	x		x	o		*					x	x						
26.	x	x		x	x	x		x		x	*		o	x				x	x						
27.	x	x		x	x	x	x	x		x			*	x				o	o	*					
28.	x	x		x	x	o	x	x	*	x	o			x		x		*							
29.		x	x	x	x	x	x	x		x	x			x	x										
30.		x	o	x	x	x	x	o		x	x			x	x	*		*							
31.		x		x	x	o	x	x		x	x			x	x	x		*							
32.		x			x	x	x	x	*	o	o		*	x	x	x		x							
33.		x		x	x	x	x	x		x	x			x	x	x									
34.	x	x		x	x	x	x	x		x	x			x		x									
35.	x	x		x	x	x	x	x	*	x	o			x		o		*							
36.	x	x		x		x	x	x	x	x	x			x				x							
37.	x	x		x	x	x	x	x	*	x	x			x				o							
38.	x	x		x	x	x	x	x	*	x	x			o		o		*							
39.	x	x		x	x	x	x	x	o	x	x						*	x							
40.	x	x		x	x	x	x	x		x	x							x	x						
41.	x	x	x	x	x	x	x	x	*	x	o			x											
42.	x	x	x	x	x	x	x	x		x	x			x											

Sp.:	35	42	25	40	41	39	37	37	25	42	39	15	6	37	8	19	3	15	4	1					
T.:	0	0	4	4	2	4	13	2	0	29	16	3	1	16	0	1	0	1	0	0					

2. Bundesliga - Mosaik

Die Abschlußtabelle 80/81:

		SP	S	U	N	Tore	Punkte
1.	**Werder Bremen**	**42**	**30**	**8**	**4**	**97 - 33**	**68 : 16**
2.	Eintr. Braunschweig	42	29	7	6	102 - 44	65 : 19
3.	Hertha BSC Berlin	42	31	2	9	123 - 42	64 : 20
4.	Hannover 96	42	20	16	6	88 - 49	56 : 28
5.	Alemannia Aachen	42	24	7	11	80 - 51	55 : 29
6.	VfL Osnabrück	42	22	8	12	76 - 50	52 : 32
7.	Union Solingen	42	20	10	12	76 - 61	50 : 34
8.	Rot-Weiß Essen	42	20	7	15	99 - 74	47 : 37
9.	Fortuna Köln	42	18	10	14	83 - 67	46 : 38
10.	Wattenscheid 09	42	15	12	15	62 - 68	42 : 42
11.	Viktoria Köln	42	14	13	15	67 - 79	41 : 43
12.	1.FC Bocholt	42	14	10	18	66 - 70	38 : 46
13.	Preußen Münster	42	14	8	20	48 - 72	36 : 48
14.	RW Oberhausen	42	12	11	19	59 - 64	35 : 49
15.	VfB Oldenburg	42	12	10	20	64 - 89	34 : 50
16.	SC Herford	42	11	10	21	48 - 65	32 : 52
17.	Tennis Bor. Berlin	42	9	14	19	47 - 71	32 : 52
18.	Göttingen 05	42	9	14	19	67 - 98	32 : 52
19.	Holstein Kiel	42	12	7	23	48 - 81	31 : 53
20.	RWLüdenscheid	42	8	11	23	43 - 83	27 : 57
21.	SpVgg. Erkenschwick	42	7	8	27	46 - 91	22 : 62
22.	OSV Hannover	42	7	5	30	41 -109	19 : 65

Zuschauer: 220.000 (10.476 / pro Heimspiel)

Siegesserien:			
	4 Siege hintereinander:	3. - 6.	Spieltag
		16. - 19.	Spieltag
	5 Siege hintereinander:	21. - 25.	Spieltag
	8 Siege hintereinander:	32. - 39.	Spieltag

SV Werder Bremen			Gegner		

Eigentore:

2	Kamp	(13.; in Münster)		1	Koberstein	(16.; gg. SC Herford)
	Kamp	(16.; gg. Herford)				

Rote Karten:

-	-

Verwandelte Elfmeter:

5	Möhlmann	(2., 4., 6., 9. u. 10. Spieltag)		1	Wolf/RW Oberhausen	(3. Spieltag)
3	Reinders	(28., 27. u. 35. Sp.)				

Im Aufstiegsjahr 80/81 als Torjäger 29mal erfolgreich: Erwin Kostedde (links) im Bild nebe Rigobert Gruber.

Europapokal

Die Europapokalspiele

Pokalsieger 1961/62

1.	25.10.61	Runde 2	**W. BREMEN** - Aarhus GF	2 : 0
2.	01.11.61		Aarhus GF - **W. BREMEN**	2 : 3
3.	17.01.62	Viertelf.	**W. BREMEN** - Atletico Madrid	1 : 1
4.	28.02.62		Atl. Madrid - **W. BREMEN**	3 : 1

Landesmeister 1965/66

5.	06.10.65	Runde 1	Apoel Nikosia - **W. BREMEN**	0 : 5
6.	13.10.65		**W. BREMEN** - A. Nikosia	5 : 0
7.	09.11.65	Runde 2	Partizan Belgrad - **W. BREMEN**	3 : 0
8.	17.11.65		**W. BREMEN** - Part. Belgrad	1 : 0

UEFA - Pokal 1982/83

9.	15.09.82	Runde 1	Vorw. Frankfurt/O. - **W. BREMEN**	1 : 3
10.	29.09.82		**W. BREMEN** - Vorw. Frankfurt/O.	0 : 2
11.	20.10.82	Runde 2	**W. BREMEN** - Bragel IK Borlänge	2 : 0
12.	03.11.82		B. Borlänge - **W. BREMEN**	2 : 6
13.	24.11.82	Runde 3	Dundee United - **W. BREMEN**	2 : 1
14.	08.12.82		**W. BREMEN** - D. United	1 : 1

UEFA - Pokal 1983/84

15.	14.09.83	Runde 1	**W. BREMEN** - Malmö FF	1 : 1
16.	28.09.83		Malmö - **W. BREMEN**	1 : 2
17.	19.09.83	Runde 2	Lokomotive Leipzig - **W. BREMEN**	1 : 0
18.	02.11.83		**W. BREMEN** - Lok. Leipzig	1 : 1

UEFA - Pokal 1984/85

19.	19.09.84	Runde 1	RSC Anderlecht - **W. BREMEN**	1 : 0
20.	03.10.84		**W. BREMEN** - Anderlecht	2 : 1

UEFA - Pokal 1985/86

21.	18.09.85	Runde 1	Schwarzmeer Odessa - **W. BREMEN**	2 : 1
22.	02.10.85		**W. BREMEN** - Schw. Odessa	3 : 2

UEFA - Pokal 1986/87

23.	17.09.86	Runde 1	Atletico Madrid - **W. BREMEN**	2 : 0
24.	01.10.86		**W. BREMEN** - Atl. Madrid	2 : 1 n. V.

UEFA - Pokal 1987/88

25.	16.09.87	Runde 1	Mjöndalen IF - **W. BREMEN**	0 : 5
26.	30.09.87		**W. BREMEN** - Mjöndalen	0 : 1
27.	24.10.87	Runde 2	Spartak Moskau - **W. BREMEN**	4 : 1
28.	04.11.87		**W. BREMEN** - Sp. Moskau	6 : 2 n. V.
29.	25.11.87	Runde 3	**W. BREMEN** - Dynamo Tiflis	2 : 1
30.	09.12.87		Dyn. Tiflis - **W. BREMEN**	1 : 1
31.	02.03.88	Viertelf.	Hellas Verona - **W. BREMEN**	0 : 1
32.	16.03.88		**W. BREMEN** - H. Verona	1 : 1
33.	06.04.88	Halbf.	Bayer 04 Leverkusen - **W. BREMEN**	1 : 0
34.	20.04.88		**W. BREMEN** - B. Leverkusen	0 : 0

Landesmeister 1988/89

35.	06.09.88	Runde 1	Dynamo Ost-Berlin - **W. BREMEN**	3 : 0
36.	11.10.88		**W. BREMEN** - Dyn. Ost-Berlin	5 : 0
37.	26.10.88	Runde 2	Celtic Glasgow - **W. BREMEN**	0 : 1
38.	08.11.88		**W. BREMEN** - C. Glasgow	0 : 0
39.	01.03.89	Viertelf.	**W. BREMEN** - AC Mailand	0 : 0
40.	14.03.89		AC Mailand - **W. BREMEN**	1 : 0

UEFA - Pokal 1989/90

41.	13.09.89	Runde 1	Lilleström SK - **W. BREMEN**	1 : 3
42.	27.09.89		**W. BREMEN** - Lilleström	2 : 0
43.	18.10.89	Runde 2	**W. BREMEN** - Austria Wien	5 : 0
44.	01.11.89		A. Wien - **W. BREMEN**	2 : 0
45.	22.11.89	Runde 3	SSC Neapel - **W. BREMEN**	2 : 3
46.	06.12.89		**W. BREMEN** - SSC Neapel	5 : 1
47.	07.03.90	Viertelf.	FC Lüttich - **W. BREMEN**	1 : 4
48.	21.03.90		**W. BREMEN** - FC Lüttich	0 : 2
49.	04.04.90	Halbf.	**W. BREMEN** - AC Florenz	1 : 1
50.	18.04.90		AC Florenz - **W. BREMEN**	0 : 0

Pokalsieger 1991/92

51.	18.09.91	Runde 1	FC Bacau - **W. BREMEN**	0 : 6
52.	01.10.91		**W. BREMEN** - FC Bacau	5 : 0
53.	23.10.91	Runde 2	**W. BREMEN** - Ferencvaros Budapest	3 : 2
54.	06.11.91		Ferencv. Budapest - **W. BREMEN**	0 : 1
55.	04.03.92	Viertelf.	**W. BREMEN** - Galatasaray Istanbul	2 : 1
56.	18.03.92		Galat. Istanbul - **W. BREMEN**	0 : 0
57.	01.04.92	Halbf.	FC Brügge - **W. BREMEN**	1 : 0
58.	15.04.92		**W. BREMEN** - Brügge	2 : 0
59.	06.05.92	**Finale**	**W. BREMEN** - AS Monaco	2 : 0

Pokalsieger 1992/93

60.	15.09.92	Runde 1	**W. BREMEN** - Hannover 96	3 : 1
61.	30.09.92		Hannover - **W. BREMEN**	2 : 1
62.	21.10.92	Runde 2	**W. BREMEN** - Sparta Prag	2 : 3
63.	04.11.92		Sp. Prag - **W. BREMEN**	1 : 0

Landesmeister 1993/94

64.	16.09.93	Runde 1	**W. BREMEN** - Dynamo Minsk	5 : 2
65.	29.09.93		Dyn. Minsk - **W. BREMEN**	1 : 1
66.	20.10.93	Runde 2	Levski Sofia - **W. BREMEN**	2 : 2
67.	03.11.93		**W. BREMEN** - L. Sofia	1 : 0
68.	24.11.93	Ch. League	FC Porto - **W. BREMEN**	3 : 2
69.	08.12.93		**W. BREMEN** - RSC Anderlecht	5 : 3
70.	02.03.94		AC Mailand - **W. BREMEN**	2 : 1
71.	16.03.94		**W. BREMEN** - AC Mailand	1 : 1
72.	30.03.94		**W. BREMEN** - FC Porto	0 : 5
73.	13.04.94		RSC Anderlecht - **W. BREMEN**	1 : 2

Höhepunkte der Europacup-Geschichte des SV Werder: Die Spiele gegen den AC Mailand. Hier bremst Rijkaard (am Boden) Riedle.

EC - SPIELAUFSTELLUNGEN

1961 / 62

POKALSIEGER: [SPIELE 1 - 4]

1. Runde: Freilos!

2. Runde: 25.10. und 01.11.1961

SV Werder - Aarhus GF 2 : 0 (1-0); 18.600 Zuschauer; **SR:** Johansson/Schweden
BREMEN: Kokartis - Rupozinski, Nachtwey, Schimeczek, Schütz, Jagielski, Lorenz, Schröder, Barth, Soya, Hänel; **AARHUS:** Windelöv - Christensen, Olesen, Sörensen, B. Jensen, H. Ch. Nielsen, Reydahl, L. Nielsen, Amdisen, R. A. Jensen, Lindvald; **TORE:** 1-0 Barth 9., 2-0 Schütz 76.

Bericht: Nachdem der SV Werder ein Freilos in der 1. Runde gezogen hatte, bekam er es im ersten Europapokalspiel der Vereinsgeschichte mit dem dänischen Vertreter GF Aarhus zu tun. Der dänische Pokalsieger begann sehr defensiv und änderte diese Taktik auch nach der frühen Bremer Führung durch Barth nach 9 Minuten nicht. Aarhus wollte nur gut abschneiden. Anstatt weiter auf Torejagd zu gehen, paßten sich die Hausherren der Spielweise der Gäste an. Im Sturm lief fast gar nichts, sodaß sich Trainer Knöpfle gezwungen sah, eine Umstellung vorzunehmen - er beorderte Schütz in den Angriff. Dieser war es dann auch, der den 2-0 Endstand herstellte. Nach seinem Alleingang zog er aus ca. 20 Metern ab, der Schuß schlug unhaltbar im Tor ein. Gleich im ersten Spiel der erste Sieg, verdient, wenn auch mit viel Mühe errungen.

Aarhus GF - **SV Werder** 2 : 3 (0-1); 6.800 Z.; **SR:** Johannson/Schweden
AARHUS: Windelöv - Christensen, Sörensen, B. Jensen, H. Ch. Nielsen, Lindvald, Olesen, Amdisen, L. Nielsen, R. A. Jensen, J. Jensen; **BREMEN:** Kokartis - Piontek, Nachtwey, Schimeczek, Schütz, Jagielski, Lorenz, Schröder, Barth, Hänel, Soya; **TORE**: 0-1 Barth 36., 0-2 Hänel 47., 1-2 Amdisen 66., 1-3 Lorenz 74., 2-3 B. Jensen 86.

Bericht: Im zweiten Spiel der zweite Sieg - gleichzeitig der Eintritt in die nächste EC-Runde. Auf Bremer Seite konnte man zufrieden sein. Der 3:2-Erfolg schmeichelte den Hausherren, denn Werder war die ganze Spielzeit hoch überlegen. Allein Bremens mangelnder Cleverness hatte es Aarhus zu verdanken, nicht noch höher zu verlieren. Werder sah nach dem 2-0 schon wie der sichere Sieger aus, doch Amdisen brachte seine Farben wieder heran. Auch das 3-1 durch Lorenz sorgte nicht für die nötige Ruhe, im Gegenteil. Die Dänen kamen durch Jensen noch einmal heran. Letztlich ein hochverdienter Erfolg.

Viertelfinale: 17.01. und 28.02.62

SV Werder - Atletico Madrid 1 : 1 (0-0); 30.000 Z.; **SR**: Raeymaeckers/Belgien
BREMEN: Kokartis - Piontek, Nachtwey, Lorenz, Jagielski, Schimeczek, Schütz, Zebrowski, Barth, Soya, Hänel; **MADRID:** Madinabeytia - Rivilla, Calleja, Chuzo, Amador, Polo, Jones, Adelardo, Mandonca, Peiro, Collar; **TORE**: 0-1 Jones 76., 1-1 Soya 86.

Bericht: Werder hatte die größeren Gelegenheiten, den Sieg zu erringen, doch die Spanier erreichten wegen ihrer großen Routine ein Unentschieden. Über eine Stunde war Bremen sogar überlegen, doch die Gäste igelten sich in den eigenen Strafraum ein - erfolgreich. Einige gute Torchancen, vor allem durch Schütz, wurden vergeben. Einmal traf Barth nur die

Oberkante der Latte. Als die Spanier sogar durch Jones fünfzehn Minuten vor Ende mit 1-0 in Führung gingen, setzte Bremen alles auf eine Karte und kam durch Soya doch noch zum verdienten Ausgleich. Mit Mann und Maus stand Atletico in den letzten Minuten in der Abwehr und drosch die Bälle einfach aus dem Strafraum - ziemlich ideenlos. Auch sonst spielten die Spanier mit Haken und Ösen. Mit diesem Unentschieden sind wir schon fast in der nächsten Runde, so der Kommentar einiger Atletico-Spieler nach dem Match.

Kurz vor Schluß erzielte Willi Soya den Ausgleich gegen Atletico Madrid.

Atl. Madrid - **SV Werder** 3 : 1 (2-1); 40.000 Z.; **SR**: Gulde/Schweiz
MADRID: Pazos - Rivilla, Calleja, Ramiro, Callejo, Glaria, Ribes, Adelardo, Jones, Peiro, Collar; **BREMEN**: Kokartis - Piontek, Nachtwey, Lorenz, Jagielski, Schimeczek, Zebrowski, Schröder, Schütz, Soya, Barth; **TORE**: 1-0 Jones 3., 2-0 Adelardo 32., 2-1 Schröder 39., 3-1 Peiro 69.

Bericht: Das Aus kam für den deutschen Pokalsieger bei seiner ersten Teilnahme erst im Viertelfinale, dann auch noch gegen einen europäischen Spitzenverein. In einem äußerst kampfbetonten Spiel waren die Bremer am Ende froh, noch alle elf Spieler gesund auf dem Platz zu haben. Werder mußte ab der 28. Minute sogar vorübergehend mit nur 10 Spielern auskommen, da Mittelstürmer Schütz (Collar foulte ihn sehr hart; Röntgenbilder ergaben einen Knöchelbruch) bis zur Halbzeit ausfiel. Er kam erst zu Beginn der zweiten Hälfte wieder aufs Feld - wirkte aber nur noch als Statist mit. Die 40000 Zuschauer peitschen ihr Team von Beginn an nach vorne und sahen sich schon nach 3 Minuten belohnt: Jones erzielte die wichtige, frühe Führung der Spanier. Das Spiel ging hart weiter.

Als Collar einen Freistoß aufs Tor knallt, kann Kokartis diesen gerade noch aus der Ecke fischen, den Abpraller aber schießt Adelardo wuchtig ein. Als Werder dann nur noch mit 10 Mann spielte, gelang ihnen sogar der Anschlußtreffer durch Schröder. Ein weiterer Treffer wurde im Anschluß an eine Ecke nicht anerkannt, da ein Bremer die Hand im Spiel hatte. In der 69. Minute schaffte Peiro schließlich die endgültige Entscheidung. Nach einem Abwehrfehler Jagielskis besorgte er mit einem scharfen Schuß das 3:1 und damit den Endstand.

1965 / 66

LANDESMEISTER: [SPIELE 5 - 8]

1. Runde: 06.10. und 13.10.65

Apoel Nikosia - **SV Werder** 0 : 5 (0-4); 9.000 Z. in Hamburg; **SR**: Zeimes/Luxemburg
NIKOSIA: Mavroudis - Assiotis I, Hiotis, Partakis, Loijas, Haritakis, Papallos, Andros, Nicos, Pantelas, Stylianou; **BREMEN**: Bernard - Piontek, Höttges, Schulz, Steinmann, Lorenz, Zebrowski, Danielsen, Matischak, Ferner, Podlich; **TORE**: 0-1 Matischak 13., 0-2 Podlich 31., 0-3 Matischak 32., 0-4 Schulz 35., 0-5 Zebrowski 78.

SV Werder - Apoel Nikosia 5 : 0 (1-0); 12.000 Z.; **SR**: Sörensen/Dänemark
BREMEN: Bernard - Piontek, Höttges, Schulz, Steinmann, Lorenz, Zebrowski, Danielsen, Matischak, Ferner, Podlich; **NIKOSIA:** Mavroudis - Assiotis I, Chiotis, Partakis, Loizos, Haritakis, Papalos, Costaris, Andros, Pantelas, Stylianou; **TORE**: 1-0 Danielsen 36., 2-0 Ferner 41., 3-0 Danielsen 53., 4-0 Höttges 63., 5-0 Höttges 83. Elfmeter

Klaus Matischak gegen Nikosias Torhüter Mavroudis beim "Auswärtsspiel in Hamburg".

2. Runde: 09.11. und 17.11.65

Partizan Belgrad - **SV Werder** 3 : 0 (0-0); 30.000 Z.; **SR**: de Marchi/Italien
BELGRAD: Soskic - Jusufi, Miladinovic, Becejac, Rasovic, Vasovic, Bajic, Kovacevic, Hasanagic, Viclavski, Pirmajer; **BREMEN**: Bernard - Piontek, Steinmann, Bordel, Lorenz, Schulz, Höttges, Schütz, Matischak, Ferner, Hänel; **TORE**: 1-0 Jusufi 69., 2-0 Hasanagic 75., 3-0 Pirmajer 87.
SV Werder - Part. Belgrad 1 : 0 (1-0); 30.000 Z.; **SR**: Wharton/Schottland
BREMEN: Bernard - Piontek, Höttges, Steinmann, Bordel, Lorenz, Zebrowski, Schütz, Matischak, Ferner, Hänel; **BELGRAD:** Soskic - Jusufi, Damjanovic, Rasovic, Becevic, Vasovic, Bajic, Kovacevic, Hasanagic, Pirmajer, Vislavski; **TOR:** 1-0 Schütz 33.; **Bes. Vork.:** Rote Karten für die Bremer Bordel und Schütz sowie für Becejac (Belgrad) in den Schlußminuten!

Bericht: Nach der klaren 0-3 Hinspielniederlage wollten die Bremer den Spieß noch einmal herumdrehen - doch es sollte nicht sein. Schade, Werder hätte das Weiterkommen verdient gehabt, denn die Jugoslawen verzögerten von Beginn an das Spiel und ruhten sich auf dem 3-0 aus dem Hinspiel aus. Werder lieferte ein begeisterndes EC-Spiel und nur viel Schußpech und ein überragender Torwart Soskic verhinderten einen höheren Sieg. Etliche klare Chancen wurden vergeben, so schoß z. B. Matischak in der 16. Minute einen Ball an die Querlatte. Kurz vor dem 1-0 durch Schütz hatte der schwache Schiedsrichter ein reguläres Tor nicht anerkannt. Die Jugoslawen gerieten ins Schwimmen. Das gleiche Bild nach dem Wechsel. Werder stürmte unaufhaltsam weiter. Turm in der Abwehrschlacht war Torhüter Soskic. Er machte ganz dicke Torchancen zunichte. Die Belgrader wurden in den eigenen Strafraum eingeschnürt. Zwei einwandfreie Tore erkannte der Schiedsrichter noch in der hektischen Schlußphase ab. Dann der unrühmliche Höhepunkt dieser Partie. Becejac foulte einen Bremer. Schütz verlor daraufhin die Nerven und revanchierte sich an Becejac. Wharton schickte beide vorzeitig in die Kabine. In den letzten Minuten war die Hölle los, doch es blieb beim 1:0, zu wenig für ein Weiterkommen!

Ein unrühmliches Ende fand die Partie gegen Partizan Belgrad. Schiri Wharton stellte drei Spieler vom Platz, in dieser Szene den Jugoslawen Becejac.

1982 / 83

UEFA - POKAL: [SPIELE 9 - 14]

1. Runde: 15.09. und 29.09.82

Vorw. Frankfurt/Oder - **SV Werder** 1 : 3 (0-1); 18.000 Z.; **SR**: Aladren/Spanien
FRANKFURT: Kreutzer - Probst, Hause, Geyer, Schuth, Jarmuszkiewicz, Otto, Krautzig, Andrich (66.Schulz), Wunderlich, Rudolph (53.Conrad); **BREMEN**: Burdenski - Kamp, Otten, Gruber (71.Siegmann), Fichtel, Möhlmann, Reinders, Okudera, Schaaf, Völler, Meier (76.Böhnke); **TORE**: 0-1 Meier 33., 0-2 Reinders 55., 0-3 Völler 62., 1-3 Krautzig 90.

Bericht: Im ersten EC-Spiel nach 17jähriger Pause gewann die Mannschaft von Trainer Otto Rehhagel verdient mit 3-1 beim DDR-Oberligisten Vorwärts Frankfurt und hat damit die zweite Runde so gut wie erreicht. Vor 18000 Zuschauern im ausverkauften 'Stadion der Freundschaft' vermochten die Gastgeber lediglich in der ersten halben Stunde Paroli zu bieten. Zuvor hatten die Frankfurter die ersten beiden Torchancen, doch scheiterte Otto in der 24. Minute am überragenden Burdenski und sieben Minuten zuvor hatte Andrich einen Treffer erzielt, dieser wurde jedoch vom spanischen Schiedsrichter nicht anerkannt.
Mit viel Glück überstand der SV Werder diese Anfangsphase. Nach 36 Minuten war es dann Linksaußen Meier, der seine Farben mit 1-0 in Front brachte. Für die endgültige Entscheidung in diesem Spiel sorgten Reinders und Völler binnen sieben Minuten. Krautzig erzielte praktisch mit dem Schlußpfiff noch das 1:3 für sein Team.

SV Werder - Vorwärts Frankfurt/O. 0 : 2 (0-0); 21.000 Z.; **SR**: Thomas/Wales
BREMEN: Burdenski - Schaaf (60.Haskamp), Otten, Siegmann, Fichtel, Möhlmann, Sidka, Okudera, Böhnke (56.Bracht), Neubarth, Meier; **FRANKFURT:** Wienhold - Hause, Probst (41.Hildebrandt), Geyer, Schuth, Jarmuszkiewicz, Andrich, Conrad, Rudolph, Wunderlich, Gramenz; **TORE**: 0-1 Conrad 70., 0-2 Andrich 84.

2. Runde: 20.10. und 03.11.82

SV Werder - Brage Borlänge 2 : 0 (1-0); 24.000 Z.; **SR**: Rion/Luxemburg
BREMEN: Burdenski - Schaaf, Otten, Gruber (66.Haskamp), Fichtel, Möhlmann, Sidka, Siegmann, Böhnke, Okudera (80.Kamp), Meier; **BORLÄNGE:** B. Nilsson - Arnberg, R. Nilsson, Uhlbäck, Fernström, R. O. Nilsson, Hagberg, Theorin, Hansson, Blomberg, Gyllenvag; **TORE**: 1-0 Meier 34., 2-0 Sidka 76.

Bericht: Nachdem mit viel Glück die erste Runde überstanden war, bekamen es die Bremer diesmal mit der schwedischen Mannschaft aus Borlänge zu tun. Gegen die Schweden taten sich die Werderaner relativ schwer und kamen nur zu einem mühsamen 2-0 Erfolg. Die Torschützen hießen Meier (in der 34. Minute) und Sidka (in der 76. Minute).
Das waren auch schon nahezu die einzigen Höhepunkte, die der SV Werder den gut 24000 Zuschauern im Weserstadion bot. Für das Rückspiel kann man jedoch einigermaßen beruhigt nach Borlänge reisen, denn die Gäste boten einen recht schwachen Fußball.

Brage Borlänge - **SV Werder** 2 : 6 (0-3); 12.000 Z.; **SR**: McKnight/Schottland
BORLÄNGE: B. Nilsson - R. Nilsson, Amberg, Uhlbäck (46.Hillgren), Fernström, Hagberg (46.Gustavsson), Karlsson, Theorin, Gyllenvag, Hansson, Wählström; **BREMEN**: Burdenski - Schaaf, Otten, Gruber, Fichtel, Möhlmann (35.Kamp), Sidka, Siegmann, Völler, Okudera, Meier; **TORE**: 0-1 Völler 14., 0-2 Meier 20., 0-3 Gruber 24., 0-4 Völler 47., 0-5 Völler 60., 1-5 Wählström 73., 1-6 Meier 89., 2-6 Arnberg 90.

Bericht: Im Rückspiel war die Entscheidung, wer die nächste Runde erreichen sollte, schon nach gut 25 Minuten gefallen. Bis dahin führten die Norddeutschen bereits uneinholbar mit 3-0 durch Tore von Völler, Meier und Gruber. Innerhalb von nur zehn Minuten fielen diese drei Tore. Als Rudi Völler kurz nach der Halbzeit noch zwei weitere Treffer folgen ließ, war es um Borlänge längst geschehen. Neben dem zweifachen Torschützen Meier war Rudi Völler der überragende Stürmer auf dem Platz. Als die Bremer angesichts der klaren Führung etwas die Zügel schleifen ließen, kamen die Schweden noch zu zwei Treffern.

3. Runde: 24.11. und 08.12.93

Dundee United - **SV Werder** 2 : 1 (1-0); 11.000 Z.; **SR**: Fahnler/Österreich
DUNDEE: McAlpine - Stark (46.Holt), Malpas, Gough, Hegarty, Narey, Kirkwood, Bannon (70.Reilly), Milne, Sturrock, Dodds; **BREMEN**: Burdenski - Kamp, Otten, Gruber, Fichtel, Möhlmann, Sidka, Siegmann, Völler, Okudera, Meier (79.Bracht); **TORE**: 1-0 Milne 15., 1-1 Meier 65., 2-1 Narey 84.

Bericht: In einem äußerst kampfbetonten Match unterlagen die Bremer nur knapp gegen die schottische Mannschaft aus Dundee. Der SV Werder bot den Schotten ein gleichwertiges Spiel, ließ sich durch den frühen Rückstand nicht aus dem Konzept bringen und kam in der 65. Minute verdient zum zwischenzeitlichen Ausgleich. Meier erzielte seinen fünften EC-Treffer. Als man sich auf Bremer Seite schon mit einem Unentschieden abgefunden hatte, kamen die Schotten doch noch zum Siegtreffer. Bei strömendem Regen erzielte Narey sechs Minuten vor Schluß den zweiten Treffer für Dundee. Die 11000 Zuschauer im alten Tannadice-Stadion waren aus dem Häuschen. Damit hatten sie nicht mehr gerechnet. Durch diesen späten Treffer verspielten die Bremer eine äußerst günstige Ausgangsposition für das Rückspiel. So wird es sehr schwer werden, die Schotten daheim zu bezwingen, zumal sie nicht in die Offensive gehen müssen.

SV Werder - Dundee United 1 : 1 (0-1); 37.500 Z.; **SR**: Krchnak/CSFR
BREMEN: Burdenski - Kamp (10.Böhnke), Otten, Gruber (46.Schaaf), Möhlmann, Fichtel, Sidka, Siegmann, Völler, Okudera, Meier; **DUNDEE:** McAlpine - Stark, Malpas, Gough, Hegarty, Narey, Bannon, Kirkwood, Sturrock, Milne, Dodds (60.Holt); **TORE**: 0-1 Hegarty 2., 1-1 Völler 49.

Bericht: Im ausverkauften Weserstadion schienen die Bremer noch in der Kabine zu sein, da stand es auch schon 0:1! Nach einer Ecke von Milne köpfte Hegarty unhaltbar für Burdenski den Ball in die Maschen. Welch ein Schock! Trainer Rehhagel reagierte sofort und ließ bedingungslos stürmen, doch bis zur Pause fiel kein weiterer Treffer, obwohl sich zahlreiche Chancen boten. Dundee wird auch in der zweiten Halbzeit in die eigene Hälfte zurückgedrängt, so stark ist der Bremer Druck. Alles überragender Mann ist Rudi Völler. Er alleine hätte ein halbes Dutzend Tore schießen können, doch lediglich einmal konnte er Torhüter McAlpine überwinden. Sein Kopfball kurz nach Wiederanpfiff bedeutete den hochverdienten Ausgleich.

Dann hatte Völler drei Riesenchancen hintereinander, doch einmal klärte Stark auf der Linie, der nächste Schuß landete am Pfosten und sein Heber über den Torwart hinweg wird von Hegarty von der Linie geschlagen. Zwischendurch köpfte auch noch Siegmann an die Latte. Riesenchancen - doch es blieb beim glücklichen 1-1 für die Schotten. Der SV Werder hatte alles gegeben, doch es sollte nicht reichen. Mit viel Pech schied man aus!

1983 / 84

UEFA - POKAL: **[SPIELE 15 - 18]**

1. Runde: 14.09. und 28.09.83

SV Werder - Malmö FF 1 : 1 (0-0); 19.500 Z.; **SR**: Hope/Schottland
BREMEN: Burdenski - Schaaf, Pezzey, Gruber, Okudera (Bracht), Möhlmann, Sidka, Meier, Reinders, Völler, Neubarth; **MALMÖ:** Alaja - Borg, Jönsson, Erlandsson, Roland Anderson, Roy. Anderson, M. Anderson (Larson), Römberg, Nilsson, Palmer, Sunesson; **TORE**: 1-0 Reinders 69. Elfm., 1-1 Sunesson 76.

Malmö FF - **SV Werder** 1 : 2 (1-0); 15.000 Z.; **SR**: Worrall/England
MALMÖ: Alaja - Jönsson, Roland Anderson, Roy. Anderson, M. Anderson, Römberg, Erlandsson, Nilsson, Borg, Palmer, Sunesson; **BREMEN**: Burdenski - Pezzey, Schaaf, Otten (Meier), Sidka, Möhlmann, Bracht, Okudera, Reinders, Neubarth, Völler; **TORE**: 1-0 Römberg 37. Elfmeter, 1-1 Pezzey 47., 1-2 Sidka 57.

Bericht: Nach dem mühevollen 1-1 Unentschieden aus dem Hinspiel rechneten wohl alle mit dem Ausscheiden, doch die Bremer konnten den Spieß in Malmö erfolgreich umdrehen. Bis zum Halbzeitpfiff des englischen Schiedsrichters sah es jedoch alles andere als rosig aus. Durch einen Elfmeter (Römberg ließ Burdenski keine Abwehrchance) waren die Schweden mit 1-0 in Führung gegangen. Nach dem Wechsel setzten die Bremer nun alles auf eine Karte und kamen binnen 10 Minuten zur 2-1 Führung, die sie bis zum Schluß verteidigten. Malmö setzte danach zwar noch einmal alles auf eine Karte, doch die Bremer Abwehr stand sehr sicher. Mit diesem unerwarteten Auswärtssieg zogen die Norddeutschen in die zweite Runde des laufenden UEFA-Wettbewerbs ein.

2. Runde: 19.09. und 02.11.83

Lokomotive Leipzig - **SV Werder** 1 : 0 (1-0); 25.500 Z.; **SR**: Constantin/Belgien
LEIPZIG: Müller - Altmann, Treske, Dennscheidt, Zötsche, Bredow, Liebers, Moldt, Kinne, Schöne, Richter; **BREMEN**: Burdenski - Pezzey, Gruber, Otten, Schaaf, Sidka, Möhlmann, Okudera, Reinders (Neubarth), Völler, Meier; **TOR:** 1-0 Richter 35.

SV Werder - Lok. Leipzig 1 : 1 (0-1); 35.000 Z.; **SR**: Sanchez-Arminio/Spanien
BREMEN: Burdenski - Gruber, Pezzey, Otten, Okudera, Möhlmann, Sidka, Meier, Reinders (Schaaf), Neubarth, Völler; **LEIPZIG:** Müller - Treske, Zötsche, Kreer, Bredow, Liebers, Kühn (Marschall), Moldt, Schöne, Richter, Altmann; **TORE**: 0-1 Schöne 17., 1-1 Kreer 72. Eigentor

Bericht: Mit dem 1-1 Unentschieden schied der SV Werder aus dem laufenden Europacupwettbewerb aus. Gegen die Lokomotive aus Leipzig ging den Bremern der Dampf aus. Überragender Spieler auf dem Platz war der pfeilschnelle Richter, der von den Abwehrspielern des SV Werder nie in den Griff zu bekommen war. Immer wieder zog er alleine auf und davon, war aber vor dem Tor nicht kaltschnäuzig genug.

Das Unentschieden für Leipzig geht vollkommen in Ordnung, zumal ein eigener Spieler noch für das Ausgleichstor sorgte. Abwehrspieler Kreer war der unglückliche Torschütze. So blieb Bremen in zwei Spielen gegen den DDR-Vertreter aus Leipzig ohne eigenen Torerfolg und schied verdient aus.

1984 / 85

UEFA - POKAL: [SPIELE 19 - 20]

1. Runde: 19.09. und 03.10.84

RSC Anderlecht - **SV Werder** 1 : 0 (1-0); 40.000 Z.; **SR**: Butenko/UdSSR
ANDERLECHT: Munaron - Olsen, Peruzovic, de Groote, Grun (Hansen), Hofkens (de Greef), Scifo, Vandereycken, Vercauteren, Gudjohnsen, Czernyatinski; **BREMEN**: Burdenski - Pezzey, Otten, Kutzop, Schaaf (Hermann), Sidka, Möhlmann, Okudera, Meier, Völler, Neubarth (Siegmann); **TOR**: 1-0 Czernyatinski 34.

SV Werder - RSC Anderlecht 2 : 1 (0-0); 38.000 Z.; **SR**: Delmer/Frankreich
BREMEN: Burdenski - Pezzey, Kutzop (Neubarth), Otten, Schaaf, Möhlmann, Okudera, Sidka, Reinders (Hermann), Völler, Meier; **ANDERLECHT:** Munaron - Grun, Olsen, Peruzovic, Hofkens, Vandereycken, Scifo, de Groote, Vercauteren, Hansen, Czernyatinski; **TORE**: 1-0 Sidka 47. Elfm., 2-0 Sidka 60., 2-1 Sidka 63. Eigentor

Bericht: Tragische Figur an diesem Abend war Wolfgang Sidka. Alle drei Tore gingen auf sein Konto, obgleich er den dritten Treffer wohl lieber nicht erzielt hätte. Bremen hätte ein Weiterkommen verdient gehabt, doch die vielen klaren Einschußmöglichkeiten wurden kläglich vergeben. So war es Mittelfeldrenner Sidka vorbehalten, die 2-0 Führung zu erzielen.
Eitel Sonnenschein nach der klaren Führung, doch praktisch im Gegenzug passierte dann das Malheur mit dem Eigentor. Ein am Boden zerstörter Sidka hatte den Gast aus Belgien in die nächste Runde 'geschossen'.

1985 / 86

UEFA - POKAL: [SPIELE 21 - 22]

1. Runde: 18.09. und 02.10.85
Schwarzmeer Odessa - **SV Werder** 2 : 1 (2-0); 42.000 Z.; **SR**: Halle/Norwegen
ODESSA: Grischko - Ploskina, Kowatsch, Itschuk, Romantschuk, Tscherbakow, Saweljew (65.Scharij), Spizin, Jurtschenko (82.Tscharkow), Passulko, Morosow; **BREMEN**: Burdenski - Pezzey, Ruländer, Kutzop, Okudera, Schaaf, Sidka, Votava, Neubarth, Meier, Völler;
TORE: 1-0 Jurtschenko 13., 2-0 Tscherbakow 42., 2-1 Meier 46.

SV Werder - Schwarzmeer Odessa 3 : 2 (1-1); 30.000 Z.; **SR**: McGinlay/Schottland
BREMEN: Burdenski - Pezzey, Kutzop, Okudera, Schaaf (74.Noruschat), Wolter, Sidka, Meier, Votava, Ordenewitz, Neubarth; **ODESSA:** Grischko - Ploskina, Romantschuk, Itschak, Kowatsch, Saweljew, Spizin, Tscherbakow, Jurtschenko (62.Nakoneschnie), Passulko, Morosow; **TORE**: 1-0 Kutzop 9., 1-1 Passulko 21., 1-2 Morosow 47., 2-2 Pezzey 53., 3-2 Neubarth 73.

1986 / 87

UEFA - POKAL: **[SPIELE 23 - 24]**

1. Runde: 16.09. und 01.10.86

Atletico Madrid - **SV Werder** 2 : 0 (0-0); 42.000 Z.; **SR**: Galler/Schweiz
MADRID: Elduayen - Arteche, Tomas, Ruis, J. Prieto, Landaburu, Setien, Sergio, Clemente (46.Salinas), Llorente, Uralde; **BREMEN**: Burdenski - Sauer, Kutzop (65.Schlindwein), Ruländer, Otten, Möhlmann, Schaaf, Meier (81.Burgsmüller), Votava, Neubarth, Völler; **TORE**: 1-0 Uralde 49., 2-0 Arteche 71.

SV Werder - Atletico Madrid 2 : 1 n.V. (0-0, 2-0); 30.000 Z.; **SR**: Delmer/Frankreich
BREMEN: Burdenski - Sauer, Kutzop (61.Ordenewitz), Otten, Schaaf, Wolter, Möhlmann (69.Hermann), Votava, Meier, Burgsmüller, Neubarth; **MADRID:** Elduayen - Arteche, Tomas, Ruis, J. Prieto, Landaburu (96.Llorente), Salinas, Ramos, Morgado, Villeverde, da Silva (73.Setien); **TORE**: 1-0 Neubarth 65., 2-0 Meier 83., 2-1 Salinas 113.

Bericht: Gegen die Renommiertruppe aus Spanien zog man erst in der Verlängerung den kürzeren. Nach dem glatten 0-2 im Hinspiel in Madrid hieß es diesmal ebenso glatt 2-0 für den SV Werder. Erst sieben Minuten vor dem Ende gelang den Spaniern der glückliche Treffer. Die Bremer spielten bis dahin hoch überlegen, aber es sollte nur zu zwei Treffern reichen. Die 30000 Zuschauer hatten sich wohl schon auf ein Elfmeterschießen gefreut und wurden von Salinas in der 113. Minute jäh aus ihren Träumen gerissen. Wie schon ein Jahr zuvor, so war auch diesmal schon in der ersten Runde Endstation für den SV Werder. Nach dem letztjährigen Ausscheiden gegen einen russischen Vertreter, so kam diesmal das Aus gegen Atletico Madrid aus Spanien.

Kapitän Benno Möhlmann gegen den Spanier Arteche. (Werder-Atletico Madrid 2:1 n.V.)

1987 / 88

UEFA-POKAL: [SPIELE 25 - 34]

1. Runde: 16.09. und 30.09.87

Mjöndalen IF - **SV Werder** 0 : 5 (0-1); 4.500 Z.; **SR**: Ruokonen/Finnland
MJÖNDALEN: Friise - Johansen, Lagesen, Aulie, G. Andersen, Gulbrandsen, Gruer (70.Wernersen), Skistad, Gjellestad (86.Lörbelhaugen), Markusen, Oerbeck; **BREMEN**: Reck - Sauer, Bratseth, Schaaf, Wolter, Borowka, Votava, Meier (70.Burgsmüller), Hermann (70.Otten), Riedle, Ordenewitz; **TORE**: 0-1 Riedle 6., 0-2 Ordenewitz 52., 0-3 Sauer 55., 0-4 Wolter 63., 0-5 Riedle 86.

SV Werder - Mjöndalen IF 0 : 1 (0-0); 12.600 Z.; **SR**: McKnight/Schottland
BREMEN: Reck - Sauer, Bratseth, Borowka, Ruländer (46.Schaaf), Votava, Otten (46.Burgsmüller), Meier, Hermann, Riedle, Ordenewitz; **MJÖNDALEN:** Amundsen - Lagesen, Holtungen, Johansen, Skistad, Andersen, Kartgaard, Guldbrandsen (73.Dybfest), Markussen, Wernersen (63.Gruer), Oerbeck; **TOR**: 0-1 Markussen 78.

2. Runde: 21.10. und 04.11.87

Spartak Moskau - **SV Werder** 4 : 1 (2-0); 70.000 Z.; **SR**: Sörensen/Dänemark
MOSKAU: Dassajew - Susloparow, Surow, Bokij, Bubnow, J. Kusnetzow, Chidijatulin (46.E. Kusnetzow), Tscherenkow, Schmarow (62.Passulko), Mostowoj, Rodionow; **BREMEN**: Reck - Bratseth, Sauer, Borowka, Schaaf, Votava, Neubarth, Hermann, Otten (39.Meier), Riedle, Ordenewitz (46.Burgsmüller); **TORE**: 1-0 Mostowoj 10., 2-0 Rodionow 35., 3-0 Rodionow 54., 3-1 Burgsmüller 80., 4-1 Passulko 90.

SV Werder - Spartak Moskau 6 : 2 n.V. (4-1, 3-0); 16.000 Z.; **SR**: Sandoz/Schweiz
BREMEN: Reck - Sauer, Bratseth, Borowka, Schaaf, Votava, Meier, Neubarth, Hermann (73.Burgsmüller), Riedle, Ordenewitz (65.Otten); **MOSKAU:** Dassajew - Chidijatulin (57.Passulko), B. Kusnetzow, Bubnow (91.Kapustin), E. Kusnetzow, Susloparow, Mostowoj, Burki, Tscherenkow, Rodionow, Schmarow; **TORE**: 1-0 Neubarth 3., 2-0 Neubarth 10., 3-0 Ordenewitz 25., 3-1 Tscherenkow 71., 4-1 Sauer 78., 5-1 Riedle 100., 6-1 Burgsmüller 108., 6-2 Passulko 109.

Bericht: Dieses Spiel werden wohl die wenigen Zuschauer im Weserstadion und die Millionen Zuschauer im Fernsehsessel nicht vergessen. Nach der klaren Niederlage im Hinspiel (durch das vierte Tor von Passulko praktisch mit dem Schlußpfiff sanken die Chancen auf ein Minimum) hieß die Devise eigentlich nur: stürmen was das Zeug hält!
Die Bremer machten von Beginn an Druck und führten schon nach 25 Minuten mit 3-0. Die Torschützen waren zweimal Neubarth und Ordenewitz. Damit wäre Werder schon eine Runde weiter gewesen. Der Schock kam dann in der 71. Minute durch Tscherenkow. Er erzielte den ersten Treffer für Spartak - damit war der Gast weiter! Doch es war Sauer, der den Bremern zumindest eine Verlängerung bescherte.
In den folgenden 30 Minuten spielte Bremen die Moskauer dann an die Wand und kam durch Tore von Riedle und Burgsmüller zur 6-1 Führung. Ein wenig spannend wurde es dann noch, als Passulko praktisch im Gegenzug den zweiten Treffer erzielte. Es mußte noch 10 Minuten gezittert werden, dann stand der Teilnehmer für die nächste Runde fest - diesmal war es der SV Werder!

Nach dem sensationellen 6:2-Sieg über Spartak Moskau herrschte grenzenloser Jubel an der Weser.
Im Bild von links: Neubarth, Mannschaftsarzt Dr. Meschede, Burgsmüller, Reck und Trainer Rehhagel.

3. Runde: 25.11. und 09.12.87

SV Werder - Dynamo Tiflis 2 : 1 (2-1); 21.000 Z.; **SR**: Azpitarte/Spanien
BREMEN: Reck - Sauer, Bratseth, Borowka, Schaaf, Votava, Neubarth, Meier, Hermann, Riedle, Ordenewitz (76.Burgsmüller); **TIFLIS:** Gabelija - Tschiwadse, Ketaschwili, Tschedija, Sulakwelidse, Swanardse, Korgalidse, Zweijba, Reweschwili, Schengelija, Guruli (67.Kezbaja); **TORE**: 1-0 Neubarth 3., 2-0 Riedle 18., 2-1 Schengelija 20.

Dynamo Tiflis - **SV Werder** 1 : 1 (1-0); 80.000 Z.; **SR**: Karlsson/Schweden
TIFLIS: Gabelija - Tschiwadse, Ketaschwili, Tschedija, Sulakwelidse, Swanardse, Zweijba, Reweschwili (68.Panzulaja), Schengelija, Guruli, Kezbaja (62.Korgalidse); **BREMEN**: Reck - Kutzop, Bratseth, Borowka, Schaaf, Votava, Hermann, Otten (53.Burgsmüller), Riedle (89.Ruländer), Ordenewitz, Neubarth; **TORE**: 1-0 Sulakwelidse 31., 1-1 Schaaf 61.

Wimpeltausch der Kapitäne Gabelija und Votava vor dem UEFA-Cup-Spiel Bremen-Tiflis.

Viertelfinale: 02.03. und 16.03.88

Hellas Verona - **SV Werder** 0 : 1 (0-0); 42.000 Z.; **SR**: Valentine/Schottland
VERONA: Giuliani - Solda, Bonetti, Fontolan, Berthold, Galia, di Gennaro, Volpati, Volpecina (78.Iachini), Elkjaer-Larsen, Pacione; **BREMEN**: Reck - Sauer, Bratseth, Borowka, Schaaf, Wolter, Votava, Neubarth (88. Kutzop), Otten, Riedle, Ordenewitz (83. Burgsmüller); **TOR**: 0-1 Neubarth 48.

SV Werder - Hellas Verona 1 : 1 (1-0); 40.000 Z.; **SR**: Keizer/Niederlande
BREMEN: Reck - Sauer, Kutzop, Bratseth, Schaaf, Neubarth, Votava, Meier (90.Hermann), Otten, Riedle, Ordenewitz; VERONA: Giuliani - Solda, Pioli (72.Volpati), Bonetti, Iachini (65. Sacchetti), Berthold, Galia, di Gennaro, Volpecina, Pacione, Verza; **TORE**: 1-0 Sauer 32., 1-1 Volpecina 54.; Bes. Vork.: Rote Karte für di Gennaro (Verona)!

Bericht: Nach der glänzenden Ausgangsposition genügte den Bremern im Rückspiel eine Durchschnittsleistung, um das Halbfinale zu erreichen. Nach der Führung durch Sauer ließ Werder die Zügel doch erheblich schleifen. So kam es, wie es kommen mußte: der Ausgleich durch Volpecina in der 54. Minute war die Folge. Auch die zahlenmäßige Überlegenheit (di Gennaro hatte zwischenzeitlich die Rote Karte gesehen) brachte keine Ruhe ins Spiel. So brachten die Gastgeber das Spiel letztendlich mit viel Mühe über die Zeit.

Halbfinale: 06. und 20.04.88

Bayer Leverkusen - **SV Werder** 1 : 0 (0-0); 15.000 Z.; **SR**: Germanakos/Griechenland
LEVERKUSEN: Vollborn - Seckler, Hinterberger, Hörster, Cha, A. Reinhardt, Schreier (61.Götz), Täuber, Rolff, Tita (75.Buncol), Waas; **BREMEN**: Reck - Otten, Borowka, Sauer, Bratseth, Wolter, Neubarth, Ordenewitz (67.Meier), Hermann, Votava, Riedle; **TOR**: 1-0 A. Reinhardt 61.

SV Werder - Bayer Leverkusen 0 : 0 (0-0); 33.000 Z.; **SR**: Sörensen/Dänemark
BREMEN: Reck - Sauer, Otten, Kutzop, Bratseth (59.Schaaf), Wolter (46.Ordenewitz), Votava, Meier, Hermann, Riedle, Burgsmüller; **LEVERKUSEN:** Vollborn - de Keyser, Seckler, A. Reinhardt, Cha, Falkenmayer, Buncol, Hinterberger, Täuber, Waas (12.Feinbier /86. Götz), Rolff; **TORE**: -

Bericht: Im Halbfinale kam es zum Duell zweier Bundesligisten. Nach der knappen Niederlage in Leverkusen war man auf Bremer Seite zuversichtlich. Der eine Treffer müßte doch aufzuholen sein, so der Kommentar einiger Spieler. Doch am Ende leuchtete ein 0:0 auf der Anzeigetafel auf. Dieses torlose Remis bedeutete gleichzeitig auch das Ausscheiden - der Traum vom ersten Finale war geplatzt. Trotz zahlreicher Torgelegenheiten fiel kein Treffer. In einem relativ mäßigen Spiel war Werder nicht in der Lage, die Leverkusener Abwehr zu überwinden. Bayer 04 zog damit ins Finale ein und wurde später sogar Cupgewinner!

1988 / 89

LANDESMEISTER [SPIELE 35 - 40]

1. Runde: 06.09. und 11.10.88

Dynamo Ost-Berlin - **SV Werder** 3 : 0 (1-0); 21.000 Z.; **SR**: van Langenhove/Belgien
OST-BERLIN: Rudwaleit - Rohde, Herzog, Reich, Köller, M. Schulz (89.Anders), Ernst, Küttner, Thom, Pastor (90.B. Schulz), Doll; **BREMEN**: Reck - Kutzop, Bratseth, Sauer, Otten, Wolter, Votava, Meier, Borowka (46.Hermann), Skogheim (57.Burgsmüller), Riedle; **TORE**: 1-0 Doll 16., 2-0 Thom 62., 3-0 Pastor 77.

Bericht: Im dritten Duell gegen einen Ostverein zog Bremen im Hinspiel in Ost-Berlin eindeutig den kürzeren. Die drei Dynamo-Tore bedeuteten schon fast den K.O.! Die Hausherren wuchsen in diesem Spiel über sich hinaus, Bremen hingegen bot eine enttäuschende Leistung. Die ersten Chancen boten sich den Bremern, doch Borowka und Wolter scheiterten jeweils nur knapp. Dann die kalte Dusche - das 1-0 durch Doll nach 16 Minuten. Gegen den plazierten Schuß ins lange Eck gab es keine Abwehrchance für Reck. Nach der Pause hatte Skogheim die größte Torchance für die Bremer an diesem Abend, doch der Norweger versagte kläglich. Aus zwei Metern brachte er das Leder nicht an Rudwaleit vorbei. Das hätte dem Spiel eine Wende geben können. Prompt wurde die Nachlässigkeit bestraft: Doll tankte sich am linken Flügel durch, brachte den Ball präzise vor den Bremer Kasten und Thom überwand Reck per Kopf - 2:0! Doch es kam noch schlimmer für die Bremer.

Pastor konnte sogar auf 3-0 erhöhen. Ein völlig verdienter Sieg für die Dynamos aus Ost-Berlin. Meier hätte das Resultat etwas freundlicher gestalten können, doch völlig freistehend vergab er kurz vor Spielschluß.

SV Werder - Dynamo Ost-Berlin 5 : 0 (1-0); 23.500 Z.; **SR**: Quiniou/Frankreich
BREMEN: Reck - Kutzop, Otten, Bratseth, Borowka, Schaaf, Votava, Meier (74.Wolter), Hermann, Riedle, Burgsmüller; **OST-BERLIN:** Rudwaleit - Rohde, Herzog, Reich, Köller, M. Schulz (80.Ksienczyk), Küttner, Pastor (81.Anders), Ernst, Thom, Doll; **TORE**: 1-0 Kutzop 22. Elfmeter, 2-0 Hermann 55., 3-0 Riedle 62., 4-0 Burgsmüller 80., 5-0 Schaaf 90.

Bericht: 5:0! Wahnsinn - wieder ein Werder-Wunder im Weserstadion! Die Zuschauer waren aus dem Häuschen. Gedemütigt schlichen die Dynamo-Spieler nach dem Schlußpfiff in die Kabinen. Das hatten sie noch nie erlebt. Nach dem klaren Hinspielerfolg glaubten alle schon an ein sicheres Weiterkommen. "Wir haben heute totale Scheiße gespielt", so Andreas Thom nach dem Spiel. Die DDR-Presse titelte am anderen Tag: "Eine Blamage für Dynamo"!
Nach dem 6:2 gegen Spartak Moskau nun wieder ein Kantersieg - 5:0! Auf dem rutschigen Boden gelang den Bremern, trotz Daueroffensive, vor der Pause nur ein Treffer, auch noch per Elfmeter von Kutzop erzielt. Die Dynamo-Spieler kamen kaum zum Luftholen, immer wieder attackierten die Norddeutschen ihre Gegenspieler. Nach der Pause dann die totale Offensive - Dynamo kam während der 90 Minuten zu keiner Torchance - hingegen die Bremer zu einem Dutzend guter Einschußmöglichkeiten. Nach dem 2:0 durch Hermann waren die Bremer dann nicht mehr aufzuhalten. Ein Sturmlauf erster Güte fegte die Berliner vom Platz. Den glorreichen Schlußpunkt setzte Schaaf in der letzten Spielminute - geschafft! Dank einer atemberaubenden Aufholjagd zog Werder verdient in die nächste Runde ein.

2. Runde: 26.10. und 08.11.88

Celtic Glasgow - **SV Werder** 0 : 1 (0-0); 52.000 Z.; **SR**: Aladren/Spanien
GLASGOW: Bonner - McCarthy, Whyte, Rogan, Morris, Aitken, Stark (65.Burns), McStay, McAvennie, McGhee (65.Walker), Miller; **BREMEN**: Reck - Kutzop, Bratseth, Borowka, Hermann, Schaaf, Votava, Wolter, Neubarth (80.Otten), Riedle, Ordenewitz; **TOR**: 0-1 Wolter 57.

Bericht: Dieser 1-0 Erfolg in der Höhle des Löwen war Gold wert. Von Beginn an peitschten die Zuschauer ihre Mannschaft nach vorne. Mit langen Bällen überbrückte Celtic das Mittelfeld. Nach gut einer halben Stunde befreite sich der SV Werder etwas und kam auch zu einigen Chancen. Die größte Möglichkeit hatte Ordenewitz, doch sein Schuß aus 8 Metern ging ans Außennetz. Danach hatten noch Votava (37.; von Bonner gehalten) und Riedle (39.) per Kopfball die Chance zum 1:0, doch bis zur Halbzeit blieb es beim 0:0.
Nach dem Wechsel wieder zwei gute Torchancen für Celtic. Zuerst entschärfte Reck mit einer Riesenparade einen Schuß von McAvennie; dann viel Glück für Reck als ein weiterer Schuß von McAvennie an den Pfosten prallte. Bremens Antwort: Ordenewitz jagte Wolter mit einem weiten Paß los. Der zog auf und davon und hämmerte den Ball aus 14 Metern in den rechten Winkel - das 0:1 (58.). Danach versuchte es Celtic mit der Brechstange - doch der Bremer Beton überstand die restliche Spielzeit recht sicher. Der Grundstein für das Weiterkommen war gelegt!

SV Werder - Celtic Glasgow 0 : 0 (0-0); 40.000 Z.; **SR**: Longhi/Italien
BREMEN: Reck - Bratseth, Otten, Borowka, Schaaf, Wolter, Hermann, Votava, Neubarth (67. Burgsmüller), Riedle, Ordenewitz; **GLASGOW:** Bonner - McCarthy, Whyte, Rogan, Morris, Aitken, Stark, McStay, Burns (80.Miller), McAvennie, McGhee (84.Archdeacon); **TORE**: -

Bericht: Die knapp 40000 Zuschauer konnten am Ende nur mit dem Ergebnis zufrieden sein, mit dem Spiel ihrer Mannschaft jedoch nicht. In den ersten 20 Minuten boten sich den Bremern noch einige Tormöglichkeiten (Bratseth in der 6. Minute, Riedle in der 13. Min. und Votava in der 19. Min.), doch danach machte sich Unsicherheit bei den Spielern breit. Die Schotten wurden dadurch regelrecht aufgebaut.
Die Bremer wollten nur den 1-0 Erfolg aus dem Hinspiel verteidigen. Der Schußschwäche der Schotten hatten es die Gastgeber zu verdanken, relativ mühelos doch noch die nächste Runde erreicht zu haben. Auch nach der Halbzeit blieben die Bremer spielbestimmend, denn die Schotten setzten nicht auf totale Offensive. Wenig Chancen konnten sie sich nur herausspielen. So mußten die Bremer bis zur 90. Minute zittern, doch dann war es geschafft - Viertelfinale!

Thomas Wolter erzielt das goldene Tor gegen Celtic Glasgow. Links Roy Aitken

Viertelfinale: 01.03. und 14.03.89

SV Werder - AC Mailand 0 : 0 (0-0); 39.500 Z.; **SR**: dos Santos/Portugal
BREMEN: Reck - Kutzop, Otten, Bratseth, Schaaf, Votava, Meier, Hermann, Neubarth, Riedle, Ordenewitz; **MAILAND:** Galli - Baresi, Tassotti, Rijkaard, Costacurta, Colombo, Donadoni, Ancelotti, Evani, Gullit, van Basten; **TORE**: -

Bericht: Schiedsrichter Rosa dos Santos aus Portugal bekam den Schwarzen Peter zugeschoben. Auf beiden Seiten annullierte er ein einwandfreies Tor. Zuerst stahl er in der 28. Minute den Italienern einen klaren Treffer, dann erkannte er Neubarths Kopfballtor in der 43. Minute ab. Beide Treffer waren korrekt erzielt. So zog dos Santos sich den Zorn beider Mannschaften sowie der Zuschauer zu, denn das Salz in der Suppe -die Tore- fehlten an diesem Abend. Dennoch boten beide Teams den knapp 40000 Zuschauern bei strömendem Regen eine Klassepartie. Ein offener Schlagabtausch während der ganzen 90 Minuten. Bremen überzeugte mit Kampfkraft, Mailand hingegen mit Spielkunst. Wermutstropfen aus Bremer Sicht: Riedle wird im Rückspiel wegen seiner 2. Gelben Karte fehlen.

AC Mailand - **SV Werder** 1 : 0 (1-0); **SR**: Smith/Schottland
MAILAND: Galli - Baresi, Tassotti, Rijkaard, Maldini, Donadoni, Colombo (89.Costacurta), Ancelotti, Evani, Gullit, van Basten; **BREMEN**: Reck - Sauer, Borowka (72.Hanses), Bratseth, Otten, Wolter, Votava, Hermann, Meier, Neubarth, Ordenewitz (65.Burgsmüller); **TOR**: 1-0 van Basten 33. Elfmeter

Bericht: Dank eines äußerst fragwürdigen Elfmeters, den van Basten in der 33. Minute zum 1-0 für den AC verwandeln konnte, zog der italienische Meister ins Halbfinale ein. Der schwache Schiedsrichter pfiff ein Foul, das eigentlich gar keins war. Donadoni traf nämlich bei einem Schußversuch die Hacken des vor ihm stehenden Sauer. Dieses wertete der unmittelbar daneben stehende Mr. Smith aus Schottland als elfmeterreifes Foul. Fragt sich nur, wer überhaupt das Foulspiel begangen haben soll? Dennoch konnte es an diesem Abend nur den einen Sieger geben - AC Mailand! Zu überlegen war die Truppe von Trainer Sacchi. Dank eines überragenden Torhüters Oliver Reck, der reihenweise sehr gute Einschußmöglichkeiten entschärfte, hielt sich die Niederlage in Grenzen. An ihm bissen sich die Mailänder die Zähne aus. Auf der Gegenseite verbuchten die Bremer kaum einmal Torchancen. "Das 1-0 ist hochverdient, doch durch eine Fehlentscheidung auszuscheiden, ist schon bitter", so Werder-Manager Lemke nach dem Spiel.

Marco van Bastens schoß mit diesem verwandelten Foulelfmeter Werder aus dem Wettbewerb. (AC Mailand-SV Werder 1:0)

1989 / 90

UEFA - POKAL: [SPIELE 41 - 50]

1. Runde: 13.09. und 27.09.89

Lilleström SK - **SV Werder** 1 : 3 (0-2); 7.000 Z.; **SR**: Haraldsson/Island
LILLESTRÖM: Grodas - Schiller, Dyrstad, Bjerkeland, Sugnaess, Soler, Buer, Pedersen, Guldbrandsen, Erlandsen, Nyshether; **BREMEN**: Rollmann - Borowka, Bockenfeld (85.Wolter), Harttgen (65.Schaaf), Kutzop, Bratseth, Votava, Eilts, Hermann, Rufer, Bode; **TORE**: 0-1 Eilts 10., 0-2 Bode 16., 0-3 Bode 70., 1-3 Kutzop 86. Eigentor

SV Werder - Lilleström SK 2 : 0 (0-0); 9.800 Z.; **SR**: Agius/Malta
BREMEN: Rollmann - Borowka, Bratseth, Schaaf, Bockenfeld, Votava, Meier (81.Sauer), Otten (46.Eilts), Hermann, Rufer, Neubarth; **LILLESTRÖM:** Grodas - Schiller, Dyrstad, Bjerkeland, Halle, Sognnaes, Erlandsen, Soler, Amundsen (51.Buer), Guldbrandsen, Nyshether;
TORE: 1-0 Neubarth 66., 2-0 Sauer 89.

2. Runde: 18.10. und 01.11.89

SV Werder - Austria Wien 5 : 0 (2-0); 20.000 Z.; **SR**: Halle/Norwegen
BREMEN: Reck - Bratseth, Kutzop, Otten, Bockenfeld, Eilts, Meier (46.Borowka), Hermann, Riedle, Neubarth, Rufer; **WIEN:** Wohlfarth - Aigner, Frind, Künast, Sekerioglu, Prosniak, Zsak, Baez, Hörmann, Ogris, Hasenhüttl (63.Pleva); **TORE**: 1-0 Neubarth 14., 2-0 Hermann 23., 3-0 Riedle 58., 4-0 Rufer 72., 5-0 Kutzop 76. Elfmeter

Bericht: Stehende Ovationen und ein Tor-Festival im Weserstadion: der SV Werder erteilte dem österreichischen Tabellenführer Austria Wien im Hinspiel eine Lektion allererster Güteklasse und gewann hochverdient mit 5:0. Neubarth, Hermann, Riedle, Rufer und Kutzop erzielten die Tore vor 20000 begeisterten Zuschauern. Von Beginn an schnürten die Bremer die Wiener in die eigene Hälfte ein, so daß der Austria kaum einmal Zeit zum Aufatmen blieb. Die Bestnoten verdienten sich bei den Norddeutschen Riedle und der souveräne Libero Bratseth, bei den enttäuschenden Gästen konnte lediglich Torhüter Wohlfarth gefallen. Die Austria bot eine erbärmliche Vorstellung.

Frank Neubarth freut sich über das 1:0 gegen Austria Wien, dem die starken Werderaner weitere vier Treffer folgen ließen.

Austria Wien - **SV Werder** 2 : 0 (1-0); 2.000 Z.; **SR**: Biguet/Frankreich
WIEN: Wohlfarth - Aigner, Pfeffer, Degeorgi, Sekerioglu, Zsak, Prosniak, Baez (73.Mielewski), Ogris (60.Percudani), Hasenhüttl, Pleva; **BREMEN**: Reck - Sauer, Borowka, Otten, Bockenfeld (76.Wolter), Schaaf, Votava, Bratseth, Eilts, Riedle (56.Bode), Rufer; **TORE**: 1-0 Hasenhüttl 9., 2-0 Hasenhüttl 80.

3. Runde: 22.11. und 06.12.89

SSC Neapel - **SV Werder** 2 : 3 (0-1); 50.000 Z.; **SR**: Karlsson/Schweden
NEAPEL: Giuliani - Renica (46.Mauro), Ferrara, Baroni, Francini, de Napoli, Fusi, Alemao (68.Corradini), Maradona, Careca, Carnevale; **BREMEN**: Reck - Bratseth, Borowka, Otten, Bockenfeld, Eilts, Votava, Neubarth (69.Wolter), Hermann, Riedle, Rufer; **TORE**: 0-1 Neubarth 42., 0-2 Riedle 46., 1-2 Alemao 52., 2-2 Careca 65., 2-3 Rufer 90.

Bericht: Welch ein Triumph! Im Hexenkessel von Neapel siegte der SV Werder verdient mit 3:2 über den italienischen Tabellenführer. Gegen die Elf um Superstar Diego Maradona (erfolgreich von Mirko Votava bekämpft) gelang ein sensationeller Erfolg.
Bereits zur Pause führte die Rehagel-Elf durch ein Tor von Neubarth mit 1-0, kurz nach dem Wechsel sogar das 2-0 durch Kalle Riedle. Das dies noch keine Vorentscheidung war, bewiesen die Italiener in den nächsten Minuten. Sie verkürzten erst durch den Brasilianer Alemao auf 1-2, kurz danach besorgte Careca sogar den Ausgleich. Neapel setzte nun alles auf eine Karte und wollte noch den Siegtreffer erzielen, doch es kam anders.
Fast mit dem Schlußpfiff erzielte Wynton Rufer den 3-2 Siegtreffer für seine Farben. Die Sensation war perfekt, Werder Bremen hatte den italienischen Meister auf eigenem Boden geschlagen.

SV Werder - SSC Neapel 5 : 1 (1-0); 38.500 Z.; **SR**: Aladren/Spanien
BREMEN: Reck - Bratseth (77.Sauer), Borowka, Otten, Bockenfeld (83.Wolter), Votava, Neubarth, Eilts, Hermann, Riedle, Rufer; NEAPEL: Giuliani - Corradini, Ferrara, Baroni (46.Carnevale), Francini, de Napoli, Zola (59.Renica), Maradona, Crippa, Careca; **TORE**: 1-0 Riedle 25., 2-0 Rufer 55., 3-0 Riedle 62., 3-1 Careca 71., 4-1 Sauer 88., 5-1 Eilts 90.

Bericht: Wieder so ein Wahnsinnsspiel im Bremer Weserstadion. Diesmal war es der SSC Neapel, der regelrecht demontiert wurde. Die knapp 39000 Zuschauer sahen eine glanzvolle Werder-Vorstellung. Nach Moskau (6-2) und Dynamo Ost-Berlin (5-0) wurde nun der SSC mit einer 5:1-Packung nach Hause geschickt.
Bereits nach gut einer Stunde Spielzeit war entschieden, wer in die nächste Runde kommen würde - die Bremer! Zwei Tore von Riedle sowie ein Treffer von Rufer sorgten für die beruhigende 3-0 Führung. Carecas Anschlußtor war nur Ergebniskosmetik. Werder setzte in den Schlußminuten noch zwei Tore drauf (Sauer und Eilts). SSC-Trainer Bigno nach dem Spiel: "Wir hätten auch 8 Tore kassieren können. Wir dürfen uns nicht beklagen. Werder ist verdient eine Runde weiter!" Bestnoten verdienten sich die Bremer Riedle, Bockenfeld und Eilts, auf Seiten der Italiener enttäuschten vor allem Zola und Maradona. Am Argentinier lief das Spiel vollkommen vorbei.

Viertelfinale: 07.03. und 21.03.90

FC Lüttich - **SV Werder** 1 : 4 (1-3); 14.000 Z.; **SR**: Gifford/Wales
LÜTTICH: Munaron - de Sart, Wegria, F. Waseige, Habrant, Houben, Milosevic, Boffin, Varga, Malbasa (83.Ikpeba), Ernes (58.Nijskens); **BREMEN**: Reck - Bratseth, Borowka (80.Wolter), Sauer, Otten, Bockenfeld, Votava, Eilts, Riedle, Neubarth (80.Bode), Rufer; **TORE**: 0-1 Bockenfeld 33., 0-2 Riedle 35., 0-3 Rufer 40., 1-3 Varga 41., 1-4 Riedle 68.

Bericht: Dank einer Klasseleistung steht Werder bereits mit einem Bein im Halbfinale. Drei Tore innerhalb von nur 7 Minuten sorgten dabei in Lüttich vorzeitig für klare Verhältnisse. Der zweifache Torschütze Riedle präsentierte sich in Galaform, auch das Mitwirken der zuletzt verletzten Spieler (Neubarth, Bratseth und eben Riedle) wirkte sich positiv aus.
Die beiden Teams boten den 14000 Zuschauern einen offenen Schlagabtausch. Mit zunehmender Spieldauer zeigten sich Schwächen in der Lütticher Abwehr, die von den Stürmern des SV Werder konsequent genutzt wurden. Die Norddeutschen waren den Belgiern in allen Belangen überlegen und gewannen auch in dieser Höhe verdient mit 4-1 Toren.

SV Werder - FC Lüttich 0 : 2 (0-1); 25.700 Z.; **SR**: Longhi/Italien
BREMEN: Reck - Bratseth, Borowka, Sauer, Bockenfeld (71.Schaaf), Wolter, Votava, Otten, Riedle, Neubarth, Rufer; **LÜTTICH:** Munaron (46.Gusbin) - de Sart, Wegria (75.Giusto), Quain, Machiels, Houben, Milosevic, Waseige, Boffin, Nijskens, Ernes; **TORE**: 0-1 de Sart 24., 0-2 Milosevic 82.; **BES. VORK.**: Torhüter Reck (SV W) pariert in der 82. Minute einen Elfmeter von Milosevic (Lüttich)!

Bericht: Welch eine Blamage für die Bremer. Ohne große Probleme erreichte Werder zwar das Halbfinale, doch es war eine klägliche Vorstellung. Die knapp 26000 Zuschauer pfiffen sich die Lunge heraus, so schwach war die Vorstellung ihrer Elf. Ohne Biß und Engagement spulten die Gastgeber die 90 Minuten herunter. Die Abwehr der Gäste war sehr sattelfest, sodaß die einzige Chance für die Hausherren aus der 43. Minute resultierte: ein Rufer-Knaller prallte an die Querlatte. Das war es dann auch schon.
Durch einen der sehr geschickt nach vorne getragenen Konter waren die Belgier nach 24 Minuten durch de Sart mit 1-0 in Führung gegangen. Mit gellenden Pfiffen wurden die Bremer in die Halbzeit geschickt. Doch das half nicht viel, das Spiel wurde nicht besser. Wenig Chancen auch nach dem Wechsel für die Bremer. Lediglich einmal mußte Torhüter Gusbin sein Können beweisen, als er einen fulminanten Freistoß von Borowka entschärfen mußte. Milosevics Elfmeter (Otten hatte Nijskens gefoult) konnte von Reck noch pariert werden, doch den folgenden Nachschuß konnte der Keeper dann nicht mehr halten. Die Blamage war perfekt!

Halbfinale: 04.04. und 18.04.90

SV Werder - AC Florenz 1 : 1 (0-0); 24.500 Z.; **SR**: Mikkelsen/Dänemark
BREMEN: Reck - Bratseth, Borowka, Otten, Wolter, Bockenfeld (46.Hermann), Votava, Eilts, Riedle, Neubarth, Rufer; **FLORENZ:** Landucci - Battistini, Piolio, Malusci, Pin, Baggio, Dell'Oglio, Kubik, di Chiara, Nappi (85.Antinovi), Buso (80.Callegari); **TORE**: 0-1 Nappi 76., 1-1 Landucci 92. Eigentor

Bericht: Nach dem SSC Neapel bekamen es die Bremer wiederum mit einer italienischen Mannschaft zu tun - diesmal mit dem AC Florenz. Die Florentiner praktizierten einen CATENACCIO reinster italienischer Prägung. Dabei bedienten sie sich aller erlaubten und unerlaubte Mittel. Kaum einmal kamen sie aus der eigenen Hälfte heraus.
Aber Werder spielte relativ einfallslos: immer wieder hohe Bälle in den Strafraum, die meistens völlig harmlos waren. Kaum einmal echte Torchancen boten sich den Bremern. Florenz war bei einigen Kontern sogar sehr gefährlich. So fiel die völlig überraschende Führung der Gäste in der 76. Minute durch Nappi.
Ein eklatanter Fehler Borowkas ging diesem Tor voraus. In der Nachspielzeit der Ausgleich. Eine Ecke von Eilts lenkte Landucci, behindert von Battistini, ins eigene Netz und raubte damit seiner Mannschaft den schon sicher geglaubten Sieg.

AC Florenz - **SV Werder** 0 : 0 (0-0); 28.000 Z.; **SR**: Biguet/Frankreich
FLORENZ: Landucci - Battistini, Piolio (9.Volpecina), Malusci, Pin, Dell'Oglio, Baggio, Dunga, di Chiara, Nappi, Buso (90.Callegari); **BREMEN**: Reck - Bratseth, Borowka (76.Bode), Otten, Wolter, Schaaf (70.Hermann), Votava, Eilts, Riedle, Neubarth, Rufer; **TORE**: -

Bericht: Die Norddeutschen konnten sich in der Anfangsphase schnell eine optische Überlegenheit verschaffen, da sich der AC Florenz mit allen Mann zurückzog und nur auf Konter lauerte. Ihnen würde ja ein 0-0 zum Weiterkommen reichen. Die 28000 Zuschauer im ausverkauften Stadion 'Renato Curi' sahen eine hektische Partie, die von vielen Unterbrechungen geprägt war. Florenz tat zu wenig für den Spielaufbau und stand hinten sehr sicher. Die Bremer konnten sich keine klaren Tormöglichkeiten herausspielen und mit zunehmender Spieldauer häuften sich die Fehlpässe. So blieb es beim enttäuschenden, torlosen Unentschieden - das Aus für den SV Werder im Halbfinale!

1991 / 92

POKALSIEGER [SPIELE 51 - 59]

1. Runde: 18.09. und 01.10.91

FC Bacau - **SV Werder** 0 : 6 (0-3); 10.000 Z.; **SR**: Marko/CSFR
BACAU: Alexa - Giradea, Condurache, Arteni, Ionescu, Burleanu, Otteanu, Hodina (73. Ghioane), Haidau, Mihaila, Capusa (62.Dragomir); **BREMEN**: Reck - Bratseth, Votava, Eilts, Bockenfeld, Schaaf, Neubarth, Legat, Kohn, Rufer (62.Bode), Allofs (64.Hermann); **TORE**: 0-1 Rufer 8., 0-2 Rufer 12., 0-3 Rufer 30., 0-4 Bratseth 63., 0-5 Votava 79., 0-6 Neubarth 81.

SV Werder - FC Bacau 5 : 0 (3-0); 4.000 Z.; **SR**: Kelly/Irland
BREMEN: Reck - Bratseth, Schaaf, Borowka (46.Hermann), Bockenfeld, Votava, Eilts, Legat, Kohn (46.Bode), Rufer, Allofs; **BACAU:** Alexa - Giradea, Condurache, Ionescu, Arteni, Postulache, Burleanu, Hodina (66.Dragomir), Ghioane, Haidau, Mihaila (76.Capusa);
TORE: 1-0 Kohn 6., 2-0 Eilts 9., 3-0 Kohn 17., 4-0 Bratseth 66., 5-0 Bode 71.

Achtelfinale: 23.10. und 06.11.91

SV Werder - Ferencvaros Budapest 3 : 2 (3-1); 7.500 Z.; **SR**: Syme/Schottland
BREMEN: Reck - Bratseth, Votava, Borowka (52.Bockenfeld), Wolter, Eilts, Bode, Legat, Rufer, Neubarth, Allofs; **BUDAPEST:** Balogh - Telek, Simon, Kusnetzow, Keller, Paling (67.Patkos), Albert, Lipcsei, Szenes, Schneider, Deszatnik (72.Vukovics); **TORE**: 1-0 Neubarth 28., 2-0 Allofs 33., 2-1 Lipcsei 35., 3-1 Neubarth 40., 3-2 Lipcsei 73.

Ferencv. Budapest - **SV Werder** 0 : 1 (0-0); 25.000 Z.; **SR**: Halle/Norwegen
BUDAPEST: Balogh - Telek, Simon, Keller, Albert, Szenes, Lipcsei, Vukovics, Kusnetzow, Paling, Deszatnik (76.Racz); **BREMEN**: Reck - Bratseth, Wolter, Borowka, Votava, Harttgen (52.Legat), Eilts, Bode, Hermann, Rufer, Neubarth; **TOR**: 0-1 Bode 48.

Bericht: Durch einen hart erkämpften, aber auch verdienten 1:0-Erfolg bei Ferencvaros zog der SV Werder in das Viertelfinale ein. Vor 25000 Zuschauern im ausverkauften Stadion erzielte Marco Bode in der 48. Minute den Treffer des Tages. Aus kurzer Distanz drückte er eine Kopfballvorlage von Bratseth über die Linie. Vorausgegangen war ein Fehler von Torhüter Balogh, der nach einem weiten Einwurf von Borowka völlig unmotiviert seinen Kasten verließ.

Gegen die zu hektisch agierenden Hausherren war Bremen jederzeit Herr der Lage und ließ nicht viel anbrennen. Libero Bratseth sowie Harttgen ragten aus einer kompakten Mannschaft heraus. Lipcsei, im Hinspiel zweifacher Torschütze, wurde diesmal erfolgreich ausgeschaltet und kam nie zur Entfaltung.

Borowka (6), Bode und Votava beobachten Libero Bratseth, der einen Ferencvaros-Angriff abwehrt.

Viertelfinale: 04.03. und 18.03.92

SV Werder - Galatasaray Istanbul 2 : 1 (0-1); 30.000 Z.; **SR**: Mistkiewicz/Polen
BREMEN: Reck - Neubarth, Votava, Borowka, Bockenfeld, Harttgen, Eilts, Hermann (54.Bester), Allofs, Rufer (31.Kohn), Bode; **ISTANBUL:** Hayrettin - Ismail, Yusuf, Tugay, Önal, Muhammed, Rotariu, Hamza, Tayfun, Kosecki, Arif (82.Taner); **TORE**: 0-1 Kosecki 33., 1-1 Kohn 79., 2-1 Bester 85.

Galatasaray Istanbul - **SV Werder** 0 : 0 (0-0); 35.000 Z.; **SR**: Nielsen/Dänemark
ISTANBUL: Hayrettin - Yusuf, Bülent, Tayfun, Muhammed, Rotariu, Tugay, Keser (69.Arif), Önal (75.Taner), Kosecki, Hamza; **BREMEN**: Reck - Bratseth, Borowka, Otten, Bockenfeld (75.Bester), Schaaf, Eilts, Wolter, Hermann (81.Legat), Neubarth, Bode; **TORE**: -; Bes. Vork.: Rote Karte für Eilts (Bremen) in der 90. Minute!

Halbfinale: 01.04. und 15.04.92

FC Brügge - **SV Werder** 1 : 0 (1-0); 21.000 Z.; **SR**: Spassov/Bulgarien
BRÜGGE: Verlinden - Querter, Plovie (55.Vanmaele), Cossey, Boyens, Staelens, van der Elst, van der Heyden, Borkelmans, Booy, Amokachi; **BREMEN**: Reck (69.Rollmann) - Bratseth, Otten, Borowka, Bockenfeld, Wolter, Votava (76.Schaaf), Neubarth, Legat, Rufer, Bode; **TOR**: 1-0 Amokachi 5.

SV Werder - FC Brügge 2 : 0 (1-0); 35.000 Z.; **SR**: King/Wales
BREMEN: Reck - Bratseth, Wolter, Borowka, Bockenfeld (88.Schaaf), Votava, Hermann (70.Allofs), Legat, Rufer, Kohn, Bode; **BRÜGGE:** Verlinden - Querter, Cossey, Disztl (70.van der Heyden), Verspaille, Greve (46.Beyens), van der Elst, Staelens, Borkelmans, Booy, Amokachi; **TORE**: 1-0 Bode 31., 2-0 Bockenfeld 60.; Bes. Vorkommnisse: Rote Karte für Amokachi (Brügge)!

Bericht: Nach dem Skandal im Hinspiel (Flaschen, Büchsen, Steine flogen während der Partie) sann man in Bremen auf sportliche 'Rache'. Diese gelang auch mit dem 2-0 Sieg. Damit steht der SV Werder Bremen zum ersten Mal in einem Europapokal-Endspiel! Dank eines überragenden Manfred Bockenfeld, der zum ersten Tor die Vorlage gab und das zweite Tor dann selbst erzielte, konnte der SV Werder die 0-1 Niederlage aus dem Hinspiel wettmachen. Nach dem frühen 1-0 durch Bode fand Bremen besser zum Spiel und es war eigentlich nur noch eine Frage der Zeit, bis endlich der zweite Treffer fallen würde. Nach dem 2-0 nach gut einer Stunde Spielzeit mußten die Fans noch 30 Minuten auf den erlösenden Abpfiff warten, dann war es endlich soweit: das Finale war erreicht!

Endspiel: 06. Mai 1992 in Lissabon

SV Werder - AS Monaco 2 : 0 (1-0); 15.000 Z.; **SR**: D'Elia/Italien
BREMEN: Rollmann - Bratseth, Wolter (34.Schaaf), Borowka, Bockenfeld, Votava, Eilts, Neubarth (75.Kohn), Bode, Rufer, Allofs; **MONACO:** Ettori - Valery (62. Djorkaeff), Mendy, Petit, Sonor, Gnako, Barros, Dib, Passi, Weah, Fofana (58. Clement); **TORE**: 1-0 Allofs 40., 2-0 Rufer 55.

Bericht: Im Endspiel gegen den französischen Pokalsieger Monaco behielt Werder mit 2-0 die Oberhand und gewann damit zum ersten Mal einen Europapokal! Vor nur knapp 15000 Zuschauern im 'Estadio da Luz' von Lissabon war der Sieg hochverdient. Die erste halbe Stunde gehörte den Monegassen, doch einige gute Möglichkeiten (Kopfball von Weah nach 15 Min.; Fernschuß von Passi nach 32 Min.) konnten nicht genutzt werden. Danach konnten die Bremer das Spiel offen gestalten und kamen durch Oldie Klaus Allofs zum 1-0. In der 41. Minute schlug Borowka einen Freistoß in den Strafraum von Monaco, dieser wird per Kopf von Rufer verlängert, Allofs läßt sich diese Chance nicht nehmen und drückt das Leder ins Netz - 1:0! Nach dem Wechsel das gleiche Bild wie in der Anfangsphase. Monaco hat wiederum einige gute Torchancen, doch kann sie nicht nutzen. Dann fällt die Entscheidung. In der 55. Minute schickt Allofs seinen Mitspieler Rufer steil und der stürmt alleine auf das Tor von Ettori zu, umspielt diesen noch und schiebt locker zum 2:0 ein.

Dann noch einmal Aufatmen im Bremer Lager, als Eilts einen Ball von der Torlinie köpfen kann. Glück gehabt. Dann endlich pfeift Schiedsrichter D'Elia aus Italien die Partie ab - der Triumph ist perfekt. Werder holt den Pott an die Weser!

1992 / 93

POKALSIEGER **[SPIELE 60 - 63]**

1. Runde: 15.09. und 30.09.92

SV Werder - Hannover 96 3 : 1 (3-1); 17.000 Z.; **SR**: Elleray/England
BREMEN: Reck - Bratseth, Votava, Beiersdorfer (30.Hermann), Bockenfeld, Harttgen, Herzog, Eilts, Bode, Rufer (68.Wolter), Allofs; **HANNOVER:** Sievers - Wojcicki, Klütz, Sundermann, Heemsoth, Sirocks, Groth, Bicici, Schönberg, Koch (68.Kretzschmar), Djelmas (64.Mathy); **TORE**: 1-0 Rufer 19., 1-1 Wojcicki 26. Elfmeter, 2-1 Rufer 28., 3-1 Bratseth 45.

Hannover 96 - **SV Werder** 2 : 1 (2-1); 27.400 Z.; **SR**: van der Ende/Niederlande
HANNOVER: Sievers - Raickovic, Klütz, Sundermann, Groth, Daschner (75.Breitenreiter), Sirocks, Bicici, Kretzschmar, Djelmas, Jursch (62.Koch); **BREMEN**: Reck - Bratseth, Votava, Beiersdorfer (29.Harttgen), Bockenfeld, Wolter, Herzog (58.Hermann), Eilts, Bode, Rufer, Allofs; **TORE**: 0-1 Rufer 18. Elfmeter, 1-1 Daschner 29., 2-1 Daschner 33.

2. Runde: 21.10. und 04.11.92

SV Werder - Sparta Prag 2 : 3 (0-2); 10.800 Z.; **SR**: Amendolia/Italien
BREMEN: Reck - Bratseth, Beiersdorfer (46.Allofs), Borowka, Wolter, Votava, Eilts, Herzog, Legat (46.Neubarth), Rufer, Bode; **PRAG:** Kouba - Chovanec, Hornak, Sopko, Vrabec, Mistr, Bilek (49.Frydek), Nemec, Vonasek, Siegl, Dvirnik (90.Trval); **TORE**: 0-1 Sopko 25., 0-2 Dvirnik 35., 1-2 Neubarth 56., 2-2 Rufer 79., 2-3 Vonasek 90.; **BES. VORK.**: Rote Karte für den Prager Chovanec in der 45. Minute wegen Notbremse gegen Bode!

Bericht: Nach dem Bremen in der ersten Runde Sieger über Hannover 96 blieb, bekamen es die Werderaner in der zweiten Runde mit Sparta Prag zu tun. Nach der Heimpleite gegen die Tschechen steht der Titelverteidiger vor dem frühen Aus. Die nur gut 10000 Zuschauer verabschiedeten die Bremer mit einem gellenden Pfeifkonzert. Vor der Pause enttäuschten die Bremer und fanden keine Mittel gegen die geschickt operierenden und aufopferungsvoll kämpfenden Gäste. Bereits zur Halbzeit schien die Partie verloren, doch dank einer Energieleistung nach der Pause und wegen der Roten Karte für den Prager Chovanec kam der Cupverteidiger auf 2:2 heran. Neubarth und Rufer waren die Torschützen. Werder stürmte mit Mann und Maus und hätte den Siegtreffer verdient gehabt. Doch in der letzten Minute machte Vonasek mit seinem Tor alles zunichte - 2:3-Heimniederlage!

Sparta Prag - **SV Werder** 1 : 0 (1-0); 29.800 Z.; **SR**: Nervek/Norwegen
PRAG: Kouba - Vrabec, Hornak, Sopko, Bilek, Mistr, Frydek, Vonasek, Nemec, Dvirnik (90.Nedved), Siegl; **BREMEN**: Reck - Bratseth, Borowka (46.Allofs), Wolter, Bockenfeld, Votava, Eilts, Bode (80.Kohn), Legat, Rufer, Neubarth; **TOR**: 1-0 Siegl 7.; BES. VORK.: Gelb-Rote Karte für Rufer (Bremen) in der 89. Minute wegen wiederholten Foulspiels!

Bericht: Mit einer 0-1 Niederlage verabschiedete sich der Titelverteidiger frühzeitig aus dem Wettbewerb. Die technisch versierten Prager hatten die Partie über die volle Spielzeit im Griff. Der frühe Führungstreffer von Siegl (nach Borowka-Fehler im Mittelfeld) tat ein übriges für die Sicherheit der Sparta-Elf.

Werder kam lediglich zu zwei Chancen im ersten Abschnitt, die jedoch von Rufer (sein Kopfball wurde von Kouba gehalten) und Neubarth (ebenfalls ein Kopfball) nicht verwertet werden konnten. Auch in der 2. Halbzeit tat sich auf Bremer Seite herzlich wenig. Sparta schaukelte den Sieg locker nach Hause und steht verdient in der nächsten Runde.

1993 / 94

LANDESMEISTER: [SPIELE 64 - 73]

1. Runde: 15. und 29.09.1993

SV Werder - Dynamo Minsk 5 : 2 (2-0); 10.300 Z.; **SR**: Muhmenthaler/Schweiz
BREMEN: Gundelach - Bratseth, Beiersdorfer, Borowka, Basler (82.Wolter), Votava, Herzog, Eilts, Bode (61.Legat), Hobsch, Rufer; **MINSK:** Sazunkjewitsch - Jachimowitsch, Chaikewitsch (81.Taikow), Kaschenzew, Luchwitsch, Jurawel, Gerassimez, Bjalkewitsch, Smirnow, Welitschko, Tschernjawski (68.Schukanow); **TORE**: 1-0 Hobsch 26., 2-0 Hobsch 32., 2-1 Gerassimez 51., 3-1 Rufer 55., 4-1 Hobsch 60., 4-2 Welitschko 76., 5-2 Rufer 90.

Bericht: In einem sehr guten EC-Spiel besiegte der SV Werder die Weißrussen aus Minsk verdient mit 5:2. Wichtigster Treffer war wohl das Tor von Rufer in der letzten Minute, konnten doch die Weißrussen zuvor zweimal verkürzen.
Doch mit diesem 3-Tore-Vorsprung dürfte das Rückspiel nur noch Formsache sein. Mann des Abends war Torjäger Bernd Hobsch, dem 3 Treffer gelangen. Wynton Rufer stand ihm allerdings in nichts nach und erzielte zwei Treffer. Hobsch und Rufer waren von der Abwehr der Weißrussen nie unter Kontrolle zu bekommen und entschieden das Spiel fast alleine. Die nur knapp 10.000 Zuschauer brauchten ihr Kommen nicht zu bereuen.
Das engmaschige Abwehrnetz der Gäste war anfangs nur schwer zu überwinden. Gefährlichster Mann war Stürmer Welitschko, dem auch in der 76. Minute das 2:4 gelang. Als die Kräfte der Minsker in der 2. Halbzeit merklich erlahmten, fielen die Bremer Tore wie reife Früchte.

Dynamo Minsk - **SV Werder** 1 : 1 (1-0); 7.000 Z.; **SR**: Puhl/Ungarn
MINSK: Tumilowitsch - Jachimowitsch, Taikow, Ostrowski, Chalkewitsch, Gerassimez, Smirnow, Bjelkawitsch, Jurawel, Welitschkow (86.Putilo), Schukanow; **BREMEN**: Reck - Bratseth, Beiersdorfer, Legat, Basler (65.Wiedener), Votava, Herzog (83.Schaaf), Eilts, Bode, Hobsch, Rufer; **TORE**: 1-0 Bjelkewitsch 41., 1-1 Rufer 81. Elfmeter

2. Runde: 20.10. und 03.11.1993

Levski Sofia - **SV Werder** 2 : 2 (0-0); 45.000 Z.; **SR**: van der Ende/Niederlande
SOFIA: Nikolov - Hubtschev, Jankov, Markov, Kremenliev, Todorov, Gintschev, Iwanov (55.Grigorasch), Zwewatnov, Borimorov, Sirakov; **BREMEN**: Reck - Bratseth, Beiersdorfer, Borowka, Schaaf, Votava, Rufer, Eilts, Bode, Hobsch, Herzog; **TORE**: 0-1 Bode 50., 0-2 Rufer 52., 1-2 Jankov 75., 2-2 Gintschev 90.

SV Werder - Levski Sofia 1 : 0 (0-0); 27.000 Z.; **SR**: Pairetto/Italien
BREMEN: Gundelach - Votava, Beiersdorfer, Borowka, Basler, Wolter, Rufer, Eilts, Bode, Hobsch, Herzog; **SOFIA:** Nikolov - Hubtschev, Gintschev, Markov, Kremenliev, Slavtschev, Jankov, Todorov, Zwewatnov, Borimorov, Sirakov; **TORE**: 1-0 Basler 73.; BES. VORK.: Gelb-Rote Karte für Gintschev (Sofia) in der 57. Minute!

Bericht: Ein hartes Stück Arbeit hatten die Spieler des SV Werder zu verrichten, ehe sie als erstes deutsches Team in die sog. 'Champions League' einziehen konnten. Nach dem 2:2-Unentschieden aus dem Hinspiel gestaltete man das Spiel sehr vorsichtig. Nur keinen Treffer kassieren, so lautete die Devise der Norddeutschen. Es gelang fast gar nichts. Als die Bulgaren dann ihren Manndecker Gintschev durch einen Platzverweis verloren, kam mehr Ruhe ins Bremer Spiel. Durch einen Gewaltschuß von Basler gelang dann auch der einzige Treffer an diesem Abend. Mühsam rettete Werder diesen knappen Vorsprung über die Zeit - die Champions League war erreicht!

Champions League

1. Spiel: 24.11.1993

FC Porto - **SV Werder** 3 : 2 (2-0); 35.000 Z.; **SR**: Elleray/England;
PORTO: Baia - Joao Pinto, Carlos, Costa, Aloisio, Secretario, Semedo, Santos (88.Filipe), Jorge, Domingos, Kostadinov (75.Magalhaes); **BREMEN:** Reck - Bratseth, Beiersdorfer (46. Wolter), Legat, Basler, Votava, Rufer, Eilts, Bode (67.Neubarth), Hobsch, Herzog; **TORE**: 1-0 Domingos 7., 2-0 Jorge 34., 3-0 Carlos 83., 3-1 Hobsch 85., 3-2 Rufer 86.

2. Spiel: 08.12.1993

SV Werder - RSC Anderlecht 5 : 3 (0-3); 29.000 Z.; **SR**: Craciunescu/Rumänien;
BREMEN: Reck - Bratseth, Beiersdorfer, Borowka, Basler (87.Wiedener), Votava, Herzog (46.Wolter), Eilts, Bode, Hobsch, Rufer; **ANDERLECHT:** de Wilde - Emmers, Rutjes, Albert, Crasson, Zetterberg (83.Kooiman), Walem, Boffin, Versavel, Haagdoren, Bosman (70.Nilis); **TORE**: 0-1 Albert 16., 0-2 Boffin 18., 0-3 Boffin 33., 1-3 Rufer 66., 2-3 Bratseth 72., 3-3 Hobsch 80., 4-3 Bode 83., 5-3 Rufer 89.

Bericht: Welch ein dramatisches Spiel! Als Bremen schon am Boden war, schlug man erfolgreich zurück. Bis zur Pause beherrschte der RSC Anderlecht eindeutig das Geschehen und führte auch verdient mit 3:0. Das Mittelfeld der Belgier mit Zetterberg, Walem und Boffin war Herr auf dem grünen Rasen. Diese 3 Spieler zogen ein Spiel auf, gegen das die Bremer kein Mittel fanden. Die zweite Niederlage in der Champions League schien beschlossene Sache. Doch weit gefehlt, denn mit dem 1:3 durch Rufer änderte sich das Bild eindeutig. Werder spielte sich in einen Rausch hinein und erzielte binnen 24 Minuten fünf Treffer. Nach dem 1:3 waren die Gäste total verunsichert und ergaben sich fast kampflos. Wynton Rufer entwickelte sich zum überragenden Mann auf dem Platz.

3. Spiel: 02.03.1994

AC Mailand - **SV Werder** 2 : 1 (0-0); 41.200 Z.; **SR**: Mottram/Schottland;
MAILAND: Rossi - Tassotti, Costacurta, Baresi, Maldini, Eranio (46.Simone), Desailly, Donadoni, Boban, Savicevic (88.Albertini), Massaro; **BREMEN:** Reck - Neubarth, Beiersdorfer, Votava, Wolter, Basler, Eilts, Bode (77.Hobsch), Legat, Rufer, Herzog; **TORE**: 1-0 Maldini 48., 1-1 Basler 54., 2-1 Savicevic 68.

4. Spiel: 16.03.1994

SV Werder - AC Mailand 1 : 1 (0-0); 31.000 Z.; **SR**: Nielsen/Dänemark;
BREMEN: Reck - Bratseth, Beiersdorfer, Wiedener, Votava, Basler, Neubarth, Bode (88. Unger), Legat, Rufer, Hobsch; **MAILAND:** Rossi - Tassotti, Costacurta, Galli, Maldini, Eranio (56. Simone), Desailly, Donadoni, Boban, Savicevic (87. Albertini), Massaro; **TORE**: 1-0 Rufer 52. Elfmeter, 1-1 Savicevic 75.

Bericht: In diesem Spiel war für die Bremer mehr drin als ein Unentschieden. Durch eine Unachtsamkeit in der Abwehr gelang es dem AC Mailand wieder einmal, eine Niederlage abzuwenden. Rufer hatte die Hausherren mit einem sicher verwandelten Elfmeter (Foul von Galli an Bernd Hobsch) mit 1:0 in Führung geschossen.
In einem gutklassigen Spiel versiebten die Bremer in der 1. Halbzeit drei hochkarätige Torchancen (Neubarth, Hobsch und Bode). Zur Halbzeit hätte es also schon 3:0 für Bremen stehen müssen. Nach dem 1:0 starteten die Gäste eine furiose Jagd nach dem Ausgleich. Dieser fiel dann in der 75. Minute durch Savicevic, der bis dato von Wiedener glänzend bewacht wurde. Ein glücklicher Punktgewinn für den erklärten Favoriten im diesjährigen Landesmeisterwettbewerb.

5. Spiel: 30.03.1994

SV Werder - FC Porto 0 : 5 (0-2); 32.000 Z.; **SR**: Diaz Vega/Spanien;
BREMEN: Reck - Bratseth, Votava, Wiedener, Wolter, Harttgen (46. Neubarth), Legat, Basler, Herzog, Bode, Rufer (78. Bockenfeld); **PORTO:** Baia - Jorge Costa, Joao Pinto, Fernando Cuoto, Rui Jorge, Secretario, Paulinho (9. Rui Filipe), Andre, Timofte, Kostadinov (72. Domingos), Drulovic; **TORE**: 0-1 Rui Filipe 11., 0-2 Kostadinov 35., 0-3 Secretario 70., 0-4 Domingos 74., 0-5 Timofte 89. Elfmeter; BES. VORK.: Rote Karte für den Bremer Herzog in der 89. Minute (absichtliches Handspiel)!

6. Spiel: 13.04.1994

RSC Anderlecht - **SV Werder** 1 : 2 (1-1); 15.000 Z.; **SR**: Röthlisberger/Schweiz;
ANDERLECHT: de Wilde - Crasson, Marchoul (46. de Wolf), Nwanu, Boffin, Haagdoren, Emmers (72. Peiremans), Walem, Versavel, Bosman, Nilis; **BREMEN:** Reck - Neubarth, Bratseth, Beiersdorfer, Schaaf, Votava, Borowka, Bode, Legat, Basler, Rufer; **TORE**: 0-1 Bode 33., 1-1 Bosman 45., 1-2 Bode 65.

Bericht: Der Matchwinner in diesem 'unwichtigen' Spiel war der Bremer Marco Bode mit 2 Treffern. Beide Teams konnten das Halbfinale nicht mehr erreichen und so entwickelte sich auch nur ein mäßiges Spiel, in dem der Gast leichte Vorteile besaß. Auf beiden Seiten mußte mit erheblichen Ersatz gespielt werden.
Bei Bremen fehlten Wolter, Wiedener, Herzog und Eilts, beim RSC fehlten Zetterberg, Albert, Rutjes und Degryse. Die besseren Tormöglichkeiten besaßen die Bremer und sie gingen auch nach 33 Minuten verdient in Führung. Die zweite Torchance nutzte Bosman fast mit dem Pausenpfiff zum glücklichen Ausgleich. Nach der Pause kamen die Anderlechter besser ins Spiel, doch der zweite Treffer von Bode entschied diese Partie zugunsten der Werderaner - verdientermaßen! Am Ende stand damit doch noch ein einigermaßen versöhnlicher Abschluß für die Bremer in der Champions-League!

Andreas Herzog sichert den Ball vor dem Portugiesen Rui Felipe. (Werder-FC Porto 0:5)

Die Pokalgegner auf einen Blick

Verein	SP	S	U	N	Tore	Jahr
RSC Anderlecht/Belgien	4	3	0	1	9 - 6	U 84/85, L 93/94
Aarhus GF/Dänemark	2	2	0	0	5 - 2	P 61/62
FC Bacau/Rumänien	2	2	0	0	11 - 0	P 91/92
Part. Belgrad/Jugoslawien	2	1	0	1	1 - 3	L 65/66
Dyn. Ost-Berlin/DDR	2	1	0	1	5 - 3	L 88/89
Borlänge/Schweden	2	2	0	0	8 - 2	U 82/83
FC Brügge/Belgien	2	1	0	1	2 - 1	P91/92
Fer. Budapest/Ungarn	2	2	0	0	4 - 2	P 91/92
Dundee United/Schottland	2	0	1	1	2 - 3	U 82/83
AC Florenz/Italien	2	0	2	0	1 - 1	U 89/90
Vorw. Frankfurt/DDR	2	1	0	1	3 - 3	U 82/83
C. Glasgow/Schottland	2	1	1	0	1 - 0	L 88/89
Gal. Istanbul/Türkei	2	1	1	0	2 - 1	P 91/92
Hannover 96/Deutschl.	*2*	*1*	*0*	*1*	*4 - 3*	*P 92/93*
Lok. Leipzig/DDR	2	0	1	1	1 - 2	U 83/84
B. Leverkusen/Deutschl.	*2*	*0*	*1*	*1*	*0 - 1*	*U 87/88*
Lilleström/Norwegen	2	2	0	0	5 - 1	U 89/90
FC Lüttich/Belgien	2	1	0	1	4 - 3	U 89/90
Atl. Madrid/Spanien	4	1	1	2	4 - 7	P 61/62, U 86/87
AC Mailand/Italien	4	0	2	2	2 - 4	L 88/89, L 93/94
Malmö FF/Schweden	2	1	1	0	3 - 2	U 83/84
Dyn. Minsk/Weißrußland	2	1	1	0	6 - 3	L 93/94
Mjöndalen/Norwegen	2	1	0	1	5 - 1	U 87/88
AS Monaco/Frankreich	1	1	0	0	2 - 0	P 91/92
Sp. Moskau/UdSSR	2	1	0	1	7 - 6	U 87/88
SSC Neapel/Italien	2	2	0	0	8 - 3	U 89/90

Verein	SP	S	U	N	Tore	Jahr
Apoel Nikosia/Zypern	2	2	0	0	10 - 0	L 65/66
Schw. Odessa/UdSSR	2	1	0	1	4 - 4	U 85/86
FC Porto/Portugal	2	0	0	2	2 - 8	L 93/94
Sparta Prag/CSFR	2	0	0	2	2 - 4	P 92/93
Lerski Sofia/Bulgarien	2	1	1	0	3 - 2	L 93/94
Dyn. Tiflis/UdSSR	2	1	1	0	3 - 2	U 87/88
H. Verona/Italien	2	1	1	0	2 - 1	U 87/88
Austria Wien/Österr.	2	1	0	1	5 - 2	U 89/90

Oliver Reck bewährte sich in vielen Europacup-Duelle als souveräner Rückhalt.

Die EC - Länderwertung

Verein	SP	S	U	N	Tore	Differenz
Belgien	8	5	0	3	15 -10	5
Bulgarien	2	1	1	0	3 -2	+ 1
CSFR	2	0	0	2	2 -4	- 2
Dänemark	2	2	0	0	5 -2	+ 3
DDR	6	2	1	3	9 -8	+ 1
BR Deutschland	**4**	**1**	**1**	**2**	**4 -4**	**0**
Frankreich	1	1	0	0	2 -0	+ 2
Italien	10	3	5	2	13 -9	+ 4
Jugoslawien	2	1	0	1	1 -3	- 2
Norwegen	4	3	0	1	10 -2	+ 8
Österreich	2	1	0	1	5 -2	+ 3
Portugal	2	0	0	2	2 -8	- 6
Rumänien	2	2	0	0	11 -0	+11
Schottland	4	1	2	1	3 -3	0
Schweden	4	3	1	0	11 -4	+ 7
Sowjetunion	6	3	1	2	14 -12	+ 2
Spanien	4	1	1	2	4 -7	- 3
Ungarn	2	2	0	0	4 -2	+ 2
Türkei	2	1	1	0	2 -1	+ 1
Weißrußland	2	1	1	0	6 -3	+ 3
Zypern	2	2	0	0	10 -0	+10

EC - Statistik

Jahr [EC-Art]	Spiele	S	U	N	Tore	Diff.
Pokalsieger 61/62	4	2	1	1	7 - 6	+ 1
Landesmeister 65/66	4	3	0	1	11 - 3	+ 8
UEFA-Pokal 82/83	6	3	1	2	13 - 8	+ 5
UEFA-Pokal 83/84	4	1	2	1	4 - 4	0
UEFA-Pokal 84/85	2	1	0	1	2 - 2	0
UEFA-Pokal 85/86	2	1	0	1	4 - 4	0
UEFA-Pokal 86/87	2	1	0	1	2 - 3	- 1
UEFA-Pokal 87/88	10	4	3	3	17 - 11	+ 6
Landesmeister 88/89	6	2	2	2	6 - 4	+ 2
UEFA-Pokal 89/90	10	6	2	2	23 - 10	+ 13
Pokalsieger 91/92	9	7	1	1	21 - 4	+ 17
Pokalsieger 92/93	4	1	0	3	6 - 7	- 1
Landesmeister 93/94	10	4	3	3	20 - 20	0
GESAMT:	**73**	**36**	**15**	**22**	**136 - 86**	**+ 50**
LANDESMEISTER:	**20**	**9**	**5**	**6**	**37 - 27**	**+ 10**
POKALSIEGER:	**17**	**10**	**2**	**5**	**34 - 17**	**+ 17**
UEFA - POKAL:	**36**	**17**	**8**	**11**	**65 - 42**	**+ 23**

36 Heimspiele:	- Siege	21
	- Unentschieden	10
	- Niederlagen	5
	- Tore	77 - 37
	- Tordifferenz	+ 40
36 Auswärtsspiele:	- Siege	14
	- Unentschieden	5
	- Niederlagen	17
	- Tore	57 - 49
	- Tordifferenz	+ 8
1 Spiel Neutr. Platz:	- Siege	1
(Finale...)	- Unentschieden	0
	- Niederlagen	0
	- Tore	2 - 0
	- Tordifferenz	+ 2

Spieler - ABC

Spieler	Spiele	Tore	Spieler	Spiele	Tore
Allofs	10	2			
Barth	4	2	Basler	9	2
Bernard	4	0	Bester	2	1
Beiersdorfer	12	0	Bockenfeld	19	1
Böhnke	4	0	Borowka	35	0
Bordel	2	0	Bode	26	9
Bracht	4	0	Bratseth	44	4
Burdenski, D.	16	0	Burgsmüller	14	3
Danielsen	2	2			
Eilts	26	3			
Ferner	4	1	Fichtel	6	0
Gruber	8	1	Gundelach	2	0
Hanses	1	0	Hänel	5	1
Haskamp	2	0	Herzog	11	0
Hermann	33	2	Höttges	4	2
Hobsch	8	5	Harttgen	6	0
Jagielski	4	0			
Kamp	5	0	Kokartis	4	0
Kutzop	16	3	Kohn	6	3
Lorenz, M.	8	1	Legat	16	0
Matischak	4	2	Meier	30	7
Möhlmann	14	0			
Nachtwey	4	0	Neubarth	42	13
Noruschat	1	0			
Okudera	13	0	Ordenewitz	16	2
Otten	37	0			
Pezzey	8	2	Piontek	7	0
Podlich	2	1			
Rufer	30	19	Reck	42	0
Reinders	6	2	Riedle	21	9
Ruländer	4	0	Rupozinski	1	0
Rollmann	4	0			

Spieler	Spiele	Tore	Spieler	Spiele	Tore
Sauer	16	5	Schaaf	41	2
Schimeczek	4	0	Schlindwein	1	0
Schröder	3	1	Schulz	3	1
Schütz	6	2	Sidka	13	4
Soya	4	1	Steinmann	4	0
Skogheim	1	0			
Unger	1	0			
Völler	12	5	Votava	48	1
Wiedener	4	0	Wolter	33	1
Zebrowski	5	1			

Die Spieler des SV Werder Bremen erzielten **129** Tore in den **71** Europapokalspielen; hinzuzurechnen sind hierbei noch 3 Eigentore des Gegners!

EC - Mosaik

BREMEN		EC-GEGNER	

1.) Eigentore:

BREMEN		EC-GEGNER	
- Sidka	(Spiel: 20)	- Kreer / Lok. Leipzig	(Spiel 18)
- Kutzop	(41)	- Landucci / AC Florenz	(48)

2.) Elfmeter:

BREMEN			EC-GEGNER	
verwandelt:			*verwandelt:*	
- Höttges	2	(2 x 6)	Römberg / Malmö	(16)
- Reinders	1	(15)	v. Basten / AC Mailand	(40)
- Sidka	1	(20)	Wojcicki / Hannover 96	(58)
- Kutzop	2	(36/43)		
- Rufer	3(59/65/71)			
verschossen:			*verschossen:*	
-			-	

3.) Rote Karten:

BREMEN		EC-GEGNER	
- Bordel	(8)	- Becejac / P. Belgrad	(8)
- Schütz	(8)	- di Gennaro / H. Verona	(32)
- Eilts	(54)	- Amokachi / Brügge	(56)

4.) Gelb-Rote Karten:

- Gintschev / L. Sofia (67)

5.) 3 Tore in einem Spiel:

- Völler	(12.; Borlänge - Bremen 2 : 6)
- Rufer **(*)**	(49.; FC Bacau - Bremen 0 : 6)
	(*) = Hattrick; [1-0 bis 3-0 zwischen der 8. und 30. Minute erzielt]
- Hobsch	(64.; Bremen - Dynamo Minsk 5 : 2)

EC-Supercup

[Sieger Landesmeister - Sieger Pokalsieger]

Hinspiel: 10. Februar 1993 im Bremer Weserstadion

SV Werder Bremen - FC Barcelona

1 : 1 (0-1)

BREMEN:

Reck
Bratseth
Borowka, Legat, Bockenfeld
Neubarth, Votava, Herzog, Eilts
Bode (69.Kohn), Hobsch (77.Allofs)

BARCELONA:

Salinas (83.Christiansen), Stoitschkow
Eusebio, Amor, Bakero (67.Beguiristain), Witschge
Ferrer, Koeman, Goicoechea, Nadal
Zubizarreta

Schiedsrichter: Nielsen (Dänemark)

Tore:

0 - 1	Salinas	38. Minute
1 - 1	Allofs	88. Minute

Gelbe Karte:
- Bockenfeld
- Amor, Bakero, Koeman

Rote Karte: -

Kurzbericht:

Gegen die Ballkünstler aus Barcelona erreichte der SV Werder ein hochverdientes 1:1 Unentschieden. Die 22000 Zuschauer sahen ein durchschnittliches Supercupspiel. Taktisches Abtasten zu Beginn (in den ersten 30 Minuten tat sich hüben wie drüben so gut wie gar nichts), bis Neubarth mit Kopfball und Bode mit Pfostenschuß nach einer halben Stunde das Signal für Bremer Sturm und Drang setzten. Doch in dieser Phase ging der Schuß nach hinten los. Nach einem schweren Fehler von Eilts (unnötiges Dribbling am Strafraum gegen Amor) bedient Amor Salinas, dieser drückte überlegen ein - 0:1, gleichzeitig auch der Halbzeitstand. Der Schock des Rückstands wirkte auch nach der Pause. Bremer fand nicht zum Spiel und Barcelona tat wenig, um den Vorsprung evtl. zu erhöhen. Pech für Hobsch, daß sein Tor wegen angeblicher Abseitsstellung nicht anerkannt wurde. Weitere gute Einschußmöglichkeiten (Neubarth, Bockenfeld und Bratseth) blieben ebenfalls ungenutzt. Dann setzt Trainer Rehhagel alles auf eine Karte und bringt für Hobsch einen frischen Stürmer - Allofs. Diesem gelingt auch zwei Minuten vor dem Ende der verdiente Ausgleichstreffer. Mit diesem Tor sieht es für die Norddeutschen nun nicht mehr ganz so schlecht für das Rückspiel in Barcelona aus.

Rückspiel: 10. März 1993 im Stadion Nou Camp von Barcelona

FC Barcelona - SV Werder Bremen

2 : 1 (1-1)

BARCELONA:

Zubizarreta
Koeman
Ferrer, Eusebio, Goicoechea
Nadal, Guardiola (79.Salinas), Bakero (51.Beguiristain), Amor
Laudrup, Stoitschkow

BREMEN:

Hobsch
Rufer, Eilts, Herzog, Bode, Legat (77.Allofs)
Wolter, Borowka, Schaaf (32.Gundelach)
Bratseth
Reck

Schiedsrichter:	Karlsson (Schweden)		
Tore:	1 - 0	Stoitschkow	32. Minute
	1 - 1	Rufer (Elfm.)	41. Minute
	2 - 1	Goicoechea	48. Minute
Gelbe Karte:	Stoitschkow		
Rote Karte:	Reck in der 31. Minute (Handspiel vor dem Strafraum)!		

Kurzbericht:

Mit nur einer Spitze angetreten (Hobsch), geriet Werder von Beginn an unter starken Druck. Barcelona machte das Spiel. Viele Angriffe liefen über Stoitschkow, der meist über links kam und den Wolter (überraschend für Beiersdorfer in die Mannschaft gekommen) nie in den Griff bekam. Rufer mußte oft aushelfen und viele Lücken nach hinten schließen. Nach 30 Minuten mußte Torhüter Reck den Platz verlassen - Rote Karte! Einen Paß von Bakero wollte er an der Strafraumgrenze aufnehmen, rutschte dabei aus und stoppte den Ball mit der Hand außerhalb des Sechzehners - vor dem anstürmenden Stoitschkow. Karlsson zückte sofort die Rote Karte. Hart, aber regelgerecht. Den fälligen Freistoß schoß Stoitschkow in die Ecke, völlig überraschend für den noch nicht warmgespielten Ersatztorhüter Gundelach. Mit zehn Mann gelang den Bremern dann noch vor der Pause der Ausgleich. Torwart Zubizarreta holte Eilts von den Beinen und den fälligen Elfmeter verwandelte Rufer sicher.
In der zweiten Halbzeit spielte dann nur noch der Gastgeber. Werder hatte dem nichts entgegenzusetzen. Bereits in der 48. Minute fiel die Vorentscheidung. Wiederum konnte sich Stoitschkow gegen den enttäuschenden Wolter durchsetzen. Seinen Schuß konnte Gundelach nur abklatschen und Goicoechea brauchte nur noch abzustauben - 2:1. Danach konnte Bremen sich bei Torhüter Gundelach bedanken, daß nicht ein Waterloo folgte!

Andreas Herzog kommt vor Koeman (4) zum Schuß.

Thomas Wolter bedankt sich bei den zahlreichen Werder-Fans.

DFB-Pokal

Die DFB - Pokalspiele

1935

1. Runde: **SV Werder** - Hamburger SV 4 : 5
01.09.35 [keine näheren Informationen zu diesem Spiel bekannt!]

1936

1. Runde: Algermissen 1911 - **SV Werder** 1 : 4
07.06.36 [keine näheren Informationen zu diesem Spiel bekannt!]

2. Runde: **SV Werder** - RW Oberhausen 3 : 2 n. V.
28.06.36 [keine näheren Informationen zu diesem Spiel bekannt!]

3. Runde: Wacker 04 Berlin - **SV Werder** 1 : 3 (0-2); 5.000 Z.
06.09.36 **W 04:** Burnitzki - Gallinat, Frey, Dudek, Thieme, Polten, Kufeld, Geiger, Fischer, Laube, Zech
W B: Stenger - Scharmann, Freitag, Frank, Stürmer, Boecker, Ziolkewitz, Maier, Mahlstedt, Tibulski, Heidemann
SR: Denkewitz/Leipzig
T: Geiger für Wacker / Heidemann, Stürmer und Scharmann für Werder

Viertelfinale: **SV Werder** - Schalke 04 2 : 5 (2-1); 25.000 Z.
25.10.36 **W B:** Stenger - Scharmann, Freitag, Frank, Stürmer, Boecker, Ziolkewitz, Maier, Mahlstedt, H. Tibulski, Heidemann
S 04: Mellage - Bornemann, Schweißfurth, Sontow, O. Tibulski, Valentin, Kalwitzki, Szepan,Pörtgen, Kuzorra, Berg
SR: Zacher/Berlin
T: 1-0 Ziolkewitz 9., 1-1 Pörtgen 29., 2-1 O. Tibulski 31. Eigentor, 2-2 Szepan 67., 2-3 Kuzorra 68., 2-4 Pörtgen 70., 2-5 Kuzorra 90.

Bis zur Pause führten die Bremer gegen den späteren Finalteilnehmer aus Gelsen-kirchen verdient mit 2-1 Toren, wobei der zweite Treffer aus einem Eigentor von Tibulski resultierte. Schalke fand in den ersten 45 Minuten nie ins Spiel, Werder hingegen zeigte eine gewohnt starke Heimleistung. Nach dem Wechsel gingen die Bremer in einem wahren Sturmlauf der Schalker regelrecht unter. Zwischen der 67. und 70. Minute stellten sie die Weichen klar auf Sieg - mit etwas mehr Schußglück hätte der Pokalsieg weitaus höher ausfallen können. Werder war in der 2. Halbzeit ohne Chance. Überragende Spieler auf dem Platz waren die beiden Schalker Szepan und Kuzorra, die immer wieder gekonnt Angriffe ihrer Farben inszenierten.

1937

1. Runde: RSV Harburg - **SV Werder** 2 : 5 (0-0); 1.500 Z.
29.08.37 **RSV:** Paulsen - Hauenschild, Heider, Johannesson, Weißenborn, Nottorf, Tengler, Leßle, Kleinheinz, Griebe, Kaiser
W B: Ulzmann - Hundt, Freytag, Frank, Stürmer, H. Tibulski, Ziolkewitz, Maier, Mahlstedt,Wittenbecher, Heidemann
SR: Rosenkranz/Gelsenkirchen
T: Johannesson und Tengler für Harburg / Ziolkewitz (2 Tore), Mahlstedt (2) u. Wittenbecher für Werder!

2. Runde: **SV Werder** - Borussia Dortmund 3 : 4 n. V. (2-2, 3-3); 12.000 Z.;
19.09.37 **W B:** Uelzmann - Hundt, Freitag, Frank, Stürmer, H. Tibulski, Ziolkewitz, Maier, Mahlstedt,Bischoff, Heidemann
BVB: Ibel - Schmidt, Göbel, Büttner, Lukaschewitz, Stachorra, Dunney, Eron, Lenz, Janowski, Zideller
SR: Kölling/Hamburg
T: 1-0 Heidemann 3., 1-1 Lenz 6., 1-2 Dunney 15., 2-2 Maier 30., 3-2 Mahlstedt 53.,3-3 Eron 65., 3-4 Lenz 95.

1938

1. Runde: SpVgg Röhlinghausen - **SV Werder** 1 : 2 (1-0); 6.000 Z.;
28.08.38 **RÖHL.:** Bernau - Wolski, Nawrocki, Kosmalla, Lehmannski, Bugay, Broese, Cedero, Ganski,Rudek, Nowicki
W B: Uelsmann - Hundt, Wittenbecher, Scharmann, Stürmer, Fischer, Ziolkewitz, Maier, Mahlstedt, H. Tibulski, Heidemann
SR: Ehlenbeck/Hilden
T: 1-0 Ganski, 1-1 Mahlstedt, 1-2 Ziolkewitz

2. Runde: **SV Werder** - Rot Weiß Essen 2 : 3; 5.000 Z.
11.09.38 **W B:** Uelzmann - Hundt, Fischer II, Scharmann, Stürmer, H. Tibulski, Mahlstedt, Fischer I, Maier, Wittenbecher, Heidemann
RWE: Moritz - Bastke, Bungarten, Derks, Hein, Giebels, Altrath, Riebfeldt, Hulisch, Karger,Gorzelanzeck
T: Mayer (2) für Werder / Hulisch, Altrath u. Gorzelanzeck für RWE!

1940

1. Runde: Blau Weiß 90 Berlin - **SV Werder** 1 : 2 (1-0); 4.000 Z.
18.08.40 **BW 90:** Manthey - Fehrmann, Hoffmann, Zunker, Bien, Dohndorf, Lehner, Heinrich, Graf, Kraetke, Rauhut
W B: Uelzmann - Stenull, Kraatz, Scharmann, Stürmer, H. Tibulski, Ziolkewitz, Kokott, Freudenberg, Zymner, Heidemann
SR: Klatt/Magdeburg
T: 1-0 Lehner 30., 1-1 Stürmer 56., 1-2 Kokott 73.

2. Runde: Schalke 04 - **SV Werder** 4 : 0 (2-0); 24.000 Z.
08.09.40 [keine näheren Informationen zu diesem Spiel bekannt!]
T: 1-0 Kalwitzki 1., 2-0 Burdenski, 3-0 H. Tibulski Eigentor, 4-0 Burdenski Elfmeter

1941

1. Runde: TV Eimsbüttel - **SV Werder** 1 : 2 (1-1); 7.000 Z.;
13.07.41 **TV:** Delowski - Rohde, Timm, Risse, Baldauf, Manja II, Ahlers, Sauer, Manja I, Panse,Einfeld
W B: Nagel - Hundt, Münzenberg, Scharmann, Stürmer, Kraatz, Ziolkewitz, H. Tibulski, Gornick, Heinrich, Edelbüttel
SR: Klatt/Magdeburg
T: 1-0 Manja I 13., 1-1 Ziolkewitz 36., 1-2 Edelbüttel 77.

2. Runde: **SV Werder** - Holstein Kiel 1 : 2 (1-1); 6.000 Z.
03.08.41 **W B:** Nagel - Hundt, Münzenberg, Scharmann, Stürmer, Kraatz, Ziolkewitz, H. Tibulski, Gornick, Heinrich, Edelbüttel
KIEL: Drews - Mund, Scharmach, Günther, Jennewein, Wolle, Schmidt, Schäfer, Kuhn, Linken, Decker
SR: Just/Magdeburg
T: Gornick für Werder / Linken und Kuhn für Holstein!
BV: Verschossener Elfmeter von einem Bremer-Spieler in der 1. Halbzeit!

Gegen den Norddeutschen Vertreter aus Kiel verpaßte man durch die Heimniederlage den Sprung in die nächste Runde. Nachdem die Kieler bereits in der 1. Runde den großen Hamburger SV bezwungen hatten, so besiegten sie diesmal auf des Gegners Platz den SV Werder.
Mit etwas mehr Glück hätte der Sieg aber auch an die Hausherren gehen können (verschossener Elfmeter und weitere große Torchancen nach dem Kieler 2-1), doch diese Möglichkeiten wurden nicht genutzt, oder wurden vom großartig haltenden Kieler Schlußmann vereitelt. So gingen die knapp 6000 Zuschauer enttäuscht nach Hause.

1942

1. Runde: **SV Werder** - Viktoria Hamburg 5 : 1 (1-1);
20.07.42 [keine Aufstellungen von den Mannschaften bekannt!]
T: 0-1 Heine, 1-1 Heinrich, 2-1 Gornick, 3-1 Ziolkewitz, 4-1 Gornick, 5-1 H. Tibulski

2. Runde: VfL Köln 99 - **SV Werder** 1 : 2 (1-1); 4.000 Z.
09.08.42 **VfL:** Steffen - Woman, E. Moog, A. Moog, Reich, Hilgemann, Anfang, Röhrig, Scheuermann, Kuckertz, Schlewitzki
W B: Uelzmann - Hundt, Münzenberg, Scharmann, Kraatz, H. Tibulski, Ziolkewitz, Fehrmann, Gornick, Heinrich, Lotz
SR: Wieland
T: 1-0 Fehrmann, 1-1 Kuckertz, 1-2 Fehrmann

3. Runde: **SV Werder** - Kickers Offenbach 6 : 1 (2-0); 8.000 Z.
30.08.42 **W B:** Uelzmann - Hundt, Münzenberg, Scharmann, Stürmer, Kraatz, Ziolkewitz, Heinrich, Gornick, Lotz, H. Tibulski
OFF.: Skeip - Keck, Homann, Abt, Plückhan, Harthaus, Schwarz, Kaisers, Staab I, Nowotny,Staab II
SR: Trimpler/Hamburg
T: 1-0 Lotz 10., 2-0 Heinrich 40., 3-0 H. Tibulski 53., 4-0 Gornick 75., 5-0 Gornick 82., 6-0 Gornick 85., 6-1 Nowotny 88.
BV: Verschossener Elfmeter von Münzenberg (Werder) in der 80. Minute (an den Pfosten)!

Viertelfinale: **SV Werder** - LSV Stettin 4 : 1 (2-0); 10.000 Z.
27.09.42 **W B:** Uelzmann - Münzenberg, Hundt, Scharmann, Stürmer, Kraatz, Ziolkewitz, Heinrich, Gornick, Lotz, H. Tibulski
LSV: Rasch - Martin, Roggow, Auerhahn, Imhoff, Lüdecke, Frosch, Hoffmann, Golm,Neumann, Hornauer
SR: Zurbrügge/Hamburg
T: 10 Ziolkewitz 10., 2-0 Gornick 12., 3-0 Lotz 60., 3-1 Frosch 65, 4-1 Lotz 70.

Halbfinale: Schalke 04 - **SV Werder** 2 : 0 (2-0); 25.000 Z.;
25.10.42 **S 04:** Flotho - Hinz, Schweißfurth, Bornemann, O. Tibulski, Zwickhöfer, Kalwitzki, Szepan, Eppenhoff, Kuzorra, Urban
W B: Uelzmann - Hundt, Münzenberg, Scharmann, Stürmer, Kraatz, Ziolkewitz, Fehrmann, Gornick, Lotz, H. Tibulski
SR: Jakob/Niederkorn
T: 1-0 Urban 4., 2-0 Kalwitzki 20.

In diesem Spieljahr drangen die Bremer bis ins Halbfinale durch. Wie schon einige Jahre zuvor, so waren auch diesmal die Schalker Knappen die Endstation. Nach nervösem Beginn bestimmten die Hausherren über die gesamte Spielzeit die Partie und ließen nie Zweifel darüber aufkommen, wer am Ende der Sieger heißen würde. Völlig verdient führten die Schalker auch zur Pause mit 2-0. Nach dem Wechsel kamen die Gäste etwas besser auf, doch sie konnten sich nicht entscheidend in Szene setzen. Ein verdienter Sie der Knappen gegen eine zumindest in der 2. Hälfte guten Bremer Mannschaft.

1960/61

1. Runde: 1.FC Saarbrücken - **SV Werder** 0 : 1 (0-1); 5.000 Z.
29.07.61 **1.FC:** Maklicza - Fritzinger, Rohe, Thiel, Hesse, Diehl, Bedürftig, Banasch, Schwierzke, Meng, Krieger
W B: Kokartis - Piontek, Nachtwey, Lorenz, Schütz, Schimeczek, Wilmovius, Schröder, Jagielski, Soya, Hänel
SR: Leidag/Dortmund
T: 0-1 Schröder 34.

2. Runde: **SV Werder** - 1.FC Köln 3 : 2 (2-0); 15.000 Z.
16.08.61 **W B:** Kokartis - Piontek, Nachtwey, Lorenz, Schütz, Jagielski, Wilmovius, Schröder, Barth, Soya, Hänel
1.FC: Ewert - Stollenwerk, Pott, Breuer, Wilden, Schnellinger, Habig, Thielen, Schäfer, Chr. Müller, Ripkens
SR: Kreitlein/Stuttgart
T: 1-0 Hänel 15., 2-0 Hänel 44. Elfm., 2-1 Thielen 64., 2-2 Habig 65., 3-2 Hänel 8.

Halbfinale: **SV Werder**-Karlsruher SC 3 : 2 n. V. (1-1, 2-2); 32.000 Z.
23.08.61 **W B:** Kokartis - Piontek, Nachtwey, Lorenz, Schimeczek, Wilmovius, Schütz, Soya, Barth, Jagielski, Hänel
KSC: Paul - Dimmel, Witlatschil, Ruppenstein, Rihm, Schwall, Reitgaßl, Herrmann, Marx, Wischnowski, Nedoschil
SR: Schörnich/Düsseldorf
T: 0-1 Nedoschil 19., 1-1 Soya 29., 1-2 Reitgaßl 72., 2-2 Wilmov. 83., 3-2 Schütz 100.

Finale: **SV Werder** - 1.FC Kaiserslautern 2 : 0 (1-0); 18.000 Z.
13.09.61 **W B:** Kokartis - Piontek, Nachtwey, Schimeczek, Schütz, Jagielski, Wilmovius, Schröder, Barth, Soya, Hänel
1.FC: Schnarr - Neumann, Miksa, Schneider, Liebrich, Pulter, Bauer, Feldmüller, Richter, Settelmeyer, Kasperski
SR: Sparing/Kassel
T: 1-0 Schröder 10., 2-0 Jagielski 52.

1962/63

1. Runde: **SV Werder** - VfB Lohberg 4 : 3 (2-1); 3.500 Z.
09.06.63 **W B:** Lampertz - Piontek, Dudjahn, Lorenz, Schütz, Schimeczek, Hänel, Jung, D. Meyer, Soya, Zebrowski
VfB: Bialy - A. Schmidke, Zaksek, Saemann, Hillner, Schöl I, Bayer, Paulsberg, Schöl II, K.Schmidke, Biatluch
SR: Sparing/Kassel
T: 0-1 Paulsberg 5., 1-1 Schütz 31. Elfmeter, 2-1 Meyer 38., 3-1 Meyer 49., 3-2 Biat-luch 53. Elfmeter, 3-3 Saemann 60., 4-3 Meyer 82.

2. Runde: **SV Werder** - Tasmania Berlin 1 : 0 (0-0); 12.000 Z.
31.07.63 **W B:** Lambertz - Piontek, Lorenz, Schütz, Jagielski, Schimeczek, Zebrowski, Soya, Meyer, Ferner, Klöckner
TB: Basikow - Bäsler, Talaszus, Becker, Peschke, Greuel, Neumann, Schwier, Fiebach, Rosenfeldt, Konieczka
SR: Malka/Herten
T: 1-0 Zebrowski 75.

Halbfinale: Borussia Dortmund - **SV Werder** 2 : 0 (1-0); 30.000 Z.
08.08.63 **BVB:** Wessel - Burgsmüller, Geisler, Kurrat, Sturm, Bracht, Wosab, Schmidt, Brungs,Konietzka, Cyliax
W B: Lambertz - Piontek, Schütz, Lorenz, Jagielski, Schimeczek, Zebrowski, Soya, Meyer, Ferner, Klöckner
SR: Treichel/Berlin
T: 1-0 Konietzka 18., 2-0 Schmidt 70.

Für den Pokalsieger von 1961 war diesmal das Halbfinale die Endstation. Gegen den Bundesligakonkurrenten aus Dortmund verlor man mit 0:2. Diese Niederlage brauchte wirklich nicht sein, denn die Bremer spielten hochüberlegen und hätten das Erreichen des Endspiels mehr als verdient gehabt. Wieder einmal rächte es sich, leichtfertig mit sich den bietenden Torchancen umzugehen. Die vielen Chancen wurden entweder kläglich vergeben oder vom großartigen Torhüter Wessel gehalten. Dieser Wessel war ein Teufelskerl und heute nicht zu bezwingen. Die 30000 Zuschauer waren von ihrer Mannschaft enttäuscht - trotz des Sieges!

1963/64

1. Runde: **SV Werder** - Schalke 04 0 : 2 (0-0); 8.000 Z.
07.04.64 **W B:** Bernard - Piontek, Lorenz, Schütz, Bordel, Nachtwey, Zebrowski, Hänel, Klöckner, Ferner, Meyer
S 04: Mühlmann - Nowak, Rausch, Kleina, Horst, Becher, Libuda, Berz, Koslowski, Gerhardt, Matischak
SR: Tremmel/Germersheim
T: 0-1 Berz 63., 0-2 Matischak 81.

1964/65

1. Runde: FSV Mainz 05 - **SV Werder** 1 : 0 (0-0); 12.000 Z.
16.01.65 **FSV:** Planitzer - Müllgas, Schuch, Wassermann, Storck, Liebeck, Meyer, Tripp, Zimmer,Sauer, Fuchs
W B: Lambertz - Piontek, Schimeczek, Bordel, Steinmann, Zebrowski, Lorenz, Ferner, Schütz, Soya, Jagielski
SR: Seiler/Schmiden
T: 1-0 Meyer 56.

1965/66

1. Runde: **SV Werder** - TSV 1860 München 4 : 0 (0-0); 15.000 Z.
22.01.66 **W B:** Lambertz - Piontek, Höttges, Ferner, Steinmann, Lorenz, Schütz, Zebrowski, Matischak, Danielsen, Dausmann
TSV: Radenkovic - Wagner, Patzke, Luttrop, Kohlars, Perusic, Heiß, Küppers, Brunnenmeier, Konietzka, Grosser
SR: Baumgärtel/Hagen
T: 1-0 Dausmann 56., 2-0 Dausmann 82., 3-0 Zebrowski 86., 4-0 Schütz 89.

Gegen den Konkurrenten aus der 1. Bundesliga erspielten sich die Bremer einen glatten, und auch in der Höhe völlig verdienten, 4:0 Pokalsieg. Die Starelf aus München hatte in diesem Pokalspiel nie eine Siegchance, im Gegenteil. Am Ende konnte Trainer Merkel froh sein, nur mit 0:4 unterlegen zu sein. Bis zur Pause war das Spiel noch ausgeglichen, nach dem Wechsel dominierte nur noch die Heimmannschaft. Als Dausmann überraschend mit einem haltbaren Schuß das 1-0 (vom Pfosten ins Tor) gelungen war, machte Werder Dampf und spielte die teilweise überheblich auftretenden Löwen an die Wand. Nach 82. Minuten lautet der Torschütze wiederum Dausmann. Vier Minuten später war Zebrowski per Kopfball zur Stelle. Schütz stellt eine Minute vor Schluß den Endstand zum 4:0 her. Die große Chance zum 5:0 konnte danach Zebrowski nicht nutzen.

2. Runde: **SV Werder** - Concordia Hamburg 2 : 0 (1-0); 7.000 Z.
19.02.66 **W B:** Bernard - Piontek, Höttges, Ferner, Steinmann, Lorenz, Schütz, Zebrowski, Matischak,Danielsen, H. Schulz
HH: Voigt - Reichert, Meister, Stülcken, Martens, Buchner, Castorff, Schipper, Junke, Engel, Puchmüller
SR: Siepe/Köln
T: 1-0 Ferner 68., 2-0 Schütz 78. Elfmeter

3. Runde: 1.FC Kaiserslautern - **SV Werder** 3 : 1 (0-0); 20.000 Z.
07.04.66 **1.FC:** Schnarr - Koppenhöfer, Klimaschefski, Schneider, Schwager, Neumann, Reitgaßl, Kapitulski, Geisert, Wrenger, Rummel
W B: Bernard - Piontek, Höttges, Ferner, Steinmann, Schulz, Schütz, Zebrowski, Danielsen, Hänel, Podlich
SR: Jakobi/Mannheim
T: 1-0 Wrenger 60., 1-1 Danielsen 74., 2-1 Rummel 81., 3-1 Rummel 84.

1966/67

1. Runde: Hessen Kassel-**SV Werder** 2 : 2 n. V. (1-1, 1-1); 25.000 Z.
25.12.66 **KSV:** Loweg - Vollmer, Liebich, H. Michel, Istel, Habedank, Schmidt, Alt, B. Michel, Fritzsche, Schaub
W B: Lambertz - Höttges, Lorenz, Steinmann, Hänel, Schimeczek, Podlich, Schütz, Matischak, Ferner, Görts
SR: Krumnack/Dortmund
T: 1-0 Schaub 27., 1-1 Ferner 84., 2-1 B. Michel 98., 2-2 Schimeczek 114.

Wiederholungsspiel:**SV Werder** - Hessen Kassel 2 : 1 n. V. (1-1, 1-1); 15.000 Z.
25.01.67 **W B:** Lambertz - Piontek, Höttges, Steinmann, Lorenz, Schimeczek, Zebrowski, Ferner, Schweighöfer, Podlich, Görts
KSV: Loweg - Vollmer, Liebich, H. Michel, Dittel, Istel, Habedank, Alt, B. Michel, Fritzsche, Schaub
SR: Ott/Rheinbrohl
T: 1-0 Höttges 2. Elfmeter, 1-1 Fritzsche 25. Elfmeter, 2-1 Höttges 112.

2. Runde: Borussia Neunkirchen - **SV Werder** 1 : 1 n. V. (1-1, 1-1); 25.000 Z.
03.02.67 **BOR.:** Kirsch - Regitz, Czernotzky, Kuntz, Leist, Schock, Pontes, Gayer, Wingert, Hermesdorf, Lange
W B: Bernard - Piontek, Höttges, Steinmann, Hänel, Ferner, Schütz, Schimeczek, Zebrowski, Lorenz, Görts
SR: Betz/Regensburg
T: 1-0 Hermesdorf 28., 1-1 Görts 36.

Wiederholungsspiel:**SV Werder**-Bor.Neunkirchen 1:2(0-1); 12.000 Z.
14.02.67 **W B:** Bernard - Piontek, Höttges, Steinmann, Hänel, Schimeczek, Zebrowski, Ferner,Björnmose, Danielsen, Görts
BOR.: Ertz - Regitz, Czernotzky, Wingert, Leist, Schock, Pontes, Gayer, Lange, Hermesdorf,Linsenmaier
SR: Weyland/Oberhausen
T: 0-1 Linsenmaier 15., 0-2 Linsenmaier 66., 1-2 Hänel 79.

Nach dem 1:1 in Neunkirchen einige Tage zuvor, war man frohen Mutes, daß man die nächste Runde erreichen würde. Doch die 12000 Zuschauer wurden enttäuscht. Gegen die vor allem über die Flügel spielenden Gäste fanden die Bremer kein Gegenmittel. Der zweifache Torschütze versetzte die Bremer Abwehr einige Male in arge Verlegenheit. Der SV Werder konnte lediglich kämpferisch überzeugen, gegen die spielenden Borussen aber zu wenig. Die wenigen Torchancen (u.a. Lattenschuß von Höttges) brachten nichts ein oder wurden vom guten Torwart Ertz entschärft.

1967/68

1. Runde: SV Völklingen - **SV Werder** 4 : 2 (2-1); 4.500 Z.
27.01.68 **SV:** Zingraf - Habermann, Latz, Hechler, Braun, Heckenberger, Pils, Schieber, Kreuz (27.Schunk), Christ, Martin
W B: Loweg - Piontek, Schimeczek, Schütz, Hänel, Schmidt, Björnmose, Zebrowski (45.Schweighöfer), Görts, Danielsen, Rupp
SR: Schreiner/Wachenbuchen
T: 1-0 Christ 9., 2-0 Martin 27., 2-1 Görts 38., 3-1 Martin 59., 3-2 Rupp 66., 4-2 Christ 71.

1968/69

1. Runde: Rot Weiß Essen - **SV Werder** 1 : 2 (1-0); 18.000 Z.
04.01.69 **RWE:** Bockholt - Rausch, Kik, Peitsch, Stauvermann, Jung (70.Tonk), ter Mors, Weinberg,Littek (64.Pröpper), Lippens
W B: Bernard - Piontek, Schütz, Steinmann, Schimeczek (46.Schmidt), Lorenz, Ferner, Görts, Björnmose, Danielsen, Rupp
SR: Binder/Holzgerlingen
T: 1-0 Pöhling 35., 1-1 Danielsen 56., 1-2 Görts 70.

2. Runde: **SV Werder** - Eintracht Braunschweig 5 : 0 (3-0); 12.000 Z.
15.02.69 **W B:** Bernard - Schmidt, Schütz, Steinmann, Höttges, Ferner, Lorenz, Schweighöfer, Björnmose, Rupp, Görts
EB: Wolter (46.Öller), Grzyb, Kaak, Polywka, Schmidt, Saborowski, B. Dörfel (65.Gerwien), Berg, Deppe, Ulsaß, Maas
SR: Malka/Herten
T: 1-0 Schweighöfer 19., 2-0 Björnmose 34., 3-0 Görts 38., 4-0 Rupp 47., 5-0 Görts 69.

Bericht: Die Pokalsensation der 2. Runde. Gegen die in der Bundesliga sehr abwehrstarken Braunschweiger gelangen den Bremern 5 Treffer. Auf schneebedeckten Boden waren die Bremer ihrem Gegner hoch überlegen. Bereits zur Halbzeit war die Partie entschieden. Nach Toren von Schweighöfer (Kopfball), Björnmose (20-M-Schuß) und Görts (leicht abgefälschter Schuß von Kaack) führte man klar mit 3:0. Nach der Pause schossen Rupp und wiederum Görts den 5:0 Endstand heraus. Überragender Spieler war der Bremer Lorenz. Geschickt zog er im Mittelfeld die Fäden und setzte seine Nebenspieler immer wieder hervorragend ein.

3. Runde: 1.FC Kaiserslautern - **SV Werder** 3 : 0 (1-0); 10.000 Z.
05.04.69 **1.FC:** Schnarr - Koppenhöfer (57.Kiefaber), Schwager, Diehl, Rehhagel, Rumor, Geisert, Friedrich (73.Glaß), Hasebrink, Windhausen, Kentschke
W B: Bernard - Piontek, Schütz, Steinmann, Höttges, Lorenz, Ferner, Görts, Schmidt, Björnmose, Rupp
SR: Malka/Herten
T: 1-0 Geisert 18., 2-0 Friedrich 53., 3-0 Kentschke 69.

Völlig verdient gewannen die Pfälzer diese Partie. Gegen eine allerdings schwache Bremer Elf genügte ihnen eine durchschnittliche Leistung um völlig verdient mit 3:0 zu gewinnen. Gegen den Spielmacher Friedrich fanden die Bremer kein Mittel. Geschickt leitete er immer wieder die Angriffe ein. Auch in dieser Höhe ein verdienter Sieg.

1969/70

1. Runde: Tennis Borussia Berlin - **SV Werder** 0 : 2 (0-1); 2.800 Z.
05.05.70 **TeBe:** Lange - Weiner, Eggert, Wörmer, Konopka, Förster (64.Schollbach), Erdmann, Kraus, Bauer, Schulz (75.Konieczka), Ferrin
W B: Bernard - Meyer (46.Lorenz), B. Schmidt, Schütz, Höttges, Zembski, Coordes, Görts, Danielsen, Hasebrink, Björnmose,
SR: Kammann/Speyer
T: 0-1 Hasebrink 32., 0-2 Hasebrink 87.

2. Runde: Alemannia Aachen - **SV Werder** 1 : 1 n. V. (0-1, 1-1); 8.000 Z.
29.07.70 **AA:** Scholz - Pawellek (78.Thelen), Hoffmann, Walter, Sell, Breuer, Herman- dung, Schauß, Böhmen, Ferdinand, Tenbruck (103.Mackowiak)
W B: Bernard - Zembski, Steinmann, Schütz, Coordes, Höttges, Assauer (103.Meyer), Kamp (61.Schmidt), Thelen, Björnmose, Görts
SR: Siebert/Mannheim
T: 0-1 Thelen 11., 1-1 Schauß 58.

Wiederholungsspiel: **SV Werder** - Alem. Aachen 1 : 1 n. V. (0-0, 1-1); 9.000 Z.
01.08.70 **W B:** Bernard - Zembski, Schütz, Steinmann, Coordes, Assauer, Höttges, Björnmose, Kamp, Thelen, Görts
AA: Scholz - Pawellek, Hoffmann, Hermandung, Sell, Breuer, Schauß, Tenbruck, Böhnen, Ferdinand, Markowiak
SR: Beetz/Regensburg
T: 0-1 Steinmann 65. Eigentor, 1-1 Assauer 81.
Losentscheid für Alem. Aachen!

1970/71

1. Runde: Fort. Düsseldorf - **SV Werder** 3 : 1 n. V. (0-0, 1-1); 12.000 Z.
12.12.70 **FORT.:** Woyke - Köhnen, Lungwitz, Kriegler, Iwanczik, Hesse, Budde, Hoffer, Begerau, Geye, Herzog (107.Baltes)
W B: Bernard - Zembski, Schütz, Assauer, Coordes, Höttges, Deterding, Björnmose, Hasebrink (101.Schmidt), Kamp, Görts
SR: Fuchs/Neunkirchen
T: 1-0 Herzog 76. Elfmeter, 1-1 Schütz 89. Elfm., 2-1 Geye 91., 3-1 Herzog 98. Elfm.

1971/72

1. Runde: SpVgg Bad Pyrmont - **SV Werder** 1 : 4 (0-3); 6.000 Z.
04.12.71 **BAD:** Brandau-Schünemann, Ritz, Tomzack, Monck, Kippe (58.Schulz), Meinhardt, Apel, Schollbach, Dohme, Goschzig
HIN-SPIEL **W B:** Bernard - Zembski, Assauer, Neuberger, Höttges (66.Schütz), Hasebrink, J. Weber, Laumen (46.Schmidt), Kamp, Weist, Görts
SR: Niemann/Hamburg
T: 0-1 Assauer 22., 0-2 Laumen 25., 0-3 Weist 26., 0-4 Zembski 48, 1-4 Groschzig 66.

14.12.71 **SV Werder** - SpVgg Bad Pyrmont 6 : 0 (5-0); 4.000 Z.
W B: Haak - Zembski, Schütz, Assauer (12.Neuberger), Höttges, Schmidt,
RÜCK- Laumen, Hasebrink, Kamp, Weist, Görts (46.Götz)
SPIEL **BAD:** Dellke - Schünemann, Tomzak, Knippel, Ritz, Schulz, Monk, Dohme, Hagemann (78.Detlowski), Schollbach, Groschzig
SR: Wichmann/Gelsenkirchen
T: 1-0 Schmidt 6., 2-0 Weist 8., 3-0 Weist 10., 4-0 Zembski 20., 5-0 Kamp 40., 6-0 Weist 85.

2. Runde: **SV Werder** - Hamburger SV 4 : 2 (2-2); 15.000 Z.
12.02.72 **W B:** Bernard - Höttges, Assauer, Neuberger, Schmidt, Kamp, Laumen,
HIN- Hasebrink,Görts, Weist, Baumann
SPIEL **HSV:** Öczan - Sandmann, Kaltz, Schulz, Ripp, Björnmose, Zaczyk, Hönig, Winkler, Volkert, U. Seeler,
SR: Hennig/Duisburg
T: 0-1 Zaczyk 19., 1-1 Kamp 35., 1-2 Zaczyk 39., 2-2 Neuberger 40., 3-2 Hasebrink 81., 4-2 Höttges 85.

Bereits im sog. Hinspiel legten die Hausherren den Grundstein zum Weiterkommen. Gegen eine schwache HSV-Elf gewann man mit 2 Toren Unterschied - das müßte reichen. In der 2. Halbzeit hätte man bei etwas besserer Chancenauswertung leicht höher gewinnen können. Die 15000 Zuschauer sahen einen deutlichen 4:2 Erfolg über den Gast aus der Hansestadt Hamburg.

Hamburger SV - **SV Werder** 1 : 0 (0-0); 14.000 Z.
22.02.72 **HSV:** Kargus - Kröger, Kaltz, W. Schulz (75.Hellfritz), Memering, Hönig, Zaczyk,
RÜCK- Winkler, Björnmose, U. Seeler, Volkert
SPIEL **W B:** Bernard - Höttges (25.Zembski), Assauer, Neuberger, Schmidt, Laumen, Kamp, Hasebrink, Görts, Weist, Baumann
SR: Weyland/Oberhausen
T: 1-0 U. Seeler 77.

3. Runde: Hannover 96 - **SV Werder** 0 : 2 (0-1); 18.500 Z.
01.04.72 **96:** Pauly - Stiller, Anders, Hellingrath, Bandura, Rühmkorb, Weller,
HIN- Siemensmeyer, Nafziger (46.Blau), Keller, Reimann (50.Berg)
SPIEL **W B:** Bernard - Zembski, Assauer, Höttges, Schmidt, Kamp (85.Baumann), Hasebrink, Laumen (77.Weber), Neuberger, Görts, Weist
SR: Eschweiler/Bonn
T: 0-1 Weist 6., 0-2 Görts 84.

SV Werder - Hannover 96 2 : 1 (1-1); 12.000 Z.
05.04.72 **W B:** Bernard - Zembski, Assauer, Höttges, Schmidt, Kamp, Hasebrink, Laumen,
RÜCK- Görts (43.Weber), Weist, Neuberger
SPIEL **96:** Pauly - Stiller, Anders, Hellingrath, Weller, Bandura (70.Blau), Rühmkorb, Siemensmeyer, Beichle, Keller, Reimann
SR: Kindervater/Köln
T: 0-1 Siemensmeyer 19., 1-1 Laumen 34., 2-1 Hasebrink 61.

Nach dem 2-0 Sieg im Hinspiel genügte diesmal eine durchschnittliche Leistung, um wiederum einen Vertreter aus Norddeutschland zu bezwingen. Völlig überraschend gingen die 96er durch Siemensmeyer in Führung. Diese Führung glich Laumen nach 34 Minuten aus. Werder machte nun viel Druck und die 96er kamen kaum einmal mehr aus ihrer Hälfte heraus. Als Hasebrink nach gut einer Stunde Spielzeit das 2:1 erzielte, war die Partie entschieden. Hannover hatte keine Mittel, um den Spieß noch einmal herumdrehen zu können. So zog der SV Werder verdient ins Halbfinale ein.

Halbfinale: 1.FC Kaiserslautern - **SV Werder** 2 : 1 (2-1); 25.000 Z.
30.05.72 **FC K:** Elting - Reinders, Schwager, Friedrich, Fuchs, Diehl, Pirrung, Bitz
HIN- (59.Seel), Hosic, Vogt, Ackermann
SPIEL **W B:** Bernard - Zembski, Höttges, Assauer, Schmidt, Hasebrink, Kamp, J. We- ber, Neuberger, Görts, Laumen
SR: Wengenmeyer/München
T: 0-1 Hasebrink 7., 1-1 Pirrung 13., 2-1 Schwager 17.

SV Werder - 1.FC Kaiserslautern 1 : 2 (0-2); 22.000 Z.
10.06.72 **W B:** Bernard - Zembski, Assauer (81.Piontek), Schütz, Höttges, Kamp, Görts,
RÜCK- Schmidt (41.Dietrich), Hasebrink, Laumen, Neuberger
SPIEL **FC K:** Elting - Reinders, Diehl, Schwager, Fuchs, Friedrich, Pirrung, Bitz, Hosic, Seel, Ackermann
SR: Seiler/Schmieden
T: 0-1 Seel 4., 0-2 Seel 11., 1-2 Hasebrink 84.

Gegen die Pfälzer setzte es nach der 1:2 Hinspielniederlage wiederum eine 1:2 Niederlage, diesmal sogar im Weserstadion. Bereits nach 11 Minuten war entschieden, wer ins Finale einziehen würde. Die Lauterer wurden durch 2 Tore von Seel ins Finale katapultiert. Ehe sich die Bremer versahen, waren sie auch schon draußen. Der Anschlußtreffer fiel viel zu spät, um noch einmal Kräfte mobilisieren zu können. Die Pfälzer Abwehr war jederzeit Herr der Lage und ließ nur wenige Chancen zu.

1972/73

1. Runde: Wacker 04 Berlin - **SV Werder** 1 : 5 (0-3); 3.000 Z.
10.12.72 **04:** Scholich - Hempfler, Hansen, Altendorf, Paunewitz, Bien, Liedtke, Mielke
HIN- (79.Eichhorst), Lunenburg (46.Hägeler), Sprenger, Lindner
SPIEL **W B:** Bernard (70.Burdenski) - Kontny, Roentved (53.Laumen), Assauer, Zembski, Kamp, Neuberger, Hasebrink, Görts, Weist, Tippelt
SR: Hunnen/Bockum-Hövel
T: 0-1 Hasebrink 16., 0-2 Hasebrink 38., 0-3 Kamp 40., 0-4 Weist 57., 0-5 Weist 66., 1-5 Sprenger 75.

SV Werder - Wacker 04 Berlin 4 : 0 (1-0); 3.000 Z.
20.12.72 **W B:** Burdenski - Kontny, Assauer, Roentved, Höttges, Kamp, Neuberger,
RÜCK- Bracht, Hasebrink, Weist, Görts
SPIEL **04:** Scholich - Pannewitz, Hempfler, Hansen, Sobeck, Bien, Altendorf, Lunenburg, Sprenger, Liedtke, Lindner (60.Hägeler)
SR: Walter/Paderborn
T: 1-0 Neuberger 44., 2-0 Hasebrink 69. Elfmeter, 3-0 Hasebrink 83. Elfmeter, 4-0 Höttges 86.

2. Runde:	VfL Bochum - **SV Werder**		4 : 4 (2-1);	7.000 Z.
03.03.73	**VfL:**	Scholz - Wosab, Fechner, Dewinski (59.Gerlang), Galeski, Köper, Lameck, Etterich, Balte, Majgl, Walitza		
HIN-SPIEL	**W B:**	Bernard - Zembski, Höttges, Assauer, Kamp, Hasebrink, Dietrich, Laumen, Roentved,Görts, Neuberger		
	SR:	Wengenmeyer/München		
	T:	0-1 Neuberger 22., 1-1 Walitza 28., 2-1 Balte 38., 2-2 Laumen 47., 3-2 Galeski 61., 3-3 Neuberger 70., 3-4 Görts 75., 4-4 Balte 82. Elfmeter		

SV Werder - VfL Bochum			2 : 1 (1-1);	8.000 Z.
14.03.73	**W B:**	Bernard - Kontny, Höttges, Assauer, Zembski, Kamp, Laumen, Hasebrink, Roentved, Neuberger, Görts		
RÜCK-SPIEL	**VfL:**	Scholz - Dewinski, Galeski, Fechner, Lameck, Balte, Köper, Wosab, Etterich, Rüsing, Walitza		
	SR:	Frickel/München		
	T:	0-1 Wosab 3., 1-1 Höttges 29., 2-1 Kamp 75.		

3. Runde:	**SV Werder** - Hertha BSC Berlin		2 : 0 (2-0);	8.000 Z.
14.04.73	**W B:**	Bernard - Zembski, Höttges (46.Laumen), Assauer, Schmidt, Kamp, Roentved, Hasebrink (80.Bracht), Neuberger, Weist, Görts		
HIN-SPIEL	**BSC:**	Zander - Sziedat, L. Müller, Weiner, Buchberger (46.F. Hanisch), Hermandung, Brück, Beer, Lenz (62.K. Müller), Horr, Riedl		
	SR:	Kindervater/Köln		
	T:	1-0 Buchberger 18. Eigentor, 2-0 Weist 39.		

Hertha BSC Berlin - **SV Werder**			2 : 2 (1-1);	12.000 Z.
18.04.73	**BSC:**	Zander - Sziedat, L. Müller, Weiner (33.P. Hanisch), F. Hanisch, Hermandung, Brück (80.Werthmüller), Beer, Riedl, Horr, K. Müller		
RÜCK-SPIEL	**W B:**	Bernard - Zembski, Höttges, Assauer, Schmidt, Kamp, Roentved, Hasebrink, Görts, Neuberger, Weist,		
	SR:	Hennig/Duisburg		
	T:	0-1 Neuberger 2., 1-1 Beer 29., 1-2 Görts 66., 2-2 Beer 85.		

Nach dem glatten, aber schmeichelhaften 2:0 Sieg im Hinspiel beeindruckte Bremen diesmal. Völlig verdient erreichten sie gegen die Hertha Dame ein 2:2. Die frühe Führung durch Neuberger tat ein übriges. Auch durch den zwischenzeitlichen Ausgleich durch Beer ließen sich die Gäste nicht schocken und gingen durch Görts erneut in Führung. Der Aus-gleichtreffer der Berliner (wiederum durch Erich Beer) fiel zu spät. Sicher erreichten die Bremer das Halbfinale.

Halbfinale:	**SV Werder** - Bor. Mönchengladbach		1 : 3 (1-1);	32.000 Z.
02.05.73	**W B:**	Bernard - Zembski, Höttges, Assauer, Schmidt, Görts, Kamp, Hasebrink, Laumen(65.Roentved), Neuberger (80.Kontny), Weist,		
HIN-SPIEL	**BMG:**	Kleff - Vogts, Surau, Netzer, Bonhof, Danner, Kulik, Wimmer, Jensen, Rupp, Heynckes		
	SR:	Aldinger/Waiblingen		
	T:	0-1 Jensen 6., 0-2 Rupp 9., 1-2 Laumen 10., 1-3 Rupp 76.		

Bor. Mönchengladbach - **SV Werder** 4 : 2 (1-0); 19.000 Z.

16.05.73 **BMG:** Kleff - Vogts, Surau, Netzer, Bonhof (86.Michallik), Kulik (86.Sieloff), Danner, Wimmer, Jensen, Rupp, Heynckes

RÜCK-SPIEL **W B:** Burdenski - Kontny (46.Schmidt), Höttges, Assauer, Zembski, Kamp, Roentved, Laumen, Neuberger, Weist (82.Hasebrink), Görts

SR: Biwersi/Bliesransbach

T: 1-0 Heynckes 13., 2-0 Bonhof 46., 2-1 Laumen 56., 3-1 Heynckes 65., 4-1 Rupp 81., 4-2 Laumen 88.

Auch im Rückspiel hatte der SV Werder keine Siegchance. Nach der klaren 1:3 Heimniederlage verlor man diesmal sogar mit 1:4 am Bökelberg. Gegen eine klar bessere Borussia hatte man keinerlei Siegmöglichkeiten. Die 19000 Zuschauer sahen eine erstklassige Pokalpartie und waren vom Angriffsfußball ihrer Elf angetan. Aber auch die Bremer überzeugten, mußten sich aber den stärkeren Borussen geschlagen geben. Gegen den späteren Pokalgewinner war einfach nicht mehr drin!

1973/74

1. Runde: VfL Bochum - **SV Werder** 2 : 2 n. V. (2-0, 2-2); 5.000 Z.

01.12.73 **VfL:** Scholz - Dewinski, Fechner, Fromm, Lameck, Laufer, Versen, Balte (91.Eggert), Tenhagen, Walitza, Eggeling (73.Bomm)

W B: Burdenski - Kontny, Assauer, Höttges, Zembski, Kamp, Dietrich, Bracht (46.Brexendorf), Schildt (46.Erkenbrecher), Weist, Görts

SR: Huster/Lahnstein

T: 1-0 Versen 12., 2-0 Laufer 16., 2-1 Höttges 50. Elfmeter, 2-2 Höttges 89.

Wiederholungsspiel: **SV Werder** - VfL Bochum 2 : 1 (2-1); 11.000 Z.

04.12.73 **W B:** Burdenski - Kontny, Höttges, Assauer, Zembski, Kamp, Brexendorf, Dietrich, Erkenbrecher, Weist (20.Schildt / 70.Roentved), Görts

VfL: Scholz - Fromm, Dewinski (56.Eggeling), Fechner, Versen, Lameck, Tenhagen, Laufer, Balte, Walitza, Eggert

SR: Nickel/Neustadt

T: 1-0 Zembski 2., 2-0 Erkenbrecher 32., 2-1 Walitza 37.

2. Runde: **SV Werder** - Bayern München 1 : 2 (0-0); 28.000 Z.

15.12.73 **W B:** Burdenski - Kontny, Assauer, Höttges, Zembski, Kamp, Roentved, Dietrich, Bracht (83.Erkenbrecher), Thygesen (60.Schildt), Görts

FC B: Maier - Hansen, Schwarzenbeck, Beckenbauer, Breitner, Zobel (68.Torstensson), Roth, Hoeneß, Hadewicz, Müller, Dürnberger

SR: Biwersi/Bliesransbach

T: 0-1 Schwarzenbeck 46., 1-1 Görts 61., 1-2 Torstensson 78.

Bereits in der 2. Runde war für die Bremer Endstation. Gegen die Bayern gab es eine unglückliche 1:2 Niederlage. Die 28000 Zuschauer bekamen auf schneebedecktem Boden ein gutes Pokalspiel zu sehen. Optische Vorteile lagen hierbei beim SV Werder, der jedoch einige gute Torchancen nicht verwerten konnte. Bis zur Halbzeit blieb es beim 0:0. Die Bayern hingegen nutzten ihre wenigen Chancen eiskalt. Zuerst erzielte Vorstopper Schwarzenbeck die 1-0 Führung kurz nach Wiederanpfiff. Dieses Tor konnten die Bremer dann noch egalisieren (Görts war der umjubelte Torschütze), die erneute Führung der Bayern durch den gerade erst eingewechselten Torstensson aber nicht mehr.

Die cleveren Münchener retteten diesen knappen Vorsprung über die Zeit. Toptorjäger Gerd Müller wurde vom besten Bremer, Höttges, völlig abgemeldet. Auf der anderen Seite glänzte Torhüter Maier wiederholt mit guten Paraden, und Beckenbauer hielt seine Abwehr glänzend zusammen.

1974/75

1. Runde: **SV Werder** - BSC Grünhöfe 11 : 1 (2-0); 800 Z.
08.09.74 **W B:** Burdenski (46.Meyer) - Geils, Höttges, Zembski, Kamp, Assauer, Erkenbrecher, Bracht, Thygesen, Ohling, Görts
BSC: Bachmann - Schubert, Witzel, Carsten, Eisendick, Heidhorn, Gutschmidt, Krumpf, Rademacher, Allerheiligen, Kakanowski (Wohlers)
SR: Picker/Hamburg
T: 1-0 Erkenbrecher 1., 2-0 Erkenbrecher 14., 3-0 Görts 46., 4-0 Bracht 51., 5-0 Thygesen 52., 6-0 Ohling 59., 6-1 Krumpf 63., 7-1 Thygesen 68., 8-1 Görts 73., 9-1 Bracht 76., 10-1 Thygesen 85., 11-1 Ohling 88.

2. Runde: VfL Wolfsburg - **SV Werder** 1 : 4 (0-1); 3.500 Z.
26.10.74 **VfL:** Diel - Eismann, Schönbeck, Matz, Borutta, Ahnefeld, Rotermund, Kemmer, Mattes, Dudda, Krause (52.Winter)
W B: Burdenski - Kontny (63.Röber), Zembski, Assauer, Kamp, Roentved, Dietrich, Bracht, Weist, Ohling, Görts
SR: Zuchantke/Berlin
T: 0-1 Weist 45, 0-2 Ohling 50, 0-3 Weist 72, 1-3 Borutta 75. Elfm., 1-4 Roentved 90.

3. Runde: **SV Werder** - FC Augsburg 2 : 2 n. V. (0-0, 1-1); 9.000 Z.
08.02.75 **W B:** Burdenski - Hiller, Zembski, Höttges, Kamp, Erkenbrecher (87.Ohling), Röber, Bracht, Klausmann, Weist (104.Thygesen), Görts
FC: Modick - Brandmaier, Schuhmann, Höbusch, Haug, Schnurrer, Haller, Walleitner, Jörg (106.Killmeier), Obermaier, Hoffmann
SR: Weyland/Oberhausen
T: 1-0 Röber 52., 1-1 Klausmann 80. Eigent., 2-1 Ohling 98., 2-2 Burdenski 113. Eigent.

Gegen den Gegner aus der 2. Liga Süd entgingen die Bremer nur knapp einer Niederlage. Wenn auch der Ausgleich für die Augsburger recht glücklich fiel (Torhüter Burdenski unterlief 7 Minuten vor Schluß ein Eigentor), so war das Resultat doch gerecht. Die 9000 Zuschauer waren sehr enttäuscht von ihrer Elf. Gegen den starken Gegner fand man keine Mittel zu einem konstruktiven Spiel. Auch als man in der Verlängerung durch Ohling mit 2:1 in Führung ging, es kam nie Ruhe ins Spiel. Nach der Führung setzten die Gäste dann alles auf eine Karte und erzwangen doch noch den verdienten Ausgleich.

Wiederholungsspiel: FC Augsburg - **SV Werder** 1 : 2 (1-0); 10.000 Z.
14.02.75 **FC :** Mögele - Brandmaier, Schnurrer, Schuhmann, Walleitner, Haus, Hoffmann, Haller, Obermaier (67.Killmeier), Jörg, Weixler
W B: Burdenski - Höttges, Assauer, Zembski, Kamp, Röber, Hiller (73.Thygesen), Bracht, Weist, Brexendorf (56.Klausmann), Görts
SR: Linn/Altendiez
T: 1-0 Jörg 39., 1-1 Görts 84., 1-2 Bracht 86.

4. Runde: VfB Eppingen - **SV Werder** 0 : 2 (0-2); 25.000 Z.
16.03.75 **VfB:** Gebhardt - Lietzau, Kern, Schieck, Götter, Wirth, Rupp, Welz, Störzer (77.Pahr), Breunig (77.Kaltwasser), Autz
W B: Burdenski - Kontny, Zembski, Assauer, Kamp, Röber, Hiller, Bracht, Roentved, Weist, Görts (77.Klausmann)
SR: Hillenbrand/Essen
T: 0-1 Röber 7., 0-2 Kamp 43.

Viertelfinale: **SV Werder** - MSV Duisburg 0 : 2 (0-0); 14.000 Z.
12.04.75 **W B:** Burdenski - Höttges, Zembski, Assauer, Kamp (59.Ohling), Röber, Hiller, Roentved, Bracht, Weist, Görts
MSV: Linders - W. Schneider, Dietz, Pirsig, Bella, Bruckmann, Lehmann, Büker, Büssers,Thies, Worm
SR: Betz/Regensburg
T: 0-1 Thies 60., 0-2 Worm 69.

Welch eine unglückliche Niederlage. Da waren die Bremer ihrem Gegner über die gesamte Spielzeit hoch überlegen, doch am Ende triumphierten die Gäste. Sie gewannen durch zwei Tore von Thies und ihres Goalgetters Worm unverdient mit 2:0 an der Weser. Ein Länderspielreife Leistung zeigte Torhüter Linders. An ihm scheiterten die Bremer Stürmer wiederholt. Am heutigen Tag ließ er sich nicht bezwingen und konnte teilweise unhaltbare Bälle halten.

1975/76

1. Runde: **SV Werder** - Bor. Mönchengladbach 0 : 3 (0-2); 22.000 Z.
02.08.75 **W B:** Burdenski - Kontny, Höttges, Assauer, Kamp, Röber, Hiller (46.Müllner), Roentved, Görts, Schlief, Bracht
BMG: Kleff - Vogts, Klinkhammer, Wittkamp, Bonhof, Danner, Wimmer (60.Schäffer), Stielike (74.Köppel), Simonsen, Jensen, Heynckes
SR: Gabor/Berlin
T: 0-1 Jensen 8., 0-2 Assauer 34. Eigentor, 0-3 Wimmer 50.

Gegen den amtierenden Deutschen Meister aus Mönchengladbach war Werder chancenlos. Völlig verdient gewannen die Borussen ihr Pokalspiel in der 1. Runde mit 3:0 - auch in dieser Höhe völlig verdient. Die frühe Tor durch Jensen verunsicherte die Bremer und sie kamen nie ins Spiel. Als dann auch noch Assauer ein Eigentor unterlief, war die Begeg-nung entschieden. Das 3:0 für die Gäste erzielte Mittelfeldrenner Hacki Wimmer nach 50 Minuten. Die 22000 Zuschauer im Weserstadion sahen eine dominierende Gästeelf, gegen die ihre Bremer Mannschaft keine Siegchance besaß.

1976/77

1. Runde: **SV Werder** - Südwest Ludwigshafen 4 : 0 (1-0); 11.000 Z.
W B: Burdenski - Kamp, Roentved, Siegmann, Höttges, Röber, Konschal, Hiller, Bracht, Meininger (62.Ohling), Görts (72.Sunday)
SW: Krzcminski - Wlodarcyk, Langensteg, Detzner, Krebs (69.Semm), Hoffmann, Ihrig, Flohr (73.Rudolph), Krämer, Streller, Becker
SR: Leyding/Hamburg
T: 1-0 Bracht 32., 2-0 Röber 51., 3-0 Kamp 65., 4-0 Langensteg 72. Eigentor

2. Runde: **SV Werder** - Wattenscheid 09 4 : 1 (2-0); 8.500 Z.
16.10.76 **W B:** Burdenski - Geils, Roentved, Siegmann, Kamp, Hiller, Konschal, Röber, Bracht, Meininger, Petrovic
W09: Brandt - Horsch (65.Bachorz), Klee, Deipenbrock, Zyla, Lussu, Gräwe, Wloka, Babington, Jendrossek, Hammes
SR: Zuchantke/Berlin
T: 1-0 Röber 39., Elfmeter, 2-0 Petrovic 43., 3-0 Röber 75. Elfmeter, 4-0 Röber 86.Elfmeter, 4-1 Hammes 90.

3. Runde: **SV Werder** - Bayer 04 Leverkusen 3 : 0 (0-0); 4.000 Z.
W B: Burdenski - Geils, Höttges, Roentved, Kamp, Hiller, Röber, Petrovic, Konschal, Meininger, Görts (78.Knop)
04: Bockholt - Klimke, Eickerling, Gelsdorf, Posner, Quasten (70.Schonert), Scheinert, Ziegler, Surbach, Hermann, Herzog
SR: Gabor/Berlin
T: 1-0 Röber 49., 2-0 Görts 65., 3-0 Meininger 76.

In einem Cupspiel ohne große Torraumszenen gewannen die Bremer dennoch verdient mit 3:0. Die Gäste vom Rhein igelten sich zusehr in die eigene Hälfte ein und kamen selten gefährlich vor das Tor von Burdenski. Er verlebte einen ruhigen Tag. Bis zur Pause tat sich so gut wie gar nichts und so stand es folgerichtig 0:0. Nach dem Wechsel fiel dann das frühe Tor durch Röber, dem Görts kurze Zeit später das 2:0 folgen ließ. Das war die Vorentscheidung in diesem Pokalspiel. Meininger war es vorbehalten, den letzten Treffer zum 3:0 Endstand zu erzielen.

Achtelfinale: 08.01.77
Bayer 05 Uerdingen - **SV Werder** 2 : 0 (0-0); 9.000 Z.
05: Hesselbach - Lurz, Brinkmann, Mostert, Stieber, Raschid, Funkel, Steffensen (60.Franke), Wloka, Mattson, Riege
W B: Burdenski - Geils, Höttges, Roentved, Kamp, Hiller, Röber, Bracht (75.Siegmann), Konschal, Meininger (70.Ohling), Görts
SR: Kettenbach/Landau
T: 1-0 Franke 66., 2-0 Mattson 88.

Gegen die zweite Bayer Elf kam das Aus für den SV Werder. Völlig verdient unterlag man den Krefeldern mit 0:2 Toren. In einem harten Pokalfight (der Schiedsrichter zückte 5 x die Gelbe Karte) siegten die kämpferisch voll überzeugenden Krefelder gegen eine harmlose Bremer Mannschaft verdient. Das Spiel begeisterte die wenigen Zuschauer. Mit diesem 2:0 Erfolg zogen die Hausherren in das Halbfinale ein. Bester Spieler beim SV Werder war noch Torwart Burdenski, der seine Elf vor einer höheren Niederlage bewahrte.

1977/78

1. Runde: Blumenthaler SV - **SV Werder** 1 : 5 (0-4); 4.800 Z.
30.07.77 **BSV:** Gliwitzy - Lindner, Janssen, Pohl, Schröder, Frank, Thiemann (81.Wiekmann), Ebersbach (46.Fraas), Kuschel, Rosenfeld, Klingenberg
W B: Burdenski - Geils, Höttges, Roentved, Siegmann, Hiller, Röber, Bracht, Konschal (78.Dressel), Meininger, Reinders (64.Görts)
SR: Marchefka/Peine
T: 0-1 Höttges 10. Elfmeter, 0-2 Roentved 26., 0-3 Bracht 34., 0-4 Bracht 43., 1-4 Siegmann 48. Eigentor, 1-5 Höttges 75.

2. Runde: Röchling Völklingen - **SV Werder** 0 : 4 (0-2); 2.600 Z.
19.08.77 **RV:** Schlamp - Kremer, Werthmüller, Hommrich, Latz, Ossadnik, Piroth, Schmitt, Fischer (66.Rubly), Spohr, Remark (73.Borchert)
W B: Burdenski - Geils, Höttges, Hiller, Kamp, Röber, Konschal, Bracht, Reinders, Meininger, Görts (76.Dressel)
SR: Ferro/Villingen
T: 0-1 Reinders 9., 0-2 Höttges 21. Elfm., 0-3 Reinders 65., 0-4 Werthmüller 86. Eigent.

3. Runde: DSC Wanne-Eickel - **SV Werder** 0 : 2 (0-1); 7.000 Z.
15.10.77 **DSC:** Biermann - Kondula, Gehlisch, Höhmann, Wieczorek, Peter, Lücke, Öhler (70.Schumacher), Mauthe (75.Schrödter), Kosien, Eigenwillig
W B: Burdenski - Geils, Roentved, Siegmann, Kamp, Röber, Bracht, Konschal, Mense, Reinders (44.Hiller/67.Meininger), Dressel
SR: Wuttke/Oberhausen
T: 0-1 Dressel 6., 0-2 Mense 62.

4. Runde: **SV Werder** - TSV 1860 München 2 : 1 (0-0); 10.000 Z.
12.11.77 **W B:** Burdenski - Geils, Höttges, Roentved, Kamp, Glowacz, Reinders, Röber, Konschal,Mense (73.Görts), Dressel
TSV: Hartmann - Scheller, Glasovic, Kohlhäufl (81.Nachrainer), Nielsen, Hartwig, Agatha, Herberth, Metzler, Vöhringer, Hofeditz
SR: Hennig/Duisburg
T: 0-1 Hofeditz 48., 1-1 Hartwig 51. Eigentor, 2-1 Röber 90.

Viertelfinale: **SV Werder** - Bor. M'gladbach 2 : 1 (0-0); 32.000 Z.
20.12.77 **W B:** Burdenski - Geils, Höttges, Siegmann, Kamp, Glowacz, Konschal, Röber, Bracht, Reinders (76.Meininger), Dressel
BMG: Kleff - Vogts, Wittkamp, Schäffer, Bonhof, Schäfer, Wimmer, Kulik, Simonsen, Heynckes, Del'Haye
SR: Quindeau/Ludwigshafen
T: 1-0 Dressel 50., 1-1 Bonhof 62., 2-1 Höttges 81. Elfmeter

Endlich gelang den Bremern ein Pokalerfolg über die Borussen aus Gladbach. In den letzten Spielen hatte man immer den kürzeren gezogen, diesmal besiegte man aber die Gäste. Auf Bremer Seite machte man diesmal nicht den Fehler, die Borussen ins Spiel kommen zu lassen. Von Beginn an schnürte man die Elf ein und ließ sie nicht zur Entfaltung kommen. Auch die gefürchteten Konter konnten die Gäste diesmal nicht anbringen. Nach der Führung (erzielt durch Werner Dressel nach 50 Minuten) glichen die Borussen zwar noch durch Bonhof aus, doch die Bremer schlugen zurück. Den goldenen Treffer erzielte Höttges per Foulelfmeter nach 81 Minuten. Mit diesem völlig verdienten Sieg zogen die Bremer ins Halbfinale ein.

Halbfinale: 1.FC Köln - **SV Werder** 1 : 0 (1-0); 16.000 Z.
25.01.78 **FC:** Schumacher - Konopka, Gerber, Strack, Zimmermann, Cullmann, Neumann, Flohe, van Gool (83.Prestin), D. Müller, Okudera
W B: Burdenski - Konschal, Wessel, Siegmann, Geils, Hiller, Röber, Görts, Bracht, Meininger (77.Reinders), Dressel (72.Mense)
SR: Schmoock/Konstanz
T: 1-0 Strack 45.

Eine unglückliche 0:1 Niederlage erlitten die Bremer in der Domstadt. Das goldene Tor durch Strack fiel Sekunden vor dem Halbzeitpfiff. Bis zur Pause ging die Kölner Führung zwar in Ordnung, aber nach dem Wechsel hatten die Bremer den Sieg eher verdient. Nach der starken Kölner Anfangsphase (drei hochkarätige Chancen wurden von Burdenski vereitelt) spielten eigentlich nur noch die Norddeutschen. Auch nach dem Wechsel war man weitaus gefährlicher als die Domstädter. Mit etwas mehr Schußglück, und der Sieg wäre an die Weser gegangen. So zog der Pokalverteidiger erneut ins Pokalfinale ein - Pech für Werder!

1978/79

1. Runde: **SV Werder** - SV Holzwickede 5 : 0 (1-0); 3.000 Z.
05.08.78 **W B:** Burdenski - Geils, Roentved, Siegmann, Konschal, Möhlmann, Reinders, Röber, Bracht (58.Kamp), Wunder, Dressel
SV: Scholz - Backs, Erlhoff, Lorenz, Woköck, Wolf (67.Bell), Kullbüser, Schymetzek, Dreier (80.Kottosch), Orzol, Korrag
SR: Ohmsen/Hamburg
T: 1-0 Roentved 45., 2-0 Wunder 61., 3-0 Röber 68., 4-0 Wunder 88., 5-0 Wunder 89.

2. Runde: **SV Werder** - Eintracht Frankfurt 2 : 3 (2-0); 7.000 Z.
23.09.78 **W B:** Burdenski - Geils, Siegmann, Roentved, Konschal (78.Kamp), Möhlmann, Reinders, Röber, Bracht, Wunder, Dressel
EF: Koitka - Müller, Pezzey, Körbel, Neuberger, Lorant, Hölzenbein, Kraus, Grabowski, Elsener (59.Nachtweih), Borchers
SR: Hennig/Duisburg
T: 1-0 Dressel 23., 2-0 Wunder 33., 2-1 Lorant 66. Elfmeter, 2-2 Grabowski 77., 2-3 Pezzey 89.

1979/80

1. Runde: Alemannia Aachen - **SV Werder** 0 : 1 (0-1); 15.500 Z.
25.08.79 **A A:** Kau - Montanes, Kucharski, Grabotin (26.Frantzen), Schipper, Sinnigen, Finnern (74.Bertrams), Balke, Stradt, Kehr, Clute-Simon
W B: Burdenski - Konschal, Hiller, Geils, Otten, Röber (61.Linz), Bracht, Möhlmann, Reinders, Wunder, Dressel
SR: Burgers/Essen
T: 0-1 Röber 15.
BV: Rote Karte für den Bremer Linz in der 78. Minute!

2. Runde: **SV Werder** - Hertha BSC Berlin 0 : 2 (0-1); 8.000 Z.
29.09.79 **W B:** Burdenski - Konschal, Offermanns, Geils, Otten, Röber, Bracht, Kamp (65.Möhlmann), Reinders, Wunder (46.Linz), Dressel
BSC: Kleff - Sziedat, Kliemann, Förster, Diefenbach, Brück, Sidka (82.Dickert), Krämer, Gersdorff, Milewski, Agerbeck
SR: Messmer/Mannheim
T: 0-1 Milewski 42., 0-2 Milewski 59.

1980/81

1. Runde: **SV Werder** - Viktoria Köln 6 : 3 n. V. (1-0, 2-2); 4.000 Z.
30.08.80 **W B:** Voss - Konschal, Fichtel, Siegmann, Otten, Möhlmann, Kamp, Offermanns (46.Bracht), Reinders, Kostedde, Jank (96.Meier)
V K: Helmschrot - Albert (73.Jendrossek), Joachimsmeier, Künkel, Mall, Segler, Großmann, Fischer, Jonik, Schonert, Ochmann (46.Brücken)
SR: Barnick/Schenefeld
T: 1-0 Möhlm. 30. Elfm., 2-0 Kostedde 62., 2-1 Fischer 75., 2-2 Brücken 87., 3-2 Meier 99., 4-2 Reinders 106., 4-3 Jendrossek 108., 5-3 Meier 115., 6-3 Möhlmann 117.

2. Runde: Hannover 96 - **SV Werder** 5 : 5 n. V. (2-1, 2-2); 11.200 Z.
96: Rynio - Gorski, Kleppinger, Anders, Winskowsky, Dierßen, Surmann (67.Mrosko), Mertes, Scholz, Schatzschneider, Hartmann (Sagna)
W B: Burdenski - Fichtel, Kamp, Siegmann, Otten, Schaaf (91.Offermann), Möhlmann, Bracht (115.Reinders), Jank, Kostedde, Meier
SR: Meijerink/Berlin
T: 1-0 Schatzschneider 13. Elfmeter, 2-0 Dierßen 18., 2-1 Möhlmann 19., 2-2 Fichtel 64., 2-3 Kostedde 92., 3-3 Mrosko 106., 3-4 Otten 108., 4-4 Schatzschneider 114., 5-4 Dierßen 117., 5-5 Reinders 120.

In einem torreichen Pokalspiel trennten sich die beiden Norddeutschen Vertreter aus Hannover und Bremen 5:5 nach Verlängerung. Das dramatische Spiel wogte hin und her. Es waren gerade 2 Minuten in der Verlängerung gespielt, da ging der Gast durch Kostedde in Führung. Wie schon in der regulären Spielzeit, als die Bremer den 2:0 Vorsprung der Hannoveraner egalisieren konnten, so fiel auch diesmal der Ausgleich 14 Minuten später. Werder ging durch Otten erneut in Führung, doch die 96er glichen durch Schatzschneider wiederum aus. Der fünfte Treffer für die Hausherren sollte eigentlich der Siegtreffer sein, so dachten zumindest die Fans von 96. Doch die Bremer schlugen noch einmal gekonnt zurück und erzielten fast mit dem Abpfiff das gerechte 5:5.
Ein Wiederholungsspiel ist nun nötig.

Wiederholungsspiel: 29.10.80
SV Werder - Hannover 96 1 : 0 (0-0); 11.500 Z.
W B: Burdenski - Fichtel, Otten, Schaaf, Konschal, Kamp, Möhlmann, Offermanns, Reinders, Kostedde, Meier
96: Rynio - Damjanoff, Kinkeldey (84.Kosien), Anders, Kleppinger, Hayduk, Gorski, Bebensee (85.Mrosko), Scholz, Dierßen, Schatzschneider
SR: Malbranc/Hamburg
T: 1-0 Möhlmann 84.

3. Runde: FC Augsburg - **SV Werder** 1 : 3 (1-0); 5.000 Z.
22.11.80 **FC:** Lutz - Borchert, Kitzler (75.Sandner), Förschner, Haller, Trieb, Wurm, Jörg, Perrey, Katsaros, Klein
W B: Burdenski - Konschal, Fichtel, Siegmann, Schaaf, Kamp, Bracht, Meier, Reinders, Kostedde, Jank (80.Maszthaler)
SR: Joos/Stuttgart
T: 1-0 Jörg 10., 1-1 Reinders 46., 1-2 Kostedde 50., 1-3 Kostedde 59.

4. Runde: Fortuna Düsseldorf - **SV Werder** 2 : 0 (1-0); 12.000 Z.
31.01.81 **F D:** Daniel - Zewe, Baltes, Theis, Köhnen (82.Löhr), Weikl, Dusend, Th. Allofs, Seel, Wenzel, Kl. Allofs
W B: Burdenski - Fichtel, Konschal, Schaaf (82.Jank), Otten, Meier, Möhlmann, Reinders, Kostedde, Kamp, Bracht
SR: Föckler/Weisenheim
T: 1-0 Kl. Allofs 43., 2-0 Kl. Allofs 47.

Im der 4. Runde war Endstation für den SV Werder. Gegen die Düsseldorfer Fortuna unterlag man mit 0:2. Überragender Mann auf dem Platz war Klaus Allofs. Er schoß beide Treffer für die Fortuna und war von der Abwehr der Bremer nie in den Griff zu bekommen. Binnen vier Minuten erzielte er seine beiden Tore, wobei das 2:0 schon eine gewisse Vorent-scheidung war, denn die Gäste konnten kaum einmal gefährlich vor das Fortunen-Tor gelangen. Am Ende der 90 Minuten gingen die 12000 Zuschauer begeistert nach Haus, hatte ihre Mannschaft doch verdient gewonnen.

1981/82

1. Runde: **SV Werder** - 1.FC Kaiserslautern 1 : 0 (1-0); 12.000 Z.
29.08.81 **W B:** Burdenski - Konschal (46.Siegmann), Fichtel, Gruber, Möhlmann, Otten, Kamp, Bracht, Reinders, Rautiainen, Meier
FC K: Reichel - Wolf, Eigendorf, Brehme, Briegel, Melzer, Eilenfeldt, Bongartz, Geye (79.Hübner), Funkel, Brummer (76.Hofeditz)
SR: Gabor/Berlin
T: 1-0 Reinders 44. Elfmeter

2. Runde: FSV Salmrohr - **SV Werder** 0 : 3 (0-1); 6.000 Z.
10.10.81 **FSV:** Scherer - Diederich (60.Brittner), Toppmöller, Weyland, Fuchs, Rach, Irmisch, Hoor, Schmitt (75.Schömann), Reisdorf, Poltrock
W B: Burdenski - Okudera (75.Jank), Otten, Gruber, Fichtel, Kamp, Möhlmann, Reinders, Kostedde, Bracht, Meier
SR: Dilg/Göllheim
T: 0-1 Gruber 3., 0-2 Gruber 48., 0-3 Kostedde 60.

3. Runde: SV Darmstadt 98 - **SV Werder** 1 : 3 (0-0); 5.000 Z.
05.12.81 **98:** Berlepp - Beginski, Gerber, Westenberger, Zahn, Bernecker, Stetter (53.Hahn), Trapp, Posniak, Cestonaro, Mattern
W B: Burdenski - Okudera, Fichtel (84.Haskamp), Gruber, Möhlmann, Otten, Kamp (73.Rautiainen), Siegmann, Reinders, Kostedde, Meier
SR: Ahlenfelder/Oberhausen
T: 1-0 Beginski 68., 1-1 Gruber 77., 1-2 Reinders 85. Elfmeter, 1-3 Gruber 89.

4. Runde: **SV Werder** - SpVgg Bayreuth 2 : 0 (2-0); 4.500 Z.
09.01.82 **W B:** Burdenski - Okudera, Fichtel, Gruber, Otten, Möhlmann, Kamp, Siegmann, Kostedde, Reinders, Meier (68.Rautiainen)
BAY.: Mahr - Reichel, Hermandung, Bleckert, Schütte, Schmitz (61.Horn), Scheler
(75.Größler), Jobst, Aumeier, Sommerer, Besl
SR: Walter/Paderborn
T: 1-0 Kostedde 17., 2-0 Kostedde 19.

Viertelfinale: **SV Werder** - Bayern München 1 : 2 n. V. (1-0, 1-1); 28.000 Z.
20.02.82 **W B:** Burdenski - Okudera, Fichtel, Siegmann, Otten, Gruber, Möhlmann, Reinders, Kamp (108.Rautiainen), Kostedde, Meier (105.Böhnke)
FC B: Müller - Weiner, Beierlorzer, Augenthaler, Horsmann, Dürnberger, Kraus, Dremmler (48.Mathy), Breitner, Hoeneß, K.H. Rummenigge
SR: Assenmacher/Fischenich
T: 1-0 Reinders 25. Elfmeter, 1-1 Breitner 78., 1-2 Breitner 94.

Gegen den späteren Pokalsieger aus München verloren die Bremer erst nach Verlängerung mit 1:2. Siegtorschütze war Paul Breitner, der auch schon den Ausgleich für die Bayern erzielen konnte. Vor 28000 Zuschauern waren die Bremer durch einen von Reinders verwandelten Foulelfmeter nach 25 Minuten mit 1:0 in Führung gegangen. Diese Führung hielt bis 12 Minuten vor Ende der regulären Spielzeit. In einem fairen Spiel (nur Hoeneß erhielt eine Gelbe Karte) waren gerade 4 Minuten in der Verlängerung gespielt, als der Siegtreffer fiel. Auch die Hereinnahme von zwei frischen Spielern konnte nichts mehr an der Pokal-niederlage ändern.

1982/82

1. Runde: Offenburger FV - **SV Werder** 1 : 4 (0-1); 5.000 Z.
28.08.82 **OFV:** Müller - Hertwig, Bruder (64.Brünker), Schmidt, Hartmann, Reif, Kammerknecht (40.Schneider), Hertweck), Bury, Anderer, Bentrup
W B: Burdenski - Okudera, Fichtel, Gruber, Otten, Möhlmann, Bracht, Siegmann (46.Sidka), Reinders, Völler, Meier (71.Neubarth)
SR: Neuner/Leimen
T: 0-1 Völler 25., 0-2 Völler 57., 0-3 Reinders 69., 1-3 Anderer 79., 1-4 Möhlmann 82.

2. Runde: Hamburger SV - **SV Werder** 3 : 2 (1-1); 20.000 Z.
15.10.82 **HSV:** Stein - Kaltz, Hieronymus (46.Groh), Jakobs, Wehmeyer, Milewski, Hartwig (76.von Heesen), Hansen, Magath, Hrubesch, Bastrup
W B: Burdenski - Okudera, Fichtel, Siegmann, Otten, Gruber, Sidka, Möhlmann, Schaaf, Kamp, Neubarth (5.Böhnke)
SR: Föckler/Weisenheim
T: 0-1 Schaaf 15., 1-1 Hrubesch 22., 2-1 Bastrup 49., 3-1 Bastrup 52., 3-2 Otten 85.

1983/84

1. Runde: **SV Werder** - SV Darmstadt 98 5 : 0 (2-0); 8.000 Z.
27.08.83 **W B:** Burdenski - Schaaf, Pezzey, Gruber, Okudera, Möhlmann, Sidka, Bracht, Meier, Neubarth, Völler
98 Rudolf - Ossen, Dohmen, Posniak, Sanchez, Salisch, Hahn, Stetter, Fischer, Kispert, Münchow (62.Waldschmidt)
SR: Kasper/Lindau
T: 1-0 Neubarth 30., 2-0 Neubarth 37., 3-0 Sidka 56. Elfmeter, 4-0 Völler 84., 5-0 Meier 90.

2. Runde: ASV Burglengenfeld - **SV Werder** 0 : 3 (0-3); 12.000 Z.
08.10.83 **ASV:** Homeier - Hauser (59.Grosser), Salzweger, Viehauser, Ringler, P. Meindl, Wein, Stieglmeier, B. Meindl, H.J. Fiege (75.Merl), A. Fiege
W B: Burdenski - Schaaf, Fichtel, Otten (75.Hermann), Gruber, Möhlmann, Sidka, Reinders, Völler, Böhnke
SR: Bodmer/Nattheim
T: 0-1 Reinders 1. Elfmeter, 0-2 Reinders 18. Elfmeter, 0-3 Möhlmann 24.

3. Runde: Alemannia Aachen - **SV Werder** 0 : 1 n. V. (0-0, 0-0); 19.000 Z.
14.01.84 **A A:** Koitka - Montanes, Grünther, Buschlinger, Frenken, Krisp, Grabotin, Sturm (67.Olk), Dörmann, Rombach, Wolf (84.Poque)
W B: Burdenski - Schaaf (91.Siegmann), Pezzey, Gruber, Otten, Möhlmann, Okudera, Reinders, Meier, Neubarth, Völler
SR: Föckler/Weisenheim
T: 0-1 Meier 95.

4. Runde: **SV Werder** - VfB Stuttgart 1 : 0 (0-0); 34.500 Z.
13.03.84 **W B:** Burdenski - Otten, Pezzey, Siegmann, Okudera, Schaaf, Sidka, Meier, Möhlmann, Reinders, Völler
VFB: Roleder - Buchwald, Makan, B. Förster, Müller, Allgöwer, Sigurvinsson, Kelsch (78.Zietsch), Reichert, Corneliusson, Ohlicher
SR: Pauly/Rheydt
T: 1-0 Sidka 90.
BV: Roleder (VFB) hält in der 29. Minute einen Elfmeter von Reinders!

In einem guten Pokalspiel behielten die Bremer mit 1:0 über den Ligakonkurrenten aus Stuttgart die Oberhand. Es war ein verdienter Erfolg, der leicht hätte noch um 1 oder 2 Tore höher ausfallen können. Uwe Reinders hatte es mit einem Elfmeter auf dem Fuße, mit einem Vorsprung in die Halbzeit zu gehen, doch sein Elfmeter konnte vom VfB-Torhüter Immel abgewehrt werden. Es blieb zur Pause beim 0:0. Auch nach dem Wiederanpfiff blieb die Partie relativ ausgeglichen - leichte Vorteile waren für den SV Werder zu erkennen. Als die knapp über 34000 Zuschauer schon mit einer Verlängerung rechneten, passierte es doch noch. Mittelfeldspieler Sidka war der umjubelte Torschütze in der allerletzten Spielminute. Während sich die VfB-Spieler vor Enttäuschung auf den Boden warfen, herrschte bei den Bremer-Spielern grenzenloser Jubel. Damit hatten sie nicht mehr gerechnet. Das Halbfinale war erreicht.

Halbfinale: Bor. Mönchengladbach - **SV Werder** 5 : 4 n. V. (2-1, 4-4); 34.500 Z.
01.05.84 **BMG:** Sude - Ringels, Bruns, Hannes, Frontzeck, Herlovsen, Matthäus, Rahn, Schäfer (82.Borowka), Mill, Lienen (82.Criens)
W B: Burdenski - Schaaf, Fichtel, Siegmann, Otten, Gruber (17.Kamp / 77.Ordenewitz), Sidka, Möhlmann, Meier, Reinders, Neubarth
SR: Hontheim/Trier
T: 1-0 Matthäus 40., 1-1 Meier 42., 2-1 Ringels 44., 3-1 Rahn 76., 3-2 Möhlmann 77., 3-3 Sidka 78., 3-4 Reinders 82., 4-4 Criens 90., 5-4 Criens 107.

Welch ein Wahnsinnsspiel am Bökelberg! Beide Teams spielten sich in einen Pokalrausch. Gut eine halbe Stunde tut sich nicht allzu viel. Beide haben Respekt voreinander und riskieren nicht viel. Bremen hatte bisher noch gar keine Tormöglichkeit. Nach einem Fehler von Fichtel kommt Matthäus an den Ball und schießt flach ein. Doch die Freunde währt nur kurz. Reinders kann frei flanken und Meier kann aus 5 Meter einlenken. Doch diesmal schlafen die Bremer.

Sidka und Siegmann behindern sich gegenseitig und Ringels hämmert den Ball wuchtig unter die Latte - 2:1 zur Halbzeit. In der 65. Minute fliegt eine Tränengasbombe auf's Spielfeld. Qualm macht sich breit. Ein Abbruch droht, doch nach 5 Minuten wird weitergespielt. Eine Flanke von Herlovsen köpft Rahn in der 76. Minute zur 3:1 Führung ein. Die Entscheidung? Nein! Denn innerhalb kürzester Zeit gelingt den Bremern, den Spieß umzudrehen. Plötzlich führen sie nach Toren von Möhlmann, Sidka und Reinders mit 4:3. Criens wird eingewechselt und erzielt mit dem Abpfiff das 4:4.
Vorher wurde bereits ein Tor von Hannes nicht anerkannt. In der 110. Minute ist wiederum Criens der Torschütze. Ein Supertor. Dann prallt ein Volleyschuß von Frontzeck an den Pfosten. Ende! Dann steht Mill vor Burdenski - vertan. Schlußpfiff. Endlich Ende! Ein Superspiel mit einem glücklichen Sieger ist zu Ende. Dieses Spiel wird in die Pokalgeschichte eingehen!

1984/85

1. Runde: OSC Bremerhaven - **SV Werder** 0 : 4 (0-2); 5.500 Z.
01.09.84
OSC: Busch - Waller, Haskampf, Grobler, Krehl, Popp, Dreyer (31.Bonde), Wohlers, Thiel, Sawalies, Ring (70.F. Meyer)
W B: Burdenski - Schaaf, Pezzey (30.Hermann), Kutzop, Otten, Möhlmann, Sidka, Okudera, Meier, Reinders, Völler (49.Neubarth)
SR: Dieckert/Appen
T: 0-1 Möhlmann 22., 0-2 Möhlmann 37., 0-3 Reinders 54. Elfmeter, 0-4 Otten 87.

2. Runde: **SV Werder** - SV Darmstadt 98 5 : 0 (5-0); 4.500 Z.
21.11.84
W B: Burdenski - Schaaf, Pezzey (45.Hermann), Kutzop, Otten, Möhlmann, Okudera, Meier, Neubarth, Völler, Reinders (72.Wolter)
98: Huxhorn - Posniak, Glaser, Dohmen, Bernecker, Osen, Sanchez, Salisch, Emig, Kuhl (61.Kispers), Krajczy
SR: Weber/Essen
T: 1-0 Neubarth 24., 2-0 Reinders 27., 3-0 Pezzey 37., 4-0 Neubarth 42., 5-0 Völler 43.

3. Runde: SC Jülich 1910 - **SV Werder** 2 : 4 (1-3); 5.000 Z.
12.12.84
SC: Wenzel - Wienands, Deneke, Voihs, Oberhäuser (81.Leimbach), Honold ((72.Vogel), Schmitz, Donders, Wasgindt, Bertrams, Nehl
W B: Burdenski - Schaaf, Pezzey, Otten, Okudera, Möhlmann (11.Wolter), Sidka, Hermann, Meier (84.Ordenewitz), Völler, Reinders
SR: Waltert/Paderborn
T: 0-1 Reinders 7., 0-2 Sidka 13., 1-2 Nehl 21., 1-3 Pezzey 43., 2-3 Bertrams 61., 2-4 Meier 74.

4. Runde: Bayer 05 Uerdingen - **SV Werder** 2 : 1 (0-1); 15.000 Z.
16.02.85
05: Vollack - van der Loo, Herget, Wöhrlin, Thomas (73.Brinkmann), Klinger, F. Funkel, Raschid, W. Funkel, Schäfer (76.Loontiens), Gudmundsson
W B: Burdenski - Pezzey, Schaaf, Otten, Kutzop (62.Meier), Möhlmann, Sidka, Okudera, Hermann (78.Neubarth), Völler, Reinders
SR: Föckler/Weisenheim
T: 0-1 Reinders 43., 1-1 Herget 47., 2-1 Gudmundsson 53.

1985/86

1. Runde: SV Weil - **SV Werder** 0 : 7 (0-4); 6.000 Z.
25.08.85 **SV:** Wissler - Meier, Nußbaumer, Wenk, Bieler (53.Rodrigues), Riede, Hagin, Meiser (46.Imgraben), Braun, Feldheim, Meisel
W B: Burdenski - Pezzey (53.Sidka), Schaaf, Kutzop, Okudera, Votava, Ruländer, Meier (69.Sauer), Ordenewitz, Neubarth, Völler
SR: Bochmann/Biberach
T: 0-1 Meier 4., 0-2 Neubarth 12., 0-3 Bieler 23. Eigentor, 0-4 Meier 32., 0-5 Ordenewitz 48., 0-6 Ordenewitz 69., 0-7 Völler 89.

2. Runde: DSC Wanne-Eickel - **SV Werder** 0 : 4 (0-2); 11.000 Z.
18.10.85 **DSC:** Potthoff - Sievers, Ptok, Timmler, Mikolajczak, Wieczorek, Zeuch (20.Uhrig), Fiolka, Lücke, Kress (75.Stimm), Rothe
W B: Burdenski - Pezzey, Wolter, Kutzop, Okudera, Möhlmann (60.Ruländer), Sidka, Votava, Meier (66.Hermann), Neubarth, Ordenewitz
SR: Steffi/Herzogenrath
T: 0-1 Sidka 14., 0-2 Möhlmann 39., 0-3 Neubarth 52., 0-4 Neubarth 65.

Beim Amateurverein DSC Wanne-Eickel kamen die Bremer zu einem klaren 4:0 Erfolg. Der DSC konnte die Bremer in keiner Phase in arge Schwierigkeiten bringen, zu überlegen waren die Gäste. Der spielerischen Eleganz hatten die Amateure nur die Kampfkraft entgegenzusetzen.
Bereits zur Pause war durch die beiden Treffer von Sidka (bereits nach einer Viertelstunde) und Möhlmann eine Vorentscheidung gefallen. Nach dem Wechsel erhöhte Neubarth mit seinen beiden Treffern binnen 13 Minuten auf 4:0 - die endgültige Entscheidung!

Achtelfinale: VfB Stuttgart - **SV Werder** 2 : 0 (2-0); 24.000 Z.
12.11.85 **VFB:** Roleder - K.H. Förster, Buchwald, Nushöhr, Müller, Schäfer (82.Zietsch), Allgöwer, Hartmann, Sigurvinsson, Reichert (61.Klinsmann), Pasic
W B: Burdenski - Pezzey, Schaaf, Kutzop, Okudera, Sidka, Möhlmann, Votava, Meier (64.Ordenewitz), Hermann, Neubarth (69.Wolter)
SR: Hontheim/Trier
T: 1-0 Allgöwer 15., 2-0 Allgöwer 23.

In einem durchschnittlichen Pokalspiel gingen die Stuttgarter als verdienter Sieger vom Platz. Für Werder hingegen kam das Aus im Achtelfinale. Bereits nach gut 25 Minuten war die Partie entschieden.
Zweifacher Torschütze war Allgöwer. Nach dem frühen 1-0 setzte er 8 Minuten später noch einen Treffer drauf. Die 24000 Zuschauer im Stuttgarter Neckar-stadion sahen noch zwei Holztreffer (einmal durch Bremens Kutzop, den anderen knallte Allgöwer an das Gebälk). Das waren auch schon die nennenswerten Höhepunkte dieser Pokalpartie. Am Ende stand ein klarer 2:0 Erfolg für den VfB.

1986/87

1. Runde: **SV Werder** - Alemannia Aachen 0 : 0 n. V. (0-0, 0-0); 6.000 Z.
29.08.86 **W B:** Reck - Sauer, Schlindwein (46.Schaaf), Otten, Ruländer (64.Hermann), Votava,Meier, Wolter, Völler, Burgsmüller, Ordenewitz
A A: Kau - Kahlhofer, Olck, Montanes, Nelles, Hach, Sitek, Gries (118.Höfer), Notthoff (107.Haucke), Ritter, Zimmermann
SR: Jupe/Mühltal
T: -
Wiederholungsspiel: 23.09.86

Alem. Aachen - **SV Werder** 0 : 0 n. V. (0-0, 0-0); 21.000 Z.
A A: Kau - Kahlhofen, Montanes, Buschlinger, Olck, Ritter, Gries, Sitek (97.Haucke), Hach, Ruof, Sendscheid (116.Notthoff)
W B: Burdenski - Sauer, Kutzop, Ruländer (96.Hermann), Schaaf, Wolter, Votava, Meier, Otten, Burgsmüller, Ordenewitz
SR: Steinborn/Sinzig
T: -Elfm.: 7 - 6 für Alem. Aachen!

1. Gries	1-0	Kutzop	1-1
2. Ruof	2-1	Schaaf	2-2
3. Olck	3-2	Meier	3-3
4. Buschlinger	4-3	Ordenewitz	4-4
5. Kau	5-4	Hermann	5-5
6. Hach	6-5	Sauer	6-6
7. Notthoff	7-6	Burdenski (vorbei)	7-6

1987/88

1. Runde: **SV Werder** - Hannover 96 4 : 1 (2-0); 12.500 Z.
06.08.88 **W B:** Reck - Sauer, Bratseth, Borowka (80.Otten), Schaaf, Votava, Meier 70.Ordenewitz), Hermann, Riedle, Neubarth, Burgsmüller
H 96: Raps - Hellberg, Zanter (51.Kohn), Geils, Surmann, Zechel (80.Palasz), Drews, Dammeier, Willmer, Reich, Grillemeier
SR: Matheis/Rodalben
T: 1-0 Neubarth 16., 2-0 Burgsmüller 28., 3-0 Burgsmüller 52., 3-1 Kohn 74., 4-1 Neubarth 88.

2. Runde: **SV Werder** - SpVgg Bayreuth 6 : 1 (3-0); 3.000 Z.
24.09.88 **W B:** Reck - Kutzop, Borowka, Bratseth, Schaaf, Wolter (46.Hanses), Votava, Hermann, Riedle, Burgsmüller, Ordenewitz (64.Skogheim)
BAYR.: Grüner - Anweiler, v. Aufseß, Konradi, Gerber, Veh, Stockinger (46.Dumpert), Gebhardt (70.Götzer), Jalocha, Scheler, Sachs
SR: Barnick/Schenefeldt
T: 1-0 Burgsmüller 29., 2-0 Riedle 37., 3-0 Riedle 43., 4-0 Votava 51., 5-0 Riedle 52., 6-0 Hermann 73., 6-1 Hanses 90. Eigentor

3. Runde: **SV Werder** - Fortuna Köln 3 : 1 n. V. (1-1, 1-1); 5.500 Z.
09.12.88 **W B:** Reck - Bratseth, Otten, Borowka, Schaaf, Wolter, Votava, Meier (112.Ordenewitz), Hermann, Riedle (30.Burgsmüller), Neubarth
KÖLN: Agaciak - Hutwelker, Hupe, Außem, Baffoe, Seufert, Niggemann (100.Lopes), Pförtner (98.Rehbein), Hielscher, Woodcock, Fuchs
SR: Steinborn/Sinzig
T: 0-1 Baffoe 4. Elfmeter, 1-1 Neubarth 30., 2-1 Neubarth 95., 3-1 Burgsmüller 116.

Viertelfinale: Hamburger SV - **SV Werder** 0 : 1 (0-1); 30.000 Z.
29.03.89 **HSV:** Golz - Kober, Kaltz, Beiersdorfer, Moser, Spörl (56.Merkle), von Heesen, Bein, Jensen (46.Jusufi), Furtok, Klaus
W B: Reck - Bratseth, Otten, Borowka, Wolter, Votava, Neubarth, Eilts, Hermann, Riedle, Ordenewitz
SR: Werner/Auersmacher
T: 0-1 Riedle 37.

Bericht: Durch einen Treffer ihres Goalgettern Kalle Riedle gelang den Bremern der Sprung ins Halbfinale der diesjährigen Pokalrunde. Der HSV bot an diesem Abend eine enttäuschende Leistung. Von Beginn an bestimmten die Gäste das Spielgeschehen und brachten den HSV in arge Bedrängnis. In der 37. Minute wurde der Mut zur Offensive belohnt. Wolter konnte sich gegen Jensen durchsetzen und spielte auf Riedle. Dieser ließ aus 14 Metern Torhüter Golz keine Abwehrmöglichkeit. Nach dem Wechsel spielte der HSV dann etwas druckvoller, doch ein zählbarer Erfolg sprang nicht dabei heraus. Der eingewechselte Merkle besaß in der Schlußminute die Riesenchance zum Ausgleich, doch sein Kopfball ging am leeren Bremer Tor vorbei. Ein knapper, aber verdienter Erfolg für die Bremer.

Halbfinale: B. Leverkusen - **SV Werder** 1 : 2 (0-1); 20.000 Z.
10.05.89 **B 04:** Vollborn - Hörster, Rolff, A. Reinhardt, de Keyser, Schreier, Cha, Buncol, Hinterberger (87.Kastl), Waas, Lesniak (87.Feinbier)
W B: Reck - Bratseth, Borowka, Otten, Wolter, Votava, Eilts, Neubarth, Hermann, Ordenewitz, Riedle
SR: Schmidhuber/Ottobrunn
T: 0-1 Bratseth 21., 1-1 Buncol 54., 1-2 Eilts 87.

Finale: Borussia Dortmund - **SV Werder** 4 : 1 (1-1); 76.000 Z.
24.06.89 im Berliner Olympiastadion
BVB: de Beer - Kroth, Kutowski, Helmer, MacLeod, Breitzke (72.Lusch), Zorc, Möller, Rummenigge, Dickel (77.Storck), Mill
W B: Reck - Sauer (77.Burgsmüller), Wolter, Bratseth, Schaaf, Eilts, Votava, Hermann, Otten (55.Ordenewitz), Neubarth, Riedle
SR: Tritschler/Freiburg
T: 0-1 Riedle 14., 1-1 Dickel 21., 2-1 Mill 58., 3-1 Dickel 71., 4-1 Lusch 74.

1989/90

1. Runde: FC St. Pauli - **SV Werder** 1 : 2 (0-0); 16.100 Z.
19.08.89 **FC P.:** Ippig - Kocian, Trulsen, Schlindwein, Olck, Golke, Gronau, Bargfrede, Ottens (87.Manzi), Flad, Wenzel
W B: Reck - Borowka, Bratseth, Otten, Bockenfeld, Wolter, Votava, Eilts, Hermann, Burgsmüller, Rufer
SR: Föckler/Weisenheim
T: 0-1 Burgsmüller 49., 1-1 golke 58., 1-2 Rufer 85.

2. Runde: Stuttgarter Kickers - **SV Werder** 2 : 3 (0-1); 6.400 Z.
23.09.89 **KICK.:** Laukkanen - Schön (81.Grabosch), Stadler, Ossen, Wolf, Schüler (73.Starzmann), Schwartz, Hjelm, Grillemeier, Imhof, Vollmer
W B: Reck - Bratseth, Votava, Borowka, Bockenfeld, Schaaf, Eilts, Meier (76.Otten), Hermann, Neubarth (55.Bode), Rufer
SR: Assenmacher/Fischenich
T: 0-1 Rufer 14., 1-1 Grillemeier 46., 1-2 Rufer 54., 1-3 Rufer 86., 2-3 Vollmer 87.
BV: Rote Karte für den Bremer Eilts in der 73. Minute!

3. Runde: TSV 1860 München - **SV Werder** 1 : 2 (1-1); 28.000 Z
11.11.89 **TSV:** Lach - Hainer, Wolke, Beckenbauer, Spanring, Windsperger (71.Schmidtbauer), Meisl,Störzenhofecker, Mauer, Rolshausen (56.Colakovic), Gröber
W B: Reck - Bratseth, Borowka, Otten (46.Votava / 88.Sauer), Bockenfeld,
Wolter, Eilts, Hermann, Riedle, Bode, Rufer
SR: Eli/Idar-Oberstein
T: 1-0 Störzenhofecker 12., 1-1 Bode 13., 1-2 Riedle 53.

Viertelfinale: **SV Werder** - VfB Stuttgart 3 : 0 (3-0); 22.600 Z.
13.12.89 **W B:** Reck - Bratseth, Schaaf, Borowka, Bockenfeld, Votava, Neubarth, Eilts, Hermann (56.Otten / 78.Sauer), Riedle, Rufer
VfB: Immel - Allgöwer, Schäfer, N. Schmäler, Jüptner (68.Schnalke), Poschner (46.Sigurvinsson), Gaudino, Frontzeck, Kastl, Basualdo
SR: Weber/Essen
T: 1-0 Neubarth 1., 2-0 Neubarth 27., 3-0 Rufer 45.

Bericht: Werder erteilte dem Bundesligisten aus Stuttgart eine Fußballektion erster Güte. Vor 22600 Zuschauern im Weserstadion setzten sich die Schützlinge von Otto Rehhagel mit 3:0 gegen den VfB durch, der bei Schneeregen und klirrender Kälte gegen die glänzend aufgelegten Norddeutschen nicht den Hauch einer Chance besaß. Die Tore für den SV Werder schossen Neubarth (zwei) und Rufer. Das Spiel begann gleich mit einem Paukenschlag. Bereits nach einer Minute durften die Zuschauer das erste Mal jubeln, Neubarth war der Torschütze. Gegen die danach wie entfesselt aufspielenden Bremer mußte Torhüter Immel mehrmals rettend eingreifen, um einen höheren Rückstand zu vermeiden. Eigene Angriffsversuche blieben selten. Zwangsläufig fiel dann auch das schon vorentscheidende 2:0, wiederum war Neubarth der Torschütze. Per Kopfball war er nach einer Ecke von Bockenfeld zur Stelle. Sekunden vor dem Halbzeitpfiff staubte Rufer zum 3:0 ab, nachdem Immel einen Riedle-Schuß nur abklatschen konnte. Im zweiten Durchgang ließen es die Bremer verständlicherweise ein wenig ruhiger angehen. Der klare 3:0 Erfolg geriet aber nie in Gefahr.

Halbfinale: **SV Werder** - Eintr. Braunschweig 2 : 0 (1-0); .000 Z.;
28.03.90 **W B:** Reck - Bratseth, Sauer, Borowka, Bockenfeld (71.Wolter), Votava, Eilts, Otten, Riedle, Neubarth, Rufer
EB: Hain - Lellek, Scheil (82.Dreßel), Schmidt, Scheike, Probst, Gorski,
Seeliger, Wilke (19.Pospich), Buchheister, Aden
SR: Kriegelstein/Berlin
T: 1-0 Eilts 12., 2-0 Riedle 89.

Bericht: Gegen einen couragiert aufspielenden Zweitligist aus Braunschweig hatten die Bremer mehr Mühe als erwartet. Erst spät fiel der erlösende zweite Treffer durch Riedle. Hatte man nach dem frühen 1:0 durch Eilts (bereits nach 12 Minuten) gedacht, jetzt würde die Eintracht im Bremer Sturmwirbel untergehen, so sah man sich getäuscht. Die Eintracht bestach durch eminenten Spielwitz.

Der Außenseiter spielte nach dem Tor groß auf und besaß vor allem durch Aden und Buchheister die besseren Torchancen. Die Braunschweiger setzten auf das Rezept, das zur Sensation in Dortmund (in der 2. Runde gewann man in Dortmund mit 3:2!) gesorgt hatte: Freches Spiel nach vorn, keine Mauertaktik.
Vor allem in der ersten Hälfte ging diese Marschroute völlig auf. Lediglich im Abschluß haperte es. In der zweiten Hälfte setzte sich aber dann die Routine der Bremer immer mehr durch. Besondere Schwächen zeigten die Hausherren beim Aufbauspiel nach vorne. Aus einer durchschnittlichen Mannschaftsleistung ragten Antreiber Eilts und allenfalls noch Libero Bratseth heraus. Der Sturm war ein Total-ausfall.
Bei den Braunschweigern ließen in den letzten Minuten die Kräfte ein wenig nach. Durch wenige Konter war man dem Unentschieden aber immer wieder nahe. Erst der späte Treffer vom Torjäger Riedle erlöste die Bremer. Geschafft, das Finale war erreicht! Für die Eintracht bleibt das Lob, es den Bremern so schwer wie möglich gemacht zu haben.

Finale: **SV Werder** - 1.FC Kaiserslautern 2 : 3 (0-3); 76.400 Z.
19. Mai im Berliner Olympiastadion

W B: Reck - Bratseth, Borowka (52.Burgsmüller), Otten, Wolter (35.Neubarth), Votava, Harttgen, Eilts, Hermann, Riedle, Rufer
FCK: Ehrmann - Stumpf, Foda, Friedmann (57.Lutz), Lelle, Hotic, Dooley, Scherr, Schupp (77.Roos), Kuntz, Labbadia
SR: Neuer/Leimen
T: 0-1 Labbadia 19., 0-2 Labbadia 26., 0-3 Kuntz 30., 1-3 Neubarth 54., 2-3 Burgsmüller 72.

1990/91

1. Runde: SpVgg Weiden - **SV Werder** 1 : 2 (1-2); 6.000 Z.;
04.08.90 **WEID.:** Dotzler - Grötsch, Solter, Ernemann, Gleissner, Walz, Götzer (70.Gradl), Scheidig (68.Asztalos), Meyerhofer, Asbeck, Scheurer
W B: Reck - Bratseth, Borowka, Otten, Bockenfeld, Votava, Eilts, Harttgen, Hermann, Neubarth (88.Bode), Allofs
SR: Schmitt/Bad Hersfeld
T: 1-0 Asbeck 17., 1-1 Neubarth 30., 1-2 Allofs 40.

2. Runde: **SV Werder** - FC St. Pauli 2 : 0 (2-0); 14.000 Z.
03.11.90 **W B:** Reck - Sauer (73.Neubarth), Bratseth, Borowka, Wolter, Harttgen, Votava, Eilts, Hermann, Rufer, Allofs (85.Bode)
FC P.: Thomforde (46.Ippig) - Kocian, Schlindwein, Trulsen, Sievers, Gronau, Dammann (65.Ottens), Knäbel, Wolf, Manzi, Golke
SR: Wiesel/Ottbergen
T: 1-0 Harttgen 17., 2-0 Hermann 28.

3. Runde: **SV Werder** - Schalke 04 3 : 1 (1-0); 26.500 Z.
01.12.90 **W B:** Reck - Sauer, Borowka, Bratseth, Wolter, Votava, Harttgen, Eilts, Hermann, Allofs, Rufer
S04: Welp - Güttler, Prus, Schacht, Luginger, Schlipper, Müller, Anderbrügge, Ruthmann, Ljuty, Borodjuk
SR: Boos/Friedrichsdorf
T: 1-0 Allofs 30., 1-1 Luginger 55., 2-1 Borowka 64., 3-1 Rufer 89.

Viertelfinale: KSV Hessen Kassel - **SV Werder** 0 : 2 (0-2); 22.000 Z.
31.03.91 **KSV:** Zeljko - Drube, Matys, Deppe, Koutsoliakos (57.Lakies), Freudenstein, Höhle, Schmidt, Schnell, Schmelting (74.Kistner), Schäfer
W B: Reck - Bratseth, Votava, Borowka, Bockenfeld (84.Schaaf), Hermann, Harttgen, Neubarth, Rufer, Allofs (87.Bode)
SR: Krug/Gelsenkirchen
T: 0-1 Harttgen 31., 0-2 Neubarth 35.
BV: TW Zeljko (Kassel) hält in der 71. Min. einen Elfmeter von Borowka (Bremen)!

Bericht: Der KSV hatte an diesem Nachmittag nicht den Hauch einer Chance. Von Beginn an ging Bremen couragiert zu Werke, drängte auf eine schnelle Entscheidung. Es wurde ein Spiel auf ein Tor. Dem Dauerdruck hielt der Oberligist nur gut eine halbe Stunde stand, dann war es passiert. Eine Allofs-Ecke verlängerte Neubarth zum freistehenden Harttgen, der mühelos einschießen konnte.
Vier Minuten später, als Neubarth die Flanke von Hermann mit einem Flugkopfball zum 2:0 verwertete, war schon alles gelaufen. Mit zunehmender Spieldauer verflachte die Partie immer mehr. Einziger nennenswerter Höhepunkt in der 2. Halbzeit war ein von Torhüter Zeljko gehaltener Elfmeter. Borowka hatte zu schwach geschossen. Überragender Akteur auf dem Platz war Frank Neubarth, der Dreh- und Angelpunkt im Mittelfeld war und seine Nebenleute geschickt einzusetzen verstand.

Halbfinale: Eintracht Frankfurt - **SV Werder** 2 : 2 n. V. (2-1, 2-2); 32.000 Z.
25.04.91 **E F:** Stein - Binz, Roth, Körbel, Gründel, Möller, Bein, Klein (115.Lasser), Studer, Yeboah, Kruse (102.Turowski)
W B: Reck - Bratseth, Sauer (46.Allofs), Borowka, Wolter, Neubarth (32.Harttgen), Votava, Eilts, Hermann, Rufer, Bode
SR: Weber/Essen
T: 0-1 Gründel 2. Eigentor, 1-1 Klein 22., 2-1 Binz 29., 2-2 Bode 61.
BV: Rote Karte für Yeboah (Frankfurt) in der 26. Minute!

Wiederholungsspiel:**SV Werder** - Eintr. Frankfurt 6 : 3 (4-1); 30.000 Z.
W B: Reck - Borowka, Bratseth, Sauer, Eilts, Votava, Harttgen, Hermann, Allofs, Rufer (82.Schaaf), Neubarth (84.Bode)
E F: Stein - Körbel, Binz, Roth, Klein, Lasser (40.Turowski), Gründel, Möller, Bein, Studer, Sippel
SR: Dellwing/Osburg
T: 1-0 Rufer 9., 1-1 Sippel 15., 2-1 Bratseth 29., 3-1 Rufer 30., 4-1 Neubarth 37., 4-2 Sippel 67., 4-3 Binz 73. Elfmeter, 5-3 Rufer 74., 6-3 Allofs 81.

Bericht: Den knapp 30000 Zuschauern verschlug es fast die Sprache. Mit 9 Toren wurden sie an diesem Abend mehr als gut bedient. Beide Mannschaften lieferten sich einen offenen Schlagabtausch. Die Partie schien beim Stand von 4:1 für die Bremer schon entschieden, als die Eintracht zurückschlug. Binnen sechs Minuten verkürzten sie auf 3:4. Als sie dann vehement auf den Ausgleich drängten, fiel das vorentscheidende 5:3 durch Rufer. Den Schlußpunkt in diesem guten Pokalspiel setzte Klaus Allofs in der 81. Minute.

Finale: SV Werder - 1.FC Köln 1 : 1 n. V. (0-0, 1-1); 73.000 Z.
22. Mai im Berliner Olympiastadion

W B: Reck - Bratseth, Votava, Borowka, Wolter, Eilts, Hermann (75.Sauer), Neubarth (72.Harttgen), Bode, Rufer, Allofs

KÖLN: Illgner - Jensen, Baumann, Gielchen, Greiner, Littbarski, Higl, Andersen (85.Rudy), Götz, Sturm (60.Heldt), Banach

SR: Schmidhuber/Ottobrunn

T: 1-0 Eilts 48., 1-1 Banach 62.

Elfm.: 4 - 3 für Werder Bremen!

1. Rudy verschossen	0-0	Allofs verschossen	0-0
2. Higl	0-1	Rufer	1-1
3. Littbarski versch.	1-1	Bratseth	2-1
4. Banach	2-2	Harttgen	3-2
5. Götz	3-3	Borowka	4-3

1991/92

1. Runde: Freilos!

2. Runde: **SV Werder** - Hamburger SV 3 : 1 (3-1); 19.400 Z.
17.08.91 **W B:** Reck - Neubarth, Bratseth, Borowka, Wolter, Eilts, Harttgen, Hermann, Kohn
(83.Schaaf), Rufer, Bode

HSV: Golz - Rohde, Beiersdorfer, Kober, Matysik (76.Dammeier), Spörl, Hartmann, Bode (65.von Heesen), Nando, Eck, Furtok

SR: Föckler/Weisenheim

T: 1-0 Rufer 3., 1-1 Furtok 7., 2-1 Kohn 28., 3-1 Kohn 30.

3. Runde: Fortuna Düsseldorf - **SV Werder** 1 : 3 (0-1); 9.000 Z.
04.09.91 **DÜS.:** Schmadtke - Baffoe (54.Carracedo), Hutwelker, Wojtowicz, Schütz, Hey (46.Allofs), Schreier, Loose, Büskens, Demandt, Werner

W B: Reck - Bratseth, Votava, Bockenfeldt (83.Legat), Eilts, Schaaf, Borowka, Bode, Kohn, Kl. Aloffs, Rufer (81.Wenschlag)

SR: Albrecht/Baisweil

T: 0-1 Kohn 28., 0-2 Allofs 51., 0-3 Bockenfeld 59., 1-3 Schütz 77.

4. Runde: **SV Werder** - Dynamo Dresden 4 : 1 (2-1); 11.200 Z.
25.09.91 **W B:** Reck - Bratseth, Votava, Borowka, Bockenfeld, Eilts, Neubarth, Legat (46.Hermann), Allofs (85.Harttgen), Bode, Kohn

DYN.: Müller - Mauksch, Kern, Schößler, Melzig, Scholz, Hauptmann, Allieve (75.Jänig), Gütschow, Rösler

SR: Föckler/Weisenheim

T: 0-1 Mauksch 5., 1-1 Neubarth 14., 2-1 Neubarth 37., 3-1 Kohn 86., 4-1 Kohn 88.

Bericht: In einem völlig ausgeglichenen Spiel fiel die Entscheidung erst in den letzten Minuten. Durch einen Doppelschlag von Kohn erzwang der SV Werder die endgültige Entscheidung. Das Ergebnis fiel um eben diese zwei Tore zu hoch aus. Dresden war jederzeit ein gleich-wertiger Gegner und wurde unter Wert geschlagen. Für den Außenseiter begann es wunsch-gemäß.
Bereits nach 5 Minuten ging man im Weserstadion in Führung. Recks verhängnisvoller Fehler bei einem Mauksch-Freistoß leitete eine Zitterpartie für Bremen ein. Trotz des schnellen Ausgleichs nach 14 Minuten durch Neubarth konnten die Bremer nicht an vergangene Pokaltriumphe anknüpfen. Durch einen Fehler von Torhüter Müller ging man noch vor der Pause, wiederum durch Neubarth, mit 2:1 in Führung. Nach dem Wechsel nahmen die Dresdener das Heft in die Hand und waren dem Ausgleich mehr als einmal sehr nahe. Die wackelige Abwehr der Bremer mit einem unsicheren Reck überstand diese Phase mit viel Glück. Viel Glück auch für Votave, der nach einer Notbremse gegen den durchgelaufenen Gütschow nicht die Rote Karte gezeigt bekam. Mit viel Dusel überstand Werder die Runde.

Viertelfinale: **SV Werder** - 1.FC Kaiserslautern 2 : 0 (1-0); 21.000 Z.

03.12.91 **W B:** Reck - Bockenfeld, Borowka, Eilts, Bratseth, Otten, Hermann, Harttgen, Rufer, Kohn (7.Legat), Votava

FC K: Serr - Kranz, Haber, Funkel, Goldbaek, Hotic, Schefer, Hofmann (46.Witeczek), Kuntz, Kadlec, Roos; (7. Winkler für ?)

SR: Stenzel/Forst

T: 1-0 Haber 19. Eigentor, 2-0 Kohn 67. Elfmeter

Halbfinale: Hannover 96 - **SV Werder** 1 : 1 n. V. (0-0, 0-0); 59.000 Z.;

08.04.91 **H 96:** Sievers - Wojcicki, Klütz, Sundermann (72.Groth), Breitenreiter (69.Djelmas), Sirocks, Freund, Schönberg-Christensen, Koch, Surmann, Kretzschmar

W B: Rollmann - Bratseth, Borowka, Schaaf, Wolter, Legat, Eilts, Hermann (60.Kohn), Bockenfeld (91.Allofs), Rufer, Bode

SR: Habermann/Weißensee

T: 1-0 Koch 95., 1-1 Bratseth 97.

Elfm.: 6 - 5 für Hannover 96!

1. Djelmas	1-0	Kohn	1-1
2. Surmann (gehalten!)	1-1	Rufer	1-2
3. Wojcicki	2-2	Bratseth (vorbei!)	2-2
4. Sirocks	3-2	Legat	3-3
5. Freund	4-3	Borowka	4-4
6. Schönb.-Christ.	5-4	Wolter	5-5
7. Sievers (TW!)	6-5	Bode (gehalten!)	6-5

Bericht: Vorbei der große Werder-Traum von der vierten Finalteilnahme hintereinander. Im Elfmeterschießen mußte man sich dem Zweitligisten geschlagen geben. In der regulären Spielzeit war es eine schwache Pokalbegegnung. Den 57000 Zuschauern boten beide Teams sehr wenig. Erst in der Verlängerung kam etwas Feuer ins Spiel, vor allem als Koch die überraschende 96er-Führung erzielt hatte. Doch die Hannoveraner freuten sich zu früh und vor allem zu lange, denn praktisch mit dem Gegenzug fiel der Ausgleich. Libero Bratseth war der Torschütze. Im Elfmetersch. scheiterten die Bremer dann am Torhüter Sievers, der Weltklasse hielt! Den entscheidenden Elfmeter verwandelte Sievers selbst, den anschließenden vom Bremer Bode hielt er dann noch! Der Held des Abend hieß Sievers! Die Finalteilnahme für den SV Werder Bremen war futsch!

1992/93

1. Runde: SC Jülich 1910 - **SV Werder** 1 : 5 n. V. (0-0, 1-1); 6.000 Z.
18.08.92 **JÜL.:** Ropertz - Kropp, Perschen, Kroll, Imping, Schmitz, Bertrams, Mund, Bergfeld, Rang (60.Hoppe), Perschke
W B: Reck - Bratseth, Wolter, Borowka, Eilts, Votava, Neubarth (46.Allofs), Harttgen, Legat, Rufer, Bode (67.Kohn)
SR: Theobald/Wiebelskirchen
T: 1-0 Perschke 65., 1-1 Rufer 76., 1-2 Kohn 95., 1-3 Allofs 103., 1-4 Rufer 108., 1-5 Kohn 119.

2. Runde: SpVgg Beckum - **SV Werder** 0 : 7 (0-4); 6.100 Z.
12.09.92 **BECK.:** Welp - Goltz, Ziga (62.V. Mennie), Waldeck, Oesteroth (68.Schade), Thiemann, W. Mennie, Laufmöller, Beckstedde, Hermschröder, Mintert
W B: Reck - Bratseth, Beiersdorfer, Votava, Bockenfeld, Harttgen, Herzog, Eilts, Legat, Rufer, Bode
SR: Fervers/Mönchengladbach
T: 0-1 Legat 21. Elfmeter, 0-2 Bode 26., 0-3 Bode 38., 0-4 Beiersdorfer 44., 0-5 Allofs 50., 0-6 Kohn 73., 0-7 Herzog 86.

3. Runde: **SV Werder** - FSV Mainz 05 3 : 1 (2-0); 4.800 Z.
10.10.92 **W B:** Reck - Bratseth (25.Harttgen), Beiersdorfer, Borowka, Wolter, Votava, Rufer, Eilts, Bode, Kohn, Allofs (83.van Lent)
FSV: Kuhnert - Müller, Herzberger, Kasalo, Schäfer, Zampach, Schuhmacher, Buvac, Weiß (54.Jaworek), Wagner (71.Klopp), Hayer
SR: Strampe/Handorf
T: 1-0 Bode 21., 2-0 Rufer 43. Elfmeter, 3-0 Kohn 60., 3-1 Klopp 73.

Achtelfinale: **SV Werder** - Borussia Dortmund 2 : 0 (1-0); 33.000 Z.
07.11.92 **W B:** Reck - Bratseth, Borowka, Beiersdorfer, Wolter, Votava, Herzog, Eilts, Legat, Rufer, Neubarth (46.Bode)
BVB: Klos - Reuter, Schmidt, Schulz, Lusch, Zorc, Kutowski (59.Mill), Rummenigge (77.Karl), Reinhardt, Povlsen, Chapuisat
SR: Schmidhuber/Ottobrunn
T: 1-0 Rufer 14., 2-0 Rufer 85. Elfmeter

Bericht: In einem von der Bremer Seite hochklassig geführten Spiel bezwang man die Borussia aus Dortmund verdient mit 2:0. Überragender Spieler war Wynton Rufer, der beide Tore erzielte.
Den ersten Treffer erzielte er mit einem Distanzschuß, der zweite Treffer resultierte aus einem verwandelten Elfmeter. Rufer war von der Borussen-Abwehr nie in den Griff zu bekommen und hatte sogar noch weiter Möglichkeiten, sich als Torschütze einzutragen. In allen Belangen waren die Bremer den Dortmundern überlegen. Fast jeder Zweikampf wurde von ihnen gewonnen. Die Borussia war an diesem Samstagabend nur ein Statist.

Viertelfinale: Chemnitzer FC - **SV Werder** 2 : 1 n. V. (0-0, 0-0); 15.600 Z.

02.12.92 **FC:** Hiemann - Barsikow, Laudeley, Seifert, Renn, Veit (66.Bittermann), Keller, Heidrich, Mehlhorn, Torunarigha (110.Zweigler), Boer

W B: Reck - Bratseth, Wolter, Borowka, Bockenfeld, Votava, Herzog, Eilts, Legat (67.Allofs), Rufer, Bode

SR: Löwer/Fürth

T: 1-0 Renn 91., 2-0 Heidrich 95., 2-1 Allofs 120.

BV: Gelb-Rote Karte für den Bremer Herzog (wiederholtes Foulspiel!)

1993/94

1. Runde: FREILOS!

2. Runde: **SV Werder** - Stuttgarter Kickers 2 : 1 n. V. (0-0, 0-0); 4.800 Z.

24.08.93 **W B:** Reck - Basler, Beiersdorfer, Borowka (73.Wolter), Bockenfeld, Votava, Rufer, Legat (84.Schaaf), Hobsch, Eilts, Bode

St K: Brasas - Vrabec, Mutapcic, Hofacker, Kevric, Neitzel, Herzberger, Gora, Sobiech, Vollmer, Bobic (104.Koch)

SR: Gläser/Breitungen

T: 1-0 Herzberger 93. Eigentor, 2-0 Bockenfeld 96., 2-1 Koch 104.

3. Runde: Kickers Offenbach - **SV Werder** 1 : 1 n. V. (0-0, 0-0); 17.000 Z.

11.09.93 **K O:** Todericiu - Biehrer, Albert, Krapp, Schummer, Koutsoliakos (96.Schäfer), Hartmann, Babicic, Figas, Wolf (63.Adigo), Aleksic;

W B: Reck - Bratseth (46.Legat), Beiersdorfer, Borowka, Wolter (91.Wiedener), Votava, Basler, Eilts, Bode, Hobsch, Rufer

SR: Müller/Dresden

T: 0-1 Rufer 100., 1-1 Biehrer 102.

Elfmeterschießen: 5 - 3 für Werder Bremen!

1. Rufer	0-1	Hartmann	1-1
2. Votava	1-2	Krapp	2-2
3. Legat	2-3	Aleksic	3-3
4. Basler	3-4	Schäfer versch.	3-4
5. Borowka	3-5		

Bericht: Der Amateurverein wehrte sich bis zur 120. Minute erfolgreich. Ein Leistungsunterschied war während der gesamten Partie nicht auszumachen. Im Gegenteil, denn bis zur 70. Minute waren die Offenbacher sogar leicht überlegen. Erst danach konnte sich Werder besser in Szene setzen. Als Rufer in der Verlängerung die 1:0 Führung besorgte, schien die Partie gelaufen. Doch die Kickers schlugen zurück und kamen per Freistoß zum verdienten Ausgleich. Nach dem 1:1 boten sich den Hausherren noch drei gute Chancen, doch zum Siegttreffer sollte es nicht reichen. Es kam zum Elfmeterschießen! Die Bremer mußten beginnen. Rufer war der erste Schütze - und verwandelte eiskalt. Die nächsten vier Elfmeter wurden allesamt verwandelt. Dann war der Offenbacher Schäfer an der Reihe - er verschoß. Wenn der nächste Bremer treffen würde, war die Partie entschieden. Borowka trat nun zum entscheidenden Elfmeter an - und verwandelte. Mit viel Dusel erreichte der SV Werder die nächste Runde im DFB-Vereinspokal.

Achtelfinale: **SV Werder** - Hamburg 4 : 2 (1-0); 34.400 Z.

26.10.93	**W B:**	Reck (88.Gundelach) - Bratseth, Beiersdorfer, Borowka, Basler (72.Neubarth), Votava,Rufer, Eilts, Bode, Hobsch, Herzog
	HSV:	Golz - Kostner, Babbel, Kober, Spörl (39.Albertz / 74.Kovacevic), Sassen, Hartmann, von Heesen, Letchkov, Bäron, Ivanauskas
	SR:	Wiesel/Ottbergen
	T:	1-0 Herzog 13., 1-1 von Heesen 49., 1-2 Ivanauskas 64., 2-2 Hobsch 74., 3-2 Neubarth 86., 4-2 Rufer 92.
	BV:	Rote Karte für Sassen (HSV) in der 84. Minute (Foulspiel)!

Bericht: In einem gutklassigen Spiel besiegten die Bremer den Konkurrenten aus der Bundesliga diesmal mit 4:2 Toren. Wenige Tage zuvor hatte der HSV noch mit 2:0 in Bremen im Bundesligaduell gewonnen. Es wurde eine bissige Partie, mit viel Tempo und vielen Zweikämpfen.
In der ersten Halbzeit waren die Bremer feldüberlegen und führten auch verdient mit 1:0 durch das Tor von Spielmacher Andi Herzog nach 13 Minuten. Nach der Pause schlug der HSV zurück und kam durch von Heesen zum Ausgleich und wenig später durch Ivanauskas sogar zur Führung. Rehhagel reagierte und bracht für Basler einen frischen Stürmer - Neubarth. Mit ihm gelang die Wende. Kurz nach seiner Einwechselung erzielte Hobsch den Ausgleich. Neubarth selbst war dann der Torschütze zum 3:2. Schon in den Nachspielminuten erzielte Rufer den Treffer zum 4:2 Endstand. Glück hatte Werder noch einmal, als SR Wiesel einen Treffer von Kober nicht anerkannte.

Viertelfinale: **SV Werder** - Kaiserslautern 2 : 2 n. V. (1-1, 1-1); 13.000 Z.

09.02.94	**W B:**	Reck - Bratseth (46.Schaaf), Beiersdorfer, Legat, Basler, Votava, Herzog, Eilts, Bode, Rufer, Hobsch (46.Wiedener)
	FCK:	Ehrmann - Kadlec, Schäfer, Funkel, Ritter, Sforza, Brehme, Haber (73.Reitmaier), Wagner, Kuntz (82.Roos)
	SR:	Schmidhuber/Ottobrunn
	T:	0-1 Sforza 27., 1-1 Rufer 30., 2-1 Bode 110., 2-2 Roos 114.

Elfmeterschießen: 4 - 3 für Werder Bremen!

1. Brehme (versch.)	0-0	Rufer	1-0
2. Sforza	1-1	Schaaf	2-1
3. Kadlec	2-2	Legat (versch.)	2-2
4. Funkel	2-3	Votava	3-3
5. Ritter (versch.)	3-3	Basler	4-3

Bericht: In einem gutklassigen Pokalspiel besiegten die Bremer den Konkurrenten aus Kaisers-lautern erst nach Elfmeterschießen. Torhüter Reck hielt hier den entscheidenden Elfmeter von Ritter. Die knapp 13000 Zuschauer waren von dem Spiel begeistert. Ihnen wurde alles geboten (3 x Latte von Rufer). Der SV Werder setzte von Beginn an auf Offensive und die Pfälzer gerieten in arge Bedrängnis.
Die schnellen Konter der Lauterer waren aber sehr gefährlich. Durch einen dieser Konter fiel dann auch die 1-0 Führung durch Sforza. Umgehend erzielte Rufer aber den Ausgleichstreffer. Als Torhüter Ehrmann nach 72 Minuten wegen Handspiels außerhalb des Strafraums die Rote Karte erhielt, schien alles für die Bremer zu laufen. Doch nach der Führung in der Verlängerung durch Bode schlugen die Pfälzer zurück.

Mit nur noch 10 Mann erzielten sie den Ausgleich. Nach 120 Minuten stand es 2:2 - Elfmeterschießen! Die Lauterer begannen mit ihrem vermeintlich sichersten Schützen, doch Andreas Brehme schoß den Ball über das Tor. Als Reitmaier dann den Elfmeter von Legat halten konnte, war alles wieder offen. Votava verwandelte zum 3:3 und den anschließenden Lauterer-Elfmeter konnte Reck halten. Mario Basler hatte es nun auf den Fuß - und verwandelte eiskalt. Das Halbfinale war erreicht!

Halbfinale: Dynamo Dresden - **SV Werder** 0 : 2 (0-2); 29.000 Z.
09.03.94 **DYN.:** Tschertschessow - Maucksch, Schößler, Kern, Kmetsch, Jähnig, Rath, Nowak, Kranz, Marschall, Fuchs (46. Penksa)
W B: Reck - Bratseth, Wiedener, Beiersdorfer, Wolter, Votava, Neubarth, Herzog (68.Schaaf), Legat, Hobsch, Rufer (90. Harttgen)
SR: Assenmacher/Hürth
T: 0-1 Rufer 18., 0-2 Neubarth 37.

Endspiel: SV Werder - Rot Weiß Essen 3 : 1 (2-0); 76.300 Z.
14. Mai 1994 in Berlin:
W B: Reck - Bratseth, Beiersdorfer, Wolter, Basler (75. Wiedener), Votava, Herzog (84.Borowka), Eilts, Bode, Hobsch, Rufer
RWE: Kurth - Kügler, Jack, Pickenäcker (39. Geschlecht), Margref, Lipinski, Bangoura, Spyrka, Zedi, Reichert (49. Grein), Dondera
SR: Amerell/München
T: 1-0 Beiersdorfer 17., 2-0 Herzog 38., 2-1 Bangoura 50., 3-1 Rufer 88. Elfmeter

DIE FINALSPIELE

13. September 1961

SV Werder Bremen - 1.FC Kaiserslautern

2 : 0 (1-0)

Aufstellungen:

Kokartis
Piontek, Nachtwey, Schimeczek, Schütz
Jagielski, Wilmovius, Schröder
Soya, Hänel, Barth

Schiedsrichter: Sparing (Kassel)

Settelmeyer, Kasperski
Feldmüller, Bauer, Richter, Pulter
Neumann, Miksa, Schneider, Liebrich
Schnarr

Zuschauer: 18.000 in Gelsenkirchen

Tore:	1-0	Schröder	10. min.
	2-0	Jagielski	52. min

Willi Soyas Heber überwindet Lauterns Keeper Schnarr, aber auch das Tor der Pfälzer.

Spielbericht:
Leichter Favorit für den 18. Titel im DFB-Vereinspokal waren die Bremer. Doch auf nassem Boden waren beide Teams gleichwertig. Nach nur 10 Minuten gingen die Bremer in Führung. Schröder hatte aus gut 18 Metern abgezogen. Unhaltbar für Torhüter Schnarr schlug der Ball ein. Doch danach wurden die Pfälzer stärker. Der Bremer Keeper Kokartis verhinderte in dieser Phase mit Glanzleistungen den möglichen Ausgleich. In der 30. Minute wurde Bauer von Schütz und Jagielski im Bremer Strafraum gelegt, doch der Schiedsrichter verlegte das Foul kurz vor den Strafraum. Ein gellendes Pfeifkonzert war zu hören. Weitere gute Möglichkeiten konnte Kokartis glänzend vereiteln. Mit viel Glück führte Werder zur Halbzeit mit 1:0.
Nach dem Wechsel ging Kaiserslautern gleich wieder in die Offensive. Selbst die Abwehrspieler rückten mit auf. Doch der FCK vergaß, nach hinten abzusichern. In der 52. Minute nutzte Jagielski, nach einem herrlichen Kontervorstoß, die Chance zum 2:0. Das Spiel war damit entschieden. Die Lauterer kämpften zwar unverdrossen weiter, doch im Bremer Spiel kehrte Ruhe ein und sie beherrschten den Gegner eindeutig. Es gab zwar noch auf beiden Seiten einige Einschußmöglichkeiten, doch die Torhüter standen auf ihren Posten.
Die größere Routine und Erfahrung setzte sich immer mehr durch. Am Ende gab es am Sieg für den SV Werder nichts mehr zu rütteln.

Helmut Jagielski und ein Lauterer Gegenspieler beim Kopfball.

24. Juni 1989

Borussia Dortmund - **SV Werder Bremen**

4 : 1 (1-1)

Aufstellungen:

de Beer
Kroth, Kutowski, Helmer, MacLeod
Breitzke, Zorc, Möller, Rummenigge
Dickel, Mill

Schiedsrichter: Tritschler (Freiburg)

Neubarth, Riedle
Votava, Hermann, Otten, Eilts
Sauer, Wolter, Bratseth, Schaaf
Reck

Auswechsl.:	BVB:	Lusch für Breitzke	72. min.
		Storck für Dickel	77. min.
	SV W:	Ordenewitz für Otten	55. min.
		Sauer für Burgsmüller	77. min.

Zuschauer: 76.431 im Berliner Olympiastadion

Mit diesem Rechtsschuß bringt Riedle den SV Werder mit 1:0 in Führung,

Tore:	0-1	Riedle	14. min.
	1-1	Dickel	21. min.
	2-1	Mill	58. min.
	3-1	Dickel	71. min.
	4-1	Lusch	74. min.

Gelbe K.: Breitzke u. Möller für BVB / Wolter für Bremen

Spielbericht:
Im ausverkauften Olympiastadion begannen beide Mannschaften vorsichtig. Die Bremer fanden sich zuerst und bestimmten von Minute zu Minute mehr das Spielgeschehen. Ruhig und überlegt spielten sie aus der Abwehr heraus und gingen durch Riedle, der glänzend von Schaaf bedient wurde, mit 1-0 in Führung. Überraschend wurden danach die Dortmunder stärker und brachten das Werder-Tor mehrfach in Gefahr. Der Ausgleich durch Dickel war bereits zu diesem Zeitpunkt verdient. Das Mittelfeld von Dortmund beherrschte nun das Geschehen und setzte die Spitzen hervorragend ein. Nach dem Seitenwechsel wurde der Druck des BVB noch größer. Der überragende Spieler auf dem Feld, Frank Mill, war überall zu finden. Mit der Einwechslung von Ordenewitz hatte Werder 3 Stürmer auf dem Platz. Das Spiel wurde ausgeglichen. Kurz danach mußte Mill auf der Linie retten. Dann aber traf die jetzt offene Bremer Deckung ein eiskalter Konter. Per Kopf erzielte Mill die 2:1-Führung. In der 71. Minute erzielte Dickel nach Maßflanke von Mill das 3:1. Lusch setzte noch einen drauf und der Endstand von 4:1 stand fest. Insgesamt ein verdienter Sieg der Borussia.

Nach der 1:4-Niederlage sitzt der Allgäuer enttäuscht auf dem Rasen des Olympiastadions.

19. Mai 1990

SV Werder Bremen - 1.FC Kaiserslautern

2 : 3 (0-3)

Aufstellungen:

Reck
Bratseth, Borowka, Otten
Wolter, Votava, Harttgen, Eilts, Hermann
Riedle, Rufer

Schiedsrichter: Neuner (Leimen)

Kuntz, Labbadia
Lelle, Dooley, Hotic, Schupp, Scherr
Foda, Friedmann, Stumpf
Ehrmann

FCK-Libero Foda schlägt den Ball aus der Gefahrenzone, im Hintergrund beobachten Eilts und Riedle die Szene.

Auswechsl.:	SV W:	Neubarth für Wolter	35. min.
		Burgsmüller für Borowka	52. min.
	FC K:	Lutz für Friedmann	57. min.
		Roos für Schupp	77. min.

Zuschauer:	76.391 im Berliner Olympiastadion		
Tore:	0-1	Labbadia	19. min.
	0-2	Labbadia	26. min.
	0-3	Kuntz	30. min.
	1-3	Neubarth	54. min.
	2-3	Burgsmüller	72. min.
Gelbe K.:	Foda u. Labbadia für Kaiserslt. / keine für Bremen		

Spielbericht:

Die 76.391 Zuschauer im ausverkauften Olympiastadion fühlten sich beim 47. Pokalfinale an das Vorjahr erinnert, als Werder Bremen - ebenfalls als Favorit ins Rennen gegangen - mit 1:4 gegen Dortmund eingebrochen war. Auch diesmal sah es so aus. Bereits nach einer halben Stunde war die Partie praktisch entschieden. Die Tore für die Pfälzer erzielten Kuntz und zweimal Labbadia. Alle drei Tore entsprangen haarsträubenden Abwehrfehlern. Libero Bratseth ließ sich vom sehr nervösen Schlußmann Reck anstecken. Lediglich Eilts und Harttgen stemmten sich den Lauterern entgegen - an diesem Nachmittag einfach zu wenig. Kaiserslautern beherrschte das Spielgeschehen eindeutig. Nach dem Anschlußtor durch Neubarth war jedoch die Sicherheit aus dem Lauterer Spiel heraus. Bremen kam immer besser ins Spiel und dem eingewechselten Burgsmüller gelang sogar noch das zweite Tor. Es wurde spannend, doch in den verbleibenden 18 Minuten gelang den Bremern kein weiterer Treffer mehr. Die Lauterer konnten damit zum erstenmal den Pokal mit nach Hause nehmen. Für Bremen blieb, wie schon ein Jahr zuvor, auch diesmal nur die Verliererrolle.

Ein deprimierter Dieter Eilts nach der Pleite gegen Kaiserslautern.

22. Mai 1991

SV Werder Bremen - 1.FC Köln

1 : 1 n. V. (0-0, 1-1)

4-3 im Elfmeter-schießen

Aufstellungen:

Reck
Bratseth, Votava, Borowka, Wolter
Eilts, Hermann, Neubarth, Bode
Rufer, Allofs

Schiedsrichter: Schmidhuber (Ottobrunn)

Sturm, Banach
Littbarski, Higl, Andersen, Götz
Jensen, Baumann, Gielchen, Greiner
Illgner

Der entscheidende Elfmeter.
Uli Borowka überwand Bodo Illgner und sicherte Werder den Sieg

Auswechsl.:	SV W:	Harttgen für Neubarth	72. min.
		Sauer für Hermann	75. min.
	Köln:	Heldt für Sturm	60. min.
		Rudy für Andersen	85. min.

Zuschauer: 73.000 im Berliner Olympiastadion

Tore:	1-0	Eilts	48. min.
	1-1	Banach	62. min.

Elfm.-schießen:	1. Rudy verschossen	0-0	Allofs verschossen	0-0
	2. Higl	0-1	Rufer	1-1
	3. Littbarski versch.	1-1	Bratseth	2-1
	4. Banach	2-2	Harttgen	3-2
	4. Götz	3-3	Borowka	4-3

Trainer Rehhagel präsentiert den DFB-Pokal: Im dritten Anlauf gelang der Triumph!

Spielbericht:
Werder stand zum drittenmal hintereinander im Endspiel, diesmal war der 1.FC Köln der Gegner. Diesmal wollten es die Spieler packen, so Mirko Votava vor dem Spiel. Doch die Kölner mischten von Beginn an gut mit. Die erste Hälfte war ziemlich ausgeglichen und von wenigen guten Tormöglichkeiten gekennzeichnet. Kurz nach dem Seitenwechsel dann die Bremer Führung durch Eilts.

Doch die Kölner steckten nicht auf und Maurice Banach gelang wenig später der verdiente Ausgleich. In der restlichen Zeit gelang beiden Teams nicht mehr viel. Es ging in die Verlängerung. Das Spiel wurde zwar etwas besser, doch ein weiteres Tor fiel nicht. Zum zweitenmal in der Geschichte des DFB-Pokals mußte nun ein Elfmeterschießen das Finale entscheiden. Nach je zwei getretenen Elfern stand es 1:1, denn Rudy und Allofs vergaben, Higl und Rufer trafen. Reck wehrte anschließend den Schuß von Littbaeski ab. Danach trafen alle weiteren Spieler. Als letzter trat der Bremer Borowka gegen Illgner an - auch sein Elfmeter saß. Werder gewinnt 4:3 und der Jubel im Bremer Lager kennt keine Grenzen. Zum zweitenmal in seiner Geschichte gewann Bremen den DFB-Vereinspokal!

13. Mai 1994

SV Werder Bremen - Rot Weiß Essen

3 : 1 (2-0)

Aufstellungen:

Reck
Bratseth
Beiersdorfer, Wolter, Votava
Basler, Herzog, Eilts, Bode
Hobsch, Rufer

Schiedsrichter: Amerell (München)

Dondera
Lipinski, Bangoura, Spyrka, Zedi, Reichert
Jack, Pickenäcker, Margref
Kügler
Kurth

Auswechsl.:	SV W:	Wiedener für Basler	75. min.
		Borowka für Herzog	84. min.
	RWE:	Geschlecht für Pickenäcker	39. min.
		Grein für Reichert	49. min.

Zuschauer: 76.391 im Berliner Olympiastadion

Tore:	1-0	Beiersdorfer	17. min.
	2-0	Herzog	38. min.
	2-1	Bangoura	50. min.
	3-1	Rufer (Elfm.)	88. min.

Spielbericht:

Nach 45 Minuten schien schon alles klar in diesem Finale zwischen dem SV Werder und dem Zweitligisten aus Essen. Werder führte bis dahin deutlich mit 2-0 (Tore durch Beiersdorfer und Herzog), mit etwas mehr Glück hätte es auch schon weitaus deutlicher stehen können, zu überlegen war der Bundesligist. Mit schnellem Spiel in die Tiefe brachten die Norddeutschen die Essener immer wieder in arge Verlegenheit. RWE spielte sehr zurückhaltend. Für die nächsten 45 Minuten mußte man ein Debakel für den Zweitligisten erwarten.

Doch es kam ganz anders. Der Schwung der Hanseaten war plötzlich dahin. Dieses lag an dem überraschenden Anschlußtreffer durch Bangoura in der 50. Minute. RWE lieferte nun einen bedingungslosen Fight und hätte eine Verlängerung, vielleicht sogar den Pokalsieg redlich verdient gehabt. Etliche klare Tormöglichkeiten wurden durch Torwart Reck zunichte gemacht. Das Spiel der Bremer krankte, Basler war in der 2. Halbzeit ein Totalausfall. Erst kurz vor Ende erlöste Wynton Rufer den Favoriten. Nachdem sein Schuß nur mit der Hand von einem Essener Spieler von der Linie geschlagen werden konnte, zeigte Schiedsrichter Amerell (ein ausgezeichneter Referee) auf den Elfmeterpunkt. Rufer ließ sich diese Chance nicht entgehen und schoß eiskalt zum 3:1-Endstand ein. Damit ging der Pott erneut an den SV Werder Bremen.

Rune Bratseths würdiger Abschied.
Mit dem Pokalsieg verabschiedete er sich in Richtung Norwegen.

Pokalstatistik

Jahr	Spiele	S	U	N	Tore	Diff.	H	A	F
1935:	1	-	-	1	4 - 5	- 1	1		
1936:	4	3	-	1	12 - 9	+ 3	2	2	
1937:	2	1	-	1	8 - 6	+ 2	1	1	
1938:	2	1	-	1	4 - 4	0	1	1	
1940:	2	1	-	1	2 - 5	- 3		2	
1941:	2	1	-	1	3 - 3	0	1	1	
1942:	5	4	-	1	17 - 6	+ 11	3	2	
1961:	4	4	-	-	9 - 4	+ 5	2	1	1
1963:	3	2	-	1	5 - 5	0	2	1	
1964:	1	-	-	1	0 - 2	- 2	1		
1965:	1	-	-	1	0 - 1	- 1		1	
1966:	3	2	-	1	7 - 3	+ 4	2	1	
1967:	4	1	2	1	6 - 6	0	2	2	
1968:	1	-	-	1	2 - 4	- 2		1	
1969:	3	2	-	1	7 - 4	+ 3	1	2	
1970:	3	1	2[a]	-	4 - 2	+ 2	1	2	
1971:	1	-	-	1	1 - 3	- 2		1	
1972:	8	5	-	3	20 - 9	+ 11	4	4	
1973:	8	4	2	2	22 - 15	+ 7	4	4	
1974:	3	1	1	1	5 - 5	0	2	1	
1975:	6	4	1	1	21 - 7	+ 14	3	3	
1976:	1	-	-	1	0 - 3	- 3	1		
1977:	4	3	-	1	11 - 3	+ 8	3	1	
1978:	6	5	-	1	15 - 4	+ 11	2	4	
1979:	2	1	-	1	7 - 3	+ 4	2		
1980:	2	1	-	1	1 - 2	- 1	1	1	
1981:	5	3	1	1	15 - 11	+ 4	2	3	
1982:	5	4	-	1	10 - 3	+ 7	3	2	
1983:	2	1	-	1	6 - 4	+ 2		2	
1984:	5	4	-	1	14 - 5	+ 9	2	3	
1985:	4	3	-	1	14 - 4	+ 10	1	3	
1986:	3	2	-	1	11 - 2	+ 9		3	
1987:	2	-	1	1[b]	0 - 0	0	1	1	
1988:	6	4	1	1	16 - 8	+ 8	2	4	
1989:	6	5	-	1	17 - 8	+ 9	3	2	1
1990:	6	5	-	1	14 - 7	+ 7	2	3	1
1991:	7	6[c]	1	-	18 - 8	+ 10	3	3	1
1992:	5	4	-	1[d]	13 - 4	+ 9	3	2	
1993:	5	4	-	1	18 - 4	+ 14	2	3	
1994:	6	6[e,f]	-	-	14 - 7	+ 7	3	2	1

Zeichen:

a => Das Spiel gg. Alem. Aachen (Losentscheid: Niederlage) wird als Unentschieden gewertet!

b => Das Spiel gg. Alem. Aachen (7-6 für Aachen nach Elfmeterschießen) wird als Niederlage gewertet!

c => Das Spiel gg. 1.FC Köln (4-3 für Bremen nach Elfmeterschießen) wird als Sieg gewertet!

d => Das Spiel gg. Hannover 96 (6-5 für Hannover nach Elfmeterschießen) wird als Niederlage gewertet!

e => Das Spiel in Offenbach (5-3 für Bremen nach Elfm.-schießen) wird als Sieg gewertet!

f => Das Spiel gegen Kaiserslautern (4-3 für Bremen nach Elfm.-schießen) wird als Sieg gewertet!

Gesamt:	149 Spiele:	- Siege	98
		- Unentschieden	12
		- Niederlagen	39
		- Tore	373 - 198
		- Tordifferenz	+ 175
		- Heimspiele	69
		- Auswärtssp.	75
		- Endspiele	5

Die Pokalspiele im Überblick

Zeichen: R = Rundenangabe (1 - 4); (W = Wiederholungsspiel)
(A = Achtelfinale / V = Viertelfinale / H = Halbfinale / E = Endspiel)

	Saison	R	Spielpaarung	Ergebnis	
1.	1935	1	**SV Werder** - Hamburger SV	4 : 5	
2.	1936	1	Algermissen 1911 - **SV Werder**	1 : 4	
3.		2	**SV Werder** - Rot Weiß Oberhausen	3 : 2	n. V.
4.		3	Wacker 04 Berlin - **SV Werder**	1 : 3	
5.		4	**SV Werder** - Schalke 04	2 : 5	
6.	1937	1	RSV Harburg - **SV Werder**	2 : 5	
7.		2	**SV Werder** - Borussia Dortmund	3 : 4	n. V.
8.	1938	1	SpVgg Röhlinghausen - **SV Werder**	1 : 2	
9.		2	**SV Werder** - Rot Weiß Essen	2 : 3	
10.	1940	1	Blau Weiß 90 Berlin - **SV Werder**	1 : 2	
11.		2	Schalke 04 - **SV Werder**	4 : 0	
12.	1941	1	TV Eimsbüttel - **SV Werder**	1 : 2	
13.		2	**SV Werder** - Holstein Kiel	1 : 2	
14.	1942	1	**SV Werder** - Victoria Hamburg	5 : 1	
15.		2	VfL Köln 99 - **SV Werder**	1 : 2	
16.		3	**SV Werder** - Kickers Offenbach	6 : 1	
17.		V	**SV Werder** - LSV Stettin	4 : 1	
18.		H	Schalke 04 - **SV Werder**	2 : 0	
19.	60/61	1	1.FC Saarbrücken - **SV Werder**	0 : 1	
20.		2	**SV Werder** - 1.FC Köln	3 : 2	
21.		H	**SV Werder** - Karlsruher SC	3 : 2	n. V.
22.		E	**SV Werder** - 1.FC Kaiserslautern	2 : 0	
23.	62/63	1	**SV Werder** - VfB Lohberg	4 : 3	
24.		2	**SV Werder** - Tasmania Berlin	1 : 0	
25.		3	Borussia Dortmund - **SV Werder**	2 : 0	
26.	63/64	1	**SV Werder** - Schalke 04	0 : 2	
27.	64/65	1	FSV Mainz 05 - **SV Werder**	1 : 0	
28.	65/66	1	**SV Werder** - TSV 1860 München	4 : 0	
29.		2	**SV Werder** - Concordia Hamburg	2 : 0	
30.		V	1.FC Kaiserslautern - **SV Werder**	3 : 1	
31.	66/67	1	Hessen Kassel - **SV Werder**	2 : 2	n. V.
32.		W	**SV Werder** - Hessen Kassel	2 : 1	n. V.

	Saison	R	Spielpaarung	Ergebnis	
33.		2	Borussia Neunkirchen - **SV Werder**	1 : 1	n. V.
34.		W	**SV Werder** - Bor. Neunkirchen	1 : 2	
35.	67/68	1	SV Völklingen - **SV Werder**	4 : 2	
36.	68/69	1	Rot Weiß Essen - **SV Werder**	1 : 2	
37.		2	**SV Werder** - Eintr. Braunschweig	5 : 0	
38.		3.	1.FC Kaiserslautern - **SV Werder**	3 : 0	
39.	69/70	1	Tennis Borussia Berlin - **SV Werder**	0 : 2	
40.		2	Alemannia Aachen - **SV Werder**	1 : 1	n. V.
41.		W	**SV Werder** - Alem. Aachen	1 : 1	n. V.
			Sieger durch Losentscheid: Alem. Aachen!		
42.	70/71	1	Fortuna Düsseldorf - **SV Werder**	3 : 1	n. V.
43.	71/72	1	SpVgg Pyrmont - **SV Werder**	1 : 4	
44.			**SV Werder** - SpVgg Pyrmont	6 : 0	
45.		2	**SV Werder** - Hamburger SV	4 : 2	
46.			Hamburger SV - **SV Werder**	1 : 0	
47.		3	Hannover 96 - **SV Werder**	0 : 2	
48.			**SV Werder** - Hannover 96	2 : 1	
49.		H	1.FC Kaiserslautern - **SV Werder**	2 : 1	
50.			**SV Werder** - Kaiserslautern	1 : 2	
51.	72/73	1	Wacker 04 Berlin - **SV Werder**	1 : 5	
52.			**SV Werder** - Wacker 04 Berlin	4 : 0	
53.		2	VfL Bochum - **SV Werder**	4 : 4	
54.			**SV Werder** - VfL Bochum	2 : 1	
55.		3	**SV Werder** - Hertha BSC Berlin	2 : 0	
56.			Hertha BSC - **SV Werder**	2 : 2	
57.		H	**SV Werder** - Bor. Mönchengladbach	1 : 3	
58.			Bor. Mönchengladbach - **SV Werder**	4 : 2	
59.	73/74	1	VfL Bochum - **SV Werder**	2 : 2	n. V.
60.		W	**SV Werder** - Bochum	2 : 1	
61.		2	**SV Werder** - Bayern München	1 : 2	
62.	74/75	1	**SV Werder** - BSC Grünhöfe	11 : 1	
63.		2	VfL Wolfsburg - **SV Werder**	1 : 4	
64.		3	**SV Werder** - FC Augsburg	2 : 2	n. V.
65.		W	FC Augsburg - **SV Werder**	1 : 2	
66.		4	VfB Eppingen - **SV Werder**	0 : 2	
67.		V	**SV Werder** - MSV Duisburg	0 : 2	
68.	75/76	1	**SV Werder** - Bor. Mönchengladbach	0 : 3	
69.	76/77	1	**SV Werder** - Südwest Ludwigshafen	4 : 0	
70.		2	**SV Werder** - Wattenscheid 09	4 : 1	
71.		3	**SV Werder** - Bayer 04 Leverkusen	3 : 0	

	Saison	R	Spielpaarung	Ergebnis	
72.		A	Bayer 05 Uerdingen - **SV Werder**	2 : 0	
73.	77/78	1	Blumenthaler SV - **SV Werder**	1 : 5	
74.		2	Röchling Völklingen - **SV Werder**	0 : 4	
75.		3	DSC Wanne-Eickel - **SV Werder**	0 : 2	
76.		4	**SV Werder** - TSV 1860 München	2 : 1	
77.		V	**SV Werder** - Bor. Mönchengladbach	2 : 1	
78.		H	1.FC Köln - **SV Werder**	1 : 0	
79.	78/79	1	**SV Werder** - SV Holzwickede	5 : 0	
80.		2	**SV Werder** - Eintr. Frankfurt	2 : 3	
81.	79/80	1	Alemannia Aachen - **SV Werder**	0 : 1	
82.		2	**SV Werder** - Hertha BSC Berlin	0 : 2	
83.	80/81	1	**SV Werder** - Viktoria Köln	6 : 3	n. V.
84.		2	Hannover 96 - **SV Werder**	5 : 5	n. V.
85.		W	**SV Werder** - Hannover 96	1 : 0	
86.		3	FC Augsburg - **SV Werder**	1 : 3	
87.		4	Fortuna Düsseldorf - **SV Werder**	2 : 0	
88.	81/82	1	**SV Werder** - 1.FC Kaiserslautern	1 : 0	
89.		2	FSV Salmrohr - **SV Werder**	0 : 3	
90.		3	SV Darmstadt 98 - **SV Werder**	1 : 3	
91.		4	**SV Werder** - SpVgg Bayreuth	2 : 0	
92.		V	**SV Werder** - Bayern München	1 : 2	n. V.
93.	82/83	1	Offenburger FV - **SV Werder**	1 : 4	
94.		2	Hamburger SV - **SV Werder**	3 : 2	
95.	83/84	1	**SV Werder** - SV Darmstadt 98	5 : 0	
96.		2	ASV Burglengenfeld - **SV Werder**	0 : 3	
97.		3	Alemannia Aachen - **SV Werder**	0 : 1	n. V.
98.		V	**SV Werder** - VfB Stuttgart	1 : 0	
99.		H	Bor. Mönchengladbach - **SV Werder**	5 : 4	n. V.
100.	84/85	1	OSC Bremerhaven - **SV Werder**	0 : 4	
101.		2	**SV Werder** - Darmstadt 98	5 : 0	
102.		3	SC Jülich 1910 - **SV Werder**	2 : 4	
103.		4	Bayer 05 Uerdingen - **SV Werder**	2 : 1	
104.	85/86	1	SV Weil - **SV Werder**	0 : 7	
105.		2	DSC Wanne-Eickel - **SV Werder**	0 : 4	
106.		3	VfB Stuttgart - **SV Werder**	2 : 0	
107.	86/87	1	**SV Werder** - Alemannia Aachen	0 : 0	n. V.
108.		W	Alem. Aachen - **SV Werder**	0 : 0	n. V.
			Elfmeterschießen: 7 - 6 für Alem. Aachen!		
109.	87/88	1	TSV Verden - **SV Werder**	0 : 4	

Saison		R	Spielpaarung	Ergebnis	
110.		2	VfL Wolfsburg - **SV Werder**	4 : 5	n. V.
111.		3	1.FC Pforzheim - **SV Werder**	1 : 1	n. V.
112.		W	**SV Werder** - 1.FC Pforzheim	3 : 1	
113.		V	Viktoria Aschaffenburg - **SV Werder**	1 : 3	
114.		H	**SV Werder** - Eintr. Frankfurt	0 : 1	
115.	88/89	1	**SV Werder** - Hannover 96	4 : 1	
116.		2	**SV Werder** - SpVgg Bayreuth	6 : 1	
117.		3	**SV Werder** - Fortuna Köln	3 : 1	n. V.
118.		V	Hamburger SV - **SV Werder**	0 : 1	
119.		H	Bayer 04 Leverkusen - **SV Werder**	1 : 2	
120.		E	Borussia Dortmund - **SV Werder**	4 : 1	
121.	89/90	1	FC St. Pauli - **SV Werder**	1 : 2	
122.		2	Stuttgarter Kickers - **SV Werder**	2 : 3	
123.		3	TSV 1860 München - **SV Werder**	1 : 2	
124.		V	**SV Werder** - VfB Stuttgart	3 : 0	
125.		H	**SV Werder** - Eintr. Braunschweig	2 : 0	
126.		E	1.FC Kaiserslautern - **SV Werder**	3 : 2	
127.	90/91	1	SpVgg Weiden - **SV Werder**	1 : 2	
128.		2	**SV Werder** - FC St. Pauli	2 : 0	
129.		3	**SV Werder** - Schalke 04	3 : 1	
130.		V	Hessen Kassel - **SV Werder**	0 : 2	
131.		H	Eintr. Frankfurt - **SV Werder**	2 : 2	n. V.
132.		W	**SV Werder** - E. Frankfurt	6 : 3	
133.		E	**SV Werder** - 1.FC Köln	1 : 1	n. V.
			Elfmeterschießen: 4 - 3 für Werder Bremen!		
134.	91/92	2	**SV Werder** - Hamburger SV	3 : 1	
135.		3	Fort. Düsseldorf - **SV Werder**	1 : 3	
136.		4	**SV Werder** - Dynamo Dresden	4 : 1	
137.		V	**SV Werder** - 1.FC Kaiserslautern	2 : 0	
138.		H	Hannover 96 - **SV Werder**	1 : 1	n. V.
			Elfmeterschießen: 6 - 5 für Hannover 96!		
139.	92/93	1	SC Jülich 1910 - **SV Werder**	1 : 5	n. V.
140.		2	SpVgg Beckum - **SV Werder**	0 : 7	
141.		3	**SV Werder** - FSV Mainz 05	3 : 1	
142.		4	**SV Werder** - Borussia Dortmund	2 : 0	
143.		V	Chemnitzer FC - **SV Werder**	2 : 1	n. V.
		1	*Freilos!*		
144.	93/94	2	**SV Werder** - Stuttg. Kickers	2 : 1	n. V.
145.		3	Kickers Offenbach - **SV Werder**	1 : 1	n. V.
			Elfmeterschießen: 5 - 3 für Werder Bremen!		
146.		4	**SV Werder** - Hamburger SV	4 : 2	
147.		V	**SV Werder** - 1.FC Kaiserslautern	2 : 2	n. V.
			Elfmeterschießen: 4 - 3 für Werder Bremen!		
148.		H	Dynamo Dresden - **SV Werder**	0 : 2	
149.		E	**SV Werder** - Rot Weiß Essen	3 : 1	

Die Pokalgegner auf einen Blick

Verein	SP	S	U	N	Tore			Jahr
Alem. Aachen	6	2	4	-	4	-	2	69/70 L: N, 79/80 x, 83/84 x, 86/87 o
Algermissen 1911	1	1	-	-	4	-	1	1936 x
FC Augsburg	3	2	1	-	7	-	4	74/75 x, 80/81 x
Vikt. Aschaffenburg	1	1	-	-	3	-	1	87/88 x
SpVgg Bad Pyrmont	2	2	-	-	10	-	1	71/72 x
SpVgg Bayreuth	2	2	-	-	8	-	1	81/82 x, 88/89 x
Hertha BSC Berlin	3	1	1	1	4	-	4	72/73 x, 79/80 o
BW 90 Berlin	1	1	-	-	2	-	1	1940 x
Tasmania Berlin	1	1	-	-	1	-	0	62/63 x
Tennis Bor. Berlin	1	1	-	-	2	-	0	69/70 x
Wacker 04 Berlin	3	3	-	-	12	-	2	1936 x, 72/73 x, 73/74 x
Blumenthaler SV	1	1	-	-	5	-	1	77/78 x
E. Braunschweig	2	2	-	-	7	-	0	68/69 x, 89/90 x
OSC Bremerhaven	1	1	-	-	4	-	0	85/86 x
Burglengenfeld	1	1	-	-	3	-	0	83/84 x
Chemnitzer FC	1	-	-	1	1	-	2	92/93 o
Darmstadt 98	3	3	-	-	13	-	1	81/82 x, 83/84 x, 85/86 x
Bor. Dortmund	4	1	-	3	6	-	10	1937 o, 62/63 o, 88/89 Fo, 92/93 x
Dynamo Dresden	2	2	-	-	6	-	1	91/92 x, 93/94 x
MSV Duisburg	1	-	-	1	0	-	2	74/75 o
Fort. Düsseldorf	3	1	-	2	4	-	6	70/71 o, 80/81 o, 91/92 x
TV Eimsbüttel	1	1	-	-	2	-	1	1941 x
VfB Eppingen	1	1	-	-	2	-	0	74/75 x
RW Essen	3	2	-	1	7	-	5	1938 o, 68/69 x, 93/94 Fx
Eintr. Frankfurt	4	1	1	2	10	-	9	78/79 o, 87/88 o, 90/91 x
BSC Grünhöfe	1	1	-	-	11	-	1	74/75 x
Concordia Hamburg	1	1	-	-	2	-	0	65/66 x
Victoria Hamburg	1	1	-	-	5	-	1	1942 x
Hamburger SV	7	4	-	3	20	-	14	1935 o, 71/72 x, 82/83 o, 88/89 x, 91/92 x, 93/94 x
Hannover 96	6	4	1	1	15	-	8	71/72 x, 80/81 x, 88/89 x, 91/92 o
RSV Harburg	1	1	-	-	5	-	2	1937 x
SV Holzwickede	1	1	-	-	5	-	0	78/79 x
SC Jülich 1910	2	2	-	-	9	-	3	85/86 x, 92/93 x
1.FC Kaiserslautern	9	4	-	5	12	-	15	60/61 x, 65/66 o, 68/69 o, 71/72 o, 81/82 x, 89/90 Fo, 91/92 x, 93/94 x
Karlsruher SC	1	1	-	-	3	-	2	60/61 x
Hessen Kassel	2	1	1	-	4	-	3	66/67 x
Holstein Kiel	1	-	-	1	1	-	2	1941 o
1.FC Köln	3	2	-	1	4	-	4	60/61 x, 77/78 o, 90/91 Fx
Fortuna Köln	1	1	-	-	3	-	1	88/89 x
VfL Köln 99	1	1	-	-	2	-	1	1942 x
Viktoria Köln	1	1	-	-	6	-	3	80/81 x

Verein	SP	S	U	N	Tore	Jahr
Bayer Leverkusen	2	2	-	-	5 - 1	76/77 x, 88/89 x
VfB Lohberg	1	1	-	-	4 - 3	62/63 x
Südw. Ludwigshafen	1	1	-	-	4 - 0	76/77 x
FSV Mainz 05	2	1	-	1	3 - 2	64/65 o, 92/93 x
B. Mönchengladbach	5	1	-	4	9 - 21	72/73 o, 75/76 o, 77/78 x, 84/85 o
Bayern München	2	-	-	2	2 - 4	73/74 o, 81/82 o
TSV 1860 München	3	3	-	-	8 - 2	65/66 x, 77/78 x, 89/90 x
Bor. Neunkirchen	2	-	1	1	2 - 3	66/67 o
RW Oberhausen	1	1	-	-	3 - 2	1936 x
Kick. Offenbach	2	2	-	-	7 - 2	1942 x, 93/94 x
Offenburger FV	1	1	-	-	4 - 1	82/83 x
FC St. Pauli	2	2	-	-	4 - 1	89/90 x, 90/91 x
1.FC Pforzheim	2	1	1	-	4 - 2	87/88 x
SpVgg Röhlinghausen	1	1	-	-	2 - 1	1938 x
FSV Salmrohr	1	1	-	-	3 - 0	81/82 x
1.FC Saarbrücken	1	1	-	-	1 - 0	60/61 x
Schalke 04	5	1	-	4	5 - 14	1936 o, 1940 o, 1942 o 63/64 o, 90/91 x
LSV Stettin	1	1	-	-	4 - 1	1942 x
VfB Stuttgart	3	2	-	1	4 - 2	83/84 x, 86/87 o, 89/90 x
Stuttg. Kickers	2	2	-	-	5 - 3	89/90 x, 93/94 x
Bayer Uerdingen	2	-	-	2	1 - 4	76/77 o, 85/86 o
TSV Verden	1	1	-	-	4 - 0	87/88 x
Röchl. Völklingen	2	1	-	1	6 - 4	67/68 o, 77/78 x
Wanne Eickel	2	2	-	-	6 - 0	77/78 x, 86/87 x
Wattenscheid 09	1	1	-	-	4 - 1	76/77 x
SpVgg Weiden	1	1	-	-	2 - 1	90/91 x
SV Weil	1	1	-	-	7 - 0	86/87 x
VfL Wolfsburg	2	2	-	-	9 - 5	74/75 x, 87/88 x

Legende:

x	=>	gewonnen, eine Runde weiter
o	=>	verloren, ausgeschieden
L:N	=>	Losniederlage
Fo/x	=>	Finale: gewonnen/verloren

Spieler - ABC

[geführt ab der Saison 1960/61; Spiel Nr. 19]

Spieler	Spiele	Tore
Allofs	12	7
Assauer	28	2
Barth	3	0
Basler	5	0
Baumann	3	0
Beiersdorfer	9	2
Bernard	25	0
Björnmose	9	0
Bockenfeld	14	2
Bode	22	6
Böhnke	3	0
Bordel	2	0
Borowka	35	1
Bracht	31	6
Bratseth	40	4
Brexendorf	3	0
Burdenski, D.	51	0
Burgsmüller	12	6
Coordes	4	0
Danielsen	7	2
Dausmann	1	2
Deterding	1	0
Dietrich	6	0
Dudjahn	1	0
Eilts	29	3
Erkenbrecher	5	3
Ferner	14	2
Fichtel	14	1
Geils	14	0
Glowacz	2	0
Görts	45	13
Götz	1	0
Gruber	11	4
Gundelach	1	0
Haack	1	0
Hänel	11	4
Hanses	1	0
Harttgen	15	2
Hasebrink	18	10
Haskamp	1	0
Hermann	37	2
Herzog	7	3
Hiller	14	0
Hobsch	6	1
Höttges	44	11

Spieler	Spiele	Tore
Jagielski	7	1
Jank	5	0
Jung	1	0
Kamp	52	6
Klausmann	3	0
Klöckner	3	0
Knop	1	0
Kohn	8	10
Kokartis	4	0
Konschal	19	0
Kontny	11	0
Kostedde	9	7
Kutzop	11	1
Lambertz	7	0
Laumen	14	6
Legat	12	1
Lent van	1	0
Linz	2	0
Lorenz, Bernd	1	0
Lorenz, Max	16	0
Loweg	1	0
Maszthaler	1	0
MatMeier	33	10
Meininger	9	1
Mense	3	0
Meyer, Dieter.	4	3
Meyer, Herbert	2	0
Möhlmann	26	10
Müllner	1	0
Nachtwey	5	0
Neubarth	37	25
Neuberger	16	5
Offermanns	4	0
Ohling	6	4
Okudera	16	0
Ordenewitz	19	5
Otten	40	3
Petrovic	2	1
Pezzey	10	2
Piontek	19	0
Podlich	3	0
Rautiainen	4	0
Reck	41	0
Reinders	29	16
Riedle	16	9
Röber	20	10

Spieler	Spiele	Tore
Roentved	22	3
Rollmann	1	0
Rufer	27	20
Ruländer	6	0
Rupp	4	2
Sauer	17	0
Schaaf	36	2
Schildt	3	0
Schimeczek	12	1
Schlief	1	0
Schlindwein	1	0
Schmidt, Bernd	19	1
Schröder	3	2
Schulz	2	0
Schütz, Arnold	25	4
Schweighöfer	3	1
Sidka	12	5
Siegmann	20	0
Skogheim	1	0
Soya	8	1
Sunday	1	0
Thelen	2	1
Thygesen	4	3
Tippelt	1	0
Völler	11	5
Voss, Albert	1	0
Votava	44	2
Weber	4	0
Weist	19	10
Wenschlag	1	0
Wessel	1	0
Wiedener	4	0
Wilmovius	4	1
Wolter	33	0
Wunder	4	4
Zebrowski	12	2
Zembski	27	3

STAND: Ende Saison 1993/94!

DFB - Pokal Mosaik

	SV WERDER		POKALGEGNER	

1.) Eigentore:

SV Werder		Pokalgegner	
- Steinmann	(01.08.70/Aachen)	- Buchberger/Hertha BSC	(14.04.73)
- Klausmann	(08.02.75/Augsburg)	- Langensteg/Ludwigshafen	(07.08.76)
- Burdenski	(08.02.75/Augsburg)	- Werthmüller/Völklingen	(19.08.77)
- Assauer	(02.08.75/Gladbach)	- Hartwig/60 München	(19.11.77)
- Siegmann	(30.07.77/Blumenthal)	- Bieler/Weil	(25.08.85)
- Hanses	(24.09.88/Bayreuth)	- Ansorge/Wolfsburg	(21.11.87)
		- Gründel/Frankfurt	(25.04.81)
		- Haber/Kaiserslautern	(03.12.91)
		- Herzberger/Stuttg. Kick.	(24.08.93)

2.) Elfmeter:

SV Werder		Pokalgegner	
verwandelt:		verwandelt:	
- Reinders	6	Biatluch/VfB Lohberg	09.06.63
- Höttges	5	Fritzsche/H. Kassel	26.01.67
- Röber	3	Herzog/F. Düsseldorf	12.12.70
- Rufer	3	Schatzschneider/Hannover	04.10.80
- Hasebrink	2	Balte/Bochum	03.03.73
- Schütz, Arnold	2	Lorant/E. Frankfurt	23.09.78
- Kutzop	1	Plagge/Wolfsburg	21.11.87
- Sidka	1	Baffoe/Fort. Köln	09.12.88
- Möhlmann	1		
- Schütz, Anton	1		
- Hänel	1		
- Kohn	1		
- Legat	1		
verschossen:		verschossen:	
- Borowka	1	-	
- Reinders	1		

3.) Rote Karten:

SV Werder		Pokalgegner	
- Linz	(25.08.79/Aachen)	- Yeboah/E. Frankfurt	(25.04.91)
- Kutzop	(21.11.87/Wolfsburg)	- Sassen/Hamburger SV	(26.10.93)
- Eilts	(23.09.89/Stuttg. K.)	- Ehrmann/Kaiserslautern	(09.02.94)

4.) Gelb-Rote Karten:

SV Werder		Pokalgegner
- Herzog	(02.12.92/Chemnitz)	-

Norddeutscher Pokal

Im Norddeutschen Pokalwettbewerb wurden die Mannschaften ermittelt, die dann anschließend am DFB - Vereinspokal teilnehmen durften!

o Die einzelnen Runden im Norddeutschen Pokal:

1952/53:	Runde 1	26.05.52	SV Cuxhaven - **SV Werder**		2 : 1
1953/54:	Runde 1		keine Spielpaarung bekannt!		
	Runde 2	07.06.53	Hamburger EC - **SV Werder**		3 : 0
1954/55:	Runde 1		keine Spielpaarung bekannt; die 1. Runde wurde jedoch nicht siegreich gestaltet!		
1955/56:	Runde 1		keine Spielpaarung bekannt!		
	Runde 2	25.06.55	Bremer SV - **SV Werder**		0 : 11
	Runde 3	19.08.55	**SV Werder** - Bremerhaven 93		1 : 0
	Halbf.	16.12.55	Holstein Kiel - **SV Werder**		3 : 0
1956/57:	Runde 1	22.12.56	**SV Werder** - TuS Arsten		6 : 0
	Runde 2	26.01.57	E. Braunschweig - **SV Werder**	n. V.	6 : 4
1957/58:	Runde 1	27.04.58	**SV Werder** - Polizei Bremen		6 : 0
	Runde 2	11.05.58	**SV Werder** - Eintr. Nordhorn		6 : 5
	Runde 3	01.06.58	TSV Lebenstedt - **SV Werder**		1 : 4
	Halbf.	07.06.58	**SV Werder** - VfL Osnabrück	n. V.	2 : 2
	Wied.	17.06.58	VfL Osnabrück - **SV Werder**		3 : 1
1958/59:	Runde 1		keine Spielpaarung bekannt!		
	Runde 2	05.08.58	Hamburger SV - **SV Werder**		9 : 1
1959/60:	Runde 1		Freilos!		
	Runde 2		Freilos!		
	Viert.		Freilos!		
	Halbf.	03.08.60	**SV Werder** - VfR Neumünster		3 : 2
	Finale	06.08.60	**SV Werder** - Hamburger SV		2 : 4
1960/61:	Runde 1	23.10.60	**SV Werder** - TSV Einfeld		12 : 1
	Runde 2	05.03.61	**SV Werder** - FC St. Pauli		5 : 0
	Runde 3	15.04.61	Grün Weiß Hamburg - **SV Werder**		0 : 2
	Die Teilnahme an der 1. Hauptrunde des DFB-Pokals wurde damit erreicht!				
1961/62:	Runde 1	17.12.61	Bremerhaven 93 - **SV Werder**		2 : 3
	Runde 2	26.12.61	**SV Werder** - VfR Neumünster		4 : 1
	Runde 3	31.05.62	**SV Werder** - Holstein Kiel		2 : 5
1962/63:	Runde 1	23.12.62	Hameln 07 - **SV Werder**		1 : 7
	Runde 2	30.12.62	TSV Ottersberg - **SV Werder**		0 : 5
	Runde 3	24.02.63	**SV Werder** - VfV Hildesheim		5 : 0
	Die Teilnahme an der 1. Hauptrunde des DFB-Pokals wurde damit erreicht!				

Ab der Saison 1963/64 ist der SV Werder Bremen als Bundesligaverein automatisch für die 1. Hauptrunde im DFB - Vereinspokal qualifiziert!

Deutscher Supercup

Deutscher Supercup

1988

SV Werder Bremen - Eintracht Frankfurt

2 : 0 (1-0)

WERDER:

Reck
Borowka, Sauer, Kutzop, Otten (46.Meier)
Schaaf, Votava, Hermann, Neubarth
Riedle, Ordenewitz (46.Burgsmüller)

EINTRACHT:

Stein
Sievers ,Binz, Körbel, Studer
Schulz, Hobday (46.Roth), Schlindwein, Heidenreich (57.Balzis)
Andersen, Gründel

SCHIEDSRICHTER: Assenmacher (Fischenich);

TORE: 1-0 Riedle 24., 2-0 Burgsmüller 90.;

ZUSCHAUER: 20.500 am 20.07. in Frankfurt

1991

Halbfinale:	30.07. in Rostock:	Hansa Rostock - 1.FC Kaiserslautern	1 : 2
	31.07. in Osnabrück:	Stahl Eisenhüttenstadt - W. Bremen	0 : 1

1.FC Kaiserslautern - SV Werder Bremen

3 : 1 (1-0)

KAISERSLAUTERN

Serr
Kuntz, Roos, Schäfer, Lelle
Dooley (68.W. Funkel), Haber, Hoffmann, Goldbaek (75.Lutz)
Degen, Winkler

BREMEN:

Reck
Votava, Schaaf, Borowka
Eilts, Bode, Kl. Allofs, Hermann, Legat
Kohn (46.Rufer), Wenschlag (46.Harttgen)

SCHIEDSRICHTER: Wiesel (Ottbergen);

TORE: 1-0 Degen 27., 2-0 Degen 65., 2-1 Rufer 88., 3-1 Winkler 90.

ZUSCHAUER: 8.000 am 06.08. in Hannover

1993

SV Werder Bremen - Bayer Leverkusen

2 : 2 n.V. (0-0, 1-1)

[7 - 6 nach Elfmeterschießen]

BREMEN:

Reck
Beiersdorfer (46.Basler), Neubarth, Borowka
Wolter, Bode (106.Wiedener), Votava, Herzog, Eilts
Hobsch, Rufer

BAYER:

Vollborn
Wörns, Foda, Melzig (77.Becker)
Fischer, Lupescu, Schuster, Hapal, Sergio
Thom (46.Happe), Kirsten

SCHIEDSRICHTER: Amerell (München)

TORE: 0-1 Fischer 61., 1-1 Hobsch 90., 2-1 Rufer 92. Elfmeter, 2-2 Kirsten 97.

ZUSCHAUER: 14.000 am 01.08.93 in Leverkusen

ELFMETERSCH.: 1-0 Herzog, 1-1 Hapal; 2-1 Votava, 2-2 Kirsten; 3-2 Rufer, 3-3 Lupescu; 4-3 Basler, 4-4 Foda; 5-4 Borowka, 5-5 Schuster; 6-5 Wiedener, 6-6 Becker; 7-6 Wolter; Happe (von Reck gehalten!);

GESAMTÜBERSICHT

Spieleinsätze / erzielte Tore

Spieler	1.BL	EC	Pokal	Oberl.	2.BL	GESAMT
Ackerschott				228-3		228-3
Ahrbecher				3-0		3-0
Allofs	78-18	10-2	12-7			100-27
Alm				21-0		21-0
Aslund	19-4					19-4
Assauer	188-4		28-2			216-6
Baier				1-0		1-0
Barth		4-2	3-0	101-36		108-38
Basler	29-5	9-2	5-0			43-7
Baumann	21-3		3-0			24-3
Behrens	16-4				6-1	22-5
Beiersdorfer	61-5	12-0	9-2			82-7
Bergdorf				1-0		1-0
Bering				44-10		44-10
Bernard	287-0	4-0	25-0			316-0
Bester	5-0	2-1				7-1
Björnmose	137-21		9-0			146-21
Block				9-0		9-0
Böhm	1-0					1-0
Böhnke	25-1	4-0	3-0		1-0	33-1
Bockenfeld	94-2	19-2	14-2			127-6
Bode	138-30	26-9	22-6			186-45
Bordel	18-0	2-0	2-0			22-0
Borowka	204-8	35-0	35-1			274-9
Bosse				1-0		1-0
Bracht	272-24	4-0	31-6		37-2	344-32
Bratseth	229-12	44-4	40-4			313-20
Brexendorf	11-0		3-0			14-0
Broschat				61-1		61-1
Brünglinghaus				61-2		61-2
Brunkhorst				2-0		2-0
Burdenski, D.	444-1	16-0	51-0		35-0	546-1
Burdenski, H.				140-22		140-22
Burgsmüller	115-34	14-3	12-6			141-43
Cajkowski				33-12		33-12
Coordes	50-1		4-0			54-1
Dammers				79-1		79-1
Danielsen	131-17	2-2	7-2			140-21
Daras	4-0					4-0
Dausmann	14-5		1-2			15-7
Deterding	16-1		1-0			17-1
Dietrich	82-7		6-0			88-7
Dressel	94-20		10-3			104-23
Dreyer	2-0					2-0
Dudjahn			1-0	7-0		8-0

Spieler	1.BL	EC	Pokal	Oberl.	2.BL	GESAMT
Ebert I				48-16		48-16
Ebert II				96-13		96-13
Eilts	166-4	26-3	29-3			221-10
Erkenbrecher	24-1		5-3			29-4
Faber	1-0					1-0
Fehrmann				1-0		1-0
Feldhaus	4-0					4-0
Ferner	188-20	4-1	14-2			206-23
Fichtel	75-0	6-0	14-1		42-0	137-1
Frese	1-0					1-0
Freund	1-0					1-0
Funk	3-0					3-0
Geils	132-2		14-0			146-2
Geise				1-0		1-0
Genoux				6-1		6-1
Gernhardt				113-63		113-63
Glowacz	17-3		2-0			19-3
Götz	12-0		1-0			13
Görts	363-73		45-13			408-86
Graul				30-4		30-4
Groß				5-0		5-0
Gruber	89-12	8-1	11-4			108-17
Gundelach	6-0	2-0	1-0			9-0
Haak	3-0		1-0			4-0
Haase				72-20		72-20
Hagenacker				267-63		267-63
Hänel, Kl.	68-12	5-1	11-4	147-68		231-85
Hanses	4-0	1-0	1-0			6-0
Hardtke				35-9		35-9
Harttgen	77-15	6-0	15-2			98-17
Hasebrink	114-15		18-10			132-25
Haskamp	9-0	2-0	1-0		4-0	16-0
Hehl				1-0		1-0
Heinrich				14-1		14-1
Heinrichs				1-0		1-0
Henne				10-0		10-0
Hermann	231-8	33-2	37-2			301-12
Herzog	63-16	11-0	7-3			81-19
Heyse				161-0		161-0
Hiller	162-4		14-0			176-4
Hobsch	40-15	8-5	6-1			54-21
Hoffmeister				6-1		6-1
Hoyer	1-0					1-0
Höger				11-0		11-0
Höttges	420-55	4-2	44-11			468-68
Illic	4-0			311-0		315-0
Jagielski	64-0	4-0	7-1	52-3		127-4
Jank			5-0		25-0	30-0
Jung	5-1		1-0	4-3		10-4
Kamp	361-26	5-0	52-6		39-4	457-36

Spieler	1.BL	EC	Pokal	Oberl.	2.BL	GESAMT
Karl				1-0		1-0
Kiefert	1-0					1-0
Kirk				62-0		62-0
Klausmann	19-1		3-0			22-1
Klinge				92-24		92-24
Klöckner	31-8		3-0			34-8
Klöpfer				2-0		2-0
Klötzer				27-2		27-2
Knefler				15-1		15-1
Knop			1-0			1-0
Knopf				90-1		90-1
Kohn	44-10	6-3	8-10			58-23
Kokartis		4-0	4-0	77-0		85-0
Konopka				136-13		136-13
Konschal	133-12		19-0		25-4	177-16
Kontny	76-3		11-0			87-3
Korf				43-0		43-0
Kostedde	33-9		9-7		42-29	84-45
Kraatz				51-9		51-9
Kronfeldt				8-0		8-0
Kruse				1-0		1-0
Küchler				1-0		1-0
Kutzop	121-23	16-3	11-1			148-27
Lambertz	17-0		7-0	18-0		42-0
Laumen	60-18		14-6			74-24
Leband				10-0		10-0
Legat	70-4	16-0	12-1			98-5
Lellek	6-1					6-1
Lent van	3-0		1-0			4-0
Linz	10-1		2-0			12-1
Lorenz				16-0		16-0
Lorenz, B.	51-10		1-0			52-10
Lorenz, M.	176-15	8-1	16-0	74-11		274-27
Loweg	15-0		1-0			16-0
Manthey				2-0		2-0
Maszthaler			1-0		3-0	4-0
Matischak	42-20	4-2	3-0			49-22
Meier	242-66	30-7	33-10		39-16	344-99
Meininger	52-12		9-1			61-13
Mense	16-3		3-0			19-3
Meyer (50/51)				5-0		5-0
Meyer, D.	15-9		4-3	28-36		47-48
Meyer, H.	32-0		2-0			34-0
Möhlmann	230-33	14-0	26-10		37-13	307-56
Mosch				8-0		8-0
Müller	1-0					1-0
Müllner	23-2		1-0			24-2
Nachtwey	6-0	4-0	5-0	105-5		120-5
Neubarth	274-94	42-13	37-25			353-132

Spieler	1.BL	EC	Pokal	Oberl.	2.BL	GESAMT
Neuberger	63-11		16-5			79-16
Noruschat	2-0	1-0				3-0
Offermanns	22-1		4-0		15-3	41-4
Ohling	53-8		6-4			59-12
Okudera	159-11	13-0	16-0			188-11
Ordenewitz	125-37	16-2	19-5			160-44
Otten	308-1	37-0	40-3		41-2	426-6
Petrovic	26-0		2-1			28-1
Pezzey	114-18	8-2	10-2			132-22
Piontek	203-14	7-0	19-0	75-1		304-15
Plaggemeyer	2-0					2-0
Podlich	11-6	2-1	3-0			16-7
Pöschl				146-12		146-12
Preuße				198-136		198-136
Pühl				5-1		5-1
Rautiainen	26-1		4-0		15-1	45-2
Rath				104-41		104-41
Reck	226-0	42-0	41-0			309-0
Reinders	206-67	6-2	29-16		37-16	278-101
Riedle	86-38	21-11	16-9			123-58
Ripke	4-0					4-0
Risse				1-0		1-0
Röber	184-57		20-10			204-67
Roder	4-0					4-0
Roentved	194-40		22-3			216-43
Rollmann	9-0	4-0	1-0			14-0
Rosenberger	2-0					2-0
Rufer	161-57	30-20	27-20			218-97
Ruländer	24-0		6-0			30-0
Rupozinski		1-0		99-0		100-0
Rupp	58-23		4-2			62-25
Rülander	2-0	4-0				6-0
Rütten	3-0					3-0
Sahm				29-14		29-14
Sauer	120-7	16-5	17-0			153-12
Schaaf	259-13	41-2	36-2		19-1	355-18
Schildt	20-3		3-0			23-3
Schimeczek	78-3	4-0	12-1	135-31		229-35
Schlief	19-1		1-0			20-1
Schlindwein	3-0	1-0	1-0			5-0
Schmidt (48/49)				9-1		9-1
Schmidt, B.	150-11		19-1			169-12
Schöttner	1-0					1-0
Schröder	4-0	3-1	3-2	213-129		223-132
Schulz, H.	31-6	3-1	2-0	14-0		50-7
Schütz, A.	253-69	6-2	25-4	220-109		504-184
Schweighöfer	18-6		3-1			21-7
Schwierzke	3-0					3-0
Sidka	115-17	13-4	12-5			140-26

Spieler	1.BL	EC	Pokal	Oberl.	2.BL	GESAMT
Siegmann	153-10		20-0		40-4	213-14
Skogheim	3-0	1-0	1-0			5-0
Soja	34-8	4-1	8-1	56-35		102-45
Srobeck				8-2		8-2
Stange				33-9		33-9
Starzak	2-0					2-0
Stefens	6-0					6-0
Steinkogler	7-1					7-1
Steinmann	184-4	4-0				188-4
Sunday	1-0		1-0			2-0
Teupel	1-0					1-0
Theile				19-1		19-1
Thelen	15-0		2-1			17-1
Thünnermann				125-4		125-4
Thun	24-6			25-10		49-16
Thygesen	20-4		4-3			24-7
Tippelt	5-0		1-0			6-0
Uelzmann				1-0		1-0
Unger	1-0	1-0				2-0
Voß, Albert	1-0		1-0		8-0	10-0
Votava	290-16	48-1	44-2			382-19
Völler	137-97	12-5	11-5			160-107
Wagner				1-0		1-0
Watson	2-0					2-0
Weber	27-5		4-0			31-5
Wedemeyer				2-0		2-0
Wegener				7-0		7-0
Weist	145-53		19-10			164-63
Wenschlag			1-0			1-0
Wessel	2-0		1-0			3-0
Wiedener	21-2	4-0	4-0			29-2
Wilmovius			4-1	154-60		158-61
Windhausen	29-8					29-8
Witte				1-0		1-0
Wolter	244-11	33-2	33-0			310-13
Wunder	56-12		4-4			60-16
Wunderlich				61-18		61-18
Zebrowski	145-40	5-1	12-2	71-27		233-70
Zembski	179-4		27-3			206-7
Zimdars				13-10		13-10
Zimjalkowski				1-0		1-0
Zimmermann				1-0		1-0
Zuwede				1-0		1-0

Stand: Ende Saison 1993/94

GESAMTÜBERSICHT

Rote Karten / Gelb-Rote Karten / Eigentore / Elfmeter / Zuschauer (Schnitt)

	ROT	G-R	EIG	ELFMETER		ZUSCHAUER
	B/G	B/G	B/G	E: T-V	E: T-V	Heimspiel (Schnitt)
63/64	-/-	-	-/1	6: 4-2	6: 4-2	311.000 (20.733)
64/65	-/-	-	1/3	2: 2-0	4: 1-3	407.000 (27.133)
65/66	-/-	-	-/1	9: 8-1	5: 4-1	372.000 (21.882)
66/67	-/-	-	1/-	3: 3-0	6: 4-2	296.000 (17.412)
67/68	-/-	-	4/-	9: 8-1	5: 4-1	358.000 (21.059)
68/69	1/1	-	1/1	6: 5-1	5: 3-2	313.000 (18.412)
69/70	-/2	-	3/-	3: 3-0	0: 0-0	261.000 (15.353)
70/71	-/-	-	-/-	2: 2-0	1: 1-0	312.000 (18.353)
71/72	-/1	-	1/2	10: 8-2	4: 3-1	316.000 (18.588)
72/73	1/-	-	-/1	2: 1-1	5: 2-3	256.000 (15.059)
73/74	-/1	-	-/1	6: 5-1	5: 3-2	270.000 (15.882)
74/75	-/1	-	1/-	9: 7-2	6: 4-2	326.000 (19.176)
75/76	-/1	-	3/-	13: 8-5	6: 4-2	353.000 (20.765)
76/77	-/-	-	3/2	3: 3-0	3: 2-1	320.000 (18.824)
77/78	-/1	-	2/2	8: 6-2	4: 3-1	339.000 (19.941)
78/79	-/-	-	3/1	7: 6-1	8: 6-2	298.000 (17.529)
79/80	1/-	-	-/1	7: 4-3	9: 8-1	300.000 (17.647)
81/82	-/1	-	1/-	7: 6-1	3: 1-2	412.000 (24.235)
82/83	-/1	-	-/2	7: 6-1	2: 2-0	452.000 (26.588)
83/84	1/3	-	1/3	7: 4-3	2: 2-0	395.000 (23.235)
84/85	1/-	-	-/2	7: 4-3	5: 4-1	375.000 (22.059)
85/86	2/1	-	-/-	8: 7-1	5: 4-1	425.000 (25.000)
86/87	1/2	-	1/-	8: 7-1	7: 7-0	389.000 (22.882)
87/88	4/2	-	-/2	7: 5-2	3: 3-0	378.000 (22.235)
88/89	-/2	-	1/-	4: 4-0	5: 4-1	352.000 (20.706)
89/90	3/1	-	-/2	4: 1-3	4: 3-1	327.000 (19.235)
90/91	1/-	-	-/1	3: 2-1	2: 1-1	346.000 (20.353)
91/92	1/3	1/3	1/1	0: 0-0	3: 3-0	329.000 (17.316)
92/93	-/3	1/3	-/2	8: 8-0	4: 4-0	368.000 (21.647)
93/94	3/3	1/2	-/1	1: 1-0	3: 2-1	413.000 (24.294)

Zeichen:

B/G = Bremen/Gegner
E: T-V = Elfmeter: Tore-Verschossen

INSGESAMT:

Rubrik:	**SV Werder**	**Gegner**
Rote Karten:	22	30
Gelb-Rote K.:	3	8
Elfmeter:	176: 138-38	130: 96-34
Eigentore:	28	32
Zuschauer:	10.369.000	
(Schnitt)	(20.411)	

Anmerkung:

- Einführung der GELB-ROTEN KARTEN in der Saison 1991/92!
- Die ersten beiden Spieljahre umfaßten 16 Bl-Teams!
- Die Saison 1991/92 umfaßte 20 Bl-Teams!